RAM DASS

SUBTIL IST DER PFAD DER LIEBE

GESCHICHTEN ÜBER NEEM KAROLI BABA

Berlin 1983
Sadhana Verlag

Originaltitel: MIRACLE OF LOVE
Stories about Neem Karoli Baba
by Ram Dass

Aus dem Amerikanischen übersetzt von Matthias Wendt

Satz: Letrasatz, Wetzlar
Druck: Fuldaer Verlagsanstalt

Printed in Germany

ISBN: 3-922610-04-8

Für
Maharajji
dessen Gegenwart offenbart
wie subtil der Pfad der Liebe ist

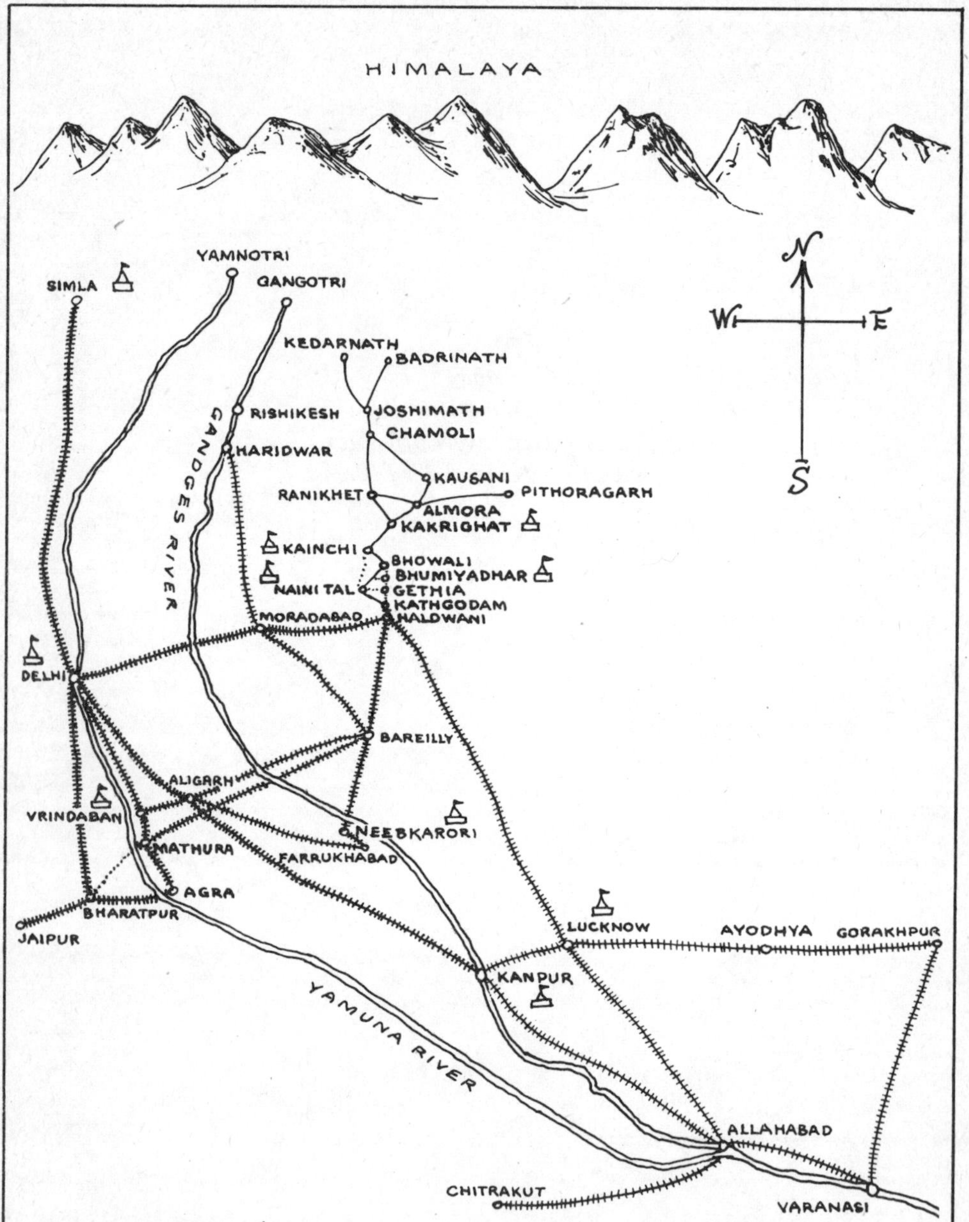
HIMALAYA
N
W
E
S
YAMNOTRI
SIMLA
GANGOTRI
KEDARNATH
BADRINATH
RISHIKESH
JOSHIMATH
CHAMOLI
HARIDWAR
GANDGES RIVER
KAUSANI
RANIKHET
PITHORAGARH
ALMORA
KAKRIGHAT
KAINCHI
BHOWALI
BHUMIYADHAR
NAINI TAL
GETHIA
KATHGODAM
MORADABAD
HALDWANI
DELHI
BAREILLY
ALIGARH
VRINDABAN
NEEBKARORI
MATHURA
FARRUKHABAD
AGRA
BHARATPUR
JAIPUR
LUCKNOW
AYODHYA
GORAKHPUR
KANPUR
YAMUNA RIVER
ALLAHABAD
CHITRAKUT
VARANASI
EISENBAHNLINIEN (mit parallel laufenden Autostraßen)
AUTOSTRASSEN
FUSS- oder REITPFADE
TEMPEL

Inhalt

Einführung

„Wenn die Blume erblüht..."

1967 lernte ich meinen Guru kennen. Diese Begegnung änderte den Lauf meines Lebens, denn durch ihn begann ich, mein Leben aus spiritueller Sicht wahrzunehmen. In ihm fand ich neue Tiefen des Mitgefühls, der Liebe, der Weisheit, des Humors und der Kraft, und seine Taten weiteten mein Verständnis der menschlichen Möglichkeiten. Ich erkannte in ihm eine Vereinigung des Menschlichen und des Göttlichen.

Nach unserem ersten Treffen blieb ich fünf Monate in Indien, so nah bei ihm wie möglich. Als ich nach Amerika zurückkehrte, hatte ich seinen *ashirbad* (Segen) für ein Buch empfangen, von dem ich bis zu jenem Zeitpunkt keine Ahnung hatte, daß ich es schreiben würde. Wieder im Westen, fand ich viele verwandte Seelen, die offen und bereitwillig mit mir teilen wollten, was ich empfangen hatte; und aus seinem Segen und ihrem Durst entstand das Buch *Sei Jetzt Hier*.

1970 kehrte ich nach Indien zurück und blieb mit einigen Unterbrechungen von Februar 1971 bis März 1972 bei ihm. Dann lief mein Visum ab und ich mußte das Land verlassen. Doch ob ich in seiner Nähe war oder nicht, er blieb die Quelle und der Antrieb für mein spirituelles Erwachen.

Von Anfang an hatte ich ihn mit anderen teilen wollen, aber er verbat es mir zuerst, Leute zu ihm zu bringen. Eine relativ kleine Zahl von Westlern (mehrere Hundert) fand dennoch den Weg zu ihm. Sie wurden wie ich im Innersten ihres Herzens berührt. Am 11. September 1973 starb er – oder, wie die Inder sagen, er verließ seinen Körper.

In den nachfolgenden Jahren habe ich festgestellt, daß sich sein Einfluß auf mein Leben durch die Abwesenheit seines Körpers nicht verminderte. Im Gegenteil, mit jedem Jahr habe ich in zunehmendem Maße seine Gegenwart, seine Führung und seine Liebe erfahren, und, wenn ich mich selbst wieder einmal zu ernst genommen hatte, sein kosmisches Kichern. Das deutete auf die Möglichkeit hin, daß andere, die seinem Körper nie „begegnet" sind, gleichermaßen von ihm berührt werden konnten. Diese Vermutung ist durch eine überraschend große Zahl von Menschen bestätigt worden, die berichteten, daß sie ihn durch Bücher, Vorträge, Tonbänder und den persönlichen Kontakt mit Devotees in einer Weise erfahren haben, die sich begnadend auf ihr Leben ausgewirkt hat.

Ich spreche von ihm als „meinem Guru", aber tatsächlich denke ich nie so formell an ihn oder an unsere Beziehung. Er ist für mich ganz einfach *Maharajji* – das ist ein Beiname (er bedeutet „großer König"), der in Indien so alltäglich ist, daß man z.B. oft einen Tee-Verkäufer so anredet.

Diejenigen von uns, die bei Maharajji waren, treffen sich häufig in Indien oder im Westen wieder. Unweigerlich dreht sich das Gespräch dann bald um die Erinnerungen an ihn. Eine Geschichte nach der anderen strömt hervor, und jede Geschichte wird von Stille, Gelächter oder humorvollen Protesten begleitet, wenn wir ihre Tiefe und Anmut auskosten. In jenen Momenten erfüllt sich der Raum mit dem lebendigen Geist, und wir wissen, daß er in unserer Mitte weilt.

Auf meinen Reisen bin ich inzwischen Tausenden von erwachenden Wesen begegnet, deren offenherzige Empfänglichkeit in mir den Wunsch entstehen ließ, die Vertrautheit Maharajji's, die aus den Geschichten über ihn erwächst, mit ihnen zu teilen. Doch waren bisher nur sehr wenige Geschichten im Druck erschienen; sie beinhalten hauptsächlich meine persönlichen Erfahrungen mit ihm. Durch das vorliegende Buch soll diese Situation abgeändert werden.

Sofort nach seinem Tode ermutigte ich einige Leute aus dem Westen in ihrem Vorhaben, durch Indien zu reisen und Geschichten zu sammeln. Es war ihnen möglich, etwa vierhundert Anekdoten zu erhalten, doch stellten sie dabei fest, daß viele indische Devotees nur mit größter Zurückhaltung über Maharajji sprachen. Er hatte immer die Stirn gerunzelt, wenn sie viel über ihn redeten, und sie fühlten diese Beschränkung nach wie vor. 1976 fuhren wir zu zweit abermals nach Indien und entdeckten zu unserer Freude, daß viele der indischen Devotees – die ihn natürlich weit besser und länger kannten als wir – jetzt bereit waren, den Schatz ihrer Geschichten offen mit uns zu teilen. Zu jener Zeit sammelten wir zwölfhundert Geschichten. Seitdem haben wir mit Hilfe einer weiteren Person aus dem Westen noch einmal vierhundert Geschichten aus Ost und West hinzufügen können, so daß sich die Gesamtzahl der Geschichten, Anekdoten und Zitate, die auf den Befragungen von über hundert Devotees basieren, jetzt auf über zweitausend belief.

Natürlich sind selbst hundert Devotees nur ein Bruchteil jener Tausende, die im Verlauf ihres Lebens von Maharajji berührt worden sind und von denen jede(r) eine kostbare Erinnerung und einen Teil des Puzzlespiels in sich trägt. Um nun aber nicht in einem Ozean von Erinnerungen zu ertrinken, fällte ich an einem bestimmten Punkt die willkürliche Entscheidung, mit dem Sammeln aufzuhören und damit zu beginnen, das bereits Vorhandene zu ordnen.

Die Devotees, deren Geschichten erfaßt wurden, entstammen einer Vielzahl von sozialen und kulturellen Schichten. Wir unterhielten uns mit hohen Beamten in ihren Büros und mit Straßenkehrern auf der Straße. In den Bergdörfern des Himalaya hielten wir die Gespräche von Frauen auf Tonband fest, die sich am frühen Abend um eine Kohlenpfanne scharten und ihre Hände am Feuer wärmten. Wir lauschten den Reminiszenzen in Wohnzimmern, Straßen, Tempelanlagen, unter dem Sternenhimmel am Feuer, in Autos, heißen Bädern, Flugzeugen und auf langen Spaziergängen. Es wurden Geschichten vorgetragen von Hindupriestern, die ihre *chillums* (Haschischpfeifen) schmauchten, von Professoren, Polizeibeamten, Bauern, Industriellen, von Kindern und deren Müttern, die erzählend in ihren brodelnden Töpfen rührten, welche über einem Holz- oder Holzkohlefeuer hingen. Immer war da das gleiche Gefühl von schüchterner Freude, solch eine persönliche, kostbare Erinnerung mit einem anderen zu teilen. Diese Gespräche über ihn hatten einen unbeschreiblichen Reiz.

Als wir diese Geschichten zusammengetragen hatten, stellte sich uns die Frage, wie wir dieses gewaltige Material darbieten sollten. Drei Jahre lang arbeitete ich an diesem Problem, schrieb und redigierte immer wieder. Meine anfänglichen Versuche gingen mehr in die Richtung einer persönlichen Chronologie, aber ich stellte fest, daß das Material in diese Struktur nicht leicht einzugliedern war. Außerdem hätte vieles miteinbezogen werden müssen, was belanglos erschien. So begann ich von neuem, indem ich meine persönlichen Erfahrungen lediglich in Form ergänzender Schilderungen einfügte und die ausgewählten Geschichten in verschiedene Themenbereiche ordnete. Das Resultat ist die vorliegende Zusammenstellung.

Diese Geschichten, Anekdoten und Zitate bilden ein Mosaik, durch welches die Begegnung mit Maharajji möglich wird. Um die Bestandteile dieses Mosaiks zusammenzuhalten, habe ich mich eines absoluten Minimums struktureller Verbindungen bedient und es vorgezogen, meine persönlichen Interpretationen und Perspektiven so weit als möglich wegzulassen.

Jedoch läßt diese Strategie, das Material in seiner reinsten Form mit dir zu teilen, deiner Motivation recht wenig Spielraum, denn ich habe die üblichen verführerischen Überschriften, die dich zum Weiterlesen bewegen würden, weggelassen. Ich wollte deinen Wunsch, von Maharajji lesen zu wollen, nicht manipulieren; vielmehr wollte ich dir lediglich das zur Verfügung stellen, was auch mir zur Verfügung steht. Wie du sehen wirst, verlangte Maharajji von uns allen ein beträchtliches Bemühen darum, sein *darshan* (die Erfahrung seiner Gegenwart) zu erhalten. Ich glaube, daß es dem Geist seiner Lehren entspricht, von jenen Lesern, die durch dieses Buch sein Darshan erhalten wollen, eine ähnliche „richtige" oder „wirkliche" Anstrengung (in dem von Buddha im achtfachen Pfad und von George Gurdjieff angesprochenen Sinne) zu verlangen.

Wenn du dich diesem Buch also mit dem Wunsch näherst, ihm zu begegnen und sein Darshan in einer Weise zu empfangen, daß sich dein Leben so grundlegend wandelt wie es bei uns der Fall war, dann wirst du geduldig und aufrichtig mit diesem

Buch arbeiten wollen. Ich kann dich nur versichern, daß meines Erachtens jede Geschichte eine Lehre in sich birgt und der Betrachtung wert ist. Es wird weder in deiner Absicht liegen noch wirst du in der Lage dazu sein, dich einige Male hinzusetzen und dieses Buch in einem oder in wenigen Zügen von vorn bis hinten durchzulesen. Vielmehr müssen diese Erinnerungen wie feiner Weinbrand in langsamen Schlücken genossen werden, damit ihr Geschmack und ihr Aroma tief in deinen Geist und in dein Herz eindringen können. Und vergiß nicht, der Stille zu lauschen, in die diese Geschichten eingefaßt sind, denn die wahre Begegnung mit Maharajji findet zwischen den Zeilen und hinter den Worten statt. Für diese Bemühung wirst du reichlich belohnt werden, denn du wirst einem Wesen von einer spirituellen Größe begegnen, wie man sie nur selten auf der Erde kennt.

Es ist nicht einfach, Maharajji und seine Lehren von der Umgebung zu trennen, in der ich ihn erlebte. Für mich besteht seine Gestalt in ihrem weiteren Sinne aus Indien und den wunderschönen Kumoan-Bergen und dem Ganges – aus seinen Devotees mit all ihrer Zärtlichkeit und ihrem Gezänk; sie besteht aus seinen Tempeln und den Fotografien, die ihn zeigen. Seine Lehren waren die Liebe der Mutter Erde, die ich in den indischen Dörfern zum ersten Mal erfahren habe – sie bestand in meiner Dysenterie (Ruhr) und dem Ärger mit dem Visum, den heiligen Kühen und den Rikscha-Fahrten, den von Menschen wimmelnden Märkten und den Fußmärschen durch den dunstigen Dschungel. Und während sich das Schauspiel mit ihm auf der reich ausgestatteten Bühne Indiens vollzog, schien der Wert dieses Hintergrundes doch lediglich darin zu bestehen, daß er ein Reservoir von Erfahrungen bildete, in dem sich die Lehren inszenieren konnten. Er selbst erschien nicht sonderlich wie ein Inder oder überhaupt wie ein Orientale. Obwohl wir ihm in Hindu-Tempeln begegneten, schien er keineswegs mehr Hindu als Buddhist oder Christ zu sein.

Er benutzte all den Stoff unseres Lebens – Kleidung, Nahrung, Ängste, Zweifel, Bestrebungen, Familien, Heiraten, Krankheiten, Geburten und Tode – um uns das Leben im Geiste zu lehren. Indem er dies tat, leitete er einen Prozeß ein, durch den wir auch dann aus den Erfahrungen unseres Lebens lernen konnten, wenn wir nicht bei ihm waren. Dies erklärt wenigstens teilweise die Kontinuität seiner Lehren, die wir alle seit seinem Tod erfahren haben.

Ich hoffe, daß du durch das Arbeiten mit diesen Geschichten deine Wahrnehmung so einstimmen kannst, daß du Maharajji durch das Fahrzeug deiner eigenen täglichen Erlebnisse begegnest und darin einen Dialog mit ihm aufnimmst. Ein solcher Dialog, der ununterbrochen und beständig im Herzen geführt wird, ist eine bemerkenswerte Form der Alchemie für die Umwandlung von Materie in Geist – durch Liebe.

Auf diese Weise verbringe ich meine Zeit mit Maharajji. Und ich kann euch gar nicht sagen...

Soquel, Kalifornien
März 1979

Albert Morse

DANKSAGUNG

DAS MATERIAL in diesem Buch wurde ausgewählt aus über zweitausend Geschichten über Maharajji, die – von mehr als hundert Devotees stammend – in einem Zeitraum von fünf Jahren gesammelt wurden. Diesen Devotees, die den Schatz ihrer Erinnerungen mit uns teilten, möchte ich meine aufrichtige Liebe und Anerkennung aussprechen. Manche von ihnen empfanden, daß man über ein Wesen von so gewaltiger, gestaltloser und subtiler Natur wie Maharajji kein Buch schreiben könne oder solle, und ungeachtet dessen steuerten sie doch ihre Geschichten bei. Ich ehre sie für dieses Wohlwollen, und ich hoffe, daß ich in meinem Eifer, die Erfahrung Maharajji's mit Menschen zu teilen, die nicht das Glück der Begegnung mit ihm hatten, nicht ihr Vertrauen mißbraucht habe.

Einige Devotees erzählen mir, daß Geschichten, die von anderen Devotees erzählt wurden, nicht ganz den Tatsachen entsprächen. Mir fehlt die Möglichkeit, die Authentizität jeder einzelnen Geschichte nachzuprüfen. Ich kann nur berichten, daß diejenigen von uns, die die Geschichten gesammelt haben, von der Glaubwürdigkeit derjenigen von uns, die sie erzählten, überzeugt waren.

Obwohl die Verantwortlichkeit für dieses Manuskript *allein* bei mir liegt, erkenne ich mit Freude das große Maß an liebevoller Hilfe durch meine Freunde an:

1. Anjani, zuvorderst unter ihnen, schenkte uns über vier Monate ununterbrochen ihre Kraft – zu einem Zeitpunkt, als mein Vertrauen in dieses Projekt ernsthaft wankte. Ihre Liebe zu Maharajji hat in mannigfacher Weise auf dieses Manuskript gewirkt.
2. K. K. Sah sandte mir dicke Briefe aus Indien, die Seite für Seite – und manchmal Zeile für Zeile – mit Vorschlägen für die Verbesserung des Manuskripts und für das Vermeiden peinlicher kultureller Irrtümer versehen waren. Seine Hingabe und liebevolle Mühe haben mich reich beschenkt.

3. Chaitanya half 1973 und dann wieder 1976 – auf einer gemeinsamen ereignisreichen Tour durch Indien – beim Sammeln der Geschichten. Er rezensierte eine frühere Form des Manuskripts und gab mir die freundliche Erlaubnis, sein Gedicht „Subtil ist der Pfad der Liebe" in das Buch aufzunehmen.
4. Saraswati (Rosalie Ransom) reiste mit dem Tonbandgerät in der Hand durch Indien und die Vereinigten Staaten und erweiterte damit unsere Sammlung um ein unschätzbares Maß.
5. Krishna Das (Roy Bonney), Rameshwar Das und Pyari Lal Sah wirkten durch die Reichtümer aus dem Schatz ihrer Fotografien.
6. Lillian, Sandy und Jyoti arbeiteten voller Liebe an dem Schreibmaschinen-Manuskript.
7. Ram Dev, Subrahmanyum und Girija, Krishna und Mira, und Soma Krishna unterstützten uns in den frühen Stufen der Arbeit mit konstruktiver Kritik.
8. Bill Whitehead edierte dieses Buch mit einem Feingefühl sowohl für die innige Liebe der Devotees zu Maharajji wie auch für die Unvertrautheit, mit der der Leser ihm gegenübersteht. Über drei Jahre verlor er nicht die Geduld angesichts der ständigen Änderungen, die mir als von höchster Notwendigkeit erschienen, ihm jedoch nur wie die Intrigen eines neurotischen Autors vorkommen mußten.

Ich ahne bereits, daß viele von Maharajji's Devotees in diesem Buch nicht den Maharajji finden werden, den sie in ihrem Herzen kennen. Ich möchte sie um Nachsicht bitten, denn dieses Buch ist für diejenigen bestimmt, die Maharajji nie begegnet sind. Die, die ihm begegneten, brauchen kein Buch.

Mitunter hat mich die Kühnheit dieses Vorhabens nahezu überwältigt. Da ich aber weiß, auf welche Weise Maharajji wirkt, bin ich in dem Glauben weitergegangen, daß dieses Buch sich ohne seinen Segen nicht hätte manifestieren können.

Das Zeichen राम (Ram), welches durch das ganze Buch hindurch erscheint, wurde dem handgeschriebenen Tagebuch Maharajji's entnommen.

Ein Augenblick mit dem Geliebten
und der Fluß ändert seinen Lauf

Vishnu Hubmann

„... die Bienen kommen"

Wenn die Blume erblüht, kommen die Bienen ungeladen.
– Ramakrishna

WIR NAHTEN UNS den Füßen Maharajji's, getrieben von unserer Sehnsucht nach dem lebendigen Geist und angezogen von seinem Licht. Wir kamen aus Europa und Großbritannien, aus den Vereinigten Staaten und Kanada, aus Australien und Südamerika. Wie Hermann Hesse von den Reisenden in seiner *Morgenlandfahrt* erzählt, so hatte jede und jeder einen eigenen besonderen Grund, auf diese Reise zu gehen, aber alle hatten auch ein gemeinsames Ziel. Wir kamen mit unseren verschiedenen Färbungen von Zynismus und Glauben, mit offenem oder verschlossenem Herzen, mit Sinnlichkeit oder Askese, mit intellektueller Überheblichkeit oder Demut. Maharajji ging auf jeden anders ein: Hier war er grimmig, dort war er zärtlich; heute ignorierte er uns oder schickte uns fort, ein anderes Mal war er um uns besorgt; einmal las er in Gedanken und Herzen, dann stellte er sich wieder dumm. Er tat, was notwendig war, um den Verstand zu beruhigen und das Herz zu öffnen, so daß der Durst, der uns alle zu ihm getrieben hatte, gestillt werden konnte.

Ich reiste mit einem jungen Westler in Indien umher. Wir waren mit einem Landrover in die Berge gefahren, den ich von einem Freund ausgeliehen hatte, um den Guru meines Gefährten aufzusuchen, der Probleme mit seinem Visum hatte. Ich war schlechter Stimmung, hatte zuviel Haschisch geraucht, war „schon viel zu lange" in Indien und hatte ohnehin kein sonderliches Bedürfnis, einen „Guru" zu besuchen.

(Das folgende ist nach dem Buch Sei Jetzt Hier *bearbeitet.)*

Unsere Fahrt endet bei diesem Tempel, und er fragt nach dem Guru. Die Inder, die sich um das Auto versammelt haben, deuten auf einen nahegelegenen Hügel.

Mit einem Satz springt er aus dem Wagen und rennt den Hügel hinauf. Sie laufen hinter ihm her und sind offenbar entzückt, den Gruu sehen zu können. Ich steige aus. Nun bin ich noch mehr verärgert, denn niemand beachtet mich. Ich renne hinterher, barfuß, und stolpere auf dem felsigen Pfad. Ich will den Guru sowieso nicht sehen, und – was zum Teufel soll das alles?

Hinter einer Biegung des Pfades komme ich zu einem Feld, das über einem Tal liegt, und auf dem Feld sitzt unter einem Baum ein Mann in den Sechzigern oder Siebzigern, von einer Decke umhüllt. Um ihn herum sind acht oder neun Inder, und es ist eine wunderschöne, malerische Szene – die Leute, die Wolken, das grüne Tal, die ganze unberührte Schönheit der Ausläufer des Himalaya.

Mein Reisegefährte rennt auf diesen Mann zu, wirft sich vor ihm zu Boden und macht dunda pranam *(Niederwerfen in voller Länge), und seine Hände berühren die Füße des Mannes. Er weint, und der Mann tätschelt ihm den Kopf. Ich werde immer unsicherer. Ich stehe dabei und denke: „Ich werde seine Füße nicht berühren. Das brauche ich nicht zu tun. Das habe ich nicht nötig." Und ab und zu blickt dieser Mann zu mir hoch und zwinkert ein wenig. Aber dadurch wird mir nur noch unbehaglicher.*

Dann schaut er mich an und beginnt in Hindi zu sprechen, von dem ich nur sehr wenig verstehe. Da ist aber ein Mann, der alles übersetzt. Ich höre, wie er meinen Freund fragt: „Du hast ein Bild von Maharajji?"

Mein Freund nickt. „Ja."

„Gib es ihm", sagt der Mann in der Decke und zeigt auf mich.

„Das ist aber nett", denke ich, „mir ein Bild von sich zu schenken", und ich lächle und nicke anerkennend. Aber ich werde seine Füße trotzdem nicht berühren.

Dann sagt er: „Du bist in einem großen Auto gekommen?"

„Ja." (Ich hatte den Wagen wegen der Verantwortung von Anfang an nicht ausleihen wollen – gerade deshalb war ich ja so verstimmt!)

Er schaut mich an, lächelt und sagt: „Du schenkst es mir?"

Ich öffne den Mund – „Waa...", aber mein Freund blickt auf – er liegt immernoch da – und sagt: „Maharajji, wenn du es haben willst, kannst du es haben. Es gehört dir."

Und ich sage: „Nein, nun warte mal. Du kannst nicht einfach David's Auto verschenken." Der alte Mann lacht und lacht. Alle lachen – außer mir.

Dann sagt er: „Du hast in Amerika viel Geld verdient?"

„Aha, endlich füttert er mein Ego", denke ich. Und ich gehe meine ganzen Jahre als Professor und Schmuggler im Geiste durch und sage sehr stolz: „Ja."

„Wieviel hast du verdient?"

„Nun", sage ich, „einmal..." – und ich erhöhe die Zahl ein wenig, um mein Ego aufzublähen – „fünfundzwanzigtausend Dollar."

Alle rechneten das in Rupien um und waren von dieser Zahl überwältigt, die völlig meiner Prahlerei entsprungen war. Ich hatte nie fünfundzwanzigtausend Dollar verdient. Und er lacht wieder und sagt: „Du kaufst mir so ein Auto?"

Ich erinnere mich, was mir in diesem Moment durch den Kopf ging. Obwohl ich aus einer Familie kam, die Gelder für den United Jewish Appeal, die Brandeis-Stiftung usw. sammelte, war mir eine solche Schnorrerei noch nicht vorgekommen. „Er kennt nicht einmal meinen Namen und will schon einen 7000-Dollar-Wagen von mir haben", dachte ich.

„Naja, vielleicht. . .", sage ich. Die ganze Sache haut mich einfach um.

Und er sagt: „Führt sie weg und gebt ihnen zu essen." Ein köstliches Mahl wurde uns vorgesetzt, und dann sollten wir ausruhen. Einige Zeit später waren wir wieder bei Maharajji, und er sagte zu mir: „Komm her. Setz dich." Ich setzte mich also vor ihn hin, und er sah mich an und sagte: „Du warst letzte Nacht draußen unter den Sternen." (Seine Worte wurden natürlich ins Englische übersetzt.)

„Mmm-hmm."

„Du hast an deine Mutter gedacht."

„Ja." (Während der vergangenen Nacht – ein paar hundert Kilometer weit entfernt – war ich nach draußen gegangen, um zu urinieren. Die Sterne hatten sehr hell gestrahlt, und ich war draußen stehengeblieben und hatte mich dem Weltall sehr nahe gefühlt. In jenen Momenten spürte ich plötzlich die Gegenwart meiner Mutter, die neun Monate zuvor an einer Erkrankung der Milz gestorben war. Diese Augenblicke hatten mich tief bewegt, und ich hatte niemandem davon erzählt.)

„Sie starb letztes Jahr."

„Mmm-hmm."

„Ihr Bauch wurde sehr groß, bevor sie starb."

Pause ... „Ja."

Er lehnte sich zurück, schloß die Augen und sagte (in Englisch): „Milz. Sie starb an der Milz."

Was in diesem Moment mit mir geschah, kann ich wirklich nicht in Worte fassen. Er sah mich auf eine bestimmte Weise an, und zwei Dinge geschahen. Sie erschienen nicht wie Ursache und Wirkung, sondern schienen sich eher gleichzeitig zu ereignen.

Mein Verstand begann sich schneller und schneller zu drehen, um einen Anhaltspunkt zu gewinnen – um zu erfassen, was er gerade getan hatte. Eine Super-CIA-Paranoia nach der anderen raste durch meinen Kopf: „Wer ist er? Wen repräsentiert er? Wo ist der Knopf, auf den er drückt, um die Informationen zu bekommen? Warum hat man mich hierhergebracht?" Nichts davon wollte passen.

Es war einfach unmöglich, daß so etwas geschehen konnte. Mein Reisegefährte wußte nichts von den Dingen, die Maharajji gesagt hatte, und ich war ein Tourist in einem Auto. Die ganze Sache war völlig unerklärlich. Mein Verstand raste schneller und schneller.

Bislang hatte ich zwei Begriffsklassen für psychische Erfahrungen gehabt. Die eine war: „Nun, es ist jemand anderem passiert, und es ist sehr interessant, und man muß diese Dinge auf alle Fälle unvoreingenommen betrachten." Das war meine sozialwissenschaftliche Einstellung. Die andere war: „Nun, ich bin high durch LSD. Wer weiß, wie es wirklich ist?" Immerhin hatte ich unter dem Einfluß von Chemikalien schon ganze Realitäten erschaffen.

Aber keine dieser Kategorien paßte auf diese Situation, und während mein Verstand sich immer schneller drehte, fühlte ich mich wie ein Computer, dem ein unlösbares Problem eingegeben wurde – die Glocke ertönt, das rote Licht blinkt auf, und die Maschine hört auf zu arbeiten. Mein Verstand gab einfach auf. Seine Leitung brannte durch – sein Eifer, eine Erklärung zu haben. Ich brauchte etwas, um auf der rationalen Ebene zu einem Schluß zu kommen, und es gab nichts.

Zugleich fühlte ich diesen äußerst heftigen Schmerz in meiner Brust und ein gewaltiges Zerren, und ich begann zu weinen. Ich weinte und weinte und weinte, aber ich war weder glücklich noch traurig. Ich kann darüber nichts anderes sagen, als daß es ein Gefühl war, als sei ich mit etwas fertig geworden. Die Reise war vorüber. Ich war nach Hause gekommen. (R.D.)*

In Dada's Worten „glauben wir alle, daß wir dem Guru hinterherjagen, aber ihr seht – in Wirklichkeit ist er es, der uns hinterherjagt."

Nach allem, was ich von den Schwierigkeiten gehört hatte, die einen in Indien erwarten, wollte ich ganz bestimmt nicht dorthin. Dennoch fand ich mich im Oktober 1971 mit zwei Freunden auf dem JFK-Flughafen ein, bereit, ein Flugzeug nach Bombay zu besteigen. Eine große Zahl von Leuten aus unserer „spirituellen" Gemeinschaft in New York war gekommen, um uns zu verabschieden oder, wie ich vermutete, um sicherzugehen, daß wir das Flugzeug tatsächlich bestiegen. Alle drei befanden wir uns in verschiedenen Zuständen der Panik und fragten uns, was wir da wohl taten. Sowohl die Panik als auch die Verwirrung sollten sich jedoch noch verhundertfachen, als wir dann tatsächlich in Indien landeten.

Wir drei hatten – wie auch all die anderen Leute aus dem Westen, die wir dann bei Maharajji antrafen – zum ersten Mal durch Ram Dass von ihm gehört. Obwohl ein völliger Wandel in meinem Leben eingetreten war, nachdem ich erstmals einen Vortrag von Ram Dass gehört hatte, fühlte ich mich doch keineswegs dazu hingezogen, nach Indien zu gehen. Die mystische Bedeutung, mit der eine Indienfahrt zu jener Zeit verbunden wurde, ließ es mir vermessen erscheinen, den Trip auch nur zu erwägen. Auch war mir nicht klar, ob die Kraft, die ich aus meinem Erwachen gewonnen hatte, tatsächlich eine Verbindung zu Maharajji war – ob er möglicherweise mein Guru sein könne. Wir hatten alle davon gehört, wie schwierig es war, zu ihm zu finden. Und wie, wenn er mich fortschicken würde, wie er es bei anderen getan hatte?

* (R.D.) kennzeichnet Geschichten, die Ram Dass betreffen.

Jetzt, nach drei Jahren, war ich also auf dem Weg nach Indien, wagte es jedoch noch immer nicht, meine inneren Widerstände fallen zu lassen – ich wollte Heilige im Süden Indiens besuchen und vielleicht später einen „Abstecher" nach dem Norden machen, falls es irgendeine Hoffnung gab, empfangen zu werden.

Wir verließen die Maschine in Bombay und wurden von einem Vertreter der Fluggesellschaft in Empfang genommen (in Indien an sich schon eine Grandiosität), der uns mitteilte, daß für den Nachmittag ein Flug nach Neu-Delhi für uns reserviert sei und daß die Flugscheine am Schalter für uns bereitlägen. Das war eine Riesenüberraschung, aber wir waren nach dem 26- oder 28-stündigen Flug zu benommen, als daß wir mehr als gelindes Erstaunen empfinden konnten. Immerhin waren wir in Indien – hier war alles möglich. (Das Mysterium der Reservierung und der Flugscheine konnte nie auf eine „vernünftige" Weise geklärt werden.) In Delhi wollten wir zum American-Express-Büro gehen, um dort nach einer Nachricht zu fragen, wie wir es schon in Bombay vorgehabt hatten. Jedenfalls mußte dort eine Nachricht sein, nachdem wir nun mal in Delhi waren. Sie lautete: „Geht zu Jaipuria Bhavan in Vrindaban. Maharajji wird in Kürze erwartet." Darunter stand „Balaram Das". Wir wußten nicht, wer das war.

Wir erfuhren, daß Vrindaban nicht weit von Delhi entfernt lag und daß wir nachmittags mit dem Zug dorthin gelangen konnten. Irgdendwie hatten wir auch gar nicht daran gedacht, im relativ westlich angehauchten Delhi Station zu machen. Die Botschaft war „geht", und wir gingen. Auf diese Weise lernten wir unsere erste große indische Lektion: Fahre nie in einem unreservierten Waggon dritter Klasse! Es kam einer Drei-Stunden-Fahrt in der New Yorker U-Bahn zur Stoßzeit gleich, wobei noch die Sonnenhitze, der Staub und der durch die offenen Fenster eintretende Rauch der Lokomotive hinzukamen.

Endlich kämpften wir uns in Mathura aus dem Zug und fanden uns im Schimmer der Abenddämmerung des indischen Flachlandes wieder, für dessen Schönheit wir in dieser Situation kaum einen Blick hatten. Wir machten einen Bus ausfindig, der uns in die Nähe von Vrindaban brachte. Dort wurden wir auf dem großen Markt des Dorfes abgesetzt – allem Anschein nach mitten im dreizehnten Jahrhundert – mit gewundenen Gassen voller Menschen, Rikschas, Hunden, Schweinen und Kühen. Aber jetzt herrschte Dunkelheit, und die Straßen waren von Laternen beleuchtet, die in den Läden angezündet wurden. In unserem nicht existierenden Hindi fragten wir nach „Jaipuria Bhavan" und wurden von einer Gasse in die nächste geschickt. Es wurde immer später, und die Läden begannen zu schließen. Mit der Erschöpfung und dem Hunger wuchs unsere Panik, denn selbst wenn wir an einer Herberge vorbeigehen sollten, hätten wir sie nicht als solche erkannt, da alles in Hindi beschriftet war. Wir sahen uns schon die Nacht über zwischen Kühen in irgendeinem Torweg hingekauert.

Da kam uns plötzlich ein Westler entgegen – jemand, dem ich ein Jahr zuvor in Kalifornien begegnet war. In fiebriger Erleichterung fiel ich ihm um den Hals, aber er als „alter Hase" in Sachen Indien blieb angesichts unserer Erregung voll-

kommen ruhig. Oh ja, Jaipuria Bhavan sei hier, es sei hinter der nächsten Ecke.

Während der nächsten paar Tage versammelte sich der kleine westliche satsang (Gemeinschaft spiritueller Suchender) bei Jaipura Bhavan und erwartete die Ankunft Maharajji's in seinem Vrindabaner ashram (Kloster). Viele von ihnen kannten wir aus Amerika, unter ihnen der mysteriöse „Balaram Das", den wir unter dem Namen Peter kannten. Wir lauschten ihren Geschichten über Maharajji mit einem Gefühl der Erleichterung und der freudigen Erwartung. Er schien im Grunde gar nicht so grimmig und furchterregend zu sein. Dann kam die Nachricht, daß er da sei! Am nächsten Morgen konnten wir zu ihm gehen, um sein Darshan zu erhalten.

Ein wenig spät traf ich mit Radha im Ashram ein und hielt nervös meinen geborgten Sari und die Spende von Blumen und Früchten fest. Wir umrundeten den Tempel, machten pranam (verneigten uns) vor Hanumanji* und näherten uns dem Tor in der Mauer zwischen dem Tempelgarten und dem Ashram. Wie gut kann ich mich an diese grüne hölzerne Tür erinnern! Als wir anklopften, wurde sie von dem alten chaukidar (Türhüter) einen Spalt weit geöffnet, und wir wurden genau gemustert. Ich fragte mich – wie auch jedes Mal danach während meines Aufenthaltes in Indien – ob er uns wohl einlassen würde. Aber er trat zurück und hielt uns die Tür auf. Mein Blick fiel durch die Öffnung auf eine lange Veranda, die sich an der Front des Ashramgebäudes hinzog. Ganz hinten am anderen Ende saß Maharajji allein auf seinem Holzbett. Als ich seine massive Gestalt erblickte, machte mein Herz einen Sprung, und ich taumelte gegen die Tür. Dieser erste Anblick hat sich meinem Gedächtnis deutlich eingeprägt.

Radha war schon losgestürzt, und ich rannte hinter ihr her und verlor meine Sandalen. Dann war alles so einfach und natürlich – das Verneigen zu seinen Füßen, das Darreichen der Früchte und Blumen (die er sofort in meinen Schoß zurückwarf), unser Weinen und Lachen. Maharajji hüpfte auf und nieder, lächelte und krähte in Englisch: „Mutter aus Amerika! Mutter aus Amerika!" Obwohl Maharajji dann in Hindi sprach, verstand ich während dieses ersten Darshans alles, was er sagte, ohne die Hilfe des anwesenden Dolmetschers. Und ich erkannte die Liebe wieder, die aus Ram Dass geflossen war und die mich unwiderstehlich nach Indien gezogen hatte: Hier war die Quelle.

Die anderen waren ganz aufgeregt, aber ich stand der ganzen Sache ziemlich skeptisch gegenüber. Und doch war ich der erste, der aus dem Bus sprang und sofort in den Tempel rannte. Wenn ich auch noch niemals dort gewesen war, wußte ich doch, wohin ich mich wenden mußte, um Maharajji zu finden. Als ich

* Die Sanskrit- und Hindi-Worterklärungen befinden sich am Ende des Buches.

um die Ecke kam, begann er auf und ab zu hüpfen und all diese Dinge in Hindi auszurufen, die mich völlig verwirrten. Ich näherte mich ihm und verneigte mich zu seinen Füßen.

Er versetzte mir einige wirklich sehr harte Schläge. Ich verspürte große Verwirrung und gleichzeitig ein Gefühl unvorstellbarer Einheit, wie ich es niemals sonst in meinem Leben erfahren habe. Er war so völlig anders als ich erwartet hatte und doch gleichzeitig so vertraut. Ich fühlte in diesem Moment, wie sich alles Leid, aller Schmerz der letzten Jahre vollständig auflöste. Und obgleich das Leiden in der darauffolgenden Zeit wieder zurückkehren sollte, war es durch die Liebe, die ich in jenem Augenblick spürte, viel weniger schmerzhaft geworden.

Ich hatte auf einer Wanderung durch Indien von Maharajji gehört und fand ihn endlich in Allahabad. Unser erstes Zusammentreffen fand am Morgen statt. Maharajji saß in einem Raum auf einem Bett, und vor ihm auf dem Boden saß eine Ma (weiblicher indischer Devotee). Auf dem Bett lagen Früchte. Dann kam unter der großen Decke seine Hand hervor. Er nahm einige große Äpfel und warf sie gegen die Brust der Ma, die jedoch ganz in der Meditation aufging. Ich saß beobachtend dabei, bis mich Maharajji plötzlich direkt anschaute. Er warf mir eine Banane zu und sie landete genau in meiner Hand. Ich überlegte, was ich mit der Banane, einem geheiligten Gegenstand, tun sollte. Ich dachte mir, daß es am besten sei sie zu essen.

Ich war als Devotee in einer sehr strengen religiösen Sekte aus den Vereinigten Staaten nach Indien gekommen – der Guru war der Guru, der endgültige und große Erlöser. Nach nur zwei Monaten in seiner Gegenwart war ich in bezug auf ihn eindeutig desillusioniert und begann auf eigene Faust in Indien umherzuwandern – nach wie vor in der Hoffnung, den wahren und reinen Guru irgendwo zu finden. Auf diesen Wanderungen traf ich manchmal jemanden, der mir von Maharajji erzählte, und daß er in der Nähe sei. Aber ich ging nicht hin, da ich keine besondere Anziehung verspürte. Endlich war ich in die Nähe von Bombay hinuntergekommen – immernoch auf der Suche nach dem wahren Guru – als ein alter Freund aufkreuzte. Er sah so hell und klar aus, daß ich, bevor wir noch miteinander gesprochen hatten, beschloß, dorthin zu gehen, wo er gerade hergekommen war – wo das auch immer war. Er war soeben von Maharajji fortgegangen, der sich in Vrindaban aufhielt. Ich packte meine Siebensachen zusammen und brach am Nachmittag auf. Vierundzwanzig Stunden später saß ich vor Maharajji. Eine Anzahl von Westlern war bei ihm. Maharajji sprach kein Wort mit mir, aber er blickte immer wieder sehr aufmerksam auf mein Herz-chakra (psychisches Energiezentrum im Bereich *des Herzens), und was ich durch eine Stimme in meinem Innern vernahm, war, daß meine Suche vorüber sei. Ich hatte nach Hause gefunden.*

In Bodh Gaya nahm ich für einige Monate an einer buddhistischen Meditation teil. Nach etwa zweieinhalb Monaten begann dieser drollige kleine Mann im oberen rechten Bereich meines Bewußtseins zu erscheinen. Gelegentlich lächelte er. Ich fragte mich, wer er sei, und sah seinem Kommen und Gehen einfach zu. Später stellte sich die Vermutung ein, daß es Maharajji sei, von dem ich im vergangenen Jahr gehört hatte.

Am Ende des Retreats nahm ich eine Ausgabe der Hunderttausend Lieder von Milarepa *zur Hand, wobei dem Buch ein Bild von Maharajji entfiel. Als wir dann schließlich in Vrindaban waren, fanden wir die Tore des Tempels verschlossen. Ich war sehr traurig, daß ich diesen ganzen Weg gekommen war, um die Tore verschlossen zu finden, und begab mich zur anderen Straßenseite, wo ich mich auf einer Kanalröhre niederließ.*

Ganz plötzlich war mir, als sei Maharajji über die Mauer zu mir herübergesprungen, denn ich war ganz umfangen und erfüllt von einer Liebe, wie ich sie noch nie in diesem Maße erfahren hatte. Ich war tränenüberströmt. Die Vorübergehenden sahen einen verrückten langhaarigen Westler, der da saß und herzzerreißend schluchzte. Sie schauten mich nur an, lächelten und gingen weiter.

Ich wußte nicht, was vor sich ging, aber ich hatte die deutliche Empfindung zu Hause zu sein. Es war absolut keine Frage, daß ich genau dort war, wo ich sein wollte. Einen Monat zuvor hätte ich eine solche Erfahrung nicht für möglich gehalten, aber jetzt war ich hier – so erleichtert, so glücklich. Mein Herz schien sich weit geöffnet zu haben.

Kurz danach durften wir den Tempel betreten. Maharajji stellte mir all die üblichen Fragen – wer ich sei, woher ich käme und was ich machte. Und plötzlich merkte ich, wie ich mich verneigte, bis mein Kopf seine Füße berührte – und mein Gefühl sagte mir, daß das absolut richtig sei. Und er tätschelte meinen Kopf und sagte so etwas wie: „Sei willkommen. Es freut mich, daß du es geschafft hast. Willkommen an Bord." Ich wollte nichts anderes mehr als nur zu seinen Füßen sitzen, und es kümmerte mich überhaupt nicht, daß dies eigentlich in keiner Weise mit meinem Selbstverständnis zu vereinbaren war.

Meine Frau hatte Maharajji getroffen und war nach Amerika gekommen, um mich zu holen und zu ihm zu bringen. Als wir Maharajji das erste Mal besuchten, stieß es mich ab, was ich sah. All diese weißgekleideten Verrückten aus dem Westen, herumgeschart um diesen dicken alten Mann in einer Decke! Nichts haßte ich mehr als zusehen zu müssen, wie diese Leute seine Füße berührten. Am ersten Tag ignorierte er mich völlig. Nachdem er mich jedoch auch am zweiten, dritten, vierten, fünften, sechsten und siebenten Tag ignoriert hatte, begann der Zorn in mir aufzusteigen. Ich spürte keine Liebe für ihn; offen gesagt spürte ich überhaupt nichts. Ich kam zu dem Schluß, daß meine Frau irgendeinem verrückten Kult zum Opfer gefallen war. Am Wochenende wollte ich abreisen.

Wir wohnten in einem Hotel in Nainital, und am achten Tag erklärte ich meiner Frau, daß ich mich nicht wohl fühlte. Ich verbrachte den Tag mit einem Spaziergang um den See und dachte nach. Wenn meine Frau so ausgefüllt von etwas war, das ich ganz offensichtlich nicht teilen konnte, mußte dies bedeuten, daß unsere Ehe am Ende war. Ich betrachtete die Blumen, die Berge und die Spiegelungen im See, aber nichts konnte meine Niedergeschlagenheit zerstreuen. Da tat ich etwas, das ich wirklich niemals als Erwachsener getan hatte: Ich betete.

Ich fragte Gott: „Was tue ich hier? Wer ist dieser Mann? Diese Leute sind alle verrückt. Ich gehöre doch nicht hierher.“

Da fiel mir der Ausspruch ein: „So ihr nicht Zeichen und Wunder sehet, so glaubet ihr nicht.“

„Na gut, Gott, ich habe keinen Glauben. Sende mir ein Wunder.“

Meine Augen suchten nach einem Regenbogen, aber nichts geschah. Also entschied ich mich, am nächsten Tag abzureisen.

Am nächsten Morgen nahmen wir ein Taxi nach Kainchi zum Tempel, um uns zu verabschieden. Obwohl ich Maharajji nicht mochte, wollte ich aufrichtig sein und mit ihm ins Reine kommen. Wir erreichten Kainchi als die ersten und setzten uns auf die Veranda vor sein Tucket *(Holzbett). Maharajji hatte sein Zimmer noch nicht verlassen. Auf dem Bett lagen Früchte, und einer der Äpfel war auf den Boden gefallen. Ich beugte mich vor, um ihn aufzuheben. Gerade in diesem Moment kam Maharajji aus seinem Zimmer und trat auf meine Hand, was mich am Boden festhielt. So lag ich also auf meinen Knien und berührte seinen Fuß, in der von mir so verabscheuten Stellung. Wie lächerlich!*

Er blickte zu mir herab und fragte: „Wo warst du gestern?“ Und dann fügte er hinzu: „Warst du am See?“ (Er gebrauchte das englische Wort für „See“.)

Als er das Wort „See“ aussprach, trat ein merkwürdiges Gefühl am unteren Ende meiner Wirbelsäule auf, und mein ganzer Körper erzitterte. Es war ein sehr sonderbares Gefühl.

Er fragte weiter: „Was hast du am See gemacht?“

Ich fühlte eine große Anspannung.

Dann fragte er: „ Bist du auf einem Pferd geritten?“

„Nein.“

„Bist du mit einem Boot gefahren?“

„Nein.“

Bist du geschwommen?“

„Nein.“

Er lehnte sich vor und fragte leise: „Hast du mit Gott gesprochen? Hast du um etwas gebeten?"

Als er das sagte, löste ich mich innerlich auf und fing wie ein Baby zu weinen an. Er zog mich zu sich hin, begann an meinem Bart zu zupfen und wiederholte: „Hast du um etwas gebeten?"

Ich empfand das wirklich wie meine Initiation. Inzwischen waren andere hinzugekommen, umringten und streichelten mich, und ich begriff, daß sie wohl fast alle eine ähnliche Erfahrung hinter sich hatten. Eine triviale Frage wie „Warst du gestern am See?", die für jemand anderen bedeutungslos war, zertrümmerte meine Wahrnehmung der Realität. Es war mir klar, daß Maharajji regelrecht durch alle Illusionen hindurchblickte – daß er alles wußte. Übrigens war das nächste, was er zu mir sagte: „Wirst du ein Buch schreiben?"

Dies war mein Empfang. Danach wollte ich nichts weiter als seine Füße reiben.

Ich war in London. Ich saß in einem nur schwach besetzten Bus. Ein alter Mann, der eine Decke trug, stieg zu und entschied sich für den Fensterplatz neben mir, so daß ich aufstehen mußte, um ihn vorbeizulassen. Das störte mich ein wenig, aber er schenkte mir beim Hinsetzen solch ein bezauberndes, freundliches Lächeln, daß ich meinen Unmut vergaß und dachte: „Was für ein reizender alter Mann." Bevor der Bus seine nächste Haltestelle erreicht hatte, drehte ich mich zu ihm um – aber er war verschwunden!

Der Bus hatte nicht angehalten, seit er eingestiegen war. Wie hätte er auch aussteigen können, ohne daß ich aufgestanden wäre, um ihn vorbeizulassen?

Später ging ich nach Indien, dem Rat eines Freundes folgend, und sah dort ein Bild von Maharajji – es war derselbe Mann! Ich machte Maharajji ausfindig und fand heraus, daß er an dem Tag, als ich ihn mit dieser karierten Decke im Londoner Bus gesehen hatte, solch eine Decke in Indien von einer Frau bekommen und getragen hatte.

AUCH DIE INDER kamen mit ganz unterschiedlichen Graden von Sehnsucht und Bereitschaft zu Maharajji. Bei ihnen war es aber anders. Sie waren in einer Kultur aufgewachsen, in der es heilige Wesen im Überfluß gab, und sie besaßen zumeist Eltern, die Gurus gehabt hatten. Der Guru war für die Familie eine Mischung aus Großvater, weltlichem oder spirituellem Führer und der Widerspiegelung oder Manifestation Gottes. Für sie war Maharajji mehr ein Mensch und weniger ein Gott, und doch fiel ihnen gleichzeitig die Hingabe an ihn leichter. Hingabe war für sie nicht eine persönliche Angelegenheit, die das Ego betraf, wie es bei uns der Fall war. In den Geschichten, in denen einige von Maharajji's engsten Devotees ihre erste Begegnung mit ihm schildern, kommen sowohl die kulturellen Unterschiede als auch die Ähnlichkeit des Sich-Öffnens und der Liebe zum Ausdruck.

Ich kannte Maharajji, seit ich in diese Welt kam. Meine Eltern waren beide Devotees – mein Vater seit 1940 und meine Mutter seit 1947. Da unsere Eltern Devotees waren und in unserer Familie immer von ihm gesprochen wurde, waren wir alle seine geborenen Devotees.

Zum ersten Mal traf ich Maharajji vor vielen Jahren in Bhowali. Maharajji besuchte dort häufig das Haus einer bestimmten Ma. Ich erzählte ihr, daß ich von ihm gehört hätte, ihm aber noch nie begegnet sei, und ich bat sie, mir Bescheid zu sagen, wenn er das nächste Mal käme. Nach ungefähr einer Woche traf Maharajji des Nachts ein. Am Morgen erreichte mich die Nachricht, und ich ging sofort hin. Er lag auf einem Feldbett. Er sah mich an und schloß dann für einen Moment die Augen. Er wußte sofort, wer ich war, wer ich zuvor gewesen war und was ich in dieser Welt tun würde. Nach ein paar Sekunden sagte er: „Ich freue mich sehr, dich zu sehen", was er viele Male wiederholte. Maharajji hatte den Weg von Nainital nach Bhowali während der Nacht zu Fuß zurückgelegt. Er sagte: „Du hast mich hierher gebracht! Ich werde dich in Haldwani wiedersehen." Dann bestieg Maharajji einen Bus nach Almora. (Damals reiste er meistens im Bus und nicht mit dem Auto.) Die Leute warnten mich davor, ihn ernstzunehmen: „Neem Karoli ist ein großer Lügner. Er sagt sehr selten die Wahrheit. Du darfst dich nicht auf ihn verlassen."

Wie auch immer, ich ging nach Haldwani. Nach einigen Tagen kam jemand in mein Zimmer, sagte, daß Maharajji in Haldwani eingetroffen sei, und gab mir seine Adresse. Ich ging dann zu ihm und bin seither immer bei ihm geblieben.

Ich traf Maharajji zum ersten Mal 1950, als ich mit ihm und meinem Vorgesetzten von Nainital nach Haldwani fuhr. Mein Vorgesetzter, ein Minister der Regierung, war bereits ein Devotee Maharajji's und hatte ihn zur Mitfahrt eingeladen. Ich aber rauchte und benahm mich, als sei Maharajji niemand besonderes.
1958, nach dem Tode meiner Mutter, machte ich mit meinem Vater in Bhowali Urlaub. Wir übernachteten im Gasthaus für Regierungsangestellte, als mein Vater während der Nacht erkrankte und große Schmerzen bekam. Man rief den Arzt von Bhowali, der ihm eine Injektion gab, die jedoch nichts bewirkte. Am nächsten Tag kamen Ärzte aus Nainital und stellten fest, daß mein Vater sich sofort einer Gallenblasen-Operation unterziehen müsse. Noch am selben Tag konsultierte ich Ärzte im nahegelegenen TB-Sanatorium. Dort waren Vorbereitungen für eine puja (Gebetsritual) im Gange, mit der die Eröffnung eines kleinen Hanuman-Tempels gefeiert werden sollte, der von einem der Ärzte – einem Devotee Maharajji's – errichtet worden war. Ich blieb, um dabei zuzusehen. Maharajji traf ein, blieb jedoch verborgen. Ich wurde neugierig auf ihn. Ich hörte, daß Maharajji jemanden

in Trance versetzt hatte, und beobachtete das Ganze noch eine Weile aus der Entfernung, bevor ich ging.

Am Abend kam ein Bote der Bus-Station in Nainital zu mir und richtete mir aus, daß ich einen gewissen Baba Neem Karoli besuchen solle. Da es nun so viele Baba's gibt, nahm ich die Nachricht nicht weiter wichtig. Aber in der Nacht ging ich doch zur Bus-Station und erkundigte mich, wer die Botschaft geschickt habe. Niemand wußte es. Das machte mich nur noch neugieriger. Ich fragte, wo ich diesen Baba Neem Karoli finden könne, und ging dorthin. Maharajji sagte zu mir: „Dein Name ist So-und-so und dein Vater ist sehr krank."

„Ja."

„Du dachtest, er könnte sterben, aber Gott hat ihn geheilt. Die Ärzte haben dir gesagt, daß er operiert werden muß. Aber das ist nicht nötig. Er wird wieder gesund."

Maharajji gab mir zwei oder drei Mangos für meinen Vater. Ich fütterte ihn damit, und sein Zustand besserte sich. Nach einigen Tagen rief mich Maharajji wieder zu sich. Ich ging zu ihm, berührte aber seine Füße nicht. Ich hatte vor, nach Delhi zurückzukehren, und Maharajji sagte: „Du gehst nach Delhi. Du fährst zu schnell. Gib auf deinen Vater acht, dann wird ihm nichts geschehen." Seine Worte bewegten mich, und ich berührte Maharajji's Füße. Mein Vater mußte nie operiert werden und wurde wieder ganz gesund, ohne einen Rückfall zu erleiden.

*Seit ich nicht mehr verheiratet war, lebte ich bei meinem Bruder und seiner Frau. Als Maharajji sie besuchte, ging ich in den entferntesten Raum, denn ich wollte mit solchen Leuten nichts zu tun haben. Ich dachte: „*Sadhus *(Entsagende) sind nicht gut." Nach einer Weile kam Maharajji zu mir in das Zimmer. Er trat ein, setzte sich und sagte: „Sadhus sind nicht gut." Da bin ich sein Devotee geworden.*

EINER VON Maharajji's engsten Devotees in den letzten zwanzig Jahren berichtet folgendes:

1935 unternahm ich in den Schulferien eine religiöse Pilgerschaft nach Dakshineshwar. Als ich zu der Stelle kam, wo viele Shiva-*Tempel standen, erschien ein Mann vor mir, den ich vorher dort nicht bemerkt hatte.*

„Mein Sohn", sagte der Mann, „du bist ein Brahmin*? Ich werde dir ein Mantra geben."*

„Ich will es nicht", sagte ich, „ich glaube nicht daran."

„Du mußt es annehmen", beharrte er, und so gab ich nach.

Von da an rezitierte ich jeden Tag gewissenhaft das Mantra. Viele Jahre vergingen.

Es war Juni 1955. Ich hatte einige enge Freunde, die fast schon zur Familie gehörten. Jeden Sonntagabend saßen wir plaudernd in unserem Haus zusammen. Um neun Uhr sah ich meine Frau, meine Tante und meine Mutter hinausgehen und fragte sie, wohin sie gingen. Sie sagten, daß sie nur ein Nachbarhaus aufsuchen würden, wo ein Baba zu Besuch sei. Einer meiner Freunde meinte zynisch: „Nimmt er Nahrung zu sich? Ich kann ihm zu einem Mahl verhelfen." (Er war ein Jäger.)

Meine Frau erwiderte: „Du solltest so etwas nicht sagen."

Nach zehn Minuten kehrten sie zurück. Sie erzählten, daß er in einer schmutzigen Hütte bei einer Öllampe gesessen und sie wieder weggeschickt habe. Als sie nicht gehen wollten, sagte er: „Geht! Die Bengali-Freunde deines Mannes sind gekommen. Geht hin und bereitet Tee für sie. Ich werde morgen früh kommen."

Am nächsten Morgen gingen meine Frau und ich hinüber. Maharajji saß in einem winzigen Raum auf einem kleinen Bett. Als wir eintraten, sprang er auf, nahm mich bei der Hand und sagte: „Laßt uns gehen." Wir brachen so schnell auf, daß meine Frau ihre Sandalen in die Hand nehmen mußte, um sie nicht zu verlieren. Er brachte uns zu unserem Haus und sagte: „Ich werde bei euch bleiben." Als die Frauen aus dem anderen Haus kamen, um ihn zurückzuholen, wollte er nicht mitkommen.

Später fragte er mich: „Du bist ein Devotee Shiva's?"

„Ja."

„Du hast bereits ein Mantra." In diesem Augenblick erkannte ich, daß es Maharajji gewesen war, der mir das Mantra zwanzig Jahre zuvor gegeben hatte.

राम

Mein erstes Zusammentreffen mit ihm in Kanpur war kurz und süß – es dauerte nur etwa zwei Minuten. Ich machte Pranam vor ihm. Er fragte mich, wer ich sei, gab mir seinen Segen und brach abrupt auf. Wohin, konnte niemand sagen.

Zehn Monate oder ein Jahr später traf ich ihn in Lucknow wieder. Viele Leute saßen bei ihm, die er einen nach dem anderen fortschickte, bis nur noch er, meine Frau, meine Schwägerin und ich übrig waren. Dann fragte er meine Schwägerin: „Was willst du?" Sie sagte, daß sie nur gekommen sei, um ihre Ehrerbietung zu erweisen.

Dann richtete er die Frage an mich, und ich erwiderte: „Ich brauche nur deinen Segen, nichts weiter."

Dann sagte er zu meiner Frau: „Du bist mit bestimmten Fragen gekommen. Warum sprichst du sie nicht aus?"

Sie war tatsächlich mit einigen Fragen gekommen, die sie noch nicht einmal uns anvertraut hatte. Jedoch hatte sie sich im voraus entschieden, die Fragen nicht selbst zu stellen. Sie wollte, daß Maharajji sie ungefragt beantworte, und dies sollte unter vier Augen geschehen. Deshalb sagte sie nichts. Sie konnte ihre Fragen nicht verleugnen, aber auf Grund ihrer Entscheidung konnte sie sie auch nicht stellen. Maharajji sagte zu ihr: „Du willst, daß ich deine Fragen ungefragt beantworte. Und du willst, daß ich dir antworte, wenn wir allein sind. Du unterziehst einen Sadhu einer sehr harten Prüfung. Morgen werde ich in euer Haus in Kanpur kommen und deine Fragen beantworten." Wir saßen noch einige Minuten zusammen, und dann sagte er: „Geht!" Als wir aufbrachen, schlich sich bei mir der Zweifel ein, daß Maharajji uns nur mit einer leeren Versprechung abgespeist habe, als er versprach, uns am nächsten Tag zu besuchen und die Fragen zu beantworten.

Abends um zehn Uhr erreichte uns eine Nachricht, die an einen Devotee Maharajji's gerichtet war, der unser Gast war. Sie besagte, daß Babaji (vertraute Form von „Baba") das Haus des Devotees besuchen werde und daß dieser sofort dorthin zurückkehren solle. Wir begleiteten ihn. Sobald ich Pranam vor Maharajji gemacht hatte, sagte er: „Du hast an meiner Rechtschaffenheit gezweifelt! Zweifle nie an einem Sadhu – die Bürde liegt auf ihm, nicht auf dir. Du hast nicht zu zweifeln." Ich bat ihn um Vergebung. Ich hatte wirklich gezweifelt. Dann sagte er: „Gut, morgen werde ich zu euch kommen."

Er kam also am nächsten Morgen herüber. Da dies sein erster Besuch bei uns war, wußte ich nicht, wie ich mich verhalten sollte. Andere hatten mir gesagt, daß man nichts tun müsse – nur ein großes Kissen auf einem Bett für ihn bereitlegen, auf das er sich stützen könne, und ein wenig Nahrung oder Früchte oder Milch anbieten. Er nimmt, was er mag. Es ist sein süßer Wille.

Als er eintraf, führte ich ihn ins Wohnzimmer. Er sagte: „Nein, da möchte ich nicht sitzen. Laß die anderen dort sitzen – bringe mich in den kleinen Raum!" Ich war überrascht und verwirrt, da ich nicht wußte, welchen kleinen Raum er meinte. Er beschrieb ihn und ging durch das Haus, als wüßte er, wo der Raum war. Statt ihn zu führen, folgte ich ihm durch unser Haus. Er ging geradewegs in den Raum hinein und sagte: „Hier möchte ich sitzen." Er sagte: „Rufe Ma (meine Frau)." Sie kam, und er beantwortete alle Fragen, die sie auf dem Herzen hatte. „Gibt es noch eine Frage, die ich nicht beantwortet habe?" fragte er. Sie mußte zugeben, daß es keine mehr gab.

Ein ICS (Indian Civil Service)-Kommissar in Lucknow hatte die Gewohnheit, fürchterlich zu trinken. Der Polizei-Inspektor bat Maharajji, ihn zu besuchen. Maharajji willigte ein, und als sie beim Kommissar ankamen, verbarg dieser eine Flasche hinter seinem Rücken. Maharajji schrie vom Auto aus: „Was ist los?"

Der Kommissar war wütend. Er herrschte den Inspektor an: „Wen hast du da gebracht? Er hat keine Manieren! Schaff' ihn weg."

Der Inspektor öffnete sein Pistolenhalfter und war nahe daran, den Kommissar für diesen Ton Maharajji gegenüber zu erschießen. Aber Maharajji brauste auf: „Was tust du da! Er ist ein großer Heiliger! Du siehst ihn nur von außen. Ich werde dich nie mehr begleiten.”

Der Kommissar wurde später ein großer Devotee. Er kam zum Darshan, setzte sich aber nur vor die Tür, weil er dies als seinen Platz erachtete. Schließlich wurde er Direktor der Offiziersschule der Regierung in Allahabad.

Er litt an einer Thrombose. Zuletzt befand er sich in einer schweren Agonie, rezitierte jedoch ständig das Ram Mantra (Wiederholung von „Ram”, eines Namens Gottes) und war sehr fröhlich. Der Polizei-Inspektor weinte, als er ihn vor dem Ende besuchte, und fragte ihn: „Soll ich nicht deine Frau und deinen Sohn rufen?”

Der Kommissar sagte: „Nein, jetzt ist nicht die Zeit, an etwas zu haften. Alles, was ich jetzt zu tun habe, ist, an Ram und Maharajji zu denken. Lebt wohl. Wir werden uns wiedersehen.” Und er starb.

Lange Zeit hatte ich mir gewünscht, Maharajji zu begegnen, bekam ihn aber nie zu fassen. Schließlich kam einmal ein Freund und fuhr mich in seinem Firmenwagen dorthin, wo Maharajji sich vermutlich aufhielt. Es gab dort vier Zimmer, und Maharajji war im letzten. Ich ging hinein. In dem Moment, als ich eintrat, sagte Maharajji: „Hinaus mit dir!”

Also verließ ich den Raum wieder und setzte mich hin, wollte aber nicht gehen. Viele Stunden saß ich dort. Endlich mußte mein Freund das Auto zurückfahren, denn es war Geschäftsschluß. Obwohl mein Haus recht weit entfernt war, beschloß ich zu bleiben und Maharajji's volles Darshan zu erhalten. Schließlich hatte jemand Mitleid mit mir und sagte: „Du machst es nicht richtig. Wenn ein paar Leute hineingehen, dann schließ' dich an, und wenn er dich hinauswirft, dann wartest du und versuchst es wieder mit den nächsten Leuten.” Ich folgte diesem Rat und wurde zweimal hinausgeworfen. Endlich, beim dritten Mal, sagte Maharajji: „Komm' und setz dich. Wie heißt du und was machst du?” Dann sagte er: „Es ist gut, geh' jetzt.”

Aber ich erwiderte: „Ich gehe nicht. Ich habe noch kein Darshan erhalten. Ich hatte keine Möglichkeit, meine Probleme mit dir zu besprechen.”

Maharajji sagte: „Geh' jetzt und komm' morgen früh um sechs Uhr wieder.” Ich ging also nach Hause, konnte aber nicht schlafen, und um zwei Uhr nachts stand ich auf und machte Puja. Ich fürchtete, daß Maharajji aufbrechen könne, bevor ich bei ihm gewesen war. Als ich um sechs Uhr eintraf, war Maharajji schon weg, aber man sagte mir, daß er wiederkommen würde. Nach einiger Zeit kehrte er zurück, und dann waren Maharajji und ich viele Stunden zusammen. Eigentlich verbrachte ich den ganzen Rest meines Lebens mit Maharajji.

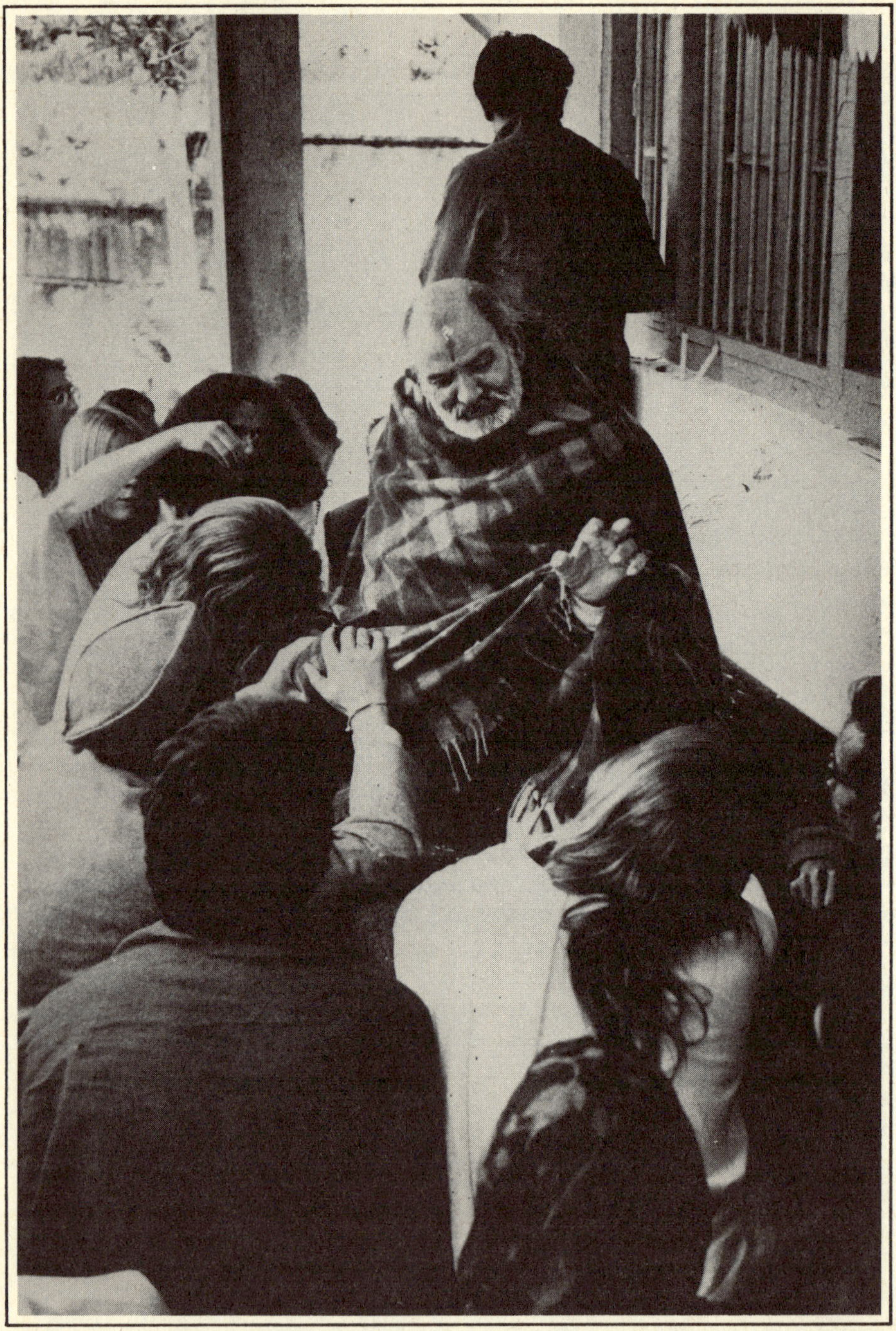
Rameshwar Das

Darshan

BEGEGNUNG DES GEISTES

NICHT ALLE, DIE Maharajji trafen, wurden beim ersten Besuch „geöffnet" oder „erweckt". Viele kamen, erfreuten sich eines angenehmen Besuches und gingen anscheinend unbewegt. Sie schienen mit Maharajji „nichts zu tun" zu haben, was bedeutet, daß sie entweder nicht bereit waren, so tief berührt zu werden, oder daß das Medium des Gurus oder dieses bestimmten Gurus nicht ihr Weg war.

Balaram (zu einem Neuankömmling auf der Veranda in Vrindaban): „Hattest du schon Maharajji's Darshan?"
„Ich weiß nicht – ist das der Dicke da drüben?"

DANN WAREN DA jene, die zwar kein dramatisches „Klick!" erfuhren, dennoch aber auf einen subtilen Faden ansprachen, der sie immer wieder zu Maharajji zurückzog.

Es erstaunte mich zu beobachten, wie hartgesottene Menschen dahinschmolzen, wenn sie in Maharajji's Nähe waren.

FÜR VIELE VON uns, die wir entweder eine anfängliche dramatische Öffnung erfahren hatten oder auf subtile Weise angezogen waren, wurde es zum höchsten Wunsch unseres Lebens, bei Maharajji zu sein. Wir waren „Devotees" geworden, denn wenn wir bei ihm waren, machten wir die Erfahrung des „Zu-Hause"-Seins im Herzen Gottes. Was Wunder, daß seine Gegenwart so süchtig machte, daß wir unser Heim verließen und keine Entfernung scheuten, um diesem spirituellen Rattenfänger zu folgen, der uns das Tanzen und Spielen auf den Feldern des Herrn lehrte.

Die Annahme jedoch, daß man bei Maharajji sein konnte, einfach weil man es wünschte, ließ die Verhaltensweise dieses Mannes außeracht. Er handelte unvorhersehbar. Und wenn er nur für wenige Tage an irgendeinem bestimmten Ort weilte, dann strömten die Menschen ununterbrochen von früh bis spät herbei. Manche kamen barfuß mit ihren nackten Babies von nahegelegenen Bauernhöfen, andere kamen mit Flugzeug und Taxi.

Ich stand im Vorhof eines Armenhauses in einem kleinen Bergdorf, als Maharajji unerwartet eintraf. Ich sollte draußen bleiben; so hatte ich Gelegenheit, das Herannahen der Leute zu beobachten. Sie schienen beinahe aus dem Nichts aufzutauchen, kamen und rannten aus allen Richtungen herbei. Einige Frauen wischten ihre mehligen Hände an ihren Schürzen ab, andere trugen halb bekleidet ihre Babies im Arm. Die Männer ließen ihre Läden unbeaufsichtigt zurück. Einige zupften Blüten von den Bäumen, um eine Gabe zu haben... Aber alle kamen mit einer Erwartung, mit einer Freude, mit einer Ehrfurcht, die nicht mißverstanden werden konnte. (R. D.)

Gewiß, viele wollten etwas Weltliches von dem „Wunder-Baba", aber jenseits dessen wollten sie auch wieder einmal vom Nektar seiner Gegenwart kosten.

VIELE VON UNS waren sich ihrer Reaktionen auf diese beständige Nachfrage nach Maharajji unschlüssig. Manchmal sahen wir uns selbst und die anderen Devotees und Suchenden wie einen Schwarm von Geiern, die sich um ein Stück rohen Fleisches versammeln, oder wie Fliegen, die auf einem Stück Zucker umherkrabbeln. Dann versuchten wir ihn zu beschützen – und oft hielten wir uns zurück, um nicht zu dieser Szene beizutragen.

Zu anderen Zeiten aber erkannten wir, wie vollkommen Maharajji die Kontrolle über die Situation behielt. Wenn er fühlte, daß die Leute „seinen Kopf essen" wollten, wie er es ausdrückte, dann ging er einfach in ein Hinterzimmer und verschloß die Tür, oder er schickte alle fort, oder er bestieg ein Auto und fuhr ab, ohne sich umzusehen. Einmal reisten wir viele Monate umher, um Maharajji zu sehen, und fanden ihn schließlich im Hause eines Devotees in Delhi. Wir durften für wenige Minuten zu ihm in das Hinterzimmer und wurden dann hinausgeschickt, um mit vielen anderen Tee zu trinken. Nach etwa einer Viertelstunde verließ Maharajji sein Zimmer und ging dicht an uns vorbei – kaum mehr als einen halben Meter von uns entfernt – wobei auch nicht die leiseste Wendung seines Kopfes oder das geringste Zeichen des Wiedererkennens zu bemerken war. Er ging zu einem Wagen, in dem ein Fahrer wartete, stieg ein, und der Wagen fuhr mit unbekanntem Ziel ab. Eine solche Person war zweifellos nicht in unserer Gewalt!

So war Maharajji ständig unterwegs, in einer Art und Weise, die völlig unvorhersehbar war. Auf einem Tempelgelände war er einmal hier, einmal dort – einmal für alle erreichbar und im nächsten Moment bei einem vertraulichen Gespräch hinter irgendeiner sorgfältig verschlossenen Tür.

Wären dies seine einzigen Ortswechsel gewesen, hätten sich die Devotees in der Umgebung des Tempels niederlassen können, hätten ihn einfach täglich aufsuchen und auf die Augenblicke warten können, in denen er erschien. Aber seine Beweglichkeit war nicht auf ein einziges Gebiet beschränkt. Vielmehr wanderte er von Dorf zu Dorf, von den Bergen ins Flachland, von einem Ende Indiens zum anderen, von Tempeln über Privathäuser zu Dschungel-Ashrams. Um Mitternacht konnte er unerwartet nach einem unbekannten Ort aufbrechen. Es war auch möglich, daß er einen Zug nach irgendeiner Stadt bestieg, die sein vermeintliches Ziel war, um dann an irgendeiner anderen Station auszusteigen. Dies geschah manchmal so schnell – sogar während der Fahrt – daß die Devotees, die ihm gefolgt waren. das Nachsehen hatten.

Das intensive Verlangen der Devotees, bei Maharajji zu sein, führte in Verbindung mit seinem ausweichenden und unvorhersehbaren Verhalten zu den verwickeltsten Dramen des Versteckspiels, die von einem spaßhaften Devotee als „great grace race" (großes Gnaden-Rennen) bezeichnet wurden.

Ein Devotee Maharajji's zu sein glich der Teilnahme an einer stetigen und endlosen Jagd nach einem Schatz, die lediglich durch unzureichende ökonomische Mittel oder familiäre Verpflichtungen eingegrenzt war. Der Goldschatz war natürlich Maharajji's Darshan. Und Gold war es wahrhaftig! Ein indischer Devotee drückte es prägnant aus: „Selbst sexueller Verkehr mit meiner Frau kommt dem Darshan bei Maharajji nicht gleich."

Die indischen Devotees unterhielten ein kompliziertes Kommunikationssystem, welches ihnen erlaubte, Maharajji wenigstens während dreißig Prozent der Zeit aufzuspüren und innerhalb eines Tages seinen Aufenthaltsort zu erfahren, sofern er in irgendeiner Stadt oder einem Dorf eingetroffen war. Wir Westler waren nicht so glücklich, und so mußten wir unseren Einfallsreichtum, unsere Intuition, unsere List – und unsere ganze Frechheit – aufbieten, um zu seinen Füßen zu gelangen. Der Prozentsatz unseres Erfolges nahm sich vielleicht nicht so eindrucksvoll aus wie der der indischen Devotees, aber hinsichtlich unseres Stiles und der Dramatik unserer Auf- und Abtritte standen wir ihnen sicherlich um nichts nach.

Ich hatte gerade Maharajji's Darshan, als ganz plötzlich Tukaram auftauchte. Ich fragte ihn, wie er hereingekommen sei, und er sagte: „Oh, ich bin über die Mauer gesprungen." Ich dachte: „Oh Gott! Meines Bleibens wird hier nicht mehr lange sein." Dann kletterte Krishna Priya über die Mauer. Der Chaukidar sah es, und da er sich keinen Tadel zuziehen wollte, weil er sie hereingelassen hatte, kam er, um es Maharajji zu sagen. Der Türhüter sagte: „Baba, diese Leute sind über die Mauer gestiegen. Es tut mir leid. Ich habe versucht, es zu verhindern." Maharajji's erste Reaktion auf die Mitteilung des Chaukidars war ein Wutanfall: „Wirf sie hinaus! Wirf sie alle hinaus!" Ich wurde ebenfalls hinausgeworfen. Wir Westler teilten die Schuld unter uns. Am nächsten Tag kehrten wir zum Darshan zurück und stellten fest, daß die Mauer über Nacht um das Doppelte erhöht worden war.

Viele Ebenen – Viele Wandlungen

WENN DU DICH endlich am rechten Ort und zur rechten Zeit eingefunden hattest und wenn man dir sagte: „Ja, er ist da", und du sahst dich zu seinen Füßen sitzen – womit war dies vergleichbar? Selbst die Zungen und Hände der Götter und Göttinnen der Sprache, der Musik und der Dichtkunst könnten diesem Anlaß nicht gerecht werden. Wie sollte es mir dann gelingen? Wie in der Geschichte von den Blinden und dem Elefanten begegnete jeder Devotee einem anderen Maharajji.

Wenn Maharajji aus seinem Zimmer kam, wußtest du nie, was zu erwarten war. Er konnte eine Woche lang jeden Tag dasselbe tun, bis du dachtest: „Nun, um Acht wird er herauskommen." Dann kam er möglicherweise den ganzen Tag nicht heraus, oder er ging einfach in einen anderen Raum, schloß die Tür und blieb zwei Tage lang unsichtbar. Du mußtest lernen, das Unerwartete zu erwarten.

Eines Tages kam er heraus, und alles, was er den Tag über sagte, war: „Thul-Thul, Nan-Nan" – er sprach diese Worte vor sich hin wie ein Mantra. Tage vergingen in dieser Weise, bis schließlich jemand fragte: „Maharajji, was sprichst du da?" Und es stellte sich heraus, daß die Worte einem alten Behari-Dialekt entstammten und lediglich bedeuteten: „Zu groß – zu groß, zu klein – zu klein". Als er endlich gefragt wurde, warum er das sagte, erwiderte er: „Oh! Ihr alle, ihr lebt in Thul-Thul, Nan-Nan – ihr lebt in der Welt der Beurteilungen. Es ist immer zu groß oder zu klein."

Wenn du bei Maharajji sitzt, kannst du nie wissen, wer es eigentlich ist, mit dem er im Verlauf des Darshans arbeitet. Er mag sich mit jemandem unterhalten, während eine andere Person auf eine besondere Weise tief bewegt wird. Du selbst kannst nicht wissen, was du von ihm empfängst.

Ein Aspekt des Zusammenseins mit Maharajji, der mir und vielen anderen auffiel, war die Mehrschichtigkeit der Erfahrung. Wir saßen beispielsweise um ihn herum, und allem Anschein nach geschah nichts besonderes. Wir tranken unseren Tee, und manchmal warf er mit ein paar Früchten, oder es kam jemand und sagte etwas. Es lief alles auf kleiner Flamme – aber wir beobachteten alles, was er tat, wobei wir das höchste Entzücken über jede Neigung seines Kopfes und jede Bewegung seiner Arme empfanden. Und während wir eine unglaublich beschwingte Freude empfanden, hatten wir gleichzeitig das Gefühl, inmitten eines lodernden Feuers zu sitzen.

Alle sitzen still um Maharajji herum und konzentrieren sich. Maharajji wendet einer Person den Rücken zu, fängt einen zerstreuten Gedanken auf, wälzt sich herum und sieht der Person ins Gesicht. Mit einem Ausdruck von Zorn und Liebe erhebt er einen Finger oder schüttelt die Faust. Wenn jemand meditiert, zwickt er ihn in die Nase oder zieht an seinem Bart. Er wendet sich einer Person zu und sagt ihr, daß sie sehr gut sei. Eine andere schimpft er aus, erzählt alle möglichen Schauergeschichten. Wieder dreht er sich zu jemandem um und sagt: „Fort mit dir! Du Bösewicht!"

UND DIE WORTE und die Äpfel und der Tee, die Stille und das Gelächter, alles wurde von einem ununterbrochenen Fluß der Liebe durchströmt, der aus Maharajji hervorfloß. Die „wissenden" Devotees waren ebenso glücklich über Maharajji's Tadel wie über sein Lob, denn es war alles fühlbare Liebe und Nahrung für den Geist.

Der Fingerzeig in dieser Hinsicht wurde uns von Dada gegeben, einem der engsten und treuesten Devotees Maharajji's, der Maharajji mit einer Zielstrebigkeit diente, die uns mit Ehrfurcht erfüllte. Wenn Maharajji ihn auszeichnete, sagte Dada: „Ha, Baba", was bedeutete „Ja, Baba." Und wenn Maharajji ihn lautstark tadelte und manchmal von morgens bis abends auf ihn schimpfte, dann erwiderte er in genau dem gleichen Ton: „Ha, Baba!" Offensichtlich waren Ruhm und Schande ein und dasselbe für ihn, sofern Maharajji die Quelle war. Maharajji konnte Dada nicht mehr erzürnen oder Schuldgefühle in ihm wecken; über die Jahre war all dies ausgebrannt worden. Für Dada war alles Gnade.

Manchmal sprach Maharajji nur mit einer einzigen Person, und alle anderen lauschten – in vollkommener Zufriedenheit, einfach gegenwärtig zu sein.

ES WAR EIN Vergnügen, die Neuankömmlinge zu beobachten, in ihrer Skepsis, in ihren Fragen – und dann mitzuerleben, wie sich ihr Herz behutsam öffnete und ihr sanftes, blumengleiches Wesen unter der zärtlichen Obhut des Meistergärtners zum Vorschein kam. Wenn wir in diesen Gruppen beisammensaßen, wandte sich Maharajji hierhin und dorthin, widmete sich einer neben ihm sitzenden Person und im nächsten Moment einem weit entfernten Devotee, der soeben den Tempel betrat; und er verwandelte die Stimmung der Gruppe in einem Augenblick von hellem Gelächter zu grimmiger Intensität und wieder zurück. In solchen Momenten hatten wir das Gefühl, als sei Maharajji der Puppenspieler und wir die Puppen.

Die Gesellschaft Maharajji's war stets etwas ganz besonderes. Er war immer natürlich, wie ein Kind, wie ein Heiliger der traditionellen Art. Er stellte weder Bedingungen noch erwartete er irgendein bestimmtes Verhalten von seinen Devotees. Selten ließ er sich von äußeren Dingen beeinflussen. Er konnte sich gleichzeitig mit einem halben Dutzend Leute unterhalten, während dicht neben seinem Gesicht eine Kamera auf ihn gerichtet war. Er hatte keine Form. Er führte keine Rituale und keine Puja durch. Er folgte keinen orthodoxen Gebräuchen wie z. B. dem rituellen Bad. Dennoch war seine Gegenwart mehr als inspirierend – sie war erleuchtend. Wenn man in seiner Gegenwart oder Nähe meditierte – selbst wenn er sprach oder laut scherzte – erreichte man schnell den Ort des klaren Lichts, einen Ort, der ohne seine Gnade und Kraft schwer zu erreichen ist.

Zeitloses Darshan

MAHARAJJI GAB den indischen Devotees oft den Rat, still dazusitzen – einfach zu sitzen, zu lauschen und alles in sich aufzunehmen. Dies war jedoch in Maharajji's Nähe nicht leicht, da sich um ihn herum fortwährend ein verlockendes Schauspiel vollzog: Wer kam? Wer ging? Was wurde gesprochen? Was für Essen wurde verteilt? Wer saß neben ihm? Wie arbeitete er mit dieser oder jener Person? Wen liebkoste er und wen schrie er an? Wie bewegte er sich auf dem Tucket? Ein Inder meinte, daß jene von uns, die kein Hindi verstünden, glücklich zu schätzen seien, da dies sie vor einer zu starken Verstrickung in diese Dinge bewahren würde. Wenn es einmal etwas ruhiger war oder wenn man sich selbst von diesem Melodrama lösen konnte, dann konnte man in der zeitlosen Gnade seiner Gegenwart baden.

Sobald du ihm begegnest, wird er, wenn du bereit bist, sich selbst in dich einpflanzen – den Samen. Und Zeit bedeutet nichts.

Du vergaßest alles, wenn du bei ihm warst. Da gab es nur Maharajji – vollkommene, mühelose Anbetung. Das ist die wirkliche Puja.

Manchmal blieben wir in Kainchi nachts so lange wach und sprachen mit Maharajji, daß wir jedes Zeitgefühl verloren – bis wir merkten, daß jemand ein Morgenbad nahm, und uns gewahr wurden, daß die ganze Nacht verstrichen war.

Es war eines jener Darshans, wo du glaubtest, jemand habe LSD in den Tee getan.

Wir sonnten uns in seinem strahlenden Glanz.

Tatsächlich kannst du näher bei Maharajji sein, wenn du dich von seiner äußeren Form entfernst. Du kannst dich dann ungestört auf ihn konzentrieren.

Darshans der Intimität

ANDERE WAREN SICH insbesondere der tiefen Intimität bewußt, die daher kam, ein anderes Wesen innerhalb desselben Bereiches zu erfahren, der von deinem eigenen Sein eingenommen wird – das Flüstern eines Geliebten zu vernehmen, der das Innerste deines Herzens kennt.

Maharajji predigte nie und er hielt keine Vorträge – er sprach inmitten deines Herzens. Mit ihm wußtest du automatisch alles. Er kam durch das Herz, nicht durch das Lesen von Büchern.

Wir saßen zu zehn oder zwanzig Leuten im hinteren Teil des Ashrams in Kainchi und unterhielten uns mit Maharajji. Jemand sagte: „Aber Maharajji, wie steht es mit So-und-so?" und stellte irgendeine Frage über Gott und das Leben. Maharajji begann zu sprechen, und nach kurzer Zeit füllten sich alle Augen mit Tränen. Manchmal sprach er über Christus und fing selbst an zu weinen.

Zwischen ihm und mir lief wirklich nicht viel auf der verbalen Ebene ab. Im Inneren aber fühlte ich eine so große Liebe, daß ich immer in seiner Nähe blieb; und wenn ich fortging, dann entfernte ich mich nicht weit – und kehrte immer wieder zurück. So ging es einer Menge von Leuten.

Maharajji erreichte das Herz jedes Menschen auf eine ganz besondere Weise. Jeder teilte eine andere Erfahrung mit ihm. Du kannst nicht erklären wie es ist, bei ihm zu sein. Es ist etwas, das du in deinem Herzen spüren mußt.

Er war so sanft, daß du nicht die geringste Furcht vor ihm hattest. Aber zuweilen glaubtest du, daß in ihm ein Löwe sein müsse.

An Krishna's Geburtstag waren drei oder vier junge Frauen aus dem Westen anwesend. Während alle im Tempel vor Lakshmi-Narayan *Kirtan sangen, gingen sie hinüber zu Maharajji's Fenster, das von innen verschlossen war, und begannen leise ein Lied zu singen –* Devakinandana Gopala. *Es handelt von dem Baby* Krishna *(eine Inkarnation Vishnu's). Nach einiger Zeit öffnete Maharajji die Fensterläden, schickte sie ärgerlich fort und schlug das Fenster wieder zu. Diese Szene wiederholte sich einige Male, während die jungen Frauen ihren lieblichen Gesang fortsetzten. Schließlich öffnete Maharajji wieder das Fenster, aber diesmal strömten Tränen über sein Gesicht, und in einem Zustand von* bhava *(spiritueller Regung) lauschte er dem Gesang für eine ganze Weile.*

Erinnerst du dich daran, wie Castaneda vom Anhalten der Welt spricht? Manchmal machte Maharajji etwas mit dir, und du hattest das Gefühl, als habe er soeben die Welt angehalten. Manchmal hörtest du ihm zu und manchmal nicht, und dann machte Maharajji plötzlich etwas, und du hingst in der Luft. Es gab eine Periode in meinem Leben, wo ich Einklebebücher mit Pferdebildern sammelte. Niemand wußte davon. Und dann, als ich mit meinen Gedanken einmal woanders war, drehte sich Maharajji zu mir um und fragte mich nach Pferden. Mein Verstand hielt einfach an.

Maharajji erwischte mich jedes Mal, wenn meine Gedanken sich zerstreuten. Wenn meine Konzentration auch nur im Geringsten schwankte, fing er mich wieder ein und holte mich zurück.

Maharajji saß auf seinem Tucket, lehnte sich vor und küßte Kabir auf den Kopf. Dieser Kuß wirkte auf alle, die anwesend waren. Alle fühlten sich innerlich richtig warm.

Immer, wenn Maharajji jemanden umarmte, erklang im ganzen Raum ein vielstimmiges „Ahhhhh..."

Darshans der Liebe

All die Liebe und Zuneigung und Güte, die von Maharajji ausging – du kannst sie nicht von den Menschen erhalten.

Wie soll ich es beschreiben, was es hieß bei Maharajji zu sein? Es ist, als wollte man die Süße einer Frucht oder den Duft der Rose beschreiben.

Nie warst du jemandem begegnet, der so liebenswert, so gütig, so süß war. Wie war es möglich, ihn nicht zu lieben?

Fast wolltest du ihm deinen letzten Atemzug hingeben, wenn du es gekonnt hättest.

Ein Devotee fragte mich, ob Maharajji's Blick mich jemals in einer Weise umfangen habe, daß ich, während er mich kurz ansah, alles vergaß und nur noch Maharajji's Liebe wahrnahm. Der Devotee meinte, es sei ein wundervoller und seltener Umstand, wenn er einen in dieser Weise anschaue, und ein großes Glück, wenn man seinem Blick in diesem Zustand standhalten könne.

Mit einem einzigen Blick oder einer Bewegung konnte er dein Herz durchdringen. Die geringste Kleinigkeit konnte dir erscheinen, als würde sie dich durchbohren.

Ich wollte am nächsten Morgen nach Nepal fahren. Wir saßen am Abend im hinteren Teil des Ashrams zusammen. Mein Visum war abgelaufen, und Maharajji verlor kein Wort über meine bevorstehende Abreise – aber am Ende des Darshans hielt er meinen Blick mit den Augen fest. Es war der Blick des Gurus, der Ausdruck absoluten, universalen, totalen Mitempfindens; es war Liebe jenseits der Worte. Er sah mich nicht lange an, aber es war – mein Wesen in seinem Wesen. Und das erfüllte mich mit solchem – wie kann man dieses Gefühl nennen? – Schmerz oder Sehnsucht oder... Ich spürte in diesem Blick unendliches Erbarmen, und wenn er auch nicht sehr lange währte, so dringt doch seine Kraft noch immer zu mir durch, besonders in sehr schwierigen Zeiten.

Ich war erst ungefähr sechzehn, als ich Maharajji zum ersten Mal traf. Es fand ein bhandara *(Fest) statt, und viele Menschen waren versammelt. Als ich ihn traf, wurde ich von tiefem Bhava erfüllt – anscheinend übertragen durch göttliche Liebe. Maharajji trug mir auf, den Devotees auf dem Bhandara zu dienen. Viele Menschen waren mit Nahrung zu versorgen, und wir arbeiteten lange, aber dieses Gefühl verließ mich nie.*

Als ein Mann gefragt wurde, was er bei der Begegnung mit Maharajji erfahren habe, erwiderte er: „Das ist nicht etwas, das man aussprechen kann. Man muß es erfahren. Die Liebe, die Zuneigung, die Gnade ihn zu kennen..."

Das Sprechen beim Darshan

Er sprach, sprach ohne Schranken, ohne Sinn und Logik. Wenn er jemanden tadelte, schimpfte er laut und ohne Ende. Aber er hörte alles. Wie berauschend das war! Er benahm sich völlig anomal, trieb allen möglichen Unsinn, schrie und schimpfte.

Was aber war es, das dich zum Bleiben bewegte? Dir waren Zeit und Raum nicht bewußt. Du fragtest nie, wo du warst und warum du dort warst. Tage und Monate vergingen mit ihm, und sie erschienen dir wie ein Augenblick. Manchmal merkte ich nicht, daß ich mehrere Tage nichts gegessen oder nicht geschlafen hatte, und er bewirkte, daß ich Dinge tat, die ich normalerweise nicht tun würde. Wenn ich gehen wollte, bewirkte er, daß ich blieb; und wenn ich noch eine Nacht bleiben wollte, zwang er mich zum Gehen.

Er plapperte immer drauflos wie ein Kind, redete über dies und das, wovon das meiste nicht übersetzt wurde. Es war wie bei einem guten ausländischen Film, bei dem du wirklich keine Untertitel brauchst!

In manchen Fällen sagte er etwas nur ein einziges Mal. Wenn du es überhörtest, war es vorbei.

Eine Frau aus dem Westen saß vor der Hanuman-murti *in Vrindaban. Sie sehnte sich sehr danach, Maharajji zu sehen, aber in jenen Tagen durften die Leute aus dem Westen nicht zum Darshan kommen. Mit gesenktem Kopf saß sie da und sang Kirtan. Da entstand Unruhe. Sie blickte empor, und direkt vor ihr, mit einem überaus süßen Lächeln, stand Maharajji. Dann neigte er zu ihrer Freude seinen Kopf und sagte in Englisch: „Too much!"*

Einige Westler erinnerten sich an Maharajji's „Hitparade" englischer Ausdrücke. Einige davon waren: Kokosnuß; rechtsum, schnell, marsch-marsch! links, rechts, los! setz' dich; der Bus ist da; manchmal; verdammter Narr; Oberbefehlshaber; danke; steh' auf, Wasser.

Wenn du bei Maharajji warst, dann sprachst du über die Dinge, über die er sprechen wollte. Wenn du ein eigenes Thema anfingst, ignorierte es Maharajji oder kam davon ab.

In Maharajji's Nähe gab es keine andere Unterhaltung als die mit ihm.

Maharajji sprach über Belanglosigkeiten, als seien sie von größter Wichtigkeit.

Maharajji sprach mit einer Person, während er einer anderen Schläge versetzte, und nur diejenige verstand ihn, die verstehen sollte.

Maharajji zeigte an allem großes Interesse, wie jeder andere Mensch auch. Er war anspruchslos, aber niemand konnte ihn täuschen.

DIE GESPRÄCHE mit den Westlern beinhalteten gewöhnlich eine gewisse Routine. Bei vielen von ihnen entwickelte Maharajji ein bestimmtes gleichbleibendes Verfahren, und der oder die Einzelne wurde Tag für Tag nach vorne gerufen, um stets denselben Dialog aufzunehmen. Einer jungen Frau stellte er jeden Tag dieselben Fragen: „Wie sind die indischen Frauen? Warum sind sie gut?"

Immer gab sie dieselbe Antwort: „Weil sie ihren Ehemännern ergeben sind."

Einen anderen fragte er: „Wie heißt du?"

„Chaitanya Maha Prabhu."(Name eines großen indischen Heiligen) Maharajji wiederholte dann den Namen und nickte anerkennend mit dem Kopf.

Er hatte wohldressierte Menschen aus uns gemacht. Ein Devotee gab dazu folgenden Kommentar: „Es war Maharajji's Zoo, und wir waren die Insassen."

Und dann gab es *arti*, die Feier des Lichts. Mit dieser Feier wird der Guru geehrt. Eine Flamme wird vor dem Guru hin und herbewegt, begleitet von einem Gesang, der die zahlreichen Eigenschaften des Guru's verkündet. Unter der Anleitung von K. K. Sah (einem der treuesten Devotees) hatten wir den gesamten Sanskrit-Text des Liedes und die Art und Weise der Ausführung gelernt, um Maharajji zu „überraschen". Als wir die Arti schließlich aufführten, war Maharajji offenbar so davon entzückt, daß wir überhaupt nicht mehr damit aufhören durften, obwohl er sich währenddessen ständig mit den um ihn herum Versammelten unterhielt. Und von da an wurden wir immer, wenn eine neue Gruppe indischer Devotees eintraf, um ihre Ehrerbietung zu erweisen, aus dem hinteren Teil des Ashrams herbeigeholt, um Arti aufzuführen und auf diese Weise zu zeigen, wie spirituell wir Westler tatsächlich waren. Durch diese vielen Wiederholungen lernten wir eine Menge. Anfänglich hatten wir Maharajji erfreuen und beeindrucken wollen. Später wurde aus dem Gebet nur wieder eine Form von spirituellem Materialismus. Durch die beständige Wiederholung erkannten wir jedoch, wie ein Ritual ein eigenes Leben entwickeln und eine spirituelle Kraft erzeugen kann, die unabhängig ist von dem spezifischen Grund, aus dem es zu irgendeiner Zeit vollzogen wird.

Rüge und Spasshaftigkeit beim Darshan

Einer von Maharajji's Devotees war schon achzig Jahre alt und noch so flink wie eine Bergziege. Eines Tages kam er zum Darshan, als ein junger, entfernter Verwandter von ihm ebenfalls anwesend war. Dieser machte Pranam vor dem alten Devotee, richtete sich aber nicht auf. Maharajji wandte sich dem Alten zu und sagte: „Wenn du Geld hättest, würde er sich erheben und deine Füße berühren."

Einmal trug eine Devotee zum Darshan einen neuen, teuren Sari. Maharajji sagte: „Weißt du, Ma, ich habe da eine reiche Familie besucht, aber sie trug so einfache Kleider, daß man den Unterschied zwischen reich und arm nicht feststellen konnte. So einfach und sauber war sie."

Eines Abends hockte Maharajji draußen auf einer schmutzigen Straße, als ein paar „angesehene" Leute vorbeikamen – Schriftsteller, Richter und Beamte. Als sie um Maharajji herumstanden, fragte er sie: „Warum setzt ihr euch nicht?" Nach einigem Zögern ließen sie sich auf der Straße nieder. Sofort erhob sich Maharajji. „Gut, laßt uns gehen."

Ich hatte in Mathura Äpfel gekauft, um sie Maharajji als prasad *(eine Gabe – gewöhnlich Nahrungsmittel – die, wenn Maharajji sie annahm, geweiht war) zu* bringen. Sie waren nicht billig, und ich hatte sie sorgfältig ausgesucht. Als ich sie ihm darreichte, sagte Maharajji: „Leg' sie weg. Ich werde sie später essen." Ich war aber zu stolz, um dies zu tun, und schälte den ersten Apfel. Er war faul – genauso wie der zweite, dritte und vierte. Maharajji sah mich an und sagte: „Ich sagte dir, du sollst sie weglegen." Später stellte ich fest, daß die anderen fünf Äpfel einwandfrei waren.

Ich arbeitete in Agra, und wenn Maharajji nach Vrindaban kam, brachte ich ihm Prasad für zehn oder fünfzehn Rupies mit. Ich sah, daß die anderen viel mehr mitbrachten, und fühlte mich eines Sonntags ganz elend, weil ich nur so wenig bringen konnte. Am Montagmorgen wartete ich darauf, seine Füße berühren zu können, bevor ich zur Arbeit ging, und dachte bei mir: „Bei meinen Möglichkeiten sind meine zehn Rupies genausoviel wert wie die zehntausend von jemand anderem." In diesem Moment kam Maharajji aus seinem Zimmer und sagte: „Da kommen merkwürdige Leute zu mir, bieten mir zehn Rupies an und sagen, es wären zehntausend."

Es gab bei ihm einen Gesichtsausdruck, den ich nie mit der Kamera festhalten durfte. Er saß ganz normal da, und dann richtete er sich plötzlich auf und sah direkt auf dich hinunter, ganz eindringlich, mit weit geöffneten Augen. Monatelang versuchte ich diesen Ausdruck einzufangen. Ich wollte ein Foto machen, aber während ich noch den Film weiterdrehte, ließ er den Ausdruck verschwinden, lachte und kicherte. Er schaute mich an und lächelte vergnügt angesichts meiner Enttäuschung. (Hätte meine Kamera nur motorischen Filmtransport gehabt!)

Einmal kam er zu mir herüber, nahm meinen Bambusstock und führte einen Tanz à la Chaplin damit auf. Er bewegte ihn nach oben und nach unten, als sei er ein großer Affe, der noch nie einen Stock gesehen hat. Er spielte mit ihm und schwang ihn umher, dann warf er ihn einfach fort und ging seiner Wege! Damit war das Darshan zuende! Niemand sonst hatte zugesehen.

Eines Morgens drohte die Glut in der Kohlenpfanne, die vor Maharajji stand, zu verlöschen, und man legte etwas Holz darauf; und natürlich begann das Holz zu qualmen, ohne sich zu entzünden. Maharajji sagte, man solle ein wenig

Petroleum dazuschütten, was auch geschah – aber das Holz entzündete sich noch immer nicht. Große Rauschschwaden stiegen auf. Maharajji lehnte sich vor und sah in die Glut, und auf einmal PUFF! Die Flammen loderten fast bis zur Decke empor. Maharajji sprang zurück und freute sich wie ein Kind, kicherte und klatschte in die Hände. Er war richtig begeistert.

Eines Tages kam ich sehr früh in den Ashram und setzte mich hinüber auf die Veranda. Ein Mann erschien, der ein Gewehr bei sich hatte. Maharajji sagte natürlich: „Zeig' mal her. Ich will mir das Gewehr einmal ansehen." Der Mann öffnete den Lauf und überprüfte die Gewehrkammer, um sicherzugehen, daß sie leer war. Obwohl es eine Schrotflinte war, die in der Mitte aufgeklappt war, wollte er sich überzeugen, daß sie nicht geladen war. Maharajji nahm sie in die Hand, öffnete sie, ließ sie wieder zuschnappen und hielt sie an die Schulter, als wolle er damit schießen. So spielte er eine Weile damit herum, öffnete und schloß den Lauf, gab dem Mann die Flinte wieder zurück und schickte ihn fort. Nachdem der Mann sich entfernt hatte, fragte er: „Warum trägt er ein Gewehr?"

Ich sagte: „Ich weiß es nicht." Meine Standard-Antwort.

Und Maharajji sagte: „Er trägt es, weil er Angst vor den Dingen hat."

Reinheit des Darshans

Im Winter 1971 war die Szene sehr übervölkert, und Maharajji begann damit, die Leute an verschiedene Orte zu schicken. Ich sollte nach Puri gehen. Er meinte auch, ich könne auf dem Rückweg Goenka *(einen bekannten buddhistischen Meditationslehrer) aufsuchen. Ich hatte das Gefühl, wirklich etwas über Meditation lernen zu müssen, und ging deshalb nach Bodh Gaya, wo ich vierzig Tage blieb. Während dieser Zeit war mein Geist von einer außerordentlichen Klarheit erfüllt, wie ich sie zuvor noch niemals erfahren hatte.*

Als ich zu Dada's Haus zurückkehrte, war Maharajji da. Ich weiß nicht, ob ich meine Liebe zu ihm jetzt in einer neuen Weise erlebte oder ob mein Herz verschlossen war – vielleicht war beides der Fall. Jedenfalls sah ich nichts weiter als einen Mann, der all diese außergewöhnlichen Dinge tat, und ich spürte nichts von der Liebe, die mich vorher mit ihm verbunden hatte. Es war in mir eine große Klarheit und Offenheit, aber nichts mehr von jener Empfindsamkeit und Wärme. Ich blieb zwei oder drei Tage und wartete auf die Wiederkehr jenes Gefühls, das ich vorher gekannt hatte. Und ich sah, wie sich alle Leute in der Weise öffneten, wie ich sie bei mir vermißte. Ich betete zu Maharajji, und noch immer änderte sich nichts.

Ich entschied mich, zum Sangam *(einem geweihten Ort am Zusammenfluß dreier heiliger Flüsse) zu gehen. Ich betete dort, daß mein Herz sich nach dem Bad wieder öffnen möge. Und als ich badete, fühlte ich, wie sich mein Herz weit öffnete. Ich entstieg dem Wasser, und alles um mich herum leuchtete. Ich bestieg eine Rikscha, um zu Dada's Haus zurückzufahren – und bemerkte, daß ich keinen Prasad hatte. Und es gab auf der Strecke keinen Basar. Wir kamen an einem* walla *(Verkäufer) vorbei, der Kalender mit den bekannten devotionalen Bildern anbot. Ich betrachtete die Bilder, fand den Stil jedoch etwas grell. Als ich schon aufgab, blickte ich hinab zu meinen Füßen, und da lag auf dem staubigen Boden ein Bild von* Ram, *der Hanuman umarmt, welches mir wirklich gefiel. Ich kaufte das Bild und setzte meinen Weg fort. Es war schon spät und ich rechnete nicht mehr damit, Maharajji noch sehen und ihm den Prasad überreichen zu können. Doch als ich durch die Tür trat, tat sich vor mir ein Weg auf, der direkt zu Maharajji führte. Ich war durch den Meditationskurs und den Sangam so weit geöffnet, daß ich den Prasad ohne jede Selbstgefälligkeit darreichte. Es war die reinste Handlung, die ich je bei Maharajji ausgeführt habe. Irgendetwas ereignete sich, aber ich war dabei nicht der Handelnde. Ich legte das Bild auf sein Tucket und setzte mich. Maharajji nahm es und betrachtete es. Seine Augen füllten sich mit Tränen, und ich begann ebenfalls zu weinen. Dann stand er auf, stürmte aus dem Raum und gab Dada das Bild. Einige Wochen später hing dieses Bild im Vrindabaner Tempel, dicht neben der Murti.*

Das Wesentliche an der Geschichte ist, daß dadurch, daß ich in der Lage war selbstlos zu handeln, Maharajji in der Lage war, die Gabe völlig zu akzeptieren. Bei anderen Gelegenheiten war ich mit allen möglichen Arten von Prasad erschienen und hatte mir sehr gewünscht, er würde ihn in einer gewissen Weise annehmen – und er beachtete ihn kaum. Stundenlang hatte ich die Äpfel poliert, hatte sie während der Busfahrt in Händen gehalten und Mantras über ihnen rezitiert, in dem Bemühen rein zu sein. Dieses Mal aber bemühte ich mich nicht rein zu sein; die Reinheit war einfach da.

DAS BERÜHREN SEINER FÜSSE

„ICH WISCHE DEN STAUB von den Lotosfüßen des Guru, um den Spiegel meines Geistes zu reinigen." So beginnt eine heilige Ode auf Hanuman. Das Berühren, Festhalten und Reiben der Füße des Guru's ist in dieser Hindu-Tradition immer von tiefer Bedeutung gewesen. Denn den Füßen des Guru's entspringt das spirituelle Elixier, der Soma, der Nektar, die Essenz des heiligen Ganges – der feinstoffliche *pran*, die heilende und erweckende Energie. Die Füße eines solchen Wesens zu berühren heißt nicht nur, seine Gnade zu empfangen, sondern es ist auch ein Akt der Unterwerfung, der Hingabe an Gott – denn dies ist es, was der Guru auf Erden repräsentiert.

Doch für uns, die wir bei Maharajji waren, hatten die Theorien, die mit dem spirituellen Nutzen des Berührens der Füße des Guru's verbunden sind, wenig oder sogar überhaupt nichts mit dem eigentlichen Faktum zu tun. Eher war es eine höchst seltsame Anziehung des Herzens. Eine Mutter, die mit ihrem Mann nach Indien gekommen war – in der Sorge um das Wohlergehen ihres Sohnes, der Maharajji tief ergeben war – blieb länger als es in ihrer Absicht gelegen hatte. Am Ende ihres Besuches berichtete sie:

Als dann die Zeit näherrückte, wo wir in die Staaten zurückkehren mußten, begann ich über das letzte bevorstehende Darshan nachzudenken. Es wurde mir bewußt, daß ich wirklich wünschte, Maharajji's Füße zu berühren. Ich wußte nicht, warum ich das wollte – es war einfach so. Ich stellte mir vor, daß es meinen Mann aus der Fassung bringen würde, wenn ich nach vorne gehen und es tun würde, aber ich dachte: „Mag es ihn aus der Fassung bringen, es ist dennoch meine Entscheidung!" Bei meinem letzten Darshan berührte ich dann Maharajji's Füße. Zu meiner Überraschung tat dies auch mein Mann!

Wie lebhaft kann ich mich daran erinnern, wie nach meiner ersten Begegnung mit Maharajji all meine Geringschätzung und Arroganz einem nahezu überwältigenden Verlangen wich, buchstäblich zu seinen Füßen zu sitzen. Es war vielleicht der zweite oder dritte Besuch bei Maharajji, als sich die Gelegenheit bot. Ich beobachtete den Mann, der mir am nächsten saß. Der Ausdruck seines Gesichtes ließ erkennen, daß Wellen des Entzückens ihn durchflossen, und während ich ihn aus den Augenwinkeln beobachtete, fühlte ich Neid. Wir saßen mit gekreuzten Beinen nebeneinander vor einem großen, schweren, brusthohen Holztisch. Der Mann war ein Schuldirektor aus der nahen Umgebung und ging vermutlich auf die späten Fünfziger zu. Er war in einen Anzug aus schwerem Wollstoff gekleidet, trug Socken (seine Schuhe hatte er vor der Tür des Tempels abgestellt), eine Krawatte, ein Halstuch und – wie es bei den Bewohnern des Hügellandes üblich war – einen wollenen Hut. Vor uns auf dem Tisch saß mit gekreuzten Beinen Maharajji, eingehüllt in eine hell-karierte Decke, so daß nur sein Kopf und sein nackter Fuß aus der Decke hervorschauten. Und dieser Fuß war es, der die Quelle der Verzückung wie auch der Eifersucht war, denn der Mann massierte ihn mit großer Zärtlichkeit und Liebe, und ich sehnte mich danach, an seiner Stelle zu sein. Welch bizarre Situation – ich sitze auf der anderen Seite des Erdballs in einem winzigen Hindutempel und bin eifersüchtig, weil ich den Fuß eines alten Mannes nicht reiben kann!

Während ich über diesen seltsamen Gang der Ereignisse nachsann, redete Maharajji mal mit dem einen, mal mit dem anderen der etwa zwanzig in dem kleinen Raum im hinteren Teil des Tempelgeländes Versammelten. Er sprach Hindi, welches ich nicht verstand; doch er schien dem einen Fragen zu stellen, einen anderen zu schelten, mit einem dritten zu scherzen und einem vierten Anweisungen zu geben. Inmitten dieser Konversation sah ich ihn sich ganz sachte bewegen, und sein anderer Fuß erschien genau neben mir.

Ich vermutete, daß nur Leute, die schon einige Zeit bei ihm waren, seine Füße massieren durften – und ich war der letzte Ankömmling gewesen – aber ich entschied mich, daß ein Versuch nicht schaden könne. So erhoben sich meine Hände langsam, berührten den Fuß und fingen an, ihn zu massieren. Doch anstelle von Schauern der Wonne spürte ich die scharfen Kanten des Zweifels und der Verwirrung darüber, ob ich meine Finger gebrauchen sollte oder meine Handflächen. So plötzlich wie der Fuß erschienen war, verschwand er wieder unter der Decke. Selbstvorwürfe über meine eigene Unreinheit stiegen in mir auf.

Im Verlauf meines Besuches holte mich Maharajji mehr und mehr aus meiner Befangenheit heraus und führte mich in die Sphäre, deren Grenzen mir unbekannt waren. Ich fühlte Wogen der Verwirrung auf mich einstürzen, die an Hysterie grenzten. Und dies war der Augenblick, in dem der Fuß wieder vor mir erschien. Und wieder griff ich nach ihm. Aber diesmal war mein Geist viel zu überwältigt, als daß er den Vorgang hätte analysieren können. Ich klammerte mich an den Fuß wie ein Ertrinkender an seinen Lebensretter. (R. D.)

Ich erinnere mich an einen bestimmten Moment in Kainchi. Ich saß vor Maharajji's Tucket, rieb sehr lange seine Füße und fragte mich, ob ich wohl rein genug sei, dies zu tun. Dann gelangte ich über die Gedanken hinaus, tauchte tiefer und tiefer in diese Liebe ein, bis mich das Reiben von Maharajji's Füßen oder selbst meine Liebe für ihn überhaupt nicht mehr kümmerte. Ich „schwamm" einfach in seinen Füßen.

Sita saß immer zu meiner Rechten, und als gefräßiger, abscheulicher Löwe, der ich war, drängte ich mich vor und grabschte nach Maharajji's Fuß. Sita wollte immer denselben Fuß, und so entstand ein Gedrängel zwischen uns. Sie sagte: „Geh' weg. Du hast hier nichts zu suchen", und stieß mich mit ihrer Schulter weg. Manchmal gab Maharajji seinen Fuß mir und manchmal ihr.

Nur selten berührte ich seine Füße, weil ich empfand, daß er zu rein sei.

WAS WAR ES NUR, das uns so in den Bann dieser Darshans zog? Waren es die vielen Ebenen und Wandlungen oder waren es die Momente der Zeitlosigkeit – war es vielleicht die Intimität und die Liebe? War es das Reden, das Schelten, das Lachen, oder die Reinheit? War es vielleicht das Berühren seiner Füße? Oder war es all dies zusammen... oder nichts davon? War es vielleicht eine Verbindung ganz subjektiver Art, die sich jenseits unserer dualistischen Erfahrung abspielte? Wer bist du, Maharajji? Bist du denn etwas anderes als unser eigentliches Selbst?

Es gibt keine Antwort. Es gibt in Wirklichkeit auch keine Frage. Es gibt nur das Darshan, und das ist Gnade.

Rameshwar Das

Trink' Chai

„Trink' chai *(Tee)."*
„Aber Maharajji, ich habe schon Chai getrunken."
„Trink' Chai."
„Na, gut."
„Geh' und hol' dir kanna *(Essen)."*
„Maharajji, ich habe erst vor einer Stunde gegessen."
„Maharajji möchte, daß du dir jetzt Kanna nimmst."
„Gut."
„Maharajji schickt dir diese Süßigkeiten."
„Aber ich kann nichts mehr essen."
„Es ist Maharajji's Wunsch, daß du diese Süßigkeiten ißt."
„In Ordnung."
„Maharajji schickt mich, um dir Chai zu bringen."
„Oh nein! Nicht schon wieder!"
„Ich tue nur meine Pflicht. Es ist Maharajji's Wunsch."
„In Ordnung."
„Gerade ist ein Devotee aus Delhi mit einem großen Korb voller Süßigkeiten eingetroffen. Maharajji verteilt sie. Er möchte, daß du kommst."
„Oh mein Gott, ich zerplatze."
„Es ist Prasad."
„Danke, Maharajji. (Oh nein, nicht auch noch die Äpfel!) Ah, danke, Maharajji."

Während viele Maharajji's Eigenschaften der Zeitlosigkeit oder der Liebe bei den Darshans erfuhren, spürte jeder, der zu ihm kam, wie sehr er darum besorgt war, daß alle zu essen bekamen. Oft hattest du dich noch nicht einmal hingesetzt, als es schon hieß: „Nimm Prasad!" Es gab einfach niemanden, der hungrig fortging.

Ich hielt an einer Tankstelle in Berkeley, Kalifornien, die von einem Sikh betrieben wurde. Ich wollte mein Hindi an ihm ausprobieren. Als er hörte, daß ich im Tempel von Kainchi gewesen war, waren seine ersten Worte: „Oh, du gehörst zu diesem Baba? Ich habe ihn besucht. Er gab mir puris *(in Fett gebackenes Brot). Niemand sonst verschenkt so einfach Nahrung."*

VIELE DER ARMEN, die in der Umgebung des Tempels wohnten oder sich auf der Pilgerschaft befanden, waren von der kostenlos verteilten Nahrung existentiell abhängig geworden. Aber für die anderen schien die übermäßige Ernährung und das fortwährende Beschäftigtsein mit Essen ein Hinweis darauf zu sein, daß die Nahrung noch etwas anderes repräsentierte.

Mein erster Eindruck konzentrierte sich auf all das Essen. Ich war gerade von Nepal heruntergekommen, wo ich einen langen und strengen buddhistischen Meditationstrip hinter mir hatte, und nun sah ich all diese Leute dasitzen und sich vollstopfen! Ich dachte: „Oh, die haben ja keinen blassen Schimmer. Schau sich einer diese Vielfraße an!" Dann setzte ich mich hin, um etwas zu essen. . .und nach ein paar Tagen stopfte ich mich ebenfalls voll. Noch nie hatte ich ein solches Gefühl erlebt. Ich konnte buchstäblich nicht genug essen. Es war, als fütterte ich meinen Geist.

Er reichte mir den pera *(eine Süßigkeit) wieder zurück, weil ich ihn selbst essen sollte, und ich lehnte kurioserweise ab. Ich dachte mir, daß ich völlig satt sei und jemand anders ihn bekommen sollte. Und so gab er ihn jemand anderem.*

Bei einem anderen Darshan füllte er meine Hände mit Peras, die ich sofort aß. Als er mir kurz darauf wieder eine Handvoll geben wollte, wehrte ich ab, da ich dachte, meinen Anteil bereits erhalten zu haben. Ein hinter mir sitzender Inder war ganz bestürzt und sagte mir, ich solle Maharajji's Prasad nie zurückweisen, sondern immer nehmen, was er mir anbieten würde. Das gab mir natürlich zu denken. Als Maharajji mir dann wieder eine Handvoll anbot, nahm ich sie freudig an.

Ich kam im November in den Tempel und lebte dort ohne Unterbrechung bis Ende März. Die ganze Zeit hindurch wurde ich mit Nahrung bestens versorgt, doch wurde nie auch nur ein Penny von mir verlangt. Das war mir unbegreiflich. Ich war hier ein relativ wohlhabender Westler, und den Indern ging es ökonomisch sehr schlecht – und doch akzeptierten sie keine Bezahlung. So steckte ich das Geld heimlich in den Kasten, der am Tempel hing. (R.D.)

Ich versuchte mich irgendwo im Tempel zu verstecken und ging auf die andere Seite des Hofes, den er nach Verlassen seines Zimmer betreten würde. Und als er herauskam, wurde ich von den Leuten in die Richtung seines Tucket gedrängt. Ich wollte mich abseits halten und verstecken, und als ich trotzdem immer mehr in seine Nähe gedrängt wurde, versuchte ich mich hinter die Säule zu stellen – aber die Leute schoben mich immer weiter vor sich her. Und Maharajji kam. Ich erschrak und weinte. Und Maharajji gab mir eine Birne. Als ich die Birne aß, hatte ich das Gefühl, als bestände mein Inneres nur aus Wasser. Es war, als würde ich lebendige Liebe essen. Seit jenem Tag habe ich immer an diese Birne gedacht, denn nichts kam jemals diesem Gefühl gleich. Ich habe seit diesem Tag nie wieder eine Birne gegessen.

In der Zeit, als meine Tochter noch klein war und bei uns lebte, hielten wir einmal auf dem Weg nach Kainchi in Bhowali an, um Darshan zu empfangen. Sie wollte jelebees *(eine Nascherei), aber es gab dort keine. Ich sagte: „Wenn wir in Kainchi sind, wirst du welche bekommen." Als wir aber in Bhowali waren, hörten wir, daß gerade ein Fastentag der Hindus war –* Ekadashi *(wörtlich: „elfter Tag" im Mondmonat) – und daß es nur gekochte Kartoffeln gab. Als wir Maharajji's Raum betraten, traf zu unserer Überraschung ein Mann mit einem großen Korb voller Jelebees ein.*

Maharajji sagte: „Gib zuerst diesem Mädchen welche", und deutete auf meine Tochter.

Er weiß alles!

Einmal kam ein Sadhu in den Tempel und machte Maharajji Vorwürfe: „Du tust nichts für die Leute. Du gibst ihnen nichts zu essen und hilfst ihnen nicht."

Maharajji sagte: „Gebt ihm ein Zimmer und Essen und Geld", doch die Devotees hätten diesem Sadhu lieber Schläge gegeben. Sie führten ihn deshalb um eine Ecke, aber Maharajji schrie hinter ihnen her. Nachdem der Sadhu gegessen hatte, wurde er sehr still. Maharajji sagte: „Habt ihr Leute denn nicht begriffen, daß er sehr hungrig war? Er hat drei Tage nichts gegessen. Was hätte er denn anderes tun können als was, was er tat?"

Einmal fragte ich: „Warum gibst du so vielen Leuten zu essen, und warum so große Mengen? Ich könnte vier chapattis *(ungesäuertes Fladenbrot) essen und hätte zum Leben genug."*

Maharajji antwortete: „Wir haben einen inneren Durst nach Nahrung. Wir wissen nichts davon. Auch wenn du glaubst nichts essen zu können, dürstet deine Seele nach Nahrung. Nimm Prasad!"

DIE ART DER Nahrung, die es bei Maharajji gab, ist der Erwähnung wert, denn obwohl sie den Hunger unserer Seelen stillte, war unser Verstand oft darüber entsetzt. Die Kost im Tempel bestand gewöhnlich aus weißem Reis, Puris und Kartoffeln (beides gebraten), und aus Süßigkeiten, die fast nur weißen Zucker enthielten. Sie bestand aus Stärke, Fett, Zucker und viel schwarzem Tee. Die Sensibilität, die wir durch die Auseinandersetzung mit dem Thema Ernährung im Westen in uns entwickelt hatten, ließ uns angesichts dieser Diät innerlich aufschreien. Und dennoch – es war „Prasad". Solltest du den Prasad zurückweisen oder deine Diätvorstellungen aufgeben? Was solltest du tun, wenn die Liebe in Form von Stärke, Fett, Zucker und Tee zu dir kam? Wie ließen sich fettige Bratkartoffeln mit dem Segen des Gurus in Einklang bringen?

Ich glaubte früher, daß ein Heiliger gewisse Regeln einhalten müsse, auch in Bezug auf die Nahrung. Ich trank auch niemals Tee oder Kaffee und lebte nach einer sehr einfachen, schmalen Diät. Ich nahm nie Medikamente. Ich verstand nicht, wie die Leute so viele Tabletten nehmen können. Nachdem Maharajji fort war, bekam ich eine Erkältung. Anfangs hielten die Ärzte es für eine Grippe, dann sprachen sie von einer ernsteren Krankheit. So mußte ich jeden Tag fünfzehn Pillen einnehmen, um sie zu kurieren. Es war alles Maharajji's Spiel. Die Ärzte sagten auch, ich müsse zunehmen – also aß ich von 6 Uhr morgens bis 10 Uhr nachts. Ich war erstaunt, so viel essen zu können, wo ich doch vorher nur zwei Chapattis pro Mahlzeit gegessen hatte. Meine ganzen alten Vorstellungen lösten sich auf.

Ähnlich erging es mir, als ich nach Kainchi kam – zu der Zeit, als ich noch keinen Tee trank. Am ersten Tag in Kainchi wollte ich keinen, und als Maharajji mich am zweiten Tag fragte, ob ich keinen Tee trinken würde, schwieg ich. Am dritten Morgen fragte er mich: „Willst du Tee? Du willst keinen. Hier, du solltest Tee trinken. Es ist kalt hier!" So trank ich also Tee, und seitdem nehme ich alles zu mir – Tee, Kaffee und alles mögliche.

WENN MAHARAJJI über Diät sprach, schenkte er den Ernährungsfragen, die einige von uns so beschäftigten, im allgemeinen keine Beachtung; aber er legte uns nahe, „einfache Nahrung zu essen". Und er empfahl uns auch, das zu essen, was in der uns umgebenden Landschaft heimisch war. Weiterhin gab er verschiedenen Devotees bestimmte Diät-Anweisungen – dem einen riet er, auf Wein, Fleisch, Eier und scharfe Gewürze zu verzichten, „weil sie zu einem unreinen Herzen führen". Zu einem anderen sagte er jedoch: „Was soll die Frage, was Fleisch ist und was nicht! Wenn du ohne Fleisch nicht leben kannst, schön und gut. Wenn du es zum Leben brauchst, dann solltest du es essen." Manchen empfahl er: „Iß allein, still und einfach, oder mit nur wenigen Leuten"; andere erhielten Weisungen, die den Nutzen eines dreimaligen Fastens innerhalb eines Monats betrafen – obwohl jeder Versuch des Fastens von ihm vereitelt wurde, wenn du in seiner Nähe warst. Dieser Wirrwarr von Instruktionen hinterließ in vielen von uns den Eindruck, er wolle uns raten, eher unserer Intuition zu vertrauen als uns zu sehr in Regeln zu verfangen. Wenigstens war es das, was wir hören wollten.

Weil er uns alle ebenso reichlich mit Liebe und Aufmerksamkeit fütterte wie mit Nahrung, suchten wir nach Möglichkeiten der Erwiderung. Sein Leben war jedoch so einfach, daß da nichts war, das wir ihm geben konnten; so schenkten ihm die meisten Blumen oder Lebensmittel, insbesondere Früchte und Süßigkeiten. Diese verteilte er dann selbst, oder er berührte sie und ließ sie anschließend von anderen verteilen. Wenn Nahrung von einem Wesen wie Maharajji berührt oder gesegnet wird, verwandelt sie sich vibrationell von physischer Materie in Prasad. Ist die physische Form eines Wesens wie Maharajji nicht anwesend, wird das Essen im Herzen und im Geiste des Devotees dargereicht, bevor sie genossen wird. Wird sie reinen Herzens dargeboten, nehmen die Wesen, denen sie dargereicht wird, eine Essenz der Nahrung an. Wir essen dann, was übrigbleibt und zu Prasad geworden ist. Dies ist mit dem Dankgebet vor dem Essen vergleichbar, das wir im Westen kennen.

Maharajji kümmerte sich auch ständig um die Qualität des Essens, das aus der Tempelküche verteilt wurde. Er rief die Köche herbei und prüfte das Essen. War die Zubereitung dürftig, schimpfte er laut; war sie unnötigerweise extravagant, schimpfte er ebenfalls.

Als ich oben auf dem Hügel in dieser kleinen kuti *(Hütte) lebte, schickte Maharajji mich jeden Abend mit einer Kiste voller Essen auf den Weg. Aber wenn er mir die Kiste gab, kontrollierte er ihren gesamten Inhalt, indem er mit seinen Händen tief hineinreichte.*

Maharajji erzählte den Ma's, daß die Schwingungen, mit denen ein Essen zubereitet wird, zweifellos den Zustand des Geistes beeinflussen können. Er sagte, daß das

Essen dich reinigt, wenn du es wirklich zu Prasad gemacht hast. Ein Essen aber, das ohne das richtige Bewußtsein zubereitet wird, würde sogar im Geiste eines sehr reinen Menschen Verwirrung stiften. Er sagte, daß ein Yogi groß werde, wenn er in Reinheit zubereitetes Essen zu sich nehme.

Ich kaufte auf dem Markt einige Trauben grüner Beeren für Maharajji. Sie waren nicht ganz sauber, deshalb wusch ich sie sehr sorgfältig. Dann legte ich sie in meine Tasche. Aber ihr wißt ja, wie es einem mit den indischen Taschen gehen kann: Sie riß entzwei, und die Beeren lagen auf der Erde verstreut, so daß ich sie von neuem waschen mußte – Beere für Beere. Es dauerte sehr lange. Endlich brachte ich sie zu Maharajji; alle anderen waren natürlich ebenfalls mit Früchten erschienen. Sobald ich die Beeren aber hingelegt hatte, schien Maharajji durch irgendetwas mobilisiert zu werden. Er breitete sie sehr vorsichtig aus, untersuchte sie, aß die meisten Beeren selbst und verteilte dann den Rest wie etwas besonders Kostbares. Ich fühlte, daß er die Liebe und die Sorgfalt wahrnahm, mit der ich die Beeren vorbereitet hatte.

Eine Zeitlang nahm Maharajji nur Mahlzeiten ein, die von einer bestimmten Ma zubereitet worden waren. Sie erzählte mir, daß, wenn sie zu viel zu tun habe und jemand ihr beim Kochen helfen würde, Maharajji sich weigere, das Essen anzunehmen. Sie sagte, sie würde ihn manchmal belügen und sagen, daß sie es selbst ohne fremde Hilfe gekocht habe. Trotzdem würde er es wegschieben. Er schien den Unterschied wahrnehmen zu können.

Mein Großvater war Brahmane und nahm sein Essen allein ein, wie es Tradition war. Es wurde von meiner Frau speziell für ihn zubereitet. Er hatte mit seiner Mahlzeit begonnen, als Maharajji eintraf; so ordnete mein Vater an, daß mehr Essen zubereitet werden solle. Meine Frau wollte Maharajji aber einen besonderen Teil der Mahlzeit geben, die sie für Großvater zubereitet hatte, und sie setzte Maharajji etwas davon vor. Vater wurde zornig.

„Wie kannst du Maharajji etwas anderes als frisch zubereitetes Essen geben?" fragte er meine Frau.

Da rief ihn Maharajji zu sich und sagte: „Das frisch zubereitete Essen hat der Sadhu gegessen. Diesen besonderen Teil, der aus reiner Liebe dargeboten wurde, hat Gott gegessen."

MAHARAJJI aß meistens allein, und was wir Devotees ihm brachten, das verteilte er. Aber es war der sehnlichste Wunsch von uns allen, daß er selbst etwas von den Früchten und anderen Dingen aß, die wir ihm brachten. Und wenn er dies tat, war dieser Moment für uns so kostbar, denn dann hatte Maharajji ein Zeichen unserer Liebe angenommen.

Einmal brachte ich ihm einen lieblichen Apfel. Ich schälte ihn, schnitt ihn auf und hielt ihn vor ihm hoch, wie ich es bei den Indern gesehen hatte. Er reichte herunter und nahm mir ein paar Stücke aus der Hand... und ich empfand das Entzücken, das du vielleicht spürst, wenn sich dir ein wilder Vogel oder ein Reh nähert und aus deiner Hand frißt. (R. D.)

Maharajji saß bei den Duschen im hinteren Teil des Tempels in Kainchi, und es war später Nachmittag. Wir reichten ihm Granatapfelsamen, von denen er die meisten einen nach dem anderen aß; den Rest verteilte er an uns. Ein Inder fing an, ihm einige dieser Samen wieder zurückzugeben. Maharajji fuhr unbekümmert fort sie zu essen und auszuteilen. Plötzlich war dieses großartige kleine Spiel entstanden – die Leute reichten die Granatapfelsamen unter dem Tucket weiter, zurück in meine Hände, so daß ich sie ihm wieder zureichen konnte. Zum Schluß hatte er alle Samen aufgegessen, wenn sie auch mehrere Male im Kreis gewandert waren, und wir freuten uns königlich über die Verschwörung, ihn gefüttert und „überlistet" zu haben.

Ich kaufte ein Dutzend Orangen, die ich Maharajji mitbringen wollte. Wir kamen in den winzigen Tempel, den Maharajji gerade besuchte und in dem sich bereits viele indische Devotees versammelt hatten. Wir zwängten uns in sein Zimmer. Als man auf uns aufmerksam geworden war, schob man uns nach vorne zu der Stelle, wo Maharajji auf seinem Holztisch saß. Ich bot ihm die Orangen an. Es lagen schon viele Früchte und einige Süßigkeiten auf dem Tisch. Aber dann geschah etwas Überraschendes. Maharajji stürzte sich auf meine Orangen, als habe er solche Früchte noch nie gesehen. Hastig griff er nach jeder geschälten Orange und aß sie sehr rasch auf. Er verspeiste vor meinen Augen acht Stück. Maharajji bestand darauf, daß der Schuldirektor mich mit den restlichen vier fütterte.

Später fragte ich KK, einen engen indischen Freund, was dieses eigentümliche Verhalten zu bedeuten habe. KK erklärte, daß Maharajji „etwas von meinem Karma auf sich genommen" habe und daß dies eine Technik sei, die er dafür oft gebrauche. (R. D.)

DIESES „Auf-sich-nehmen von Karma” bedeutet, daß ein sehr hohes Wesen wie Maharajji mit subtilen Schwingungsmustern arbeiten kann und den Devotees Muster abnehmen kann, in denen sie sich festgefahren haben. Ein solches Wesen könnte zum Beispiel deinen Kummer oder dein Unglück von dir nehmen.

Dieser Prozeß – ein vertrautes Phänomen sowohl bei indischen Heiligen als auch bei Zauberern und Medizinmännern in vielen Teilen der Welt – kann auf verschiedenartige Weise vollzogen werden. Der Medizinmann arbeitet oft mit einer Haarlocke oder mit dem Kot oder Urin der Person, die an den Auswirkungen negativer Kräfte leidet – mögen sich diese nun innerhalb oder außerhalb ihrer selbst befinden. In Indien arbeiten solche karmischen Heiler oft mit Dingen, die die Devotees ihnen geben. Shirdi Sai Baba, ein sehr großer Heiliger Indiens, bat seine Devotees um *annas*, kleine Münzen im Wert von weniger als einem Pfennig. Er hantierte so lange mit ihnen, bis er dem Devotee die negative Struktur entzogen und auf sich selbst übertragen hatte. Von diesem negativen Material konnte er sich dann durch andere yogische Prozesse befreien. Ein anderer in Indien wohlbekannter Guru läßt sich von seinen Devotees Zigaretten geben. Er raucht von früh bis spät, jahraus, jahrein – oft drei oder vier Zigaretten auf einmal. Maharajji's Art war es, das Karma zu essen, und seine Kapazität schien unbegrenzt zu sein. Eine Frau, die schon sehr lange Devotee war, erzählte folgende Geschichte:

Es war in Bhumiadhar, wo Maharajji sich die Nacht über aufhielt, und wir hatten unser Abendessen eingenommen und uns um halb elf zur Ruhe gelegt. Etwa um ein Uhr nachts begann Maharajji laut zu rufen, daß er sehr hungrig sei und dal *(Linsen) und Chapattis essen müsse. Ich erwachte und erinnerte ihn daran, daß er doch bereits gegessen habe. Aber er bestand darauf, Dal und Chapattis essen zu müssen. Wer kann ein solches Wesen schon begreifen! Ich weckte also Brahmachari Baba (den Priester), und er entzündete ein Feuer und bereitete die Mahlzeit zu. Sie war um zwei Uhr fertig, und wir sahen Maharajji zu, wie er das Essen mit großem Appetit verspeiste. Dann gingen wir wieder schlafen. Am nächsten Vormittag um elf Uhr traf ein Telegramm mit der Nachricht ein, daß einer von Maharajji's alten Devotees in der vergangenen Nacht um zwei Uhr unten im Flachland (etwa 250 Kilometer entfernt) gestorben war. Als Maharajji das Telegramm vorgelesen wurde, sagte er: „Versteht ihr – deshalb habe ich Chapattis und Dal gebraucht." Das weckte unsere Neugier, denn wir verstanden ihn überhaupt nicht. Wir bedrängten ihn, aber er wollte uns nicht mehr darüber sagen. Nachdem wir zwei oder drei Tage auf unserer Frage beharrt hatten, sagte er: „Versteht ihr nicht? Er (der Verstorbene) hatte den Wunsch nach Chapattis und Dal, und ich wollte nicht, daß er dieses Verlangen mit hinüber in den Tod nahm, denn es hätte eine zukünftige Geburt zur Folge gehabt."*

MANCHMAL, WENN ER ein Haus besuchte, sagte er bereits an der Tür, daß er sehr hungrig sei, und fragte, ob er etwas zu essen haben könne. Wenn die Bewohner sehr arm waren und deshalb keine Nahrung vorhanden war, sagte er einfach, daß er sehr durstig sei, und bat um Wasser.

In Lucknow brachte Maharajji einige Beamte der Behörde für öffentliche Arbeiten mit dem Auto in den ärmsten Stadtteil, wo sich diese Beamten nicht ausreichend um die Sauberkeit der Straßen und um die sanitären Einrichtungen gekümmert hatten. Aus einer der Baracken rief er einen Moslem herbei (Maharajji nannte ihn „Musselmann"). Sie umarmten sich, und Maharajji sagte: „Ich bin sehr hungrig."

„Aber Maharajji, ich habe nichts zu essen da."

„Ap! Du Bösewicht! Du hast zwei Rotis (Brotfladen) oben unter der Decke versteckt!"

Der Mann war überrascht, daß Maharajji davon wußte, und er holte sie herbei. Obwohl Maharajji soeben mit den Beamten gegessen hatte, verspeiste er mit Behagen einen der Fladen und reichte den anderen den Beamten, unter denen sich Hindu-Brahmins befanden, die niemals eine von einem Moslem zubereitete Speise aßen, und er sagte: „Nehmt Prasad!"

Als Maharajji zum letzten Mal im Lucknower Tempel war, sagte er zu jedem Ankömmling (sofern er oder sie es sich leisten konnte): „Geh'! Hol' Süßigkeiten", und als die Leute mit den Süßigkeiten zurückkehrten, deren Wert an diesem Tag fast fünfzehnhundert Rupies ausmachte, verteilte er sie. Ein Arzt gab tausend Rupies für Süßigkeiten aus, und das persönliche Problem, das ihm Sorgen gemacht hatte, war gelöst.

WENN MAHARAJJI in der Zeit von 1939 bis 1949 in eine Stadt wie Nainital kam, bereiteten alle Frauen Mahlzeiten zu, in der Hoffnung, er werde ihre Häuser aufsuchen. Einerseits wollten sie Maharajji einen liebevollen Dienst erweisen, und andererseits empfanden sie es als einen Segen, einen solchen Heiligen bewirten zu können. KK, der ihn von früh bis spät begleitete, beobachtete einmal, wie Maharajji an einem Tag volle zwanzig Mahlzeiten verspeiste. Ein anderer berichtete, daß er ihn zehn Mahlzeiten hintereinander habe essen sehen. Wenn du in Indien gewesen bist und die Freundlichkeit des indischen Hauses kennst, wo der Gast als Gott angesehen wird, dann wirst du einen Begriff von den immensen Portionen und von der Beharrlichkeit der Bewirtung haben. Eine indische Mahlzeit ist mehr als ausreichend für einen normalen Menschen.

Aber vermutlich repräsentierte Maharajji's ungeheure Kapazität etwas anderes als den Bedarf an Nahrung.

Eines Morgens sagte Maharajji zu den Leuten im Ashram: „Ihr könnt mich nicht ernähren und nicht für mich sorgen. Ich fahre zu Ma. Sie wird mir zu essen geben." Und er brach zum Ashram von Ananda Mayee Ma auf, einer großen Heiligen Nordindiens. Während der ganzen Fahrt sagte er nur immer: „Sie wird mir zu essen geben. Ich besuche Ma. Sie wird mir zu essen geben." Dann stürzte er wie ein fünfjähriges Kind in den Darshan-Raum, so daß seine Decke nur so durch die Luft wirbelte. Sie saß da, und er sagte: „Ma! Gib mir zu essen. Gib mir zu essen, Ma!" Sie brach in Gelächter aus. Man brachte ihm ein riesiges Mahl, und beide teilten es an alle Devotees aus.

IMMER WIEDER schärfte uns Maharajji ein: „Ernährt die Menschen." Sein sorgendes Interesse galt nicht nur seinen eigenen Devotees, sondern allen, die Hunger litten. Er sagte: „Gott kommt zu den Hungernden in Form von Nahrung." Und zu den Köchen sagte er: „Das Zubereiten des Essens ist ein Dienst an Gott. Die Menschen brauchen Nahrung, um am Leben zu bleiben."

Er sagte immer, daß man allem dienen solle, jedem Geschöpf. „Alles ist Gottes Schöpfung. Diene jedem Menschen, ob er nun ein dacoit *(Dieb) ist oder etwas anderes. Gib ihm Nahrung, wenn er hungrig zu dir kommt." Oft sagte er: „Jeder hat ein Recht darauf, mit Essen versorgt zu sein."*

MAHARAJJI SELBST gab uns ein eindrucksvolles Beispiel. Abgesehen davon, daß er alle ernährte, die zu ihm kamen, um sein Darshan zu erhalten, arrangierte er fortwährend große *bhandaras* (Feierlichkeiten, bei denen es Unmengen von Essen für alle Besucher gab – einschließlich der Reichen, der Armen, der Bettler und der Aussätzigen). Die Leute erhielten ihr Essen sofort nach ihrer Ankunft, denn Maharajji hatte uns aufgetragen: „Ein hungernder Mensch soll nicht warten müssen. Er soll zu essen bekommen, wenn er hungrig ist."

Auf diesen großen Bhandaras, die oft mehr als tausend Menschen dienten, wetteiferten viele Devotees darum, bei der Zubereitung und Verteilung des Essens helfen zu können. Da fand man Richter und Kaufleute, Lehrer und Politiker beim Kartoffelschälen, beim Rühren in den riesigen Töpfen oder beim Austeilen von *halva* oder Reis mit den riesigen Schöpflöffeln.

Die *Kumbha Melas* waren noch größere festliche Ereignisse. Dabei versammeln sich Hunderttausende von Sadhus, Heiligen und Suchenden, die aus allen Teilen Indiens kommen, um zu einem astrologisch günstigen Zeitpunkt im Zusammenfluß dreier Flüsse zu baden – dem Ganges, dem Yamuna und dem Saraswati, einem spirituellen unterirdischen Fluß. Der Kumbha Mela kommt einer gewaltigen spirituellen Messe gleich, die einen Monat oder länger andauert. An Maharajji's Zelt wurden auf den Melas für gewöhnlich 250 bis 500 Menschen täglich versorgt, und das wenigstens einen Monat lang. Das waren eine Menge Kartoffeln, die geschält werden mußten!

Während dieser Feste verlangte Maharajji harte Arbeit von den Devotees, und viele betrachteten diese Erfahrung als Disziplin-Übung. Ein Devotee beschreibt es so:

Auf dem Mela wurde khichri *(ein Gericht aus Reis und Dal) zubereitet, aber der Schöpflöffel war so schwer, daß die Austeilenden bald ermüdeten und schließlich nur noch kleine Portionen verteilten. Das Resultat war, daß sich die Bettler immer wieder von neuem anstellen mußten, um satt zu werden. Darüber wurde ein Devotee Maharajji's schließlich sehr zornig – und da traf auch Maharajji aus* Chitrakut *(einem Ort, der den Devotees von Ram geweiht ist) ein. Er schrie alle an und sagte, daß man mit Verdruß kein Essen austeilen könne und daß man allen überreichlich geben solle.*

EIN ANDERER hob hervor, daß die Devotees für ihre harte Arbeit noch nicht einmal gelobt wurden, und sagte:

Wie hart die Leute auf den Melas auch arbeiteten, Maharajji sagte immer: „Ihr spielt nur herum und tut nichts. Ihr schlaft immerzu."

OBWOHL DIE LEUTE Maharajji ständig Nahrungsmittel brachten, die er dann verteilte, war es manchmal so, daß es mehr Nehmende als Gebende gab. Zu solchen Zeiten konnte ein scharfsichtiges Auge Maharajji bei der Manifestation dessen beobachten, was die „*siddhi* (Kraft) von Annapurna" genannt wird. *Annapurna* ist die Gottheit des Getreides, sie ist jener Aspekt der Göttlichen Mutter, der das Universum ernährt. Jemand, der Annapurna's Siddhi hat, kann ununterbrochen Nahrung aus einem Vorrat verteilen, der dennoch nie abnimmt.

Als ich noch sehr jung war, verteilte man an einem Festtag im Tempel besondere Süßigkeiten. Maharajji reichte mir eine kleine Blätterschale mit diesen Süßigkeiten, die er speziell für mich aufgehoben hatte. Dann sagte er: „Gib mir diese Süßigkeiten zurück." So gab ich sie ihm wieder, denn ich hatte großes Vertrauen zu ihm. Er ließ die Blätterschale unter seiner Decke verschwinden und fing an, diese Süßigkeiten von dorther zu verteilen. Ich weiß nicht, wie er das machte, aber er gab jeder Person in dieser riesigen Menge von mindestens tausend Leuten eine Handvoll davon. Ich war sehr überrascht. Ich konnte nicht verstehen, wie er so viel mehr Süßigkeiten verteilen konnte als ich ihm gegeben hatte; also steckte ich in kindlicher Neugier meine Hand unter seine Decke und holte die Blätterschale hervor, um sie zu betrachten. Maharajji wandte sich mir zu und sagte: „Jetzt ist die Zauberei vorbei."

Ein Mann brachte Maharajji einige Orangen und legte sie in einen leeren Korb, der neben Maharajji stand. Maharajji fing an, jedem im Raum eine Orange zu geben, und ebenso verfuhr er anschließend mit den anderen Leuten im Tempel. Der Mann hatte ihm acht Orangen gebracht, und Maharajji verteilte achtundvierzig.

Viele kamen auf dem Mela zum Zelt, und Maharajji ließ uns Tee für sie alle zubereiten. Niemand wollte Maharajji sagen, daß die Milch ausgegangen war. Endlich teilte es ihm doch jemand mit, und Maharajji sagte: „Geht zum Ganges, holt einen Behälter voll Wasser und bedeckt ihn mit einem Tuch." Den ganzen Tag hindurch bis spät in die Nacht gab es guten Tee mit Milch im Überfluß.

Maharajji forderte mich auf, mich neben ihn zu setzen, während er mit Prasad um sich warf. Er hatte eine kleine Schale mit ein paar kleinen Keksen in der Hand, von denen er aß. Dann begann Maharajji, mir Kekse zu geben, die er mit seiner Hand aus der Schale nahm. Er nahm immer mehr heraus, bis meine Hände gefüllt waren und die Menge von Prasad gar nicht mehr aufnehmen konnten. Ich war vorher, als ich Maharajji beobachtet hatte, bestürzt gewesen, denn ich dachte: „Prasad sollte nicht herumgeworfen werden." Das wußte er, und deshalb hatte er mich zu sich gerufen und mir den Prasad in die Hände gegeben.

Maharajji rief mich einmal in Allahabad an, um mir mitzuteilen, daß er nach Vrindaban gekommen sei. Als ich im Vrindabaner Ashram eintraf, waren nur wenige Leute da. Eine Frau kam zum Darshan und brachte eine Tasche voller herrlicher Äpfel mit. Ihr könnt euch nicht vorstellen, wie groß sie waren und wie köstlich sie aussahen. Maharajji begann sie zu verteilen, und ich war sicher, daß er auch mir einen Apfel geben würde. Aber er tat es nicht. Einige erhielten die anderen Devotees und den Rest gab er der Frau zurück. Auch von ihr erhielt ich keinen. Oh, wie fest sie die Tasche wieder über den Äpfeln zuband!

Kurz darauf überquerte Maharajji den Hof, ging allein in einen Raum und setzte sich dort auf das Tucket. Dann rief er mich zu sich. Ich weiß nicht, wie es vor sich *ging, aber er griff mit seiner Hand neben sich hinunter auf das Tucket und reichte mir einen Apfel – noch größer, noch köstlicher als die, die er von der Frau erhalten hatte. Und dann gab er mir einen zweiten Apfel. Ich wußte nicht, woher diese Äpfel kamen, denn ich hatte selbst gesehen, daß er von der Frau keine zurückbehalten hatte!*

Ich begleitete Maharajji auf einer Bahnfahrt von Allahabad nach Vrindaban, als ich auf dem Bahnhof, noch bevor wir den Zug bestiegen hatten, die größten, schönsten und saftigsten Orangen erblickte. Einen Moment lang wollte ich stehenbleiben und welche kaufen, aber ich ging weiter. Als wir im Zug saßen, war meine Aufmerksamkeit einmal für kurze Zeit abgelenkt, und als ich wieder zu Maharajji hinsah, hatte er neben sich einen riesigen Korb voller Orangen stehen! Ich weiß nicht, wo sie hergekommen waren, aber sie waren noch besser als jene, die ich auf dem Bahnhof gesehen hatte.

Maharajji reichte mir eine Orange, und ich steckte sie in meine rechte Brusttasche. Die zweite Orange steckte ich in die linke Brusttasche. Die Früchte verursachten solche Wölbungen, daß ich aussah wie eine Frau! Dann reichte er mir eine dritte, die ich in die Hosentasche steckte, und eine vierte, die in die andere Hosentasche wanderte. Und er gab mir noch mehr, die ich vorne und hinten unter meine Hemdschöße schieben mußte. Er gab mir so viele Orangen, daß ich mich kaum noch bewegen konnte! Ich fing an, diese süßen Orangen an andere weiterzuverschenken, und sagte: „Das ist der beste Prasad, den ich heute zu verteilen habe." Bis zum heutigen Tage habe ich keine Ahnung, wie er zu diesen Orangen kam.

Auf dem Kumbha Mela im Jahre 1966 saß Maharajji mit zwei oder drei Sadhus am Ufer des Ganges. Er sagte, wir sollten ihm viel Ganges-Wasser bringen. Er hielt den Behälter für einige Minuten fest und ließ es uns dann verteilen. Es war Milch.

MAHARAJJI WAR bestrebt, diese Kräfte vor allen – außer den engsten Devotees – geheimzuhalten, und oft gebrauchte er eine Tarn-Geschichte, um den Eindruck zu erwecken, er habe mit den plötzlich auftauchenden Nahrungsmitteln nichts zu tun.

Als Maharajji auf einem Grundstück, das vorher ein Gräberfeld gewesen war, einen Hanuman-Tempel errichtete, wurde ein großer Bhandara abgehalten, um die „wandernden Geister" zu befreien. Spät in der Nacht entdeckte man, daß der ghee (abge-

klärte Butter) zuende ging. Der Mann, der die Vorräte beaufsichtigte, ging zu Maharajji und sagte ihm, daß es an Ghee mangele und daß immernoch viele Leute kämen – wie sollten sie versorgt werden? Maharajji antwortete: „Geh' und überprüfe die leeren Kanister! Irgendwo wirst du noch einen vollen finden." Obwohl der Mann wußte, daß sie alle leer waren, weil er sie selbst untersucht und gezählt hatte, ging er ins Lager. Und tatsächlich fand er einen vollen Kanister unter den leeren.

Ein Mann diente Maharajji viele Jahre lang als eine Art Begleiter. Er kümmerte sich um Maharajji's Kleidung, half ihm beim Baden und Wasserholen und so weiter. Er verrichtete viele Dienste und schlief zu Maharajji's Füßen, um stets in seiner Nähe zu sein. Er hatte die Angewohnheit, dienstags zu fasten und nur Milch zu trinken. An einem solchen Dienstag bot Maharajji ihm Essen an, aber er lehnte ab und sagte, er würde nur Milch trinken. Doch der Tag verging, ohne daß er Milch erhielt.

Spät in der Nacht fragte Maharajji, ob er gegessen oder Milch getrunken habe. Er sagte: nein, er würde fasten, habe aber Milch getrunken. „Du lügst! Sag' die Wahrheit! Niemand hat dir Milch gegeben." Maharajji's Geschrei weckte den ganzen Tempel auf. Maharajji fragte den Koch und erfuhr, daß niemand daran gedacht hatte, dem Mann seine Milch zu geben – und jetzt war im ganzen Ashram keine mehr aufzutreiben. Maharajji stand auf und ging in sein Zimmer. Er rief den Mann zu sich und ließ die Tür verschließen. Maharajji fragte nach der Uhrzeit; es war nach Mitternacht. Maharajji sagte: „Du hast den ganzen Tag nichts gegessen. Es ist nach Mitternacht. Kannst du jetzt essen? Es ist Mittwoch." Der Mann bejahte. Maharajji griff in seine dhoti *(ein Tuch, das um den Unterleib des Mannes gewickelt wird) und holte fünf* parathas *(in Fett gebackenes Brot) und zweierlei Gemüse hervor. Maharajji sagte: „Es ist Gottes Prasad, Ram's Prasad." Der Mann wollte hinausgehen, um draußen zu essen, aber Maharajji hielt ihn zurück und sagte, er solle im Zimmer essen. Als er fertig war, brachte Maharajji eine kleine Menge* khir *(süßen Reispudding) hervor. Der Mann aß auch dies und wollte dann den Raum verlassen, um Wasser zu holen. Maharajji hielt ihn wieder zurück: „Wohin gehst du? Hier ist Wasser." Neben Maharajji's Bett stand immer ein Wassergefäß für den Gebrauch während der Nacht, aber der Mann wollte Maharajji's Gefäß nicht benutzen. Maharajji goß ihm das Wasser in den Mund. Dann trug er ihm auf, niemandem von dieser Nacht zu erzählen.*

DIESER VERHÜLLUNGSPROZESS beinhaltete für die Devotees oft lautes Geschrei und unbeschreibliche Schimpfkanonaden (ein Ablenkungsmanöver, wie es jeder gute Zauberer anwendet) und erweckte so in ihnen große Schuldgefühle – als sei es ihre eigene Nachlässigkeit gewesen, die zu dem Nahrungsmangel geführt habe. Später war er dann sehr sanft mit ihnen, und sie spürten, daß er sie ge-braucht und nicht miß-braucht hatte.

Einmal ging in Hanuman Ghar der Ghee zur Neige, und Maharajji bat heimlich einen Devotee, einen Eimer Wasser zu holen und in den Wald zu bringen. Dann sagte er in seiner üblichen direkten Art: „Ich muß mal pinkeln" und ging weg. Als er zurückkehrte, begann er laut zu schreien. Er ging auf einen Sadhu zu und schalt ihn heftig, daß er die Vorräte vernachlässigt habe. Er sagte. daß Diebe den Ghee gestohlen hätten. „Seht nach", sagte Maharajji, „sie haben eine Büchse Ghee hier im Wald stehengelassen." Und sie kamen mit dem Eimer zurück, der mit Ghee gefüllt war.

Ein Devotee half auf einem Bhandara in Kainchi. Nachdem das Fest zehn Tage angedauert hatte, ging der Vorrat an malpuas *(süßen Brotfladen) zuende. Man begann den Leuten Chapattis und Dal anstelle von Malpuas zu geben. Dann trafen sechzig oder siebzig Frauen aus weiter entfernten Dörfern ein, die nicht nur Maharajji sehen, sondern auch Malpuas essen wollten. Maharajji sagte: „Gebt ihnen Malpuas." Der Devotee teilte Maharajji mit, daß keine mehr vorhanden wären, und Maharajji schalt ihn aus und sagte: „Du bist ein Dieb. Es waren Malpuas im Überfluß da. Du hast sie gestohlen. Nehmt ihm die Schlüssel ab. Ich will ihn im Tempel nicht mehr sehen. Er sollte nicht die Schlüssel zum Lagerraum haben. Wahrscheinlich hat er die Malpuas irgendwo versteckt." Als jemand den Lagerraum überprüfte, fand er dort Malpuas in Hülle und Fülle. Später behandelte Maharajji den beschuldigten Devotee sehr liebevoll und zärtlich.*

Zur Zeit der Melas war ich mit Maharajji in Allahabad. Maharajji sagte, daß einige Ma's aus Nainital auf dem Mela eingetroffen seien, und fügte hinzu: „Laß uns zum Mela-Gelände gehen und sie suchen." Wir nahmen ein Taxi, welches Maharajji gleich nach unserer Ankunft wieder wegschickte. Es war schon dunkel, und auf dem Gelände wimmelte es von vielen Tausenden von Menschen. Maharajji schickte mich mit einem Freund auf die Suche, aber wir fürchteten ihn zu verlieren und machten nur einen flüchtigen Rundgang, um anschließend zurückzueilen und zu berichten, daß wir die Ma's nicht finden konnten. Endlich sagte Maharajji, daß er selbst gehen wolle. Er fand sie im dritten Zelt, das er inspizierte. Sie beendeten gerade eine Puja für Maharajji. Jeden Tag hatten sie einen Monat lang diese Puja begangen, in der Hoffnung, sein Darshan zu erhalten. Dies war der letzte Tag.

Sie hatten sogar ein Bild von Maharajji gemalt.

Maharajji betrat das Zelt und blieb im hinteren Teil, bis er die Ma's in das Haus eines Devotees brachte, wo er uns nach Milch und Süßigkeiten schickte. Wir waren Studenten und wollten nicht unser ganzes Geld ausgeben, so stellten wir uns die Frage, wieviel eine Ma wohl trinken könne. Wir brachten nicht allzuviel Milch und Süßigkeiten mit, weswegen Maharajji uns ausschimpfte und hinauswarf. Reuevoll setzten wir uns auf die Veranda. Später rief er uns wieder herein und fragte: „Glaubt ihr, ich habe euch gebraucht, um Süßigkeiten zu bekommen?" Und da standen Eimer und Eimer voller Süßigkeiten, und Maharajji ließ uns essen und essen.

DER PENSIONIERTE Gefängnisdirektor von Lucknow, ein sehr alter und angesehener Devotee, erzählt von seiner Erfahrung mit Maharajji. Es ist eine ganz besondere Geschichte, denn sie spiegelt den Glauben seiner Frau wider, der so stark war, daß Maharajji's Siddhi von Annapurna durch sie hindurch wirken konnte.

Er setzte dich ins Unrecht, ertappte dich unvorbereitet, und dann half er dir. Nachdem wir in Nainital fast den ganzen Tag mit Maharajji verbracht hatten, waren wir zum Abendessen nach Hause zurückgekehrt. Wir waren zu viert, und meine Frau hatte Essen zubereitet, welches gerade für unsere Familie ausreichte. Da hörte meine kleine Tochter, wie Maharajji auf seinem Rückweg vom Regierungsgebäude draußen vorbeiging, und sie lief hinaus und sagte: „Hier wohnen wir, Maharajji. Komm' doch zu uns herein."

Ich rief sie und sagte: „Belästige Maharajji nicht. Wir waren heute so lange mit ihm zusammen." Außerdem sah ich, daß wir nicht genug zu essen hatten.

Aber Maharajji sagte: „Nein, ich muß zu euch kommen", und trat mit zwanzig weiteren Leuten ein. Nach ein paar Minuten wandte er sich an mich: „Diese Leute sind hungrig. Gib ihnen zu essen." Ich wollte nicht nein sagen, da ich seine Willensstärke kannte, und ging also in die Küche. Maharajji schrie mir hinterher: „Und beeil' dich!" In der Küche teilte ich meiner Frau im Flüsterton mit, in welchem Dilemma wir uns befänden. Das Gemüse in dem kleinen Topf reichte gerade für uns, und der Markt war weit entfernt und außerdem bereits geschlossen.

Meine Frau, die mehr Glauben hatte als ich, sagte: „Mach' dir keine Sorgen. Maharajji wird sich darum kümmern. Hier, nimm den kleinen Topf (sie hatte ihn abgedeckt) und nimm den Deckel nicht ab, um hineinzusehen. Da ist ein großer Löffel. Bediene die Leute einfach, und ich werde die Puris machen." Ich tat, wie sie gesagt hatte, und schaute nicht in den Topf. Ich wußte, daß etwas sehr sonderbares kommen würde.

Ich gab jeder Person einen oder zwei große Löffel voll und fragte: „Darf es noch etwas mehr sein?" Einige bejahten, und ich tat ihnen noch mehr auf. Alle bekamen so viel Gemüse und Puris wie sie wollten.

Maharajji lächelte. Dann sagte er: „Alle haben gegessen. Alle sind satt. Das ist ein sehr großes Fest."

AUCH EINE ANZAHL von Geschichten aus den „frühen Tagen" Maharajji's sind zu uns durchgesickert. Welche davon den Tatsachen entsprechen und welche nicht, ist ungewiß. Hier ein köstliches Beispiel:

Die Dorfkinder aus der Umgegend kamen öfters zum See, um ihre Kühe und Ziegen zu hüten. Eines Tages, als niemand in der Nähe war, befestigten sie ihre Bündel mit dem mitgebrachten Essen an den niedrighängenden Ästen eines Baumes und liefen fort, um zu spielen. Als sie zurückkamen, war von ihren Bündeln nichts mehr zu sehen, und Maharajji saß zufrieden unter dem Baum. Er lächelte den Kindern zu, und anstelle ihres Essens zog er Puris und laddus *(eine von Hanuman besonders geschätzte Süßigkeit) unter seinem Gewand hervor. Die Kinder aßen nach Herzenslust.*

Rameshwar Das

Unter Maharajji's Decke

DIE ART UND WEISE, in der Guru und Devotee miteinander in Beziehung stehen, variiert von einem Devotee zum anderen beträchtlich. In den heiligen Büchern heißt es, daß ein Devotee den Guru in der Rolle eines Vaters, einer Mutter, eines Kindes, Freundes, Lehrmeisters, Geliebten oder in der Rolle Gottes sehen kann. Und es gab Devotees, für die Maharajji all dies gleichzeitig war. Doch die Essenz der Gefühle, die Maharajji's indische Devotees ihm entgegenbrachten, drückt sich vielleicht eher in dem Wort *baba* aus als in dem Begriff *guru*. Baba kann „Großvater" oder „Älterer" bedeuten. Es ist ein Ausdruck der Hochachtung gegenüber einem älteren oder spirituellen Menschen. „Baba" werden in Indien gewöhnlich die Sadhus oder die umherziehenden Entsagenden genannt, ebenso aber auch die alten Männer, die die Straße fegen. Die Sanftheit und Vertrautheit dieses Wortes erfaßt das Wesen des Spieles zwischen Maharajji und seinen Devotees besser.

MANCHE VON IHNEN sahen in ihm in erster Linie den Großvater der Familie:

Die väterliche Liebe, die er dir schenkt, kannst du von niemand anderem erhalten.

ANDERE SAHEN in ihrem „Baba" ihren lieben Freund:

Wenn du jemanden liebst, dann spielst du jedes Spiel mit ihm. Das ist es, was ich getan habe. Es war nie anders für mich.

Wir waren oft zusammen unterwegs und unterhielten uns einfach über dieses und jenes.

FÜR VIELE war er ein weiser Ratgeber:

Ich kam zu ihm, stellte ihm meine Fragen und ging wieder.

FÜR MANCHE war er einfach nur ein frommer Sadhu:

Er war ein ganz gewöhnlicher Baba. Er besuchte uns oft, und wir gaben ihm ein paar Süßigkeiten oder ein Glas Wasser. Er saß auf einem ungedeckten Bett. Und es erfüllte uns mit großem Stolz, daß wir „heute einen Baba bewirtet" hatten.

Es hat in unserer Familie immer eine Verbindung zu Heiligen wie Maharajji gegeben.

DOCH FÜR VIELE war er ein Schutzengel, fast wie aus einer anderen Sphäre:

In seiner Gegenwart fühlte ich mich immer von überall her und vor allem beschützt.

Maharajji nimmt uns von einer Stelle weg und stellt uns an eine andere.

Wenn wir schwere Prüfungen im Leben durchzustehen haben, denken wir jedesmal an ihn. Dann hilft er uns immer, entweder direkt oder indem er anderen die Kraft gibt, uns zu helfen.

UND FÜR EINIGE war er Gott:

Wer auch immer sein Darshan empfing – selbst wenn er sich hinter ihm befand – ist gerettet.

Maharajji ist der havan *(Opferfeuer), der mein Karma animmt und verbrennt.*

Er ist jenseits aller Dinge, die du über ihn sagen könntest.

Verstehst du – er ist Gott. Das ist ganz gewiß.

ALL DIESE KATEGORIEN sind noch sehr spezifisch. Tatsächlich verkörperte er für die meisten Devotees einmal die eine, einmal die andere dieser Kategorien – oder alle auf einmal. Er war ganz einfach ihr „Baba".

Ich kümmerte mich nicht um seine Wunder. Ich wußte nur, daß er mein Baba war.

Eine Frau hielt Maharajji nie für einen großen Heiligen, der Kräfte besaß. Er sagte, er habe sie nicht, also glaubte sie ihm. Sie hielt ihn für einen heiligen, guten und freundlichen Menschen, der Liebe und Zuneigung verschenkte und dem Geist Frieden gab. Ihr Mann glaubte, daß Maharajji Gott selbst sei. In Maharajji's Gegenwart vergaßen sie beide ihre Probleme.

Ich habe nie Furcht vor ihm gehabt. Wenn ich in seiner Nähe gespannt und wachsam war, dann geschah das nicht aus Angst vor ihm – sondern aus Angst um *ihn.*

Wenn du zum Beispiel einen Blumengarten hast und ihn pflegst, dann fürchtest du dich nicht vor den Blumen, sondern vor dem Pferd oder der Kuh, die die Blumen möglicherweise niedertreten oder fressen könnten, oder vor dem Gärtner, der vielleicht vergessen könnte sie zu gießen. Wißt ihr, ich hatte Angst, daß irgendeine Nachlässigkeit ihm Unannehmlichkeiten oder Schmerz bereiten könnte, ähnlich wie deine Mutter empfinden würde, wenn du von der Schule nach Hause kämst und sie wäre nicht da – sie würde sich Sorgen machen, wer dir zu essen gibt und sich um dich kümmert. So ähnlich war es.

AUCH DIE LEUTE aus dem Westen sahen und erlebten Maharajji auf sehr unterschiedliche Art und Weise. Obwohl viele von uns ein sehr inniges Verhältnis zu Maharajji hatten, scheint hier der formale Begriff „Guru" – mit seinem Schwerpunkt auf einem Mittel zur spirituellen Befreiung – besser zu passen als der Ausdruck „Baba". Da in der Kultur, aus der wir gekommen waren, Guru's etwas Ungewöhnliches sind, neigten wir dazu, dem Guru-Mythos ein größeres Gewicht zu geben. Insbesondere wollten wir keinen Großvater oder einen weiteren Freund. Wir wollten Gott oder wenigstens einen göttlichen Vermittler. Und das war es, was die meisten von uns in Maharajji sahen. In den folgenden Zitaten werden manche Unterschiede zwischen uns sichtbar:

(Ein westlicher Devotee zu einem anderen:) Ich brauchte nicht dauernd in seiner Nähe zu sein. Für alle anderen, die ständig um ihn herum sein mußten, war es gut. Ich glaube, es war auch gut, daß wir beide zusammen gefahren sind, denn wir haben uns perfekt ergänzt. Du mußtest in Maharajji's Nähe sein, du mußtest zu seinen Füßen sitzen – kein Detail durfte dir entgehen und keine Geschichte durftest du versäumen. Und ich liebte das wirklich, es war wirklich wunderschön – aber mir hätte das alles nur im Weg gestanden; es war nicht das, was ich brauchte. Ich brauchte nur die Essenz, den Samen, das Gefühl.

Ich erinnere mich an einen Tag, an dem wir wie gewöhnlich sehr gut gegessen hatten und anschließend alle ein Schläfchen hielten. Doch wir spürten etwas, das die Sufis baraka *(Segen oder spirituelle Kraft) nennen – als wir erwachten, waren wir desorientiert, aber es war ein wundervolles Gefühl. Ein großer Teil der wirklichen Arbeit lag für mich in diesem Gefühl, das sich eingestellt hatte, als ich nach meiner Ankunft Prasad erhalten und mich ausgeruht hatte. Auf diese Weise erfuhr ich die Wirklichkeit des Baraka oder Segens.*

Ich weinte die ganze Zeit, weil Maharajji mich nicht aufnehmen wollte, weder in seinen Armen noch im Tempel – weil er mich nicht hoch in den Himmel erheben wollte. Nach diesem ersten Kontakt mit ihm wurde ich begierig und fast verrückt danach, unter seine Decke zu gelangen.

So versuchte ich ständig mit ihm zu feilschen und einen Weg zu finden, wie ich ihn dazu bringen konnte, mich anzunehmen. Und ich erkannte sehr rasch, daß nichts, was ich überhaupt hätte tun können, ihn dazu zwingen konnte, mich anzunehmen.

Ich hatte nie das Gefühl, daß die Worte wirklich wichtig wären. Der wahre Guru ist im Innern. Und Maharajji war eine Manifestation, die ich sehen mußte, um diese Wahrheit zu begreifen.

Die Sehnsucht nach ihm und die Empfindung, in der Gegenwart meiner eigenen göttlichen heiligen Gott-Mutter zu sein, erweckten in mir immer das Gefühl, Maharajji sei meine Mutter – er war für mich wie die Ma. Maharajji's Beziehung zu Gott war vollkommen innerlich und subtil.

Es war etwas so Schönes, der zu sein, der du bist – du selbst zu sein. Die Ausgelassenheit war so grenzenlos und das Herz so weit geöffnet.

DER FOLGENDE Vergleich zwischen den Verhaltensweisen zweier Devotees verdeutlicht eine weitere Dimension der Verschiedenheit.

Wenn Devotee A im Tempel war, war es vorherzusehen, daß, wenn irgendjemand aus dem Westen in Maharajji's Nähe durfte, er derjenige war. Durch seine unbegrenzte Erfindungsgabe erreichte er es, in jedem nur möglichen Augenblick in Maharajji's Gegenwart zu verweilen. Wenn Maharajji die Leute fortschickte, dann blieb A bis zuletzt und ging dann möglicherweise sofort um das Gebäude herum, zupfte eine Blüte von einem Baum und näherte sich von der anderen Seite, als käme er gerade erst an. Wenn andere zum Gehen aufgefordert wurden, versteckte er sich oft, um nicht zu den Aufgeforderten zu gehören. Daraus entwickelte sich ein kunstvolles Spiel, an dem Maharajji nicht ganz unbeteiligt war.

A war ein Meister in seinem Spiel. Ein besonderer Sinn schien ihm zu sagen, wo sich Maharajji im nächsten Moment aufhalten würde, und er richtete es ein, daß er dort war und wartete. Andere wetteiferten in diesem Spiel mit ihm, aber niemand schaffte es, so total auf Eines ausgerichtet (oder, wenn man so wollte, eigennützig) zu sein wie A. Die anderen wurden von Schuldgefühlen oder Mitleid mit anderen zurückgehalten – Gefühle, die, wenn sie erwähnt wurden, A nur einen verständnislosen Blick entlockten.

Ganz anders war es bei Devotee B. Wenn Maharajji uns zum Helfen in die Küche schickte, schälte B dort noch Kartoffeln, wenn die anderen längst Schluß gemacht hatten und wieder Maharajji's Nähe suchten. Er blieb solange, bis die letzte Kartoffel geschält war, und sah sich dann nach weiterer Arbeit um. Obwohl er in den Vereinigten Staaten zum Rechtsanwalt ausgebildet worden war, war seine Dienstbeflissenheit und Demut im Tempel so hervorstechend, daß ihm bald die Aufsicht über die Küche und Lagerräume übertragen wurde. Fünf Jahre blieb er im Tempel und verrichtete gewissenhaft seinen Dienst, bis er von der Regierung ausgewiesen wurde. Keine Arbeit war ihm zu niedrig, und weder zeigte er eine Spur von persönlichem Stolz auf seine Bescheidenheit noch bemühte er sich um Aufmerksamkeit für seine Arbeit. Es war wahrhaftig so, als käme er Gott durch sein Dienen am nächsten. Nur sehr selten näherte er sich Maharajji, und wenn er dies tat, dann gewöhnlich nur, um seine Füße zu berühren und anschließend zu seinen Pflichten zurückzukehren.

Devotees wie A brachten andere Devotees oft gegen sich auf, weil sie ein Monopol auf Maharajji zu beanspruchen schienen, während Devotees wie B den anderen Achtung abgewannen und manchmal auch Schuldgefühle in ihnen weckten. Doch wir wußten intuitiv, daß jeder auf seine Art ein reiner Devotee war, und Maharajji liebte sie offensichtlich beide.

So unterschiedlich wir Maharajji sahen und erlebten, so unterschiedlich reagierte er auf uns. Seine Erwiderung richtete sich immer genau nach unserer Aufnahmefähigkeit. In der unaufhörlich wechselnden Verhaltensweise Maharajji's fand jede Person das, was sie brauchte. Weil er sich mit nichts identifizierte, war er wie ein Spiegel, der jedem Devotee den Baba oder Guru zeigte, den er oder sie projizierte. Oft befriedigte er mit einer einzigen Handlung die unvereinbaren Bedürfnisse von einem Dutzend Devotees gleichzeitig.

Wer kann schon etwas über diese Heiligen sagen? Sie sind wie der Himmel. Maharajji's Geist war vollständig klar. Er schien keine Gedanken zu haben; nur Bhagavan's *(Gottes) Wille schien seinen Geist zu erfüllen. Wie eine Wolke zog es heran – wupp! – oh, was für eine Wirkung sich daraus entfaltete! Und wie eine Wolke zog es wieder vorüber. Sein Geist war immer klar.*

Was er zu einem Devotee sagte, richtete sich jeweils nach dessen Fassungsvermögen und entsprach demjenigen Prinzip der Devotion, dem der Devotee folgte.

Wenn du clever warst oder etwas vortäuschen wolltest, dann ignorierte dich Maharajji, aber wenn du einfach und offen warst, dann half er dir.

Maharajji offenbarte es durch das Herz, wenn er eine Person mochte. Wenn er das Gesicht einer Person nicht sehen wollte, bedeckte er sein eigenes Gesicht mit einer Decke.

Maharajji offenbarte sich nicht allen. Er konnte in die Seele einer Person hineinblicken; und wo er so etwas wie einen „netten Kerl" sah, erfaßte er, was in der Person vor sich ging. Manchen Leuten gab er einfach Prasad und schickte sie fort.

Ob eine Person nun fünfundzwanzig Jahre bei Maharajji war oder ein „grüner" Neuankömmling war, sie wurde genauso behandelt wie alle anderen. Niemand wurde bevorzugt, und niemand war unentbehrlich.

Einmal hielt eine Kolonne von Armeelastwagen vor dem Tor, und Hunderte von Soldaten kamen herein und stellten sich in einer Linie auf. Maharajji sprach gerade mit einem neben ihm sitzenden Bauern. Die Soldaten und Offiziere traten einer nach dem anderen vor, verbeugten sich und berührten Maharajji's Füße. Sie sahen ihn einen Moment an und gingen wieder in ihre Reihe zurück. Diese Erfahrung schien den meisten von ihnen zu genügen. Aber ab und zu trat einer vor, dem es anscheinend anders ging – vielleicht leuchtete sein Licht ein wenig heller oder aber sein Maß an Leiden war größer. Viele Male beobachtete ich, wie ein solcher Mann sich niederbeugte. Maharajji gab ihm dann vielleicht einen kleinen Schlag auf den Kopf, oder er schenkte ihm eine Blume, oder er unterbrach seine Unterhaltung, um etwas zu sagen wie: „Es wird deiner Mutter besser gehen" oder „Du solltest dich nicht mit deinen Vorgesetzten anlegen" oder „Du liebst Gott sehr". Wir konnten nur den winzigsten Bruchteil dessen sehen, was Maharajji sah.

Die Soldaten wollten Bilder von Hanuman (er ist die Schutzgottheit der indischen Armee) und von Maharajji, um sie im Krieg zum Schutze bei sich zu tragen. Maharajji sagte: „Die Armee hat gute und einfache und spirituelle Männer." Es war nicht so, daß Maharajji sich „überlegte", dieses oder jenes zu tun; vielmehr holte die Natur des Suchenden wie aus einem Spiegel aus ihm diese oder jene Antwort hervor. (R.D.)

Ich sah Maharajji zum ersten Mal auf dem Mela, und er bat mich, nach Chitrakut zu kommen. Zuallererst beeindruckte mich, daß er wie ein Spiegel war. In Chitrakut waren sehr viele Leute, und sie erzählten sich all die Geschichten über ihn. Ich war daran überhaupt nicht interessiert, sagte aber, daß ich glaube, er sei wie ein Spiegel. Als sie es Maharajji dann erzählten, freute er sich sehr, daß ich dies dachte.

Ich sprach mit Maharajji über alles mögliche, auch über die Wissenschaft oder den Flug zum Mond. Er war wie ein Spiegel – er hatte mit all den Dingen nichts zu tun. Aber er zeigte Interesse, und wenn du das nächste Mal davon sprachst, folgte er aufmerksam deinen Worten. Er sagte immer: „Ich kann mich an alles erinnern."

MAHARAJJI SCHIEN sich nicht zu „überlegen", wie er auf einen Devotee eingehen sollte, und anderen gab er den Rat...

*SIEH IN JEDEM MENSCHEN GOTT. ES IST EINE TÄUSCHUNG ZU LEHREN UND DABEI VON INDIVIDUELLEN UNTERSCHIEDEN UND VOM KARMA AUSZUGEHEN.**

WENN ER dazu gedrängt wurde, dann konnte es dennoch sein, daß er sein Verhalten „erklärte":

Einmal schalt ich Maharajji, weil er Photos an weltliche Menschen verschenke, denen er ganz gleichgültig sei. Er sagte: „Du verstehst mich nicht. Wenn ich jemandem sage, daß er ein großer bhakta *(Devotee) ist, dann pflanze ich einen Samen. Wenn der Same in einer Person schon eingepflanzt ist und wächst, warum sollte ich dann einen weiteren pflanzen?"*

Ich sagte: „Du erzählst diesen Trunkenbolden, Lügnern und Banditen, daß sie wirkliche Bhaktas seien. Sie werden einfach nach Hause gehen und so weitermachen wie bisher."

Maharajji sagte: „Einige von ihnen werden sich daran erinnern, was ich von ihnen gesagt habe, und es wird bewirken, daß sie diese Eigenschaft in sich selbst entwik-

* Alle in dieser Art gesetzten Zitate sind direkte Zitate Maharajji's.

keln wollen. Wenn Zehn von Hundert in dieser Weise inspiriert werden, ist es eine sehr gute Sache."

Ein Devotee sagte einmal zu Maharajji: „Maharajji, warum sagst du erst zu Leuten, daß sie etwas bestimmtes tun sollen, und schimpfst sie dann wegen dieser Sache aus?"

„Wenn ich ihnen sage, sie sollen von einem hohen Felsen springen, sollten sie es dann tun? Ich sage ihnen einfach, was in ihrem Geist vorgeht."

ALL DIES schien ein Prozeß zu sein, durch den Maharajji Devotees für die Aufgabe verwendete, sich gegenseitig zu erwecken.

Wenn die Inder einmal aufgebracht gegen die Westler waren, sagte Maharajji: „Sie sind sehr aufrichtig und rein, und deshalb liebe ich sie. Die Leute aus dem Westen prüfen mich alle. Ihr (Inder) habt alle blinden Glauben."

Maharajji sagte einmal von den Westlern: „Für die Westler ist es schon eine Form der Entsagung, in Indien zu sein. Sie haben so viel aufgegeben, um hier sein zu können. Wenn sie einmal glauben, dann glauben sie ganz, von ganzem Herzen und ganzer Seele, wie Kinder."

SEINE ERWIDERUNG war nicht nur von Person zu Person verschieden, sondern sie änderte sich mit der Zeit auch für jeden Einzelnen. Jedesmal, wenn du zu ihm kamst, war es wie das erste Mal. Und wenn sich dieselbe Konversation wieder und wieder abspielte, was oft der Fall war, dann deshalb, weil der Devotee bei jedem neuen Besuch immernoch an demselben Punkt gefangen war. Aber sobald ein Devotee sich von dem Aspekt seines Denkens oder Verhaltens, in dem er oder sie sich festgefahren hatte, löste, fand er oder sie einen ganz neuen Maharajji vor.

Einer der Lieblings-Stile Maharajji's, mit Devotees – besonders mit indischen – umzugehen, war das Schimpfen. Und darin war er ein Meister. Fast alle Westler verstanden zu wenig Hindi, um seine scharfe Ausdrucksweise überhaupt wahrzunehmen, und die meisten Übersetzer fühlten sich verpflichtet, seinen Stil zu mildern. Die Inder hatten sich schon an seine Sprache gewöhnt und interpretierten sie sogar als eine Form der Zärtlichkeit.

Maharajji gab den Leuten, die er mochte, Hiebe.

Wenn er dich beschimpfte und dich schlecht und verkommen nannte, wußtest du, daß er dich gern hatte.

Er schalt die Leute aus, nannte sie Unruhestifter, sagte ihnen, sie hätten nackt getanzt, zu viel getrunken, seien Rowdies oder sherabis *(Weinsäufer).*

Ein Verwandter bereitete mir ständig Schwierigkeiten, aber ich sagte nichts dazu. Bekümmert ging ich zu Maharajji. Er wußte sofort Bescheid und sagte, daß dieser Mann mich plagen würde. Er sagte: „Es ist gut, wenn jemand dich beschimpft, auch in spiritueller Hinsicht. Ein Mensch macht Fortschritte, wenn man ihn beschimpft. Mach' dir keine Sorgen. Eines Tages wird dieser Mann zu dir kommen und seinen Kopf vor dir beugen."

So geschah es dann auch. Er kam zu mir und sagte: „Ich habe so viele Fehler gemacht und dir unnötigen Kummer bereitet."

NEBEN DEM Schimpfen gab es eine Menge Neckerei und Tadel.

„Dada bekommt heute seinen *Gott! Tee und Zigaretten", sagte Maharajji zu Dada, der nur lachte.*

Dada benutzte einen Zipfel seiner Dhoti, um Maharajji's Mund damit abzuwischen. Jemand kritisierte Dada und sagte, er solle das nicht tun. Dann brachte eine Frau Milch, und als Maharajji getrunken hatte, blieben einige Tropfen an seinem Mund hängen. Er wandte sich an Dada: „Warum hörst du damit auf?" und griff nach Dada's Dhoti, um sich damit vor aller Augen den Mund abzuwischen.

Eine Frau erinnerte sich vergnügt an ihre innige Freundschaft mit Maharajji. Sie erzählte, wie sehr er es liebte, jemanden zu necken und auf den Arm zu nehmen. Sie beschrieb, wie er auf diese Weise mit den Leuten aus dem Westen spielte. Vor einer großen Gruppe von Indern stellte er ihnen einige Fragen, und sie gaben irgendeine Antwort. Dann wandte sich Maharajji an die Frau, zwinkerte und sagte etwa: „Sieh nur, wie naiv diese Leute sind; sie wissen überhaupt nichts." Und die Leute aus dem Westen nahmen alles, was er sagte, für tiefe, geheimnisvolle Wahrheit, während er über ihre einfache Unschuld lachte.

Eine Familie kam, um Maharajji's Darshan zu erhalten. Sie hatten in Nainital eine Schachtel Süßigkeiten für ihn besorgt, und auf der Fahrt nach Kainchi kam das Gespräch darauf, wie gerne sie eine oder zwei der Süßigkeiten probieren würden. Schließlich taten sie das auch, und bevor sie Maharajji die Schachtel überreichten, ordneten sie den Rest so an, daß das Fehlen einer Süßigkeit nicht auffiel. Maharajji prallte sofort zurück und weigerte sich sogar, die Schachtel zu berühren. „Nehmt sie weg, nehmt sie weg, sie ist verunreinigt! Werft sie hinaus! Laßt sie den Hunden! Nein, die Hunde würden sie noch nicht einmal berühren – sie ist ungenießbar. Werft sie fort!"

Es gab einen Süßigkeiten-Hersteller, der immer voller Demut zu Maharajji kam und bei jedem Besuch Naschereien für alle mitbrachte. Maharajji lobte und belohnte ihn. Nach einiger Zeit schlichen sich Stolz und Überheblichkeit bei ihm ein. Nachdem er sich für eine Weile nicht hatte blicken lassen, erschien er dann mit einem Prasad – einer kleinen Schachtel mit der halben Menge von Süßigkeiten, die die Leute sonst brachten – und das bei einem Süßwaren-Hersteller! Maharajji sah ihn von der Seite her an, leerte die Schachtel aus, gab sie einem neben ihm sitzenden Devotee und sagte: „Gib ihm keine große Schachtel mit Puris. Hier, lege ihm welche in diese hier."

„Möchtest du von diesem Wasser trinken?" fragte mich Maharajji. Es war unrein und stammte aus einer Moslem-Quelle. Er wußte, daß ich ein Brahmin bin und nicht davon trinken würde, und er zwang mich nie wider meine Natur. Oft sagte er zu jemandem: „Hier, biete S davon an", obwohl er wußte, daß ich es nicht annehmen würde. Dann sagte Maharajji: „Nein, gib es ihm nicht, er wird es nicht nehmen."

Auf einer religiösen Pilgerschaft war ich in Bombay gewesen und hatte im Hause einer Familie gewohnt. Der Familienvater mußte zur Herzstärkung jeden Abend etwas Alkohol zu sich nehmen. Er bot mir davon an, und es endete damit, daß ich von dem Scotch ziemlich betrunken war.

Als ich später zu Maharajji zurückkehrte, sprach er mit mir über einen Sadhu, der nach Amerika gegangen war. Maharajji fragte: „Was wird er in Amerika zu essen bekommen?"

„Ich weiß nicht, Maharajji, aber bestimmt wird es sehr reines Essen sein."

„Man wird ihm Milch geben", sagte Maharajji.

„Das ist gut."

„Weißt du, was sie in die Milch hineintun?"

„Nein."

Er lehnte sich vor und raunte mir in gespielter Heimlichkeit zu: „Schnaps!"
„Nein!"
„Ja!"
„Oh, nein!" rief ich, als habe er soeben die schrecklichste Übertretung guter Sitten beschrieben.
Worauf Maharajji erwiderte: „Doch, doch" und mich vielsagend anblickte.
Ich zuckte innerlich zusammen. Er hatte mich einfach festgenagelt. (R.D.)

EINER DER REIZE an dem Verhältnis zwischen dem schimpfenden, tadelnden Maharajji und den Devotees war, daß viele von ihnen keine Furcht davor hatten, sich zur Wehr zu setzen. Und er schien ganz besonders an denen Gefallen zu finden, die sich ihm mutig entgegenstellten.

Ich konnte in dieser derben Weise sprechen, denn ich kannte ihn seit meinem sechsten Lebensjahr und hatte nie daran gedacht, auf respektvolle Weise mit ihm zu reden; es gab da kein Gefühl von „Größe" oder „Ehrwürdigkeit" zwischen uns. Einmal zog er zum Beispiel einfach an meiner Nase, und ich sagte zu ihm: „Laß das! Wenn du sie länger machen kannst, dann magst du es tun – andernfalls laß meine Nase in Ruhe."
Maharajji sagte: „Gut, ich werde sie nicht berühren. Ich kann dich auch am Scheitel deines Kopfes segnen."
Ich sagte zu ihm, daß er alles, was er mit mir täte, auf die richtige Art tun müsse. Also tätschelte er mir den Kopf. Das war die Art und Weise, in der ich mit ihm reden konnte. Das ist es auch, was ich jetzt vermisse, nachdem er seinen Körper verlassen hat.

Zum letzten Mal sah ich Maharajji in Vrindaban. Wir waren seit dem frühen Morgen dorthin unterwegs und trafen kurz vor Mittag ein, aber er verließ seinen Raum nicht vor drei Uhr.
*Als er erschien, schrie er mich sofort an, ich solle weggehen, er wolle mein Gesicht nicht sehen. „*Jao *(Geh')!"*
Ich schrie zurück und fragte, was ich ihm getan hätte. Ich war den ganzen Vormittag unterwegs gewesen und hatte den ganzen Tag darauf gewartet ihn zu sehen, und das war nun seine Begrüßung! „Nein!" sagte ich, „Ich werde nicht gehen."
Er setzte sein Geschrei fort und rief schließlich den Chaukidar, der mich hinauswerfen sollte. Der Chaukidar kam, die Hände gefaltet, und redete höflich, aber beharrlich auf mich ein. Ich schrie Maharajji an: „Das will ich sehen, wie dieser Mann Hand an mich legen will! Wie er mich hinauswerfen will! Ich werde nicht gehen."
Seht ihr, schließlich rief mich Maharajji zu sich. Er tätschelte meinen Kopf und

sprach einige Mantras, wie er es auch getan hatte, als ich ihn zum ersten Mal sah. Nun lächelte er wunderschön. Er sagte, daß seine shakti (spirituelle Energie) mich stets begleiten würde und daß ich nun gehen solle. Ich war inzwischen ganz von ihm erfüllt und sagte, daß er mich nicht fortschicken müsse. Jetzt brach ich von selbst auf, denn ich hatte sein Darshan erhalten.

Meine Mutter ist eine große Devotee von Maharajji, und sie wies Maharajji sogar zurecht, wenn sie es für richtig hielt. Maharajji sagte von ihr: „Seht ihr, sie kann das tun. Nur Menschen mit einem reinen Herzen können so etwas tun!" Manchmal tadelte Maharajji sie dann wieder deshalb, weil sie gekommen war. „Oh! Warum bist du hergekommen? Du solltest nach Hause gehen. Du bist ohne die Erlaubnis deines Sohnes gekommen!"

Ich wußte nie, wer Maharajji war. Einmal, als ich nicht gehen wollte, sagte Maharajji: „Du hast mein Hirn gegessen. Bitte geh' weg von hier." Maharajji beleidigte mich: „Geh' weg. Ich rede nicht mit dir." Ich erwiderte: „Ich gehe nicht, solange meine Arbeit nicht getan ist."

Ich wollte nicht mit Maharajji nach Madras fahren. Er bat mich mitzukommen, aber ich besaß nicht die rechte Kleidung dafür. Als Maharajji aufbrechen wollte, sagte ich, daß ich nur bis zum Bahnhof mitkommen würde, um von ihm Abschied zu nehmen. So begleitete ich ihn in sein Zugabteil, denn ich wollte Pranam machen. Aber er wollte einfach nicht mit mir reden; er wandte sich ab und wollte mich noch nicht einmal ansehen. Ich wollte nicht aussteigen, und nachdem sich der Zug in Bewegung gesetzt hatte, fing Maharajji an zu lachen. Nun mußte ich mit ihm fahren.

Damals blieb Maharajji nie sehr lange an einem Ort – selten waren es mehr als zwei oder drei Tage – so konnte ich sein Darshan nur wenige Male erhalten. Dann verließ ich Kanpur und ging für zwanzig Jahre nach Kalkutta, wo ich sehr beschäftigt war und keine Verbindung zu Maharajji hatte. Als ich nach Kanpur zurückkehrte, erinnerte ich mich an ihn und fragte mich, wo er wohl sein möge. Und ich fing an, mich über mich selbst zu ärgern, weil ich nicht nach ihm suchte. Zwei Monate lang ließ ich meine Mahlzeiten stehen. Meine Frau fragte mich, warum ich verstimmt sei und kein Getreide essen wolle, aber ich verschwieg ihr den Grund. Ich ärgerte mich zutiefst über mich selbst.

In Allahabad fragte mich dann einmal ein Mann, ob ich nicht das Darshan eines sehr gütigen Heiligen empfangen wolle. Ohne den Namen des Heiligen zu kennen, wurde ich zu Dada's Haus geführt. Maharajji erblickte mich und sagte: „Warum hast du zwei Monate deine Mahlzeiten stehenlassen?"

Ich antwortete: „Warum hast du mir kein Darshan gegeben? Ich mag verrückt sein, aber du bist ein Heiliger – du solltest nicht verrückt sein." Ich redete mit ihm wie ein sehr unverschämtes Kind.

Jemand fragte mich: „Willst du mit Maharajji einen Kampf ausfechten?"

Ich sagte: „Ja, natürlich. Warum sollte ich nicht kämpfen? Er ist wie mein Vater und ich wie sein Sohn. Warum sollten wir nicht kämpfen? Halt' dich da 'raus."

Maharajji sagte: „Bitte halte dich da 'raus. Er ist ein sehr treuer Devotee."

Die Leute entfernten sich, und Maharajji wandte sich mir zu und sagte: „Geh' jetzt nach Hause. Morgen früh werde ich zu dir kommen und bei dir essen."

Ich sagte: „Gut, wenn du deine Mahlzeit bei mir einnimmst, dann werde ich auch wieder Getreide essen. Wenn du nicht kommst, dann werde ich es nicht tun."

Maharajji sagte: „Komm' morgen her."

Ich sagte: „Nein, Maharajji. Ich traue deinen Worten nicht. Du sagst, ich soll morgen zu dir kommen, aber vielleicht bist du dann gar nicht hier. Wie stehe ich dann da? Ich werde nicht weggehen. Ich werde heute Nacht hier auf der Veranda oder im Gras schlafen.

Maharajji sagte: „Nein, hier ist kein Platz, wo du schlafen kannst."

Ich sagte: „Das macht nichts, Maharajji. Ich werde draußen vor dem Tor auf der Straße schlafen und einen oder zwei Ziegelsteine als Kopfkissen nehmen. Dann kannst du mir morgen früh nicht entwischen."

„Oh, nein. Du mußt mir vertrauen. Ich werde ganz bestimmt mitkommen. Du gehst jetzt!"

Darauf beharrte Maharajji, und er gab mir sein Ehrenwort. Dann schickte er mir jemanden, der mich nach Hause fahren sollte. Dieser Mann bat mich, eine halbe Stunde zu warten. Ich setzte mich nieder. Einige Leute, die meine Unterhaltung mit Maharajji mit angehört hatten, erzählten mir, daß Maharajji oft einen „Blanko-scheck" ausstelle, der nicht gedeckt sei. Er mochte kommen oder auch nicht.

Ich sagte ihnen, daß ich am nächsten Morgen wiederkäme, und wenn Maharajji mich dann nicht begleiten würde, würde ich den Eid ablegen, auch kein Wasser mehr zu trinken, bis er zu mir käme.

Als ich das sagte, kam Maharajji sofort nach draußen. „Warte, warte. Ich werde jetzt gleich mit dir kommen."

Wir bestiegen zwei Autos und fuhren zu mir nach Hause, wo wir ungefähr um zwei Uhr nachts eintrafen. Frisch zubereitetes Essen war nicht vorhanden, aber Maharajji aß von den Resten des Mittagessens und nahm von allem Angebotenen ein wenig. Dann sagte er: „Ich habe gegessen. Jetzt iß du. Iß wieder Getreide und höre mit dem Fasten auf." Dann brach er auf. Das ist die Geschichte des

Segens, den Maharajji mir gab. Und dieser Segen nahm mehr und mehr zu.

OFT WAR DAS Spiel zwischen Maharajji und den Devotees wahrhaftig wie das Spiel von Kindern.

Maharajji bettelte wie ein verwöhntes Kind. „Oh, Ma, bitte sing' bhajan *(devotionales Lied)." Und er zitierte das Lied: „Wie ein Brunnen ohne Wasser, wie eine Kuh ohne Milch, wie ein Tempel ohne Lampe ist ein Mensch ohne Bhajan."*

Es war der Tag des Rakshabandhan, *der Tag, an dem man seinen Brüdern schutzkräftige Bänder um die Handgelenke bindet. Schon vorher hatte ich Bänder für meine Brüder und auch für Maharajji besorgt. Die Bänder für meine Brüder ließ ich zuhause, aber Maharajji's hatte ich in meiner Geldbörse. Ich hatte diesen Tag noch nie bei Maharajji verbracht und wünschte mir sehr, das Band um sein Handgelenk binden zu können. Aber ich scheute mich, es vor so vielen Leuten zu tun. Als wir dann für einen Moment allein waren, ließ er mich das Band um sein Handgelenk binden. Eben in diesem Moment betrat jemand den Raum, und Maharajji sagte sehr schüchtern zu ihm: „Mutter bindet mir das Rakshabandhan um."*

Maharajji war den ganzen Vormittag in seinem Zimmer gewesen und hatte vielen Leuten Darshan gegeben. Nach etlichen Stunden flüsterte Dada Maharajji zu, wie ein Vater seinem Kind: „Komm, Maharajji, du warst den ganzen Vormittag hier drinnen und bist nicht ein einziges Mal hinausgegangen, um zu urinieren."
Maharajji schob es glattweg Dada in die Schuhe: „Das ist allein deine Schuld. Du hast mich nicht daran erinnert!"

Einmal schien Maharajji sich angestrengt zu bemühen, eine tote Fliege mit einem Stück Papier aufzuheben. Schließlich hielt er Dada das Papier mit der Fliege hin. Als Dada danach greifen wollte, flog die Fliege fort, und Maharajji sagte ärgerlich: „Ich habe mir die ganze Mühe gemacht, und du läßt sie entwischen!"
„Baba", sagte Dada, „sie war in deiner Hand, nicht in meiner." Maharajji lachte nur.

1968 brachte Maharajji in Kainchi fast den ganzen Tag damit zu, auf Dada's Bett zu sitzen. Er sagte: „Dada geht nicht schlafen, also muß ich auch aufbleiben." Um drei Uhr morgens kam er an Dada's Tür und klopfte. „Du weckst mich, und heute wecke ich dich!"

„Aber es ist erst drei Uhr", protestierte Dada, „und ich wecke dich immer erst um fünf." Maharajji lachte nur und kam herein.

Einmal kamen die Ma's zu Maharajji und forderten ihn auf: „Komm, Maharajji, nimm dein Bad."

„Geht wieder", erwiderte er, „ich mag nicht. Komm, KK, wir fahren nach Vrindaban!"

Maharajji lag mit einer Erkältung im Bett. Frau Soni, die ihn noch nie krank gesehen hatte, rieb seine Füße und sagte: „Oh, Maharajji, deine Füße sind ganz kalt."

„Sind sie das, Ma?" Er war wie ein kleines Kind.

Es war gerade Neumond, und es verheißt Glück, wenn man ihn erblickt. So sagte sie zu ihm wie zu einem Kind: „Maharajji, komm einmal zur Tür und sieh dir den Neumond an, dann wird es dir besser gehen."

„Wirklich, Ma?" Sie half ihm zur Tür und redete ihm gut zu. „Ma, ich sehe ihn nicht."

„Dort ist er."

„Wo, Ma?" Und endlich: „Oh, ich sehe ihn."

Dann sagte sie: „Nun wirst du dich morgen viel besser fühlen." Sie half ihm zurück ins Bett, und am nächsten Tag ging es ihm besser.

Eine Devotee, die einen Fotoapparat besaß, erzählte, daß sie dennoch nie Bilder von Maharajji gemacht habe. Sie lieh anderen ihre Kamera. Einmal hatte sie ihn dabei, und es war ein Film darin. Sie war mit Maharajji allein und wollte einmal versuchen, einige Aufnahmen zu machen.

„Er versuchte mich auf den Arm zu nehmen. Ihr wißt schon – er posierte mal so und mal so, drehte seinen Kopf nach rechts und nach links und tat so, als würde er meditieren. Es war so lustig." Sie zeigte uns verschiedene Aufnahmen, die bei dieser Gelegenheit entstanden waren und jetzt an den Wänden des Ashrams hängen.

Wir waren die Einzigen, die jederzeit bei ihm sein durften – während er aß, badete oder zur Latrine ging. Er war einfach entzückend! Manchmal war er wie ein kleines Kind – so verspielt und fröhlich. Und manchmal erschien er so hilflos.

Ein Mann kam in seiner Dschungel-Tarnkleidung nach Kainchi und erzählte Maharajji Geschichten von seinen Heldentaten auf der Jagd. Maharajji nannte den Mann auf Englisch „hunter" (Jäger). Einmal beschrieb dieser anschaulich, wie er auf der Suche nach einem Tiger durch das hohe Gras kroch und, während er sich vorsichtig vorwärtsschob, ganz langsam die Halme mit den Händen teilte. Er tat so, als würde er alles noch einmal erleben. Die ganze Zeit saß Maharajji in scheinbar atemloser Spannung da, und sein Ausdruck wechselte mit jeder Stimmung der Geschichte. „Und da", fuhr der Jäger fort, „sah ich plötzlich vor mir einen Tiger*!"*

Bei diesem Wort prallte Maharajji auf seinem Bett zurück, wie es ein Kind tun würde. Maharajji freute sich über eine so gute Geschichte königlich.

Als einmal Leute aus dem Westen eintrafen, rief Maharajji in kindlicher Freude: „Da kommen sie! Sie sind gekommen, um mich zu sehen."

*WO HAST DU DAS BEKOMMEN?
MIR HAT KEINER WAS GEGEBEN.*

DIE GESCHICHTE VON Maharajji's Umgang mit Dacoits und Räubern ist lang. In dem Maße, in dem eine Person einen Funken der Reinheit oder Spiritualität besaß, richtete Maharajji seine Aufmerksamkeit darauf und fachte ihn an – ungeachtet der sozialen Stellung der betreffenden Person. Demgegenüber verzieh er den Diebstahl keineswegs, und er verfuhr sehr streng, wenn ihm solches zu Ohren kam.

Er traf mit den gesetzlosen Elementen der Gesellschaft in Gefängnissen zusammen, die er oft besuchte; und er begegnete ihnen auch unterwegs in den überwölbten Wassergräben. Als er in seinen jüngeren Jahren durch den Urwald wanderte, dienten die großen Gräben unter den Straßen. die zur Aufnahme der Wassermengen bei einem Monsunregen bestimmt waren, auch als nächtlicher Unterschlupf. Und hier stieß er auf Menschen, die auf die eine oder andere Weise seine Devotees wurden.

Maharajji schlief in vielen Kanalröhren. Das taten auch die Dacoits. Sie gingen hinein und schoben die Spinnweben und all das Zeug zur Seite. In der Nähe von Mathura gibt es einen riesigen Graben unter einer Brücke, den die Räuber aufsuchen, um dort auf ihre Beute zu warten. Dort hielt sich auch Maharajji auf, und die Dacoits sagten: „Baba, werden wir heute Nacht zu Geld kommen? Du sagtst besser Ja, sonst töten wir dich."

Maharajji sagt, daß er all diese üblen Burschen deshalb kenne.

Dacoits erhielten in Nainital einen kostenlosen Unterricht. Ihre Kinder kamen herbei, um Maharajji zu sehen, und Maharajji sagte über ihre Väter: „Ihre Herzen sind manchmal rein." Einmal zeigte jemand Maharajji ein Bild von einem Dacoit, der rudraksham-*Perlen (von Shiva geweihte Perlen) trug. „Welche Aufrichtigkeit", bemerkte Maharajji. „Er verübte schlechte Taten, erfüllte seine Pflichten aber mit reinem Herzen."*

Ein Polizist führte einen Gefangenen durch die Stadt und behandelte ihn sehr roh. Maharajji sagte: „Tu das nicht."

Der Polizist wurde sehr ausfallend gegen Maharajji, aber Maharajji erwiderte: „Du solltest freundlicher sein. Du kannst nie wissen, ob du nicht selbst einmal in dieser Lage sein wirst."

Am nächsten Tag wurde der Polizist wegen Bestechlichkeit arretiert und in Ketten durch die Stadt geführt.

Während der Ram Lila *(Festtage, an denen täglich die Ramayana aufgeführt wird) besuchte Maharajji ein Gefängnis, dessen Insassen die Ramayana in den entsprechenden Verkleidungen vorführten. Der Oberaufseher erzählte Maharajji in überheblichem Ton, welche Vergehen die Einzelnen begangen hatten und wie lange ihre Strafe dauerte – selbst während die Gefangenen die Charaktere der Ramayana darstellten. Der alte Vater des Aufsehers kam dazu, und Maharajji ließ ihn Arti vor dem Darsteller des Ram verrichten und auch dessen Füße berühren. Dies demütigte den Oberaufseher.*

Maharajji nahm eine Frau und ihre Tochter mit auf einen Besuch im Jugendgefängnis von Bareilly. Die Sträflinge hatten ein Podium errichtet, auf dem Maharajji sitzen konnte, mußten aber einen gewissen Abstand von ihm wahren. Sie sangen mit gefalteten Händen Kirtan. Maharajji gab dem Oberaufseher Geld, von dem er Süßigkeiten für alle kaufen sollte, und er trug ihm auf zu verschweigen, woher das Geld kam. Als sie aufbrachen, sahen sie einige Knaben in ihren Zellen sitzen.

Eine der beiden Frauen, die mit Maharajji gekommen waren, fragte: „Maharajji, kannst du nicht etwas für sie tun?"

In Maharajji's Augen standen Tränen. „Willst du diese Verantwortung auf dich nehmen?"

Einmal wurde Maharajji als Herumtreiber festgenommen und in das Gefängnis gesperrt. Während der Nacht öffnete er zur großen Bestürzung des Wärters seine Zelle, um hinauszugehen und zu urinieren. Am Morgen berichtete der Wärter seinem Vorgesetzten, in welche Nöte ihn Maharajji gebracht habe. Der Vorgesetzte begriff, wer Maharajji war, entschuldigte sich bei ihm, brachte ihm zu essen und ließ ihn frei. Er wurde ein großer Devotee Maharajji's.

Maharajji benutzte häufig den Namen „Zentral-Gefängnis" in bezug auf seinen Körper und die Ashrams. Er gebrauchte diesen Ausdruck, noch bevor J Oberaufseher der Polizei im Zentral-Gefängnis wurde. Maharajji pflegte einen angloindischen Devotee zu besuchen, der sich im Zentral-Gefängnis von Fategarh befand. Als Maharajji J's Haus aufsuchte, bat er um ein Gefängnis-Essen, und man setzte ihm die Gefängniskost vor. Er aß und ging dann zu den Gefangenen, die aus allen möglichen sozialen Schichten kamen. Ein paar betrachteten sich sogar als Devotees.

Dada und Gurudatt Sharma waren mit Maharajji in einem Jeep zum Tempel in Bhumiadhar unterwegs. Als sie zum Tempel hinauffuhren, erblickten sie einige Männer, die offenbar versuchten einzubrechen. Maharajji geriet in große Aufregung und sagte: „Sie sind hinter Hanumanji her! Los! Schnell!"

Die Dacoits flüchteten die Straße hinunter. Maharajji sprang aus dem Jeep, ließ seine Decke fallen und rannte in vollem Tempo hinter ihnen her. Dada und Gurudatt Sharma versuchten es ihm gleichzutun, liefen sich aber einander ständig in den Weg, und als sie ihn erreichten, kam er schon zurück. Er lachte und freute sich: „Ich habe sie gejagt, Dada. Ich habe sie erschreckt! Ich schrie so laut, daß sie sich in die Hosen gemacht haben. Das hab' ich gut gemacht, Dada! Meinst du nicht auch?"

Einmal saß Maharajji mit einem Inspektor. der der Annahme eines Bestechungsgeldes bezichtigt worden war, und dem Beauftragten der Zentralen Steuerbehörde zusammen. Maharajji fragte den Inspektor: „Du nimmst Bestechungsgelder, nicht wahr?"

Der Mann zitterte und weinte. Maharajji fragte seinen Vorgesetzten: „Wird er seine Stellung verlieren und ins Gefängnis gehen?"

„Ich weiß es nicht", erwiderte er.

Dann sagte Maharajji: „Wenn er seine Stellung verliert, werden seine Frau und seine Kinder sterben."

Der Mann wurde freigesprochen. Maharajji bewegte die Leute dazu, ihre Schuld öffentlich zu bekennen und dadurch ihr Gewissen zu reinigen, und dann bat er für sie um Milde.

In einer heißen Sommernacht saßen Maharajji und einige Devotees auf dem Rasen vor Dada's Haus. Maharajji saß auf dem einzigen vorhandenen Stuhl. All die Leute aus den „besseren Kreisen" waren um ihn herum versammelt. Ich saß etwas weiter weg und schaute zu. Dann kamen zwei Männer, von denen der eine die traditionelle Amtstracht eines Rechtsanwalts trug und der andere mit einer Dhoti bekleidet war. Die beiden machten Pranam und nahmen neben mir Platz, aber Maharajji nahm keine Notitz von ihnen und unterhielt sich mit den Leuten im Kreis. Die beiden Ankömmlinge waren voller Ungeduld, und der Rechtsanwalt wollte wieder aufbrechen. Ich spürte, daß sie ein großes Problem hatten, denn warum solltest du weglaufen, wenn du vor einem Heiligen sitzt? Der Rechtsanwalt redete auf seinen weißgekleideten Begleiter ein, der daraufhin aufstand und Maharajji auf sich aufmerksam machte. Er sagte, er habe eine Bitte.

Maharajji sagte: „Sprich."

Er fuhr fort: „Mein Freund (der Rechtsanwalt) ist in großen Schwierigkeiten."

Maharajji sagte zu dem Rechtsanwalt: „Du bist kein Rechtsanwalt, nicht wahr?"

Dieser erwiderte: „Ja, du hast recht."

Maharajji fragte: „Was hast du für Schwierigkeiten?"

Der Mann konnte nicht antworten, aber sein Freund sagte: „Er war an einem Mord beteiligt."

„Hast du den Mord nicht selbst begangen?" fragte Maharajji.

„Nein."

„Wurde der Mord von dir angestiftet?"

„Ja."

Es sah so aus, als würde Maharajji ein Dia vor seine Augen halten. Er sagte: „Was für einen Schaden hat er dir zugefügt? War er nicht ein einfacher und ehrlicher Mann?"

„Ja, aber er war ein Hindernis auf meinem Weg."

Maharajji sagte: „Er hatte drei oder vier Kinder. Es ist ein abscheuliches Verbrechen. Tut es dir nicht leid?"

„Ja."

„Du wirst es in deinem Leben nicht wieder tun?"

„Nein."

„Du kannst jetzt gehen", sagte Maharajji.

Der Mann in der Dhoti fragte: „Wird man ihn freisprechen?"

Maharajji sagte: „Ja, man wird ihm vergeben."

Maharajji sagte zu dem Mörder: „Denke an die Frau des Mannes und an die hilflosen Kinder. Wirst du dich um sie kümmern?" Der Mann zitterte.

„Sorge für die Kinder", fuhr Maharajji fort, „und hilf ihnen, und später wirst du erkennen, was du getan hast." Der für den Fall zuständige Richter hatte bereits ein Urteil gefällt, aber spät in der Nacht stand er auf und änderte das Urteil in einen Freispruch um.

In Maharajji's Abwesenheit war eine Anzahl von Zementsäcken aus dem Vrindabaner Ashram gestohlen worden. Gleich nach seiner Rückkehr rief er den Gärtner zu sich.

„Wie viele Zementsäcke hast du gestohlen?"

„Nein, Maharajji, ich habe sie nicht weggenommen."

„Sage mir", fuhr Maharajji fort, „wieviel Geld du dafür bekommen hast."

„Nichts."

Maharajji stand auf und gab dem Gärtner eine so gewaltige Ohrfeige, daß dieser zu Boden fiel. Dann ging Maharajji weg und ließ ihn liegen. Fünf Minuten später erkundigte sich Maharajji bei den anderen: „Wie geht es ihm jetzt? Ruft ihn her."

Der Gärtner erschien wieder vor Maharajji.

„Hast du sie gestohlen? Wie viele Rupies?"

Der Gärtner gestand und sagte, daß er 250 Rupies für den Zement erhalten habe.

Maharajji wandte sich an den Mann, der das Geld des Ashrams verwaltete, und sagte zu ihm: „Gib ihm noch einmal 250 Rupies", und zum Gärtner: „Geh' jetzt!"

Der Gärtner wurde gefeuert und weggeschickt. Einige Zeit später kehrte er zurück, berührte Maharajji's Füße und bettelte darum, seine alte Arbeit wieder aufnehmen zu dürfen.

Maharajji sagte: „Du bist zurückgekommen! Diesmal werde ich dich ins Zentral-Gefängnis stecken."

Der Gärtner wurde in den Tempel von Lucknow geschickt, der von Mahotra, einem pensionierten Gefängnisbeamten, geleitet wurde.

Ein Polizist und ein Dacoit waren bei Maharajji zu Besuch. Jeder massierte eines seiner Beine. Maharajji sagte zu dem Dacoit: „Auf dich ist doch eine Prämie ausgesetzt, und jeder, der dich bringt, erhält eine Belohnung – ist das wahr?"

„Ich weiß es nicht, Maharajji", erwiderte der Dacoit.

Dann wandte sich Maharajji dem Polizisten zu: „Erkennst du ihn?"

„Nein, Maharajji."

Solcherart war sein Spiel.

Rameshwar Das

Subtil ist der Pfad der Liebe

ALS MAHARAJJI einem amerikanischen Devotee den Namen Chaitanya Maha Prabhu gab, erzählte er ihm, daß sein Name „Bewußtsein Gottes im Herzen" bedeute. Später schrieb Chaitanya ein Gedicht, in dem er mit großem Feingefühl die kostbaren Momente und Empfindungen anklingen läßt, die wir in Maharajji's Gegenwart teilten.

Du gehst durch Wälder
bevor du den Tempel siehst
und überquerst einen Bach
Sanft gehst du und behutsam. . . .
Vielleicht ist er da
vielleicht aber auch nicht
So oder so, du bist dir des Lohnes
der Süßigkeiten und anderer Speisen sicher
die soviel versprechen
Und diese Träume
erfordern nicht einmal Schlaf
alles wird umsonst gegeben
Das einzige Hindernis ist – Zweifel –
sonst nichts.

Denn du brauchst hier nicht mehr du zu sein
du bist frei
zu kommen und zu gehen
frei all das zu erkennen
was einst nur relativ erkennbar war
und einen Bereich zu durchstreifen
der jenseits all deiner Erwartungen liegt.

Wie kann man erklären, was mir geschah?
Ich stellte keine Fragen
Ich entspannte mich nicht einmal
Ich war auch nicht plötzlich wieder ein Kind
Wenn andere sangen
faltete ich meine Hände
und beobachtete
Würdest du mich fragen, dann müßte ich antworten
daß nichts geschah – überhaupt nichts
Ich weiß nicht, ob ich vorbereitet wurde
bevor ich kam
Er schaute mich nur an. . . .
und befand sich plötzlich
überall
und war alles
– wie der Wind

Er war der Rand des Felsens
der mich zum Sprung ermunterte
Er war der Sprung selbst
und er war das Rauschen des Flusses
und die Beschaffenheit des Felsens
Angst war er – und Verlangen
Zögern und Vertrauen
und das Stillstehen
Und wohin ich auch fallen mag
er hält mich fest

Seltsam ist es
die Erde auf so leichte Weise zu begehen
wenn der alte Name abfällt
wie ein Blatt, hinter dem man sich versteckt hielt. . . .
wenn der neue Name
unbeholfen auf den Lippen zittert
wenn die Stimme hinter den Lippen
plötzlich zu singen beginnt

Schwer ist es zuerst
wenn du gestorben bist
und die Welt dich anscheinend nicht mehr
zu trösten vermag
wenn du danach dürstest zu wissen
wie spät es ist und welcher Tag
wie sein Name lautet
Wie sanft er dann zu dir ist
Alle Tore öffnen sich dir
Er erlaubt dir weiterhin
deine eigenen Wünsche zu wünschen
nichts wird gefordert
Du bist frei
deine Welt
in seiner spielerischen Leere
wie ein zerbrochenes Spielzeug
zu erproben. Vielleicht
ist das alles, was du brauchst – einen Kontrast
zu deiner eigenen Welt. . . .
ein paar Süßigkeiten, einen Ort zum Verweilen
ein Schauspiel zum Beobachten. . . .
Es genügt – nicht länger der sein zu müssen
der du warst
Es genügt –
Aber subtil ist der Pfad der Liebe
Ohne Antworten und ohne Fragen
Jeder Tag mit ihm hat seine eigene Bedeutung
Das einzig Fehlende ist ein Anfang

Hier ist die Wandlung vollkommen
wo Liebe stärker ist als Elektrizität
und die Kerzen langsamer brennen
als die Kerzen, die du kennst
Hier – wo die Tage weder beginnen
noch enden – ruhige Tage
wo man weder im Inneren
noch im Äußeren verweilt
weder mit anderen zusammen
noch alleine ist

So einfach. So seltsam
Du bist frei zu gehen, aber du verspürst
eine Anziehung zu bleiben
Und doch mag es geschehen, daß er dich
monatelang nicht anschaut
weder dich nach deinem Namen fragt
noch dir einen anderen Namen gibt
Deine begierigen Hände fangen die Früchte
vielleicht nicht auf, die er dir so schnell zuwirft
ohne dich anzusehen
Seine Füße mögen der Erde zu nahe sein
als daß du sie küssen könntest – egal
Während du bei ihm weilst
gewöhnst du dich an die Sterne, und stehst auf
in der Dunkelheit des Morgens
damit du zu ihm eilen kannst. . . .

Jene Dinge, die sich verbinden, um dich abzulenken
werden sich auflösen
in deinem Eifer, ständig seine Gegenwart zu teilen
Die Scham und die Hoffnung, die hervorgerufen werden
sind die Liebenden, auf die du zuerst schaust
Er läßt dich zusehen
wie sie einander erschaffen
während er dort in vollkommener Süße verharrt

so daß ihre Gegensätzlichkeit in seinem Licht
aufgehoben wird
Und bald entschwindet ihre Macht über dich
wie eine Frucht aus seinen Händen verschwindet
und sie verschmelzen für immer
und löschen denjenigen aus
für den du dich hieltest
Hier in diesem Garten des Herzens
speist er dich mit allem, was du ihm bringst
obwohl du nie erkennen magst, wie sehr

    So einfach, so seltsam
und trotzdem denkst du:
Habe ich mich wieder getäuscht?
Was will ich
    und warum will ich es?
Was hält mich hier –
    ist dies seine sogenannte Macht?
Wenn ich nur gehen könnte
würde ich es tun. Vielleicht
irre ich schon zu lange umher –
vielleicht habe ich mich verlaufen. . . .
    Was ist mit meiner Zukunft geschehen?
Dies ist doch nicht das, was ich wollte
– oder etwa doch?

So einfach. So seltsam
Er saß auf einer Holzpritsche und sah
unwirklich und abwesend aus
Als ich ihn das erste Mal sah
    schaute ich ihn an
    aber er schaute mich nicht an
Ich bewirkte nichts in seiner Welt
Alles war für mich neu
    Selbst seine Ellenbogen brachten mich zum Lachen
Und seine liebenden Augen schauten offen
in meine verborgene Welt hinein
Sie stellten keine Fragen, sie offenbarten alles

Anmutige Tage waren das
Wir taten überhaupt nichts
Er behauptete, wir wären für nichts nütze
als für den fünfteiligen Yoga:
Essen, Trinken, Schlafen
Schwatzen und Herumlaufen
Alleine unter Freunden
aßen wir mit unseren Händen
und warfen unsere Blatt-Teller in den Fluß

Wie sehr er doch
er selbst war
wenn er Türen öffnete
wenn er aß
wenn er ging
wenn er sprach
wenn er lachte
– und wir lachten mit ihm
Alle Unterscheidungen – wie die Zukunft
die vorher so unruhig vor einem herzog –
paßten sich den Falten seiner Decke an
Bei ihm zu sein
umfaßte so viel
seine Gegenwart war alles
„Verstoßt niemanden aus eurem Herzen"
sagte er. „Liebt die Menschen und speist sie"

So einfach. So seltsam
Er erlaubte uns mit ihm zu gehen und
seine Hand zu halten.
Er legte uns Blumen auf den Kopf
und zog an unseren Bärten.
Er schickte uns fort
und rief uns zurück, verheiratete uns
und gab unseren Kindern Namen –
Wer konnte er sein?

Ah, was für ein komischer alter Mann
seine Kleidung fiel von ihm ab
Es gelang uns jetzt hier zu sein
und er sagte nur: „Kommt morgen wieder"

Was ist es, das an das tiefste Geheimnis in uns rührt
uns den Bereich betreten läßt
wo alles Entfernte liegt?

Ist es die Wahrheit
die – so scheint es – gewohnt ist
allein zu leben?
Oder der ungestüme Drang
den Liebende verkörpern
Oder der Raum zwischen zwei Gedanken
ein Loslassen. . . .?
Das Geschenk
treibt endlose Blüten. . . .
lenkt uns ewig zu den Ursprüngen der Liebe zurück
dort wo
w i r nicht länger sind
Wo nur Abwesenheit bleibt
um uns zu erinnern
Gedanken entstehen und vergehen

Es gibt nichts, was ich tun kann
Keine Gedanken
keine Taten
können mich erretten

Ich singe. Ich tanze
mit Händen, in Anbetung erhoben

Ich spiele meine Rolle . . . .alle anderen Rollen
sind vergeben
die sichtbaren und die unsichtbaren
So war es
So wird es sein

Ein vertrauendes Herz
löst alle Lügen auf

O Geliebter
es gibt keine Unterschiede
das ganze Universum ist – wie Perlen
aufgereiht auf dir
Diese Girlande lege ich dir zu Füßen –
laß mich dir Blumen reichen. . . .
mein Kind, mein Geliebter
du kalter, alter Stein
Affen-Mann. . . .
Es gibt nichts, was ich tun kann
um dich zu berühren
Und doch werde ich es tun
Bruder unter Brüdern
Schwester, Vater, Freund
warum ziehst du deine Decke aus meinen Händen?
Mir zu helfen, ist eine Geringfügigkeit für dich
Der Schmerz ist unerträglich

Aber ich ertrage ihn. Ich ertrage alles
Es gibt sonst nichts
Laß mich dir Blumen reichen. . . .

Laß meine Liebe ewig unerfüllt bleiben
Laß mich ewig nach dir verlangen

Kann ich jemals vergessen, daß ich mich
nie an dich erinnere?

Subtil ist der Pfad der Liebe
So einfach. So seltsam.

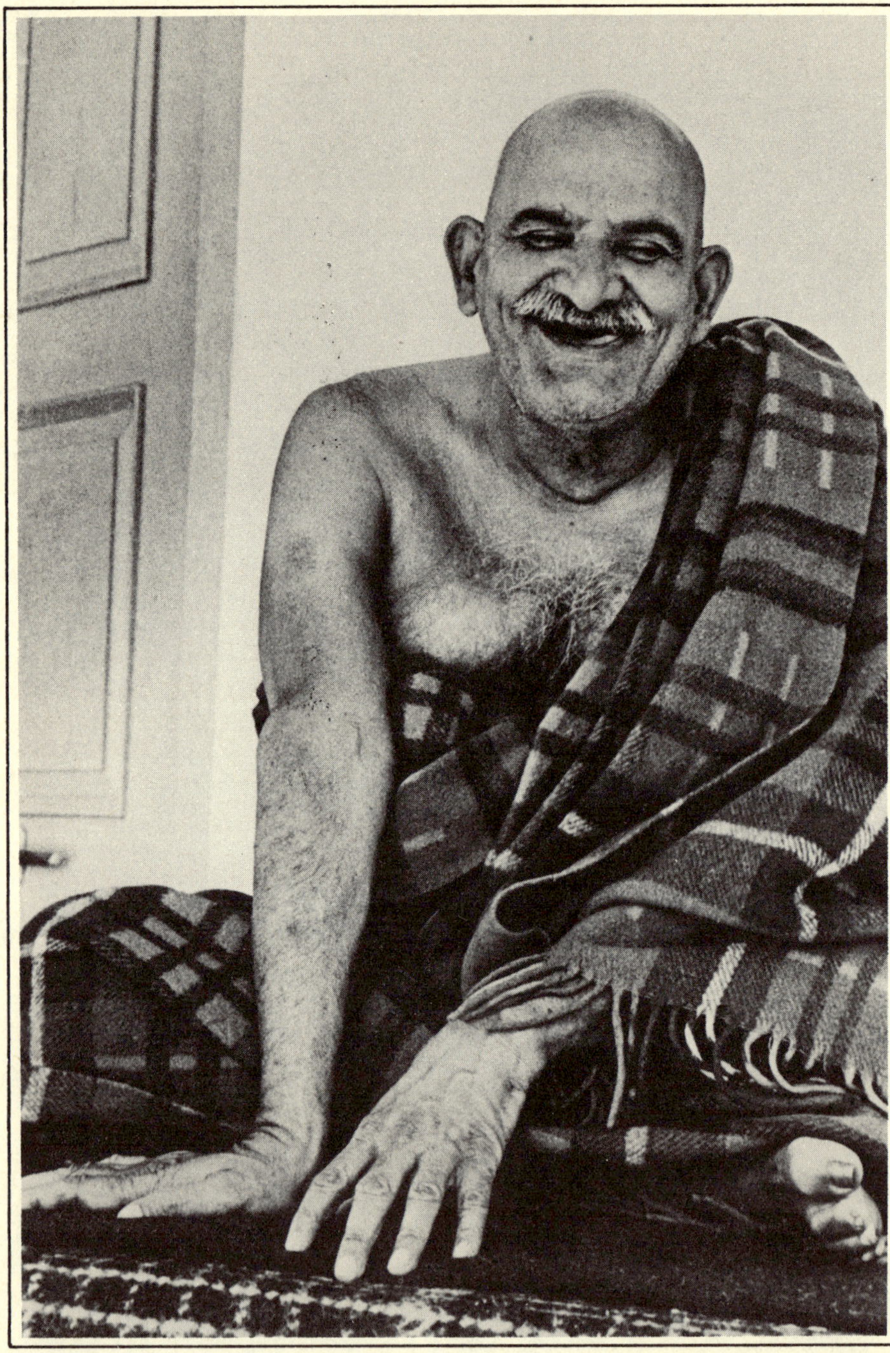

Rameshwar Das

Glaube...nicht Furcht

ALL DAS VIELFARBIGE Schauspiel, das sich auf Maharajji's Wegen entfaltete, all die verschiedenen Einstellungen und Reaktionen der Devotees Maharajji gegenüber und das immer neue Erscheinungsbild seiner Erwiderungen, der Zorn und das Schimpfen, der Tadel, die Zärtlichkeit – all dies erfüllte Zeit und Raum, wenn wir bei ihm waren; und dennoch . . . . wir wußten, daß dies ein Teil, nicht aber die Essenz der Beziehung war. Die Transformation, die Maharajji behutsam an uns vollzog, spielte sich tief in unserem eigenen Inneren ab.

Es gab keinen Aspekt des Lebens, der nicht von ihm berührt wurde.

Weißt du, du konntest unter der Last vieler Probleme zu Maharajji gehen. Du warst eine Weile bei ihm, und sie waren alle gelöst.

Er führte eine bestimmte Situation herbei, nur um dich etwas zu lehren. Er hielt nie Vorträge und lehrte auch nicht anhand der heiligen Schriften, sondern stets durch Geschehnisse und Situationen.

Maharajji führte uns auf allen Ebenen – *spirituell, mental und materiell. Er gab Weisungen für das Aufziehen der Kinder wie auch für eine gute Partnerschaft in der Ehe oder für das Geschäftsleben. Dabei handelte es sich aber nicht um spezifische Regeln oder Vorschriften. Seine Führung bestand in der Wandlung unserer Herzen.*

Eine Gruppe sehr bewußter Wesen aus Esalen hatte mich eingeladen, um mit ihnen in Südamerika an einem Sufi-Lehrgang teilzunehmen. Ich war mir über die ganze Sache sehr im unklaren und schrieb deshalb einen Brief an KK in Indien. Ich bat ihn darum, Maharajji zu fragen, ob ich zu diesem Studium nach Chile fahren sollte. Bald kam von KK folgende Antwort: „Maharajji sagt, daß du hinfahren und mit einem Sufi-Lehrer studieren kannst, wenn du willst."

Während ich den Brief las, geschah etwas in meinem Herzen, und ich war mir plötzlich absolut sicher, daß ich nicht fahren wollte – und so fuhr ich auch nicht. Bei meinem nächsten Besuch in Indien sprach ich mit KK über diesen Brief, und er erzählte: „Als ich Maharajji fragte, sagte er: ‚Wenn er es will, dann laß ihn fahren . .' Und dann sagte er: ‚Warum sollte er dort hinfahren wollen?, fügte jedoch schnell hinzu: ‚Schreibe das aber nicht in den Brief.' " (R.D.)

WIR SPÜRTEN, DASS ES diese tiefere Ebene war, wo Maharajji der Hirte war und wir ein Teil seiner Herde. Durch diesen wortlosen Prozeß entwickelten wir Glauben, wo vorher Furcht gewesen war. Unser Glaube war, daß inmitten der wechselhaften Unbeständigkeit des Universums – wenn wir Maharajji in unseren Herzen behielten, wenn wir voller Vertrauen unter seiner Decke blieben – alles in Ordnung sei.

Devotees, die über viele Jahre hinweg mit Maharajji zusammengewesen waren, spiegelten in ihrer Lebensweise eine Furchtlosigkeit wider, die das Resultat ihres Glaubens an seinen Schutz war. Manche erzog er ganz besonders zur Furchtlosigkeit.

Maharajji rief mich einmal zu sich und sagte: „Ram Dass, du sollst nichts fürchten." (R.D.)

Einmal, als ich in finanziellen Nöten war, kam Maharajji zu mir und sagte, daß ich mich nicht ängstigen solle. Ich sagte ihm, daß ich mich nicht ängstigen würde – obwohl ich tatsächlich Angst hatte. „Nein, nein, nein. Du solltest überhaupt keine Angst haben."

Es ist seltsam. Ich bin immernoch derselbe, aber sogar in kritischen Situationen spüre ich, daß sich alles früher oder später zum Besseren wenden wird. Maharajji bewirkt es: ich habe keine Angst.

Meine Frau sagt: „Du bist völlig verändert. Selbst schwerwiegende Angelegenheiten nimmst du leicht."

Er hatte nicht gesagt, daß er es tun würde, aber in jenem Moment nahm er mir die Angst.

Maharajji hatte alle Verantwortung für mich auf sich genommen. Er sagte zu mir: „Habe vor nichts Angst. Niemand kann dir irgendetwas tun!" Als er körperlich unter uns weilte, war unser Mut nicht so groß, aber jetzt werde ich von Tag zu Tag mutiger. Jetzt wirkt seine Kraft. Jetzt sehe ich ihn in meinen Träumen, aber nur für einen Augenblick. Ich glaube daran, daß er für seine Devotees arbeitet.

KK litt an psychischer Verdrängung und war sehr furchtsam. Maharajji sagte: „Du hast Angst. Du bist so arglos, und die anderen sind raffiniert und halten dich zum Narren. Du hast Angst vor Brahmins. Aber du wirst vor niemandem Angst haben."

KK erwiderte: „Dafür brauche ich die Gnade deines Segens."

Da klopfte Maharajji ihm zwei- oder dreimal auf den Rücken, und in der Zeit danach bemerkten alle, daß KK sich verändert hatte.

Ich mußte mich einmal vor den Behörden verantworten, weil ich Obstkisten gepackt haben sollte, die nicht das angegebene Gewicht aufwiesen. Ich war unschuldig, aber die Anklage bereitete mir Sorgen. Maharajji sagte strafend zu mir: „Feigling! Sei nie ein Feigling! Sei tapfer! Warum fürchtest du dich? Kennst du mich nicht? Ich bin bei dir!" Dann erinnerte er mich daran, wie Ram seine Devotees beschütze. Er sagte, daß auch er seine Devotees stets beschütze. Selbst wenn sie hunderte von Morden begangen hätten, würde er ihnen völligen Schutz gewähren.

BEISPIELE GAB ES für diejenigen, die sie brauchten, genug, und sie zeigten, daß das Vertrauen in Maharajji wohlbegründet war.

Nun, ich war gerade in Kainchi. Ich ging zu Maharajji und sagte: „Ich muß jetzt nach Hause. Die Fruchternte steht bevor, und ich muß dort sein. Sonst entsteht mir ein großer Verlust."

Wißt ihr, ich bin ein weltlicher Mensch. Meine Früchte müssen geerntet und nach Bombay und anderen Orten versandt werden. Mit jedem Tag, den ich in Kainchi blieb, wurden sie reifer, und bald würden sie zu reif sein, um noch ausgeliefert werden zu können.

Maharajji sagte: „Nein, nein, du wirst hier bleiben. Morgen wirst du fahren."

Fünfzehn Tage vergingen in dieser Weise. Dann sagte Maharajji endlich: „Morgen werde ich dich losschicken. Du kannst ganz sicher sein."

So kam ich am nächsten Tag nach Hause, und die Früchte waren alle überreif. Ich dachte: „Nun, Maharajji hat mich einen Verlust erleiden lassen." Alle Früchte waren überreif, und ich konnte sie nur auf die örtlichen Märkte in Kanpur oder Allahabad senden – nicht nach Bombay, wo man bessere Preise erzielte.

Und was geschah? Es gab einen großen Preissturz! All jene, die ihre Früchte nach Bombay, Kalkutta oder Madras geschickt hatten, konnten nicht einmal ihre Frachtkosten decken! Und ich, der ich meine Ware auf den örtlichen Märkten feilgeboten hatte, verdiente mehr als erwartet. Und ich hatte mich so sehr über diesen Maharajji geärgert, der mich unnötigerweise in Kainchi festhielt. Wer kann seine Methoden schon durchschauen?

Die Feinde einer bestimmten Familie hatten aus irgendeinem Grund deren Haus umzingelt und die Familie drei Tage und Nächte eingeschlossen. Wären die Familienmitglieder noch länger in ihrem Haus geblieben, wären sie verhungert, und wären sie herausgekommen, hätten die Übeltäter auf sie eingeschlagen. Während sie über ihre Zwangslage diskutierten, hörten sie Rufe vor ihrer Tür: „Macht auf! Macht auf! Kommt heraus und wehrt euch! Seid ihr von Rang oder seid ihr Feiglinge? Los!" Sie spähten nach draußen und sahen Maharajji, der laut rufend einen Knüppel schwang. Jeder griff sich einen Stock und rannte hinaus zu Maharajji. Als die Belagerer die Familie mit Stöcken bewaffnet und von diesem dicken Mann befehligt sah, nahmen sie Reißaus.

Maharajji sagte dann: „Ruft Den-und-den an und telefoniert mit So-und-so. Sagt ihnen, daß ich hier bin."

Innerhalb einer halben Stunde hatten sich Polizeichefs und Minister der Regierung im Wohnzimmer der Familie versammelt. Danach hörten die Attacken auf die Familie auf.

Das acht Monate alte Kind eines Mannes stand auf einem neun Meter hohen Balkon. Ein Diener und der Bruder des Kindes spielten dort mit einem Drachen, und dabei stürzte das Kind vom Balkon auf den Marmorboden hinunter. Vergeblich hatte die Mutter versucht, es aufzufangen. Es rührte sich nicht, schien sich aber dennoch nichts gebrochen zu haben. Plötzlich fing das Kind an zu lachen, und die Ärzte konnten keinerlei Verletzung feststellen und standen vor einem Rätsel. Einige Tage später kam Maharajji und sagte: „Ihr wart in Sorge. Ihr habt noch immer nicht gemerkt, wer hinter euch steht und euch beschützt. Das Baby fiel nicht auf den Boden. Es fiel in meinen Schoß."

Eines Tages, als Maharajji in Madras war, sagte er: „Ich will wegen meiner Augen zu einem guten Arzt gehen. Wer ist hier ein guter Arzt?" Ich erzählte ihm, daß es in der Nähe einen Spezialisten gebe. Maharajji sagte: „„In Ordnung. Ich werde ihm meine Augen zeigen." Am Abend stellte ich fest, daß dieser Arzt nicht in der Stadt war, und so vereinbarte ich mit einem anderen Spezialisten einen Termin für den nächsten Vormittag um halb elf.

Als ich Maharajji die Situation erklärte, fragte er, wer der Doktor sei, und als ich ihm den Namen sagte, meinte Maharajji: „Nein, nein! Ich will den ersten Doktor sehen, nicht diesen zweiten."

In drei Tagen sollte ich wieder zu ihm kommen. Das war eine lange Zeit, und ich war ungeduldig. Nach zwei Tagen kam der erste Doktor wieder, und ich machte einen Termin für Maharajji aus. Dann ging ich sofort zur dharmashala (Herberge), um ihm Bescheid zu geben, aber man brachte schon Maharajji's Gepäck heraus. Als ich ihm erzählte, daß der Doktor wiedergekommen sei, lachte er und sagte: „Heute fahre ich nach Rameshwaram." Ich durfte ihn nicht begleiten.

Als ich einen Monat später auf dem Weg nach Bombay war, zerbrach mir meine Brille. Ein Fachmann in Bombay machte mir eine neue, aber nachdem ich sie fünf Minuten getragen hatte, bekam ich starke Kopfschmerzen. Der Optiker prüfte sie genau und sagte, daß sie in Ordnung sei. Es würde aber ein paar Tage dauern, bis ich mich an sie gewöhnt hätte.

Ich kehrte nach Madras zurück, konnte die Brille aber noch immer nicht länger als nur für wenige Momente aufsetzen. Ich entschied mich, sie einem Spezialisten in Madras zu zeigen und überlegte, zu welchem ich gehen sollte – zum ersten Doktor oder zum zweiten. Beim zweiten wäre es sehr schnell gegangen, und er war immer erreichbar, während der erste sehr beschäftigt war und man stundenlang warten mußte, bis man an der Reihe war. Aber ich erinnerte mich daran, was Maharajji gesagte hatte, und vereinbarte einen Termin mit dem ersten. Als ich meinem Sohn davon erzählte, bat er mich, zur Überprüfung seiner Augen mitkommen zu dürfen. Der Arzt untersuchte meine Augen und stellte fest, daß die Brille aus Bombay die falschen Gläser hatte. Dies wurde korrigiert. Als er die Augen meines Sohnes prüfte, entdeckte er einen Riß in der Hornhaut – schwerwiegend genug für eine sofortige Operation. Mein Sohn mußte seine Abschlußprüfungen am College versäumen, aber seine Augen wurden gerettet. Das war es, worum es bei Maharajji's lila (Spiel) einen Monat vorher gegangen war.

राम

Ein Devotee aus Allahabad erzählte, daß er Maharajji vierzig Jahre zuvor begegnet sei. Er war in der Nacht unterwegs gewesen und hatte sich vollkommen verirrt, als er plötzlich eine Höhle sah, in der ein Licht brannte. Als er sich der Höhle näherte, sah er Maharajji dort sitzen. Maharajji gab ihm zu essen und sagte nach dem Mahl zu ihm: „Du hast dich verirrt. Geh' in diese Richtung." Nach fünfzehn Schritten erblickte der Devotee plötzlich das gesuchte Dorf. Aber als er sich umdrehte, war die Höhle nicht mehr da.

राम

Maharajji forderte einen Devotee, der ein armer Mann war, oft dazu auf, ihn auf langen Pilgerfahrten zu begleiten. Der Devotee willigte stets ohne Widerrede ein, obwohl er sich oftmals Geld leihen mußte, um diese Fahrten zu finanzieren. Einmal bat ihn Maharajji, nach Badrinath zu kommen. Bevor er aufbrach, zeigte der Mann auf das kleine Bild von Maharajji auf dem Puja-Tisch und sagte zu seiner Frau, daß sie, wenn sie aus irgendeinem Grund während seiner Abwesenheit mit ihm sprechen wolle, sich an Maharajji's Foto wenden solle, da er dann mit Maharajji zusammensein werde. Wenige Tage später, weit oben im Himalaya, drehte sich Maharajji plötzlich zu diesem Devotee um und fragte: „Warum bist du hierhergekommen?"

Der Devotee erwiderte, daß er auf Maharajji's Bitte hin gekommen sei.

Maharajji sagte: „In deinem Haus gibt es kein Dal, kein Mehl, nichts. Deine Frau macht sich große Sorgen, weil nichts zu essen da ist und du weit weg bist. Du hättest deine Familie wenigstens mit Brot versehen sollen!"

Aber Maharajji's Gegenwart hatte auf Menschen eine berauschende Wirkung. Ihre Sorgen lösten sich auf, und sie fühlten, daß Maharajji alles zum Besten lenkte. Eine halbe Stunde nachdem er den Devotee gescholten hatte, weil dieser seine Frau ohne Nahrung zurückgelassen hatte, rief Maharajji aus: „Es sind Lebensmittel gekommen! Sie haben zu essen. Die Kashmiri-Mutter hat es ihnen geschenkt. Mach' dir keine Sorgen."

Nach seiner Rückkehr fragte der Devotee seine Frau. Sie sagte, daß sie, als nichts mehr zu essen da war, zu Maharajji's Bild gegangen sei und ihm erzählt habe, daß keine Nahrung mehr im Hause sei. Nach wenigen Minuten kam eine reiche Nachbarin, die wie eine Mutter zu ihr war, ins Haus und brachte Tüten voller Mehl, Reis, Dal usw. mit. Sie ging zum Bild und dankte Maharajji.

राम

Einmal bewahrte mich Maharajji vor einem Schlangenbiß. Ich brachte den Winter in einem winzigen Raum in Haldwani zu, wo ich mich gerade mit jemandem unterhielt, als ich plötzlich, ohne es zu wollen, mitten im Satz stockte. Ich drehte mich *um und blickte in mein Zimmer. Es war sehr seltsam. Eine Schlange kroch soeben in das Zimmer hinein und gleich darauf unter einen Jutesack. Ich dachte: Warum habe ich mich wohl gerade in diesem Moment umgedreht? Das muß Neem Karoli Baba bewirkt haben (obwohl Maharajji physisch hunderte von Meilen entfernt war). Auch glaubte ich, daß es eine Giftschlange sein müsse. Andernfalls hätte für Maharajji kein Grund bestanden, sie mir zu zeigen. Sehr vorsichtig legte ich die Schlange in einen Kanister und ließ sie draußen wieder frei. Ungefähr fünf Jahre später beklagte ich mich bei Maharajji, daß er mir in keiner Weise helfen oder mich beschützen würde; ich befände mich in so vielen Nöten. Maharajji sagte: ,,Warum? Ich habe einmal dein Leben gerettet. Ich habe dich vor der Schlange bewahrt." Ich hatte immer gewußt, daß er es getan hatte. Solche Dinge geschehen nicht zufällig.*

Während einer dunklen, verregneten Nacht weckte Maharajji einige Devotees und sagte, daß ein Jeep eine halbe Meile die Straße hinauf liegengeblieben sei. Die Devotees sollten den Insassen Tee bringen. Sie rannten los. Er hatte sie zur Eile gemahnt und gesagt, sie sollten eine Abkürzung benutzen. Sie fanden den steckengebliebenen Jeep, bei dem sich vier Frauen und ein Mann befanden, die keine Decken dabeihatten. Maharajji schickte noch mehr Devotees zum Jeep hinauf und sagte zu ihnen: ,,Der Tee oben wird kalt sein. Bringt ihnen neuen Tee." Als man die Leute schließlich zum Tempel gebracht hatte, sagte Maharajji: ,,Diese drei Frauen habe ich vor dreißig Jahren immer in ihrem Haus besucht. Sie schenkten mir eine Decke und waren freundlich zu mir." Er gab ihnen Decken, und sie erinnerten sich wieder an ihn.

Wenn Maharajji woanders war, sandte er seinen Segen normalerweise von dort aus, wo er sich gerade befand. Er benutzte nicht das Telefon. Aber als ich 1967 sechs Monate lang auf Reisen war, besuchte er meine Familie in Kanpur etwa einmal im Monat. Während ich in Deutschland war, beabsichtigten ein Kollege und ich ein Auto zu kaufen, welches wir dann später wieder verkaufen wollten. Wir hatten uns bereits fü einen Wagen entschieden, und am Sonntag sollte der Kauf abgewickelt werden. Sonnabends wurde normalerweise keine Post ausgeliefert, aber an diesem Tage vor dem Kauf traf ein Brief von meiner Frau ein. Sie schrieb: ,,Maharajji ist heute gekommen. Er sagt, daß du im Begriff bist ein Auto zu kaufen und daß du das nicht tun solltest. Maharajji hat angeordnet, daß du alle Pläne in dieser Richtung fallenläßt." Ich erzählte meinem Freund, daß aus dem Handel nichts würde und daß er allein fahren müsse, wenn er den Wagen trotzdem kaufen wolle.

Wie hatte Maharajji das gemacht? Er hatte eines morgens meine Familie besucht und meine Frau gebeten, jenen Brief zu schreiben. Er sagte: „Er will eine Dummheit begehen! Verbiete es ihm!" Er ging und kam nach zwei Stunden wieder und fragte sie, ob sie den Brief geschrieben habe. Sie hatte es nicht getan. Er sagte: „Gut, ich bleibe hier, bis du den Brief geschrieben und abgeschickt hast. Sonst wird es zu spät sein." Maharajji verließ meine Frau erst, als der Brief abgeschickt war. Erst am Montag hätte er bei uns eintreffen können, aber er kam rechtzeitig. Es war das erste und letzte Mal, daß die Post am Sonnabendnachmittag kam. Das war seine Gnade. Aber warum hatte er selbst den ganzen Weg von Kainchi auf sich genommen, um mit meiner Frau zu sprechen? Da wären genügend Leute gewesen, die sich darum hätten kümmern können, wenn er gewollt hätte. Warum hatte er an mich gedacht?

In Haridwar badete einmal ein Mann in einem Fluß und verlor den Grund unter seinen Füßen. Er wurde von einem Wasserstrudel umgerissen und wie ein Holzklotz herumgewirbelt. Er war um vieles älter als seine Frau (bei der Heirat war er 52 und sie 15), die ihm sehr ergeben war. Nachdem sie Maharajji's Namen angerufen hatte, sprang sie in den Fluß und zog ihren Mann ans Ufer. Als dann beide zu Maharajji gehen wollten, wurden sie von den Leuten gewarnt, daß Maharajji gerade sehr abweisend und zornig gewesen sei und niemanden hätte zu sich lassen wollen. Die Frau ging zu ihm und klopfte leise an die Tür. In lieblichem Ton bat er sie herein und erkundigte sich nach ihrem Nasenring (den sie im Fluß verloren hatte). (Der Verlust eines Nasenringes ist für eine indische Frau ein schlechtes Omen – er deutet auf den Tod des Gatten hin.) Als ihr Mann hinzukam, sagte Maharajji: „Du hast im Fluß getrieben wie ein Stück Holz, das im Kreis herumgewirbelt wird." Offenbar hatte Maharajji's abweisendes Verhalten mit der Rettung des Mannes in Zusammenhang gestanden.

Maharajji gibt auf so mannigfache Weise auf seine Devotees acht. Eines Tages war ein Devotee auf dem Weg nach Kainchi und hielt unterwegs an einem Imbißstand, um einige gebackene pakoras zu essen. (Er aß damals jeden Tag Pakoras.) Als er in Kainchi eintraf, sagte Maharajji als erstes zu ihm: „Du ißt Pakoras? Du ißt diese Dinger jetzt schon seit langer Zeit! Warum ißt du sie? Du wirst deinen Magen damit ruinieren." Von diesem Tag an aß der Devotee nie mehr auf dem Markt Pakoras.

Eine Devotee saß in einer Zimmerecke neben einem sonderbaren Mann. Maharajji sagte zu ihr: „Komm, setz' dich hierher. Das schlechte Karma anderer Leute kann einen Menschen beeinflussen."

Ein Arzt aus Bombay, der viele Prominente behandelte – unter ihnen auch Nehru – war eine etwas steife Person. Eine Devotee war dabei, als er kam, um Maharajji zu besuchen. Maharajji sah den Arzt kommen und ging in einen anderen Raum. Er sagte: „Ich will ihn nicht sehen." Dann schrie Maharajji vom anderen Raum herüber: „Du konntest Nehru nicht retten. Was ist los mit dir?"

Der Arzt sagte: „Als ich ihm die Massage gab, ging es ihm besser, aber dann verschlechterte sich sein nervlicher Zustand." Die Devotee fragte den Arzt, ob er Reisen ins Ausland unternommen habe.

„Ja, zwölf Monate lang, als ich Prominente behandelte."

Sie erkundigte sich, wie er Maharajji kennengelernt habe.

Er antwortete: „Ich glaubte nie an Heilige. Während der Unabhängigkeitsbewegung von 1942 war ich ein Revolutionär, und man hatte Befehl gegeben, mich zu erschießen. Ich befand mich in Kanprayag in der Nähe von Badrinath. Ich wohnte in einer kleinen Herberge, und als ich gerade ein Bad nahm, hielt Maharajji einem Swami in der Nähe eine Standpauke. Als ich an ihnen vorüberging, hielt mich Maharajji zurück und sagte: 'Du bist hungrig. Geh' in den Raum dort.' In dem Raum lagen zwei Blätter mit frischen Puris und Kartoffeln, die ich essen sollte. Als ich soviel gegessen hatte wie ich konnte, sagte Maharajji: 'Nimm dir den Rest für unterwegs mit. Beeil' dich. In einer Stunde wird die Polizei hier sein. Geh nach Tibet. Aber nimm nicht diesen, sondern jenen Weg.' Doch ich traute Maharajji nicht und ließ einen Freund zurück, der warten und aufpassen sollte. Nach einer Stunde erschien der örtliche Polizeichef, der Maharajji kannte, mit einem Suchtrupp und erkundigte sich nach dem Arzt. Maharajji fragte ihn: 'Wer soll zu dieser Stunde schon hierherkommen?' Und als sich die Leute Richtung Tibet in Bewegung setzten, warnte sie Maharajji: 'Es ist die Zeit der Lawinen, und wenn ihr euren Weg fortsetzt, wird euch eine Lawine begraben. Kehrt um.' Und so kehrten sie um."

Eines Tages, als Maharajji in einem Dorf in der Nähe von Neeb Karori war, kam eine Frau zum Brunnen, um Wasser zu schöpfen. Maharajji lachte. Als ein Devotee ihn fragte, warum er lache, sagte er, daß die Frau mit ihrem Mann in einem drei Meilen entfernten Dorf wohne und daß ihr Mann binnen sechs Stunden sterben werde, weil er nach dem Wasser suchen würde, das seine Frau gerade holte. „Er wird durstig werden und zum Wasserkrug gehen und von einer Kobra gebissen werden." Maharajji fügte hinzu, daß der Devotee ihn vielleicht retten könne, wenn er es wolle. Der Devotee schickte sofort zwei oder drei Männer auf den Weg, die in jenes Dorf eilten und den Mann gerade noch aufhalten konnten, als er zum Wasserkrug gehen wollte. Dort war tatsächlich eine Kobra, und der Mann wurde gerettet.

Ein Waldarbeiter aus Agra kam über Kalkutta nach Kainchi, und Maharajji sagte zu ihm: „Bleib' heute hier."

„Aber Maharajji, ich muß weg. Ich habe eine Besprechung."

Maharajji gab nicht nach. Der Waldarbeiter murrte, aber er blieb. Am nächsten Tag las er in den Zeitungen, daß sich das bisher schwerste Eisenbahnunglück in der Geschichte Indiens ereignet habe, und daß der Zug, in dem er selbst gesessen hätte, davon betroffen war.

1943 kam Maharajji nach Fatehgarh, wo ein altes Ehepaar lebte, dessen Sohn in Burma kämpfte. Als Maharajji in ihr Haus kam, gaben sie ihm das wenige, was sie besaßen. Sie hatten nur zwei Betten. Maharajji sagte: „Ich werde jetzt schlafen gehen." Sie gaben ihm das eine Bett und eine Decke. Das alte Ehepaar blieb die ganze Nacht wach und beobachtete Maharajji. Er stöhnte und wälzte sich bis vier Uhr hin und her. Um halb fünf wurde er ruhig; dann nahm er das Bettlaken und wickelte etwas hinein. Er sagte zu dem alten Mann: „Es ist sehr schwer. Sieh nicht nach, was es ist. Wirf es in den Ganges, wo er tief ist. Niemand darf dich sehen, sonst wirst du verhaftet." Als er das Bündel zum Ganges brachte, fühlte er, daß es voller Gewehrkugeln war.

Als der alte Mann zurückkehrte, sagte Maharajji zu ihm: „Sei ohne Sorge. Dein Sohn kommt in einem Monat zurück." Als der Sohn einige Wochen später zurückkam, berichtete er, daß er beinahe umgekommen sei. Seine Kompanie war vom Feind aus dem Hinterhalt überfallen worden, und er war durch Zufall in einen Graben gestürzt. Die ganze Nacht flogen die Kugeln rechts und links an ihm vorbei. Um vier Uhr sahen die Japaner, daß sie alle Gegner getötet hatten, und zogen sich zurück. Um halb fünf kamen indische Truppen. Der Sohn war der einzige Überlebende. (Es war dieselbe Nacht gewesen, in der Maharajji seine Eltern besucht hatte.)

Eines Tages bat Maharajji darum, in die weit oben in den Bergen gelegene Stadt Bhimtal gefahren zu werden. Dort ging er geradewegs in das Haus eines Devotees und trug den Bewohnern auf, zur alten Pilger-Schutzhütte am Shiva-Tempel zu gehen und mitzubringen, wen immer sie dort fänden. Jahrelang hatte sich niemand mehr in der verfallenen Hütte aufgehalten, deshalb waren die Devotees sehr verwundert, als sie eine der Türen von innen verschlossen fanden. Sie klopften und riefen, aber niemand antwortete. Dann kehrten sie zurück und unterrichteten Maharajji.

Maharajji verließ das Haus und ging zu einem anderen Devotee, von wo aus er erneut Leute zur Hütte schickte. Er wies sie an, nicht ohne den Bewohner zurück-

zukehren. Sie verursachten vor der Tür ein großes Spektakel, bis endlich ein alter Mann das Fenster öffnete. Er versuchte die Devotees zu verjagen, aber sie ließen sich nicht beirren, und so wurde der Mann zusammen mit seiner Frau schließlich zu Maharajji gebracht. Maharajji rief sofort: „Glaubt ihr, ihr könntet Gott drohen, indem ihr euch dem Hungertod preisgebt? So leicht macht er seinen Devotees das Sterben nicht. Nehmt Prasad!" Er ließ Puris und Süßigkeiten kommen, aber der Mann nahm sie nicht an. Doch Maharajji bestand darauf, und endlich aßen alle beide.

Das Paar war aus dem Süden Indiens gekommen und befand sich auf einer Pilgerschaft nach Badrinath und anderen heiligen Orten. Die beiden stammten aus einer reichen Familie, hatten sich jedoch entschieden, Haus und Familie zu verlassen, um die ihnen noch verbleibenden Jahre dem Gebet zu weihen. Sie hatten beschlossen, stets selbst für sich aufzukommen und niemals zu betteln. Als sie sich auf dem Rückweg nach Badrinath befanden, wurde ihnen alles Geld und aller Besitz gestohlen. Ihr Geld reichte nur noch für eine Busfahrt nach Bhimtal, wo sie die verlassene Schutzhütte fanden. Sie entschlossen sich dazu, dort zu bleiben und zu sterben, da dies offenbar der Wille des Herrn war. Drei Tage hatten sie sich bereits ohne Nahrung eingeschlossen, als Maharajji sie zum Verlassen der Hütte zwang. Maharajji bestand darauf, daß sie das Geld für ihre Rückreise nach Madras annahmen. Sie wandten ein, daß sie nicht betteln würden. Maharajji sagte, daß sie keineswegs bettelten, und das Geld zurücksenden könnten, wenn sie zu Hause eingetroffen seien. Sie nahmen das Geld an und verabschiedeten sich.

O Kabir, warum solltest du dich vor jemandem fürchten, wenn der Herr Selbst dich beschützt? Was beirrt dich das wütende Gekläff von tausend Hunden, wenn du auf einem Elefanten sitzt?

Rameshwar Das

Schlüssel zum Geist

GESCHICHTEN, IN DENEN Maharajjis große Fürsorge für seine Devotees und seine Obhut über sie sichtbar wird, deuten zugleich auf ehrfurchtgebietende geistige Kräfte hin. Es schien, als wisse er alles über seine Devotees, ob sie nun in seiner Nähe waren oder weit entfernt. Kein Wunder, daß wir furchtlos werden konnten – wir wußten ja, daß er buchstäblich über uns wachte.

Ich war während der Zeit der Teilung Indiens mit Maharajji zusammen, und der Flüchtlingsstrom aus Pakistan war so groß, daß man sich in dem Gedränge kaum rühren konnte. Maharajji und ich bahnten uns einen Weg durch die Menge, als sich uns eine Frau näherte, die sich vor ihm verneigte und ihn bat, er möge kommen und ihr Baby segnen. Maharajji war einverstanden.

Kurze Zeit später klagte diese Frau erbittert über die Zerstörung von Lahore. Maharajji ermahnte sie sofort mit einer rhetorischen Frage: „Hat dir nicht dieser Heilige in Lahore vor sechs Monaten gesagt, daß dies geschehen würde?"

Wenn viele Leute bei ihm waren, beschrieb er manchmal die persönliche Vergangenheit jeder einzelnen Person, bis in die Zeit ihrer Vorväter zurück, als würde er diese Person schon seit sehr langer Zeit gut kennen.

Da Maharajji uns Westlern zuweilen erst am Nachmittag erlaubte, zu ihm zu kommen, machte sich eine Gruppe von uns eines Morgens auf, um den winzigen Ashram zu besuchen, der für eine Weile der Aufenthaltsort von Sombari Maharaj gewesen war, einem anderen großen Heiligen aus jener Gegend. Es war ein schöner Besuch. Auf dem Rückweg kamen wir kurz vor Mittag an einen Hügel, der für unseren vollbesetzten VW-Bus zu steil war. Wir stiegen aus, um zu schieben – bis auf die zwei jungen Frauen in der Gruppe, die gar nicht daran dachten, auszusteigen.

Ohne Mühe schoben wir den Bus den Hügel hinauf, aber mich ärgerte es, daß die jungen Frauen nicht mitgeholfen hatten. Ich war zu wohlerzogen, um etwas zu sagen; innerlich jedoch war ich ungehalten und hüllte mich für den Rest der Fahrt zum Tempel in Schweigen. Als wir den Tempel betraten, sagte Maharajji: „Ram Dass ist wütend." Ich hatte aber meinen Ärger wohl verborgen, so daß alle Maharajji widersprachen und sagten, daß ich im Gegenteil sehr freundlich gewesen sei. Aber Maharajji ließ sich nicht beirren. „Nein", sagte er, „Ram Dass ist wütend, weil die jungen Frauen nicht aussteigen und beim Schieben helfen wollten." (R. D.)

Einmal, als Maharajji in einem fensterlosen Raum saß, sagte er: „Oh, da kommt Der-und-der!" Gleich darauf betrat die genannte Person den Raum.

Maharajji erzählte mir alles mögliche. Er sagte: „Du hast mit der 'Mutter' Hockey gespielt." Seine Worte bezogen sich darauf, daß ich eine Weile im Asrham Sri Aurobindo's gewesen war und mit der 'Mutter' Hockey gespielt hatte.

In den vierziger Jahren hatte der Sohn eines mohammedanischen ICS (Indian Civil Service)-Beamten, der in England studierte, einen Herzanfall erlitten, und seine Mutter war zu ihm gereist. Maharajji besuchte gerade das Haus eines Devotees, der Maharajji nie um etwas gebeten hatte; jetzt aber erkundigte er sich nach dem Jungen, da er ein Freund jener Familie war. Bevor er Maharajji die Frage stellen konnte, sagte dieser: „Was? Er fragt nach dem Jungen, der in England studiert. Was willst du fragen? Seine Mutter ist zu ihm gereist. Du hast sie zum Flughafen gebracht. Gleich nach ihrer Ankunft ging es ihm besser." Dann stand Maharajji auf und sagte: „Laß uns gehen. Auf diese Weise reist der Geist." (Später bestätigte sich, daß sich der Zustand des Jungen von dem Zeitpunkt an gebessert hatte, als seine Mutter eingetroffen war.)

Maharajji fragte einen Mann, ob er jemals einen Ort wie Kainchi gesehen habe – so wunderschön und friedlich und ideal für die Meditation. Der Swami erwiderte, daß er einen ähnlichen Ort einmal in Kandy (Sri Lanka) gesehen habe. Er war überrascht, als Maharajji, der nie dort gewesen war, ihm jenen Ort bis ins kleinste Detail beschrieb.

Unsere älteste Tochter hatte an einem Auswahlverfahren für Anstellungen bei der indischen Regierung teilgenommen. Nach den Prüfungen fuhren wir nach Vrindaban, um Maharajji zu besuchen. Als wir Pranam vor ihm machten, wandte sich Maharajji an sie und sagte: „Du hast fünf deiner Prüfungsarbeiten verdorben!"

Sie sagte: „Ja."

Maharajji sagte: „Sei ohne Sorge. Du wirst trotzdem ein gutes Ergebnis haben und die Stelle bekommen."

Und so geschah es auch.

Unsere Familie ist groß, aber nicht reich; wir kommen aber durch seinen Segen ganz gut zurecht. Durch seine Gnade erhielt ich auch meine Arbeit in der Bank. Nach dem Vorstellungsgespräch ging ich zu ihm. Er wiederholte alle Fragen, die mir gestellt worden waren, und sagte: „Die Wahl wird auf dich fallen." Tatsächlich stand ich dann auf der Bewerberliste an erster Stelle.

Eines Tages wandte sich Maharajji an mich und sagte: „Schickst du diesem pundit *(religiöser Gelehrter) in Benares noch immer Geld?"*

„Ja, Maharajji, das tue ich", erwiderte ich.

Maharajji war diesem Pundit noch nie begegnet, und ich hatte ihm auch nie erzählt, daß ich ihm regelmäßig Geld übersandte. Dieser Pundit war ein Rezitator der Ramayana und lebte von den Gaben seiner Zuhörer. Es gab nichts, was Maharajji verborgen war, und er kümmerte sich um Menschen, denen er nie begegnet war.

Ein Devotee, der bei der Eisenbahn arbeitete, nahm ein Ehepaar zum ersten Mal mit zu Maharajji. Unter vier Augen sagte Maharajji zu der Frau: „Du unterstützt ein armes zehnjähriges Kind. Das ist sehr edelmütig von dir." Als sie den Raum verließ, war sie sehr verwundert, denn niemand wußte davon, daß sie das Kind unterstützte, nicht einmal ihr Mann.

Bevor wir mit dem Essen beginnen, reichen wir die Nahrung einem Bild Maharajji's dar. Einmal vergaß meine Frau, das Currygericht zu salzen. „Ich habe es vergessen, aber Maharajji wird mir vergeben." Fünfzehn Tage später kam Maharajji zu uns, und meine Frau saß zu seinen Füßen. Das erste, was er ihr sagte, war: „Du hast mir Curry ohne Salz gegeben."

Ein junger Mann aus einer Familie in Kanpur nahm an den Kämpfen im China-Krieg teil. Da kam die Nachricht, daß er gefallen sei, und der Bruder kam zu Maharajji, um es ihm zu erzählen. Maharajji sagte: „Nein, er ist nicht tot." Niemand glaubte Maharajji. Die Witwe heiratete nach sechs Monaten wieder, und die Akte im Kriegsministerium wurde abgeschlossen. Nach einiger Zeit kehrte der Mann zurück.

1968, als ich bereits eine Weile im Tempel gelebt hatte, mußte ich nach Delhi fahren. Damals versuchte ich, ein sehr reiner Yogi zu sein. In Delhi erledigte ich in aller Eile meine Angelegenheiten und hatte dann Zeit für ein vegetarisches Mittagessen, bevor ich in die Berge zurückfuhr. Den Abschluß des Mahles bildeten zwei Kekse mit Tee. Ich war nicht der Ansicht, daß sie die rechte Nahrung für einen Yogi seien, aber sie waren mit Creme gefüllt, und ich konnte nicht widerstehen. Doch weil ich barfuß war und in meiner ulfie *(Sadhu-Kleidung) steckte und sogar im Restaurant wie ein Sadhu behandelt wurde, aß ich die Kekse heimlich. Nach meiner Rückkehr waren Maharajji's erste Worte: „Wie haben dir die Kekse geschmeckt?" (R. D.)*

Da ich einer der wenigen Westler war, die Hindi sprachen, unterhielt er sich mit mir. Manchmal schwatzten wir miteinander, und er zog ein oder zwei Glanzstückchen ab. Er erwähnte jemanden, von dem ich nie irgendjemandem erzählt hatte, und sagte: „Was war das doch gleich für 'ne Geschichte mit So-und-so?" Ich fiel aus allen Wolken! Und er lachte und kicherte und sah mich dann an und lächelte. Und wenn wir so zusammensaßen, dann merkte ich plötzlich, daß ich mich wie ein kichernder Idiot benahm. Ich schaukelte hin und her und purzelte manchmal sogar hintenüber, und er drückte mich an sich wie einen großen Teddybär.

DER GURU MUSS ALLES ÜBER DICH WISSEN.

ICH WEISS ALLES. WIESO WEISS ICH ALLES?

MAHARAJJI WACHTE nicht nur über uns, er konnte uns auch mühelos von innen her beobachten. Und das war etwas ganz anderes.

Zu erkennen, daß jemand Zugang zu den geheimen Bereichen deines Geistes hat, ist mehr als verwirrend. Es läßt eine Art von Intimität entstehen, die in unseren zwischenmenschlichen Beziehungen kaum eine Parallele findet. Diejenigen von uns, die einer anderen Person sehr nahe sind, spüren oft, was der andere fühlt. Wenn wir mehr und mehr mit den Gedanken eines anderen vertraut werden, sind wir vielleicht sogar in der Lage zu erraten, was sich in seinem Geiste abspielt. Aber es gibt so viele winzige, subtile Gedanken, und viele von ihnen werden fast schon im Moment ihrer Bewußtwerdung zensiert, denn sie wären sozial inakzeptabel oder sogar inakzeptabel für unser eigenes bewußtes Selbstgefühl. Zu erkennen, daß jemand Zugang selbst zu diesen Gedanken hat, versetzt dich unmittelbar in eine äußerst unvorteilhafte Lage – es ist, als hätte der Gegenspieler deinen Code geknackt. Du bist überaus verwundbar. Aber es ist natürlich auch unglaublich aufregend, einem anderen Bewußtsein auf solch intime Weise zu begegnen. Und von Maharajji ging dazu noch eine bedingungslose Liebe aus – als sagte er zu dir: „Ich weiß alles über dich, und ich liebe dich."

Die kostbarsten Erfahrungen mit Maharajji kann man nicht in Geschichten beschreiben – wie z.B. das Massieren seiner Beine. Wenn ich ihn massierte und dabei einen unnützen Gedanken hatte, dann nahm er meine Hand weg: und wenn ich meinen Geist wieder zentrierte, zog er meine Hand wieder zu sich heran. So subtil waren seine Methoden, dich zu lehren.

Meine Frau begegnete Maharajji zum ersten Mal inmitten einer Menschenmenge im India-Hotel. Maharajji hatte nicht mit ihr gesprochen, und nach einer Weile fiel ihr ein, daß sie nach Hause gehen und Tee für mich zubereiten müsse, wie sie es jeden Tag um diese Zeit zu tun pflegte. Maharajji verteilte Süßigkeiten, und plötzlich drehte er sich zu ihr um und sagte: „Geh' jetzt nach Hause. Dein Mann wartet auf seinen Tee."

Als ich ihn noch nicht so gut kannte, hatte er gerade seinen Kopf scheren lassen, und mir kam der Gedanke, wie gerne ich ihm einen Kuß auf den Scheitelpunkt seines Kopfes geben würde. Kurz darauf nahm er mich bei einem Darshan mit in seinen Raum. Er lachte und kicherte und schlug eine Art Purzelbaum, und dabei präsentierte er mir den Scheitel seines Kopfes. Ich konnte gar nicht anders als ihn küssen, und in diesem Moment erkannte ich, daß mein Wunsch erfüllt worden war.

Ich sprach immer im Geiste mit Maharajji. Wenn er jemanden in Verlegenheit brachte, dachte ich: „Oh, Maharajji, tu das nicht." Dann schaute er mich an und erwiderte etwas – so wußte ich, daß er mich hörte.

Eines Tages, als ich vor dem Tucket saß und darauf wartete, daß er herauskam und Darshan gab, tauchte in mir der Gedanke auf, den Rhythmus meines Herzschlages demjenigen Maharajji's genau angleichen zu wollen. Kaum hatte ich das gedacht, als Unruhe im Inneren des Hauses entstand. Ich hörte das Schlagen von Türen, und Maharajji stürmte durch die Außentür auf die Veranda. Flink nahm er seinen Platz auf dem Tucket ein und saß direkt vor mir, seine Brust keine Armlänge von mir entfernt. Ich konnte das Schlagen meines Herzens spüren und verweilte eine Zeitlang im steten Bewußtsein des Einklangs meines Herschlages mit dem seinen. Obwohl sich Maharajji lebhaft mit vielen Leuten unterhielt, veränderte er die mir zugewandte Stellung seines Körpers nicht. Dann begann mein Geist abzuschweifen – und sofort schnellte Maharajji herum, so daß er nun auf der anderen Seite des Tuckets saß und in eine andere Richtung blickte. Verblüfft wie ich war, blitzte der Gedanke in mir auf: „Maharajji, wenn dies wirklich geschah, dann schau mich an." Blitzschnell warf er mir einen Blick zu und sah dann wieder weg. Während des restlichen Darshans schaute er mich nicht noch einmal an.

Maharajji spielte auf sehr subtile Art mit meinen Verlangen. Es mochte sein, daß ich nach einem Apfel auf seinem Tisch schielte, bevor er zum Darshan erschien. Ich dachte, wie gut mir dieser Apfel schmecken würde und wie lange ich schon keinen mehr gegessen hätte. Dann erschien Maharajji, und er warf mir scheinbar in voller Absicht gerade diesen Apfel zu. Aber natürlich warf er auch den anderen Devotees Früchte zu, so daß ich keineswegs sicher sein konnte. Ich dachte nur immer: „Ist das nicht interessant?"

Einmal, als ich hoch oben in den Bergen hinter dem Tempel lebte, wo es sehr kalt war, erzählten mir einige soeben eingetroffene Devotees von einer von den Astronauten benutzten Weltraum-Decke, die sehr warm sei und nur wenige Unzen wiege. Angesichts meiner kalten Behausung dachte ich ständig daran, wie schön es wäre, eine solche Decke zu besitzen. Am nächsten Morgen kam ich zum Tempel und trank Tee mit einem anderen Devotee, der gerade seinen Rucksack aufräumte. Er warf mir etwas in den Schoß und sagte: „Hier, kannst du das gebrauchen? Es ist eine Weltraum-Decke, die ich nie benutze." Als mir dann immer wieder solche Dinge passierten, kam mir der Gedanke, daß ich, wenn Maharajji all meine Wünsche erfüllen würde, um wichtigere Dinge bitten sollte, wie zum Beispiel um etwas Mitgefühl für die anderen.

In Bareilly sagte Maharajji zu mir, ich solle am Morgen zum Bahnhof kommen, um ihn dort zu treffen. Es gab eine große Überschwemmung, und ich dachte: „Maharajji wird nicht kommen, aber ich wollte ja sowieso zum Bahnhof gehen." Doch Maharajji kam, und seine ersten Worte waren: „Du hast geglaubt, ich würde wegen der Überschwemmung nicht kommen."

Wenn ich insgeheim dachte, daß ein anderer Devotee nicht so heilig sei wie er selbst von sich glaubte, fragte Maharajji mich sofort: „So-und-so ist nicht so heilig wie er glaubt, nicht wahr?"

Ich erzählte meiner Frau, daß ich nicht mehr zu Maharajji gehen wolle, weil er mir doch nur Prasad geben und mich dann fortschicken würde. Aber sie bestand darauf, daß ich ging. An diesem Tag forderte er mich nicht auf zu gehen. Ich hatte nichts gegessen, aber er ließ mich bis elf Uhr abends bleiben. Als alle aufstanden, sagte Maharajji: „Erzähle von heute an niemand mehr, daß ich dir nicht erlauben würde, hier zu sitzen."

Ich saß da und betete um eine Gelegenheit, vom Satsang fortgehen und etwas sadhana *(spirituelle Praxis) ausüben zu können, als Maharajji sagte: „Geh' nach Nepal." Es stellte sich heraus, daß mein Visum am Tag zuvor abgelaufen war.*

Manchmal saßest du hinter ihm, und er schien nicht auf dich zu achten. Dann tauchte ein bestimmter Gedanke in dir auf, und er gab dir eine direkte Antwort oder machte eine Handbewegung oder sagte etwas zu einer anderen Person, was eine Antwort auf deinen Gedanken war. Manchmal führte er in einem Zimmer ein ernsthaftes Gespräch mit dir, und mitten im Satz drehte er sich um, öffnete das Fenster und begann mit einer draußenstehenden Person über etwas zu sprechen, was ihm gerade in den Sinn kam.

Mit einem einzigen Blick konnte dir Maharajji eine komplette Lektion geben. Du saßest da und quältest dich mit irgendwelchen zermürbenden Gedanken. Er schaute dich nur an, und dein ganzes Wesen verwandelte sich. Ich weiß nicht, ob er tatsächlich irgendetwas tat oder ob es einfach nur die Art seines Blickes war, aber du erkanntest, daß das Universum in Ordnung war und daß du behütet warst. Dann wiederum, wenn du von irgendeinem Gedankengang abschwenktest, genügte der leiseste Blick von Maharajji, um dich völlig zu vernichten.

Ein Ehepaar erzählt die folgende Geschichte:

Ehemann: *Ich arbeitete in Kalkutta in einem Programm zur Pocken-Bekämpfung. Es war eine Zeit, in der ich wieder einmal uneins mit mir selbst war. Ich ging durch die Straßen von Kalkutta und sah all die Bettler, dachte über ihr Leiden nach und endete wie gewöhnlich bei meinem Streitgespräch mit Gott. „Es ist doch wirklich nicht nötig", sagte ich immer wieder zu ihm.*

Ich las damals den Phaedo, *Platos Beschreibung des Todes von Sokrates. Am Ende erörtern Sokrates und seine Schüler, ob er das Leeren des Schierlingsbechers hinausschieben solle, und Sokrates läßt sich den Trank bringen, da ein Aufschub keinen Unterschied mache. Die Schüler können sich der Tränen nicht enthalten, und er sagte zu ihnen: „Hört, es gibt nur zwei Möglichkeiten: Entweder es gibt etwas nach dem Tode, oder es gibt nichts nach dem Tod. Wenn nach dem Tode nichts mehr ist, dann werde ich Gott sei Dank endlich gut schlafen. Und wenn es nach dem Tode etwas gibt, dann winkt mir zumindest eine gute Unterhaltung." Dann brachte man ihm den Giftbecher, und er trank ihn aus und starb.*

Also überlegte ich mir: Wenn Sokrates in all seiner Weisheit in seiner Todesstunde die Natur des Lebens nicht erkannte, dann brauchte ich als einfacher Mensch wirklich nicht zu verzagen, wenn ich es nicht begriff. Das tröstete mich.

Ehefrau: *Während mein Mann in Kalkutta war, befand ich mich in Delhi und war auf der Suche nach Maharajji. Wir fanden ihn schließlich im Hause der Barmans in Neu-Delhi (es war sein letzter Besuch in Neu-Delhi, bevor er seinen Körper verließ). Wir saßen mit ihm am Nachmittag des Tages seiner Ankunft zusammen. Maharajji sah mich an und sagte nichts weiter als: „Sokrates".*

Später an diesem Tag schaute er mich wieder an und sagte zum zweiten Mal: „Sokrates."

Ich sprach mit den mich begleitenden Devotees darüber und versuchte zu ergründen, was er gemeint hatte. Vielleicht war es so, daß ich wie Sokrates aussah oder dachte, aber wir konnten uns keinen rechten Reim darauf machen. Mein Mann kam von Kalkutta nach Hause, und nachdem ich von meinem Besuch bei Maharajji erzählt hatte, sagte ich: „Weißt du, er hat etwas sehr seltsames zu mir gesagt, und ich weiß immer noch nicht, was es bedeutet. Er sah mich an und nannte mich ‚Sokrates'. Was mag das bedeuten?" Da erzählte mein Mann, woran er in Kalkutta gedacht hatte, und wir stellten fest, daß es genau derselbe Tag gewesen war.

Dada sagte: „Das Gedankenlesen, das Vorhersagen der Zukunft, das Wissen um die bevorstehende Ankunft einer Person und so weiter – diese Dinge geschahen in Maharajji's Nähe ständig. Es war nichts besonderes."

DIESE EHRFURCHTGEBIETENDE Fähigkeit, den menschlichen Geist zu ergründen, erlaubte Maharajji nicht nur, die Gedanken und Handlungen anderer zu erkennen, sondern auch in den Geist einer anderen Person hineinzugehen und von innen her eine Veränderung zu bewirken.

Maharajji erzählte mir einmal: „Der Schlüssel zum Geist liegt in meiner Hand, und ich kann ihn in jede Richtung drehen."

Zur Zeit der englischen Okkupation hatte sich ein Engländer ein 1. Klasse-Abteil im Zug reservieren lassen, und als er sein Abteil betreten wollte, fand er Maharajji dort vor. Er ging zum Zugschaffner und sagte, es befände sich ein sehr zweifelhaft aussehender Mann in seinem Abteil, und man möge ihn doch bitte entfernen. Der Schaffner kam, sah Maharajji und sagte: „Es tut mir leid. Es ist ein Heiliger, und ich kann ihn nicht entfernen."

So schickte der Engländer, jetzt noch zorniger, nach dem Zugführer. Dieser kam und sagte dasselbe. An der nächsten Station entschied sich der Engländer, den Mann selbst aus dem Abteil zu schaffen, aber sobald er es betreten hatte, vergaß er seinen Ärger und sein Vorhaben und saß für den Rest der Fahrt ruhig und friedlich auf seinem Platz. Schließlich sagte Maharajji: „Das ist mein Dorf." Der Zug wurde angehalten, und er stieg mit seinen Begleitern aus.

Ich glaube, er erzwang es einfach, daß ich ihn begleitete. Ich ging immer mit, obwohl ich es überhaupt nicht wollte.

Die Ma's, wie sie genannt wurden, waren Frauen, denen es die größte Freude bereitete, für Maharajji zu sorgen. Einmal hatte ein Doktor angeordnet, daß Maharajji um zehn Uhr vormittags bestimmte Pillen nahm. An diesem Tag brachten die Ma's ihm das Medikament zehn Minuten später, und Maharajji sagte verärgert: ,,Wenn ihr euch nicht besser um mich kümmert, werde ich euren Geist dazu veranlassen, sich gegen mich zu wenden!" – was die schlimmste Drohung war, die er aussprechen konnte.

Ich war Stationsvorsteher in Mount Abu, und Maharajji hatte versprochen, einmal vorbeizukommen. Nun war es mein Vorsatz, nie die Station zu betreten, wenn ich dienstfrei hatte. Aber an diesem einen Tag hatte ich mich lange mit einem Freund unterhalten, und um schneller nach Hause zu kommen, wollte ich diesmal mit meinem Vorsatz brechen und den Weg durch den Bahnhof nehmen. Als ich ihn gerade betreten hatte und durch die Räume eilen wollte, traf der Postzug aus Bombay ein, und wer da an der Fensterscheibe klopfte, war Maharajji.

Eine Anzahl von uns Westlern meditierte zusammen in einem buddhistischen Ashram in Bodh Gaya. Nach einiger Zeit wollten ein paar von uns den Lehrgang unterbrechen und nach dem Hunderte von Meilen entfernten Delhi fahren, um dort Shiva's Geburtstag zu feiern. Eine Frau aus der Gruppe, die in einem Charterbus auf dem Landwege nach Indien gekommen war, ließ uns wissen, daß sich auch der Busfahrer anschließen wolle. So verließen wir in einer Schar von fünfunddreißig Leuten Bodh Gaya, bestiegen in Benares den Bus und machten uns auf den Weg nach Delhi.

Danny, einer der Männer aus der Gruppe, hatte den Lehrgang zwischenzeitlich schon einmal kurz verlassen, um nach Allahabad zu fahren und einen Kumbha Mela zu erleben. Tief beeindruckt war er zurückgekehrt und hatte jedem von uns ein kleines Medaillon mitgebracht, welches den Affen Hanuman darstellte. Er hatte die Medaillons auf dem Mela-Gelände gekauft.

Als sich herausstellte, daß unser Weg an Allahabad vorbeiführte, drängte uns Danny, das Mela-Gelände zu besuchen. Ich wandte ein, daß der Mela doch bereits vorüber sei und wir lediglich ein leeres Flußufer vorfinden würden. Aber er wies darauf hin, daß es einer der am meisten geheiligten Orte Indiens sei. Ein paar von uns waren erschöpft, denn es war nach dieser anhaltenden Meditationspraxis unser erster Tag in der Welt draußen, und wir wollten jetzt nur noch die Dharmasalla erreichen, um dort die Nacht zu verbringen. Der Gedanke, auch nur wenige Meilen vom Weg abzuweichen, um zum Fluß zu gelangen, war nicht sehr anziehend, und dennoch – es war ein sehr heiliger Ort. Ich wägte das Für und Wider beider Möglichkeiten ab und war schließlich einverstanden, daß wir einen kurzen Abstecher zum Fluß machten, um den Sonnenuntergang zu betrachten.

Als wir dort waren und auf das Mela-Gelände hinunterfuhren, das jetzt recht verlassen dalag, fragte der Fahrer, wo er den Bus abstellen solle. Danny wies auf einen Punkt, der, wie er sagte, dicht bei einem Hanuman-Tempel lag, wo er auch die kleinen Medaillons erworben hatte.

Als sich der Bus zu jener Stelle hocharbeitete, schrie jemand: „Da ist Maharajji!"

Tatsächlich, da war er und spazierte mit Dada am Bus vorbei. Eilends kletterten wir aus dem Bus und stürzten vor seine Füße. Ich hatte einen hysterischen Heul- und Lachanfall. Ich erinnere mich, wie ich voller Wonne seine Füße küßte und mein Verstand im selben Augenblick wahrnahm, daß der Sand, auf dem er stand, einen penetranten Uringeruch ausströmte.

Später erzählte uns Dada, daß Maharajji, als der Bus in Sicht kam, gesagt hatte: „Ah, da kommen sie."

Maharajji wies uns an, hinter ihm und Dada herzufahren, und der Bus folgte der Fahrrad-Rikscha zu Dada's Haus, das in einer Vorort-Straße dieser großen Universitätsstadt lag. Innerhalb von Minuten setzte man uns ein Essen vor und traf Vorbereitungen für unsere Unterbringung auf dem Anwesen eines anderen Devotees. Ich erfuhr, daß die Diener auf Maharajji's Geheiß in Erwartung unserer Ankunft schon seit dem Morgen das Essen vorbereitet hatten. Aber wenn dies so war, wer war es denn, der im Bus geglaubt hatte, eine Entscheidung hinsichtlich der Fahrt zum Mela-Gelände getroffen zu haben!? Allem Anschein nach war es alles anders als ich „gedacht" hatte. (R.D.)

WENN MAHARAJJI an jemanden dachte, wußte nur er, warum er gerade an diese Person dachte. Doch anscheinend lag es nicht alles in seiner Hand, denn viele Devotees fanden heraus, daß sie dadurch, daß sie ihre Gedanken auf Maharajji richteten, seine Aufmerksamkeit auf sich ziehen oder sogar seine physische Gegenwart herbeiführen konnten.

Eine Ma sagte: „Wenn die Hingabe groß genug ist, wird der Guru vom Devotee angezogen."

Ein Franzose hielt sich in Ananda Mayee' Ma's Ashram auf und erkundigte sich bei HRJ nach diesem Neem Karoli Baba, dessen Darshan er empfangen wolle. HRJ sagte, wenn er nur zehn Minuten lang an Maharajji denken würde, könne Maharajji da sein. Der Franzose schloß die Augen und wiederholte: „Neem Karoli Baba, Neem Karoli Baba", und nach zehn Minuten, völlig unerwartet, kam Maharajji in Ma's Ashram. Er ging hinüber zu dem Franzosen und fragte ihn: „Warum denkst du an mich? Ich bin gekommen. Was willst du?"

Ich war es gewohnt, etwa um zwei Uhr morgens aufzustehen und eine Zeitlang in der Meditation zu sitzen. Ich erzählte niemandem davon. Als ich eines Morgens zum Darshan kam, stürmten die Ma's freudig auf mich zu und redeten alle auf einmal. Was sie mir sagen wollten, war, daß Maharajji mitten in der Nacht, als sie mit ihm zusammensaßen, zu ihnen gesagt habe: „S (auf mich bezogen) ist gerade aufgewacht. Sie denkt sehr viel an mich."

Eines Tages kam ich von Snowview nach Tallital, in der Hoffnung, Maharajji dort anzutreffen. Ich fragte mich, wie ich ihn wohl finden könne, da er sich manchmal in dem einen, manchmal in dem anderen Haus aufhielt. Gerade als ich an dem Haus vorbeiging, in dem er war, kam jemand heraus und rief mich. Maharajji wußte, daß ich kam, und hatte die Person hinausgeschickt, um mich abzufangen und zu ihm zu bringen.

An einem Dienstagmorgen hatte ich vor, Maharajji in Kainchi zu besuchen, aber ein Telefonanruf rief mich geschäftlich nach Nainital. Ich rechnete damit, abends mit dem letzten Bus nach Kainchi gelangen zu können, aber als es soweit war, versäumte ich den Bus. Etwa um acht Uhr abends hatte ich eine Mitfahrgelegenheit nach Bhowali, doch um diese Zeit bestand keine Möglichkeit mehr, weiter nach Kainchi zu kommen. Ich war ein wenig niedergeschlagen und lief wieder nach Hause. Bedrückt saß ich da, als es an der Tür klopfte. Ich sagte meinem Sohn, er solle dem Besucher ausrichten, daß ich müde sei, und nach seinem Namen fragen. Da hörte ich jemanden rufen: „Ich bin Baba Neem Karoli!" Es war ungefähr neun Uhr. Maharajji sagte zu mir: „Immer bist du über dieses und jenes beunruhigt! Warum bist du in solcher Unruhe?" Er nahm sein Abendessen bei mir ein und stieg dann in den Jeep, um nach Kainchi zurückzukehren.

Dem amtierenden Polizeichef kam zu Ohren, daß er nicht in seinem Amt bestätigt werden würde. Er war sehr betroffen und wollte seine Kündigung einreichen. Etwa um acht Uhr abends saß er mit seiner Frau zusammen, als ein Untergebener kam und sagte: „Draußen auf der Straße sitzt ein Mann, der dich sprechen will." Er wußte, daß es Maharajji war.

Maharajji sagte zu ihm: „Du hast gejammert. Du hast an Rücktritt gedacht. Wie töricht."

Ein alter Mann, der jahrelang als Gefängniswärter gearbeitet hatte, erkrankte sehr ernstlich. Zuletzt gab ihm der Arzt nur noch vierundzwanzig Stunden zum Leben: aber der Mann dachte an Maharajji, meditierte auf ihn und weigerte sich zu sterben. Nach drei Tagen kam Maharajji in die Stadt und besuchte das Haus eines anderen Devotees. Er sagte zu ihm: „Ein alter Mann lebt hier in der Nähe. Er denkt sehr viel an mich und ist sehr krank. Wir müssen ihn besuchen."

Sie betraten das Zimmer des Kranken und fanden ihn in einem sehr kritischen Zustand. Maharajji setzte einen Fuß neben den Kopf des Mannes. Der Sterbende machte Pranam vor Maharajji und verließ dann seinen Körper.

Maharajji sagte zu dem anderen Devotee: „Er dachte sehr viel an mich. Darshan wurde gewährt und vollendet! Das Ende!"

ICH BIN HIER UND ICH BIN IN AMERIKA. WER AUCH IMMER AN MICH DENKT, ZU DEM KOMME ICH.

Chaos und Verwirrung

WO MAHARAJJI AUCH WAR, gab es Chaos und Verwirrung. Manchmal wurden zwei Leute mit der Erledigung derselben Aufgabe betraut, ein anderes Mal sollte ein zweiter rückgängig machen, was der erste in die Wege geleitet hatte. Maharajji sagte etwas bestimmtes zu einer Person und genau das Gegenteil zu einer anderen; und wenn er mit solcher Folgewidrigkeit konfrontiert wurde, stritt er alles ab. Diese Verwirrung diente offensichtlich mehreren Zwecken. Zum einen wurden dadurch seine Kräfte verschleiert, so daß niemand völlige Gewißheit darüber haben konnte, was überhaupt geschehen war. Zum anderen erlaubte dieses Durcheinander jeder Person, den sich widersprechenden Informationsbruchstücken das zu entnehmen, was gerade für sie wichtig war. Diese Widersprüchlichkeiten dienten der geistigen Lockerung solcher Devotees, die sich durch ihr starres Denken Probleme erschufen. Aus einer anderen Sicht konnte man die Konfusion als eine Auswirkung der Tatsache verstehen, daß Maharajji nicht nur eine einzige Person war. Er war die Widerspiegelung einer jeden Person, die ihre Gedanken auf ihn richtete, und er war sich vieler Ebenen gleichzeitig bewußt. So konnte er eben noch sagen: „ Ich kann nichts tun", und wenige Augenblicke später erklären: „Ich besitze den Schlüssel zum Geist. Jeder ist meine Marionette." Wenn man diese Dimension Maharajji's erkannte, dann konnte man sich an dieser Konfusion erfreuen.

Zwei langjährige Devotees hörten, daß sie Maharajji in einem gewissen Tempel am Ufer des Ganges antreffen würden. Sie gingen sofort dorthin und fanden ihn. Er benahm sich so, als hätte er sie noch nie zuvor gesehen. „Wer bist du? Wo kommst du her? Was arbeitest du? Warum bist du hierhergekommen?" erkundigte er sich bei jedem von ihnen. Sie antworteten ihm geduldig, bis er schließlich sagte: „Setzt euch!"

Maharajji war niemals an irgendetwas gebunden. Er folgte keinen Ratschlägen und tat immer das Unerwartete. Wenn ich ihn zum Beispiel bat, er möge noch bleiben, stand er auf und ging.

Maharajji's Vorhersagen und seine Aussagen persönlicher Bedeutung kamen aus dem Stegreif und konnten mitten in einer politischen Diskussion erfolgen. Oft bewahrheiteten sich seine Vorhersagen nicht. Wenn du eine ganz bestimmte Prognose von Maharajji wolltest, drückte er sich oft vage aus, und er gab nie eine Erklärung für seine Vorhersagen.

Von allem, was du über ihn sagen kannst, kannst du ebenso das Gegenteil sagen.

Einmal in Vrindaban rief uns Maharajji alle zu sich, und ich war der erste in der Meute, die zu ihm hinüberrannte. Als ich vor allen anderen seinen Raum betrat, hatte ich den Eindruck, ihn unvermittelt überrascht zu haben. Er erblickte mich und geriet in Verlegenheit. Es war, als sei er bei etwas Unerlaubtem ertappt worden – als habe er soeben aus der Bonbonschachtel genascht! Sein Blick war richtig schuldbewußt, und ich versuchte herauszufinden, wobei ich ihn eigentlich überrascht hatte. Doch dann gab ich einfach auf; bestimmt legte er mich wieder mit einem seiner Tricks herein.

Ein paar Devotees waren mit Maharajji in einem Boot auf dem Ganges, und sie schlugen ihm vor, er solle doch ein Bad nehmen. Er protestierte, aber sie gaben nicht nach und schafften es schließlich, ihn vom Boot aus ins Wasser hinunterzulassen. Maharajji tat erst so, als würde er ertrinken, dann begann er plötzlich, um das Boot herumzuschwimmen. Später, als der Vorfall die Runde machte, erzählte Maharajji allen, daß man ihn habe ertränken wollen.

Mitten in der Nacht wurden wir einmal im Ashram durch Rufe und das Geräusch von Schritten geweckt. Leute rannten hin und her, und überall ging das Licht an. Wir steckten unsere Köpfe aus der Tür und entdeckten, daß Maharajji auf den Beinen war. Er wollte Rotis. Dann schrie er: „Im Zimmer der Ma's ist eine Schlange!" Und als man hinging, um nachzusehen, fand man ein Stück Tau!

In Kainchi hatte er einen einfachen kleinen Raum, den wir immer sein „Büro" nannten. Da war ein Fenster, das innen mit Läden versehen war, die er öffnen konnte. Dort saß er oft, sah hinaus und gab Darshan. Manchmal hüpfte er in diesem Raum umher wie ein Affe in seinem Käfig und drückte seine Nase gegen die Fensterscheibe. Oder es kam jemand an sein Fenster, um ihn zu sehen, und er schlug einfach die Läden zu.

Er brachte mit einer bestimmten Äußerung eine Unterhaltung in Gang, und am Schluß vertrat er genau den entgegengesetzten Standpunkt. Einmal ging es bei einem westlichen Devotee um das Rauchen von Dope. Maharajji sagte zu ihm: „Du rauchst gerne charas *(Haschisch)? Das ist gut; Shiva raucht Charas. Du hast Shiva also gerne." Wir waren alle sehr begeistert, dies zu hören, aber dann schwenkte er langsam um und sagte: „Was ist besser für dich – Charas zu rauchen oder Nahrung zu dir zu nehmen?" Etwa fünf Minuten später sagte er: „Rauche nicht."*

Einmal sagte er: „Oh, es ist sehr schön und friedlich hier in Kainchi. Wenn man hierher kommt, kann man wirklich Frieden finden. Shanta milta-hai *(Friede ist gefunden)." Einige Wochen später fuhr dann auf der Straße ein Lastwagen vorbei, und er sagte: „Oh, dieses Kainchi mit seinem Lärm – hier gibt es keinen Frieden, ashanti." Er hatte ein und denselben Ort als shanti und als* ashanti *(nicht friedlich) bezeichnet.*

Manchmal war es sehr schwer zu verstehen, was Maharajji meinte. Oft wiederholte er ein einziges Wort fünfmal. Er liebte es, denselben Gedanken wieder und wieder auszusprechen, indem er ihn immer wieder neu formulierte und in deinen Kopf einpaukte. Wenn es zum Beispiel darum ging, daß jemand geheiratet hatte, sagte er: „Du hast geheiratet, nicht wahr? Nein, du hast nicht geheiratet. Hast du geheiratet? Du hast geheiratet." So ging es weiter, vorwärts und rückwärts. In der gleichen Art und Weise spielte er mit Gegenständen: Er nahm etwas, drehte es hin und her, stellte es auf den Kopf, betrachtete es von allen Seiten. Mit Worten machte er es genauso – er nahm einen Satz und verdrehte ihn (und damit deinen Kopf).

Eines Morgens empfing Maharajji seine Devotees mit Klagen über ein sehr schlimmes Knie. Einige Devotees nahmen ihn ernst und schlugen diverse Behandlungen vor. Andere nahmen seine Klagen leicht und meinten, Maharajji solle sich selbst kurieren, da er ja selbst die Ursache seiner Klagen sei. Trotzdem wurden Öle und Salben und Kompressen auf die schmerzende Stelle aufgetragen – ohne Erfolg. Maharajji beteuerte, daß diese Mittel nichts ausrichten würden. Was er brauche, sei eine gewisse Medizin, die er einmal in Dada's Haus gesehen habe. Er nannte sie „Schnurrbart-Mann-Medizin" und zwirbelte in bezeichnender Weise seinen Schnurrbart. Er meinte, das sei die einzige Medizin, die helfen würde.

Darunter konnte sich dieser Devotee nicht das geringste vorstellen, und er wußte von keiner Medizin in seinem Hause, die etwas mit Schnurrbärten zu tun hatte. Im Verlauf des Tages ging der Devotee zum Basar, um für den Ashram einzukaufen. Als er in der Apotheke war, bemerkte er auf einer kleinen Dose das Bild eines schnurrbärtigen Mannes. Sie enthielt „Sloan's Balm", eine hitzeerzeugende Salbe. Er kaufte sie und gab sie Maharajji. Maharajji rief aus: „Das ist sie! Die Schnurrbart-Medizin! Streich' sie drauf!" Kurz nachdem die Salbe auf sein Knie gerieben war, verkündete Maharajji, daß der Schmerz verschwunden sei und daß es ihm nun großartig gehe.

Janaki und Draupadi saßen vor Maharajji, und Maharajji wandte sich an Janaki und fragte sie: „Wen von euch mag ich lieber, dich oder Draupadi?"

Janaki sagte mit lieblicher Stimme: „Warum, Maharajji, du liebst uns doch alle gleich."

Maharajji erwiderte: „Nahin (nein)! Ich mag Draupadi mehr!" – was bei Janaki natürlich eine nicht geringe Bestürzung auslöste. Sie stand auf, ging hinaus und steuerte auf den Vrindabaner Basar zu, um wegzulaufen! Was ist das für ein Guru, der Vorlieben hat! Während sie durch den Basar wanderte, wurde ihr klar, daß sie trotzdem nicht einfach weglaufen konnte. In dem Wunsch, jemandem eine Freude zu machen, kaufte sie eine kleine Messing-Murti von Hanuman, kehrte zum Tempel zurück und stellte sie in ihren Raum.

Gleich darauf lief sie Maharajji in die Arme, und er fragte sie: „Wo warst du? Was hast du gemacht? Was hast du gekauft?" Sie erzählte ihm von der kleinen Murti. Er ließ sie die Statue holen, und als sie sie ihm gab, hielt er sie eine Weile in den Händen, betrachtete sie und sagte dann zu Janaki, daß sie mir die Murti geben solle! Ich weiß nicht, ob Janaki sie mir zugedacht oder ob Maharajji dies initiiert hatte. Gerade einen Tag zuvor hatte ich mir insgeheim eine kleine Hanuman-Murti gewünscht, und nun bekam ich eine geschenkt.

Ich war mit Maharajji in seinem Raum allein und wollte nicht, daß die anderen ausgeschlossen waren, deshalb sagte ich: „Maharajji, bestimmt würden die anderen auch gerne hereinkommen."

Er sagte: „Soll ich sie hereinlassen?"

Ich sagte: „Ja. Laß sie herein."

Er sagte: „Geh' und hol' sie herein." Manchmal sagte er auch: „Nahin! Sei du nur einfach hier.' ' Oder er sagte, die anderen wären alle badmash (Spitzbuben). Ich stritt mit ihm, daß das nicht wahr sei, daß manche von ihnen nur verwirrt seien, genau wie ich. Er gab mir Recht und setzte hinzu: „Nahin, sie sind alle Badmash."

In Allahabad hatte eine Sikh-Familie in ihrem Haus ein Essen für den ganzen Satsang arrangiert und für Unterhaltung am Nachmittag gesorgt. Ich wollte nicht mitgehen und bei Maharajji bleiben und versteckte mich deshalb auf dem Dach, wo nie jemand hinkam.

Alle wurden für den Ausflug zusammengetrommelt, und nachdem sie fort waren, bekam ich es mit der Angst zu tun. „Oh, was wird Maharajji machen, wenn er sieht, daß ich noch hier bin?" dachte ich. Ich fragte Didi (Dada's Frau), was Maharajji tun würde, wenn es herauskäme.

Sie sagte: „Oh, da sprichst du besser mit Dada."

Also ging ich zu Dada. „Dada! Ich weiß nicht, was Maharajji nun tun wird."

Er erwiderte: „Wer weiß das schon?"

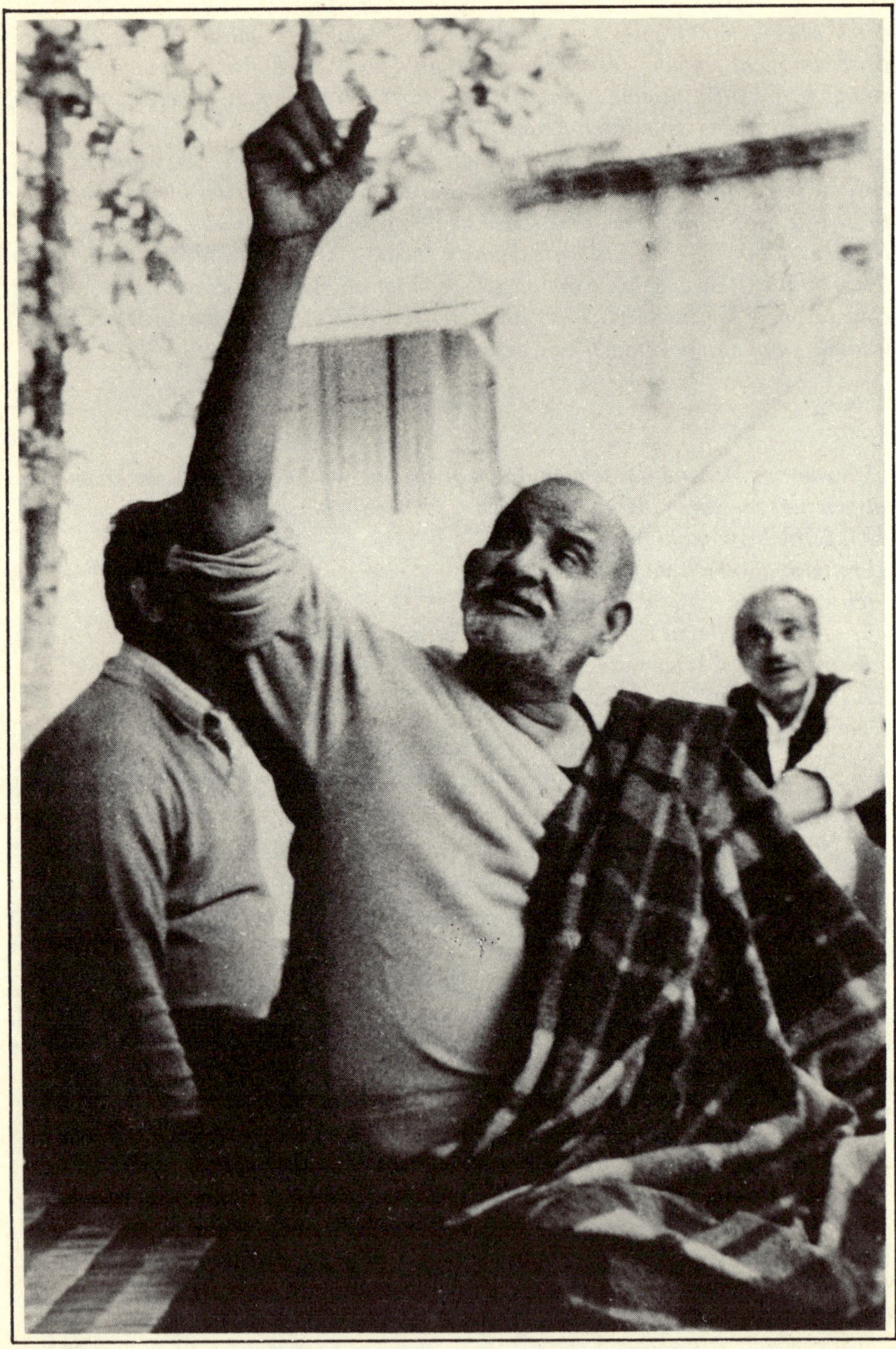

Rameshwar Das

Gott macht Alles

WIE ES BEI den großen Yogis Indiens Tradition ist, gingen Maharajji's Kräfte weit über den Bereich des Gedankenlesens hinaus. Eine Fülle von Wundern strömte aus ihm hervor, und wenn er durch sein Leugnen und Verwirren auch Sand in unsere Augen streute, war es uns doch erlaubt, dieses außergewöhnlichen Vorgangs gewahr zu werden. Aber so erstaunlich und dramatisch diese Phänomene auch waren, in den Augen der engen Devotees Maharajji's waren sie nicht das Wesentliche. Maharajji selbst war das Wunder. Schon seine Anwesenheit machte das Gewöhnliche wunderbar, und umgekehrt erschien das Wunderbare bald als etwas ganz gewöhnliches. Doch wenn sich Devotees zusammenfinden, dann sind es gleichwohl die Wunder-Geschichten, die nur allzu leicht über ihre Lippen fließen. Dies mag deshalb so sein, weil solche Geschichten „erzählbar" sind, während der Ozean der Liebe, die Zärtlichkeit und die heilende Kraft seines Erbarmens, durch die Maharajji – wie Christus – seine wahren Wunder an uns vollbrachte, etwas unaussprechliches sind.

Worum ging es bei diesen wunderbaren Kräften? Vielleicht dienten sie dem Zweck, den der große Heilige Shirdi Sai Baba, der auf unglaubliche Weise von Wundern Gebrauch machte, ihnen beimaß: „Ich gebe ihnen, was sie wollen – so werden sie wollen, was ich ihnen gebe." All die Wunder betreffen das physische Universum, die Welt, die materielle Ebene; aber die Substanz des Verhältnisses, das wir zu Wesen wie Maharajji haben, ist der Geist – der weit über solche Wunder hinausreicht. Wunder sind nur das Unerwartete: und der Geist kennt keine Erwartung – und folglich auch nichts Unerwartetes.

Dies ist die Geschichte, wie Maharajji unter dem Namen Neem Karoli Baba bekannt wurde, was bedeutet ‚Der Sadhu aus Neem Karoli (oder Neeb Karori)'. Es war vor vielen Jahren, als Maharajji etwa um die dreißig Jahre alt war.

Er hatte mehrere Tage keine Nahrung erhalten, und der Hunger trieb ihn dazu, einen Zug in die nächste Stadt zu besteigen. Als der Zugschaffner Maharajji ohne Fahrkarte in einem Waggon erster Klasse entdeckte, zog er die Notbremse, und der Zug kam zum Stillstand. Nach einem Wortwechsel wurde Maharajji unsanft aus dem Zug entfernt. Das war in der Nähe des Dorfes Neeb Karori, in dem Maharajji gelebt hatte.

Maharajji setzte sich in den Schatten eines Baumes, während der Schaffner mit einer Pfeife das Signal zur Weiterfahrt gab und der Lokführer das Dampfventil öffnete. Aber der Zug bewegte sich nicht. Man versuchte alles mögliche, um den Zug in Bewegung zu setzen. Eine zweite Lokomotive wurde herbeigeholt, die den Zug weiterschieben sollte, aber auch das hatte keinen Erfolg. Ein Magistratsbeamter aus dieser Gegend, der nur einen Arm hatte und Maharajji kannte, schlug vor, man solle den jungen Sadhu in den Zug zurückbitten. Erst waren die Beamten über solchen Aberglauben entrüstet; aber als sich der Zug nach vielen vergeblichen Anstrengungen noch immer nicht von der Stelle rührte, waren sie zu einem Versuch bereit. Eine große Schar von Passagieren und Bahnbeamten näherte sich Maharajji. Man bot ihm Nahrung und Süßigkeiten an und bat ihn höflich, den Zug wieder zu besteigen. Er war unter zwei Bedingungen einverstanden: Erstens mußten die Beamten versprechen, daß man für das Dorf Neeb Karori einen Bahnhof bauen werde (seinerzeit mußten die Dorfbewohner viele Kilometer bis zum nächsten Bahnhof laufen), und zweitens mußte die Bahn künftig Sadhus besser behandeln. Die Beamten versicherten, das in ihrer Macht stehende zu tun, und Maharajji bestieg endlich den Zug. Dann bat man Maharajji, den Zug in Bewegung zu setzen. Er wurde sehr ärgerlich und sagte: „Was, ist es meine Sache, Züge in Bewegung zu setzen?" Der Lokführer ließ den Zug anfahren, fuhr ein paar Meter, stoppte wieder und sagte: „Ich fahre nur weiter, wenn der Sadhu es mir befiehlt." Maharajji sagte: „Laßt ihn fahren." Und der Zug fuhr weiter.

Maharajji erzählte, daß die Beamten Wort hielten und daß bald darauf bei Neeb Karori ein Bahnhof eingerichtet wurde; auch brachte man Sadhus jetzt mehr Respekt entgegen.

Wenn Maharajji Allahabad verließ, um nach Vrindaban zu fahren, gab es immer eine große Prozession – manchmal waren es nicht weniger als achtzehn Rikschas voller Menschen, die zum Bahnhof fuhren! Einmal stellten wir uns alle in einer Reihe auf, und die Prozession setzte sich in Bewegung. Ich wies die Fahrer an, den kürzesten Weg zu nehmen, aber Maharajji legte Einspruch ein und bestand auf dem längeren Weg. Viele Devotees hatten sich an dieser Route versammelt, und jeder *hoffte, von Maharajji's Abreise noch einen Schimmer seines Darshans zu erhaschen. Diese letzten Darshans hielten Maharajji auf, und Siddhi Ma und die anderen Ma's, die ihn begleiten sollten, saßen schon alle im Zug.*

Ich kümmerte mich damals gern um die Reservierungen und ähnliche Dinge, und so war ich damit beschäftigt, die Ma's auf ihre Sitze zu verteilen und für ihr Wohlbefinden zu sorgen. Maharajji stand noch vor dem Bahnhof bei den Devotees, als der Lokomotivführer und der Schaffner bereits das Abfahrtssignal gaben. Ich dachte: „Oh mein Gott. Was soll ich machen? Ich werde hier bei den Ma's bleiben, sie können ja nicht alleine losfahren." Der Lokführer mühte sich jedoch volle vier Minuten ab, den Zug abfahren zu lassen – aber er bewegte sich nicht von der Stelle. Langsam schlenderte Maharajji mit seinen Devotees auf den Bahnsteig. Als er in den Zug einstieg, rief er mir in Englisch zu: „Steig aus!" Sobald Maharajji seinen Platz eingenommen hatte, fuhr der Zug los.

Einmal trug mir Maharajji auf, noch für denselben Tag zwei klimatisierte Erste-Klasse-Plätze in einem Zug reservieren zu lassen. Die Bahnangestellten sagten mir alle, daß der Zug von Kalkutta bis Kalka (von der Ost- bis zur Westküste Indiens) bis auf den letzten Platz ausgebucht sei. Um trotzdem etwas in der Hand zu haben, kaufte ich zwei normale Fahrkarten. Ich war sicher, damit unsere Zeit zu vergeuden, denn wir mußten sie bestimmt wieder einlösen. Maharajji kam auf den Bahnhof, spazierte langsam den Bahnsteig entlang und blieb an einer Stelle wie angewurzelt stehen. Als der Zug einfuhr, kam direkt vor Maharajji ein Erste-Klasse Waggon mit Klimaanlage zum Stehen. Ich hatte beobachtet, wie er sich gerade diese Stelle ausgesucht hatte und fragte deshalb den Zugschaffner, der dort zufällig stand, ob es in diesem Waggon noch zwei freie Kojen gäbe, und er sagte: „Was? Sind Sie verrückt? Der Zug ist von Kalkutta bis Kalka ausgebucht!"

In diesem Augenblick verlor ich meine Zuversicht und sah zu Maharajji hin. Er erhob nur einen Finger und sagte leise: „Zugbegleiter."

Also ging ich hinüber zum Zugbegleiter und fragte wieder nach zwei Kojen, und er sagte: „Ja, ja, da ist Platz für Sie. Wissen Sie, eine Gesellschaft hatte bis Kalka reserviert und mußte dann wegen unerwarteter Geschäfte in Mogul Serai aussteigen. Zwei Kojen in diesem Wagen sind frei." Es war der Waggon direkt vor Maharajji.

Eines Tages war Maharajji mit seinem Fahrer unterwegs von Bareilly nach Kainchi. Sie kamen in Kainchi an und trafen kurz darauf mit anderen Reisenden zusammen, die zu ihnen sagten: „Auf diesem Weg könnt ihr ja gar nicht gekommen sein. Die Straße ist schon seit vier Tagen weggespült und für alle Fahrzeuge unpassierbar, auch für Lastwagen." Es dauerte noch zwei Tage, bis diese Straße wieder befahren werden konnte.

Maharajji fuhr in einem Auto nach Kaschmir, als sich der Schalthebel zu lockern begann. Wir waren gerade in einem kleinen Dorf ohne Reparaturmöglichkeit, und der Fahrer hatte Bedenken, angesichts der bergigen Strecke weiterzufahren. Ein vermeintlicher Mechaniker wurde aufgetrieben, aber je länger er sich mit dem Schaltknüppel beschäftigte, desto mehr wackelte er, bis er sich endlich ganz löste. Ich fragte Maharajji, was zu tun sei, und er sagte, man müsse einen Lastwagen anhalten und sich von ihm abschleppen lassen. Aber alle Lastwagen, die vorbeikamen, fuhren in die entgegengesetzte Richtung. Ich berichtete dies Maharajji, und er erwiderte: „Oh, diese Brahmins sind so knauserig, daß sie nie ihr Geld dafür hergeben würden, einen Lastwagen zum Abschleppen zu mieten." (Ich hatte tausend Rupies dabei, die dazu ausgereicht hätten.) Schließlich erwischte ich einen Bus, der den Wagen abschleppen wollte. Ich kaufte ein Seil, und wir setzten uns gerade in Bewegung, als uns ein anderer Bus entgegenkam, dessen Fahrer uns warnte, daß weiter vorne eine Bus-Kontrollstelle käme und der Bus uns besser nicht abschleppen solle. Es war inzwischen dunkel geworden, und es gab keine Herbergen, so ging ich zu Maharajji und sagte: „Wir können wählen: Entweder wir bleiben die ganze Nacht ohne Decken im Wagen, oder wir lassen uns von einem Lastwagen zurückschleppen, oder wir fahren weiter (diese letzte Möglichkeit lief darauf hinaus, daß wir von Maharajji's Kräften abhängen würden, da ja der Schaltknüppel nicht mehr vorhanden war)."

Maharajji sagte: „Laßt uns weiterfahren."

Den ganzen Weg nach Srinagar mußten wir nicht ein einziges Mal anhalten oder schalten, und wir verbrauchten noch nicht einmal Benzin. Unter normalen Umständen wäre das natürlich undenkbar gewesen.

Auf dem Mela erzählte Maharajji den Leuten immer, daß der Ganges nicht wirklich aus Wasser bestehe, sondern aus Milch. Eines Tages befand sich Maharajji mit einigen Leuten in einem Boot auf dem Fluß, und die Devotees waren begierig darauf, die Wahrheit von Maharajji's Worten zu ergründen. Sie sagten aber nichts. Maharajji ließ sie einen lota (Wassertopf) mit Gangeswasser füllen und zudecken. Als er ihnen dann den Inhalt in Gläser füllte, war es die süßeste Milch. Da andere Devotees auf dem Camp am Ufer zurückgeblieben waren, wollte einer der Leute auf dem Boot ihnen etwas Milch aufheben, aber Maharajji ergriff das Glas des Devotees und warf es ärgerlich in den Ganges.

Maharajji festigte einmal den Glauben eines indischen Sadhus, der ebenfalls Ram Das hieß, indem er seine Kräfte vor ihm demonstrierte. Maharajji sagte: „Schau her,

Ram Das, ich verschwinde, siehst du?" Er nahm einen kleinen Stein und stieß ihn gegen seinen Körper. Ram Das konnte Maharajji nicht mehr sehen. Dann sagte Maharajji: „Jetzt sieh her. Ich erscheine wieder", und Ram Das konnte ihn wieder vor sich erblicken. Maharajji wiederholte dies drei oder vier Mal.

Einmal war eine Gesellschaft von fünfzig oder sechzig Kongress-Politikern unterwegs zu Maharajji, der sich in Hanuman Ghar aufhielt. Man konnte von dort aus einen großen Teil der Straße überblicken, so daß Maharajji sie kommen sah. Er stand plötzlich auf und ging in Begleitung eines indischen Sadhus, Ram Das, den Hügel hinunter in einen kleinen Devi-Tempel. Als die Gesellschaft eingetroffen war, erkundigte man sich nach Maharajji. Man schickte sie den Pfad hinunter. Maharajji und Ram Das hatten sich vor den Tempel gesetzt. Dorthin kamen auch die Kongressmitglieder, aber obwohl sie auf freiem Gelände nur etwa zwei Meter von Maharajji und Ram Das entfernt waren, konnten sie keinen von beiden sehen. Die Leute standen praktisch direkt vor ihnen und fragten sich: „Wo ist Neem Karoli Baba?" Maharajji hatte sich und Ram Das unsichtbar gemacht.

Nun war es Ram Das gewohnt Haschisch zu rauchen, und er war auch von dem Husten nicht verschont, das normalerweise damit verbunden ist. Er konnte den Hustenreiz kaum unterdrücken, fürchtete aber durch sein Husten seine und Maharajji's Anwesenheit zu verraten. Maharajji sagte: „Das macht nichts. Huste soviel du willst", und so verschaffte sich Ram Das hörbar Erleichterung. Aber die Kongressmitglieder hörten weder das Sprechen noch Ram Das' Husten. Sie gaben ihre Suche auf und kehrten um, und erst dann erschien Maharajji wieder.

Auf einer Reise wurde ein Pferd störrisch und brachte seine beiden Reiter in Gefahr. Maharajji näherte sich dem Pferd und sagte zu ihm: „Hör mal, Bruder. Laß sie jetzt absteigen. Laß sie herunter. Verstehst du?" Das Pferd beruhigte sich sofort. Die Devotees stiegen ab und setzten die Reise zu Fuß fort.

Als ein Oberst der Armee sich dem Tor eines Militärlagers näherte, erblickte er Maharajji, der direkt vor dem Tor auf dem Boden lag. Er befahl ihm aufzustehen, aber Maharajji erwiderte, daß es Gottes Grund und Boden sei und daß er dem CID (Central Intelligence Department) angehöre. Der Oberst war empört und wies die Wachen an, Maharajji fortzuschaffen und in das Behelfsgefängnis des Lagers zu sperren. Einige Stunden später kam der Oberst wieder an das Tor. Wieder lag Maharajji dort. Der Oberst schrie die Wachen an, daß sie die Ausführung seiner

Befehle versäumt hätten, aber sie versicherten ihm, daß sie nach seinen Anweisungen gehandelt hatten. Eine Überprüfung des Gefängnisses ergab, daß Maharajji sich noch immer darin befand. Danach wurde der Oberst ein Devotee.

Maharajji verbrachte auf dem Weg nach Badrinath mit einigen Devotees die Nacht in einer Dharmasalla. Er schickte alle aus dem Zimmer und verbat ihnen, während der Nacht hereinzukommen. Sie hatten eine große Kobra auf Maharajji's Bett gesehen. Am nächsten Morgen kam Maharajji mit der Kobra heraus und verscheuchte sie. Einige Zeit später sagte man in Kainchi zu Maharajji, daß sich eine Kobra im Ashram befände. Er zeterte los und schrie: „Kobra ist hier, Kobra ist hier!"

Ein Devotee bemerkte: „Was soll das? Warum jetzt so viel Aufhebens um diese Kobra? Was war denn, als du die ganze Nacht mit der Kobra verbracht hast? Jetzt machst du so ein Theater!"

„Du Bösewicht! Geh weg!" erwiderte Maharajji.

Maharajji war in Benares mit dem Polizeichef zusammen, einem Devotee. Sie wollten hinüber zu einem Sadhu-Camp, das sich auf einer Insel inmitten des Ganges befand, und der Polizeichef sagte: „Wir werden ein Boot nehmen." (In Benares ist der Ganges über eine Meile breit.)

Aber Maharajji entgegnete: „Nein, wir werden im Wasser gehen."

Der Polizeichef konnte nicht schwimmen und protestierte: „Maharajji, das Wasser wird uns bis über die Köpfe reichen!"

Maharajji erwiderte: „Leg' einfach deine Hand auf meine Schulter." So wateten sie in den Fluß hinein, und ehe sich's der Polizeichef versah,standen sie beide auf der Insel. Auf dieselbe Weise kehrten sie auch wieder zurück.

Am dritten oder vierten Tag nachdem uns Maharajji zu Hause besucht hatte, hörte meine Frau aus der Nähe seines Bildes die Worte: „Stell' mir in der Nacht ein wenig Wasser hin." Eines Abends vergaß sie das Wasser, wachte dann aber sehr durstig auf, erinnerte sich und stellte das Wasser vor das Bild. Am Morgen war das Glas, das sie zugedeckt hatte, fast leer.

Eine Gruppe wollte nach Vasudhara (in der Nähe von Badrinath) fahren, wo der Ganges entspringt, aber eine Ma war krank, und man wollte sie nicht mitnehmen.

Als alle aufgebrochen waren, beklagte die Ma ihr Mißgeschick, und Maharajji kam zu ihr und sagte: „Du möchtest Vasudhara sehen." Er berührte ihre Hand und sagte: „Geh' jetzt hinaus auf die Veranda." Sie ging hinaus, und was sie dort sah, war Vasudhara. Sie war in Ekstase. Später stellte sich heraus, daß die anderen Vasudhara wegen einer Straßensperre gar nicht hatten erreichen können. Als sie zurückkehrten, erzählte die Ma, daß sie dort gewesen war, aber natürlich glaubte man ihr nicht. Sie gab eine ganz detaillierte Beschreibung, und ein alter Führer, der den Ort kannte, bestätigte ihre Schilderung.

Der pujari (Priester) in Kanpur schickte Maharajji die Nachricht, daß die neue Murti, die noch nicht geweiht war, beschädigt sei. Maharajji machte sich mit einigen von uns sofort auf den Weg nach Kanpur, und wir fuhren die ganze Nacht hindurch. Ich hatte das Gefühl, daß Maharajji uns mit dieser Anstrengung die Disziplin lehren wollte, mit der man etwas bis zum Ende durchführen muß: Es durfte keinen Schlaf geben, bis Ram's Arbeit getan war. Aber ich versuchte Maharajji zu bremsen, indem ich das Sprichwort zitierte: „Reise nicht in der Nacht und sei nicht untätig auf des Tages Höhe."

Maharajji erwiderte: „Man kann nicht einen einzigen Grundsatz auf jede Situation anwenden."

Als wir ankamen, stellten wir fest, daß der Schaden an der Murti verschwunden war. Dann erzählte uns Maharajji eine Geschichte über den Heiligen Ramakrishna, in der die Durga-*(ein Aspekt der göttlichen Mutter) Murti zerbrochen war. Ramakrishna sang und führte Puja von ihr aus, und bald war alles wieder zusammengefügt.*

Ein Mann bemühte sich vergeblich, auf seinem Land einen Brunnen zu graben und schickte schließlich seinen Sohn zu Maharajji, der ihn um Hilfe bitten sollte. Maharajji kam auf den Hof, urinierte, ging wieder und sagte: „Sag' deinem Vater, er soll es noch einmal versuchen." Man stieß tatsächlich auf Wasser, und der Brunnen fließt noch heute.

Bei einem Mela wurde eine Brücke durch eine Überschwemmung zerstört, und jedes Mal, wenn man sie wieder aufrichten wollte, brach sie in sich zusammen. Der Organisator des Mela kam zu Maharajji und bat ihn um Hilfe, und Maharajji sagte, daß er die Brücke segnen wolle; aber der Mann bestand darauf, daß Maharajji selbst zur Brücke kommen sollte. Maharajji stand eine Weile dort, und die Wasserfluten begannen abzunehmen. Bald hatte man die Brücke wieder aufgebaut, und es wurde eines der friedlichsten Melas überhaupt.

Oft schenkten die Leute Maharajji Decken. Einmal, als er sich ganz in eine Decke eingehüllt hatte, wurde sie plötzlich viel kleiner, und er sagte: „Warum gebt ihr mir Decken, die zu klein sind?"

Maharajji saß mit einem Devotee während einer Bahnreise in einem Erste-Klasse-Abteil. Der Devotee glaubte, daß die Fahrkarten bis zur Ankunft des Schaffners in Maharajji's Händen sicherer seien und gab sie ihm. Maharajji sah sie an und sagte: „Was soll ich damit?" und warf sie aus dem Fenster des fahrenden Zuges. Der Devotee war entsetzt, sagte aber nichts. Während Maharajji die Unterhaltung fortsetzte, dachte der Devotee beklommen an die Fahrkarten und den Schaffner. Dieser klopfte schließlich an die Abteiltür und bat um die Fahrkarten. Der Devotee zögerte einen Moment und sagte dann zu Maharajji, daß der Schaffner die Fahrkarten sehen wolle. Maharajji reichte aus dem Fenster und händigte dem Devotee die Fahrkarten aus. Er lachte und sagte: „War es das, worum du dir so viele Sorgen gemacht hast?"

1958 arbeitete ich an der Spitze der Bewegung „Menschen ohne Land". Man verhaftete mich und stellte mich in vier Punkten unter Anklage: (1) Anstiftung zum Aufruhr, (2) unerlaubtes Betreten fremden Eigentums, (3) Mordversuch und (4) Widerstand gegen die Staatsgewalt. Maharajji versicherte mir, daß ich unbesorgt sein könne und daß sich alles zum Guten wenden würde; aber 1964 wurde ich für schuldig erklärt und zu vier Jahren Gefängnis verurteilt. Ich legte sofort Einspruch gegen das Urteil ein.

Ich machte mir keine Sorgen, aber meine Verwandten waren ziemlich bestürzt und drängten mich, den Fall noch einmal mit Maharajji zu besprechen. Maharajji versicherte mir erneut, daß alles in Ordnung sei, und fügte hinzu, daß das Urteil nach dem Amtsantritt eines bestimmten Richters, dessen Namen er mir nannte, aufgehoben werden würde. Der amtierende Richter wurde tatsächlich bald versetzt, aber sein Nachfolger war noch nicht derjenige, den Maharajji angekündigt hatte. Der Fall wurde verhandelt und sollte am Abend eines bestimmten Tages zur Entscheidung gelangen. Ich dachte: „Wie kann das sein?" Es war ein kalter, regnerischer Tag, die Sonne war untergegangen, und einige Stunden der Verhandlung standen noch aus, so vertagte der Richter den Fall auf den folgenden Tag. An diesem Tage nun war ein sehr wichtiges Schriftstück aus unerklärlichen Gründen spurlos verschwunden, so daß der Fall nicht entschieden werden konnte. Das Gericht verfügte einen weiteren Aufschub bis zur Rekonstruktion dieses Schrift-

stücks, und diese Rekonstruktion zog sich über drei Jahre hin. Nun war es 1968, und jetzt trat der von Maharajji bezeichnete Richter in das Amt ein. Unter ihm wurde der Fall eingestellt.

Ich besuchte einen Heiligen im Süden Indiens, der durch das Manifestieren von Gegenständen bekannt war. Als ich mich zur Abreise fertigmachte, sagte er zu mir: „Willst du etwas haben, Ram Dass?"

„Nein, Babaji, ich will nichts."

„Hier", meinte er, streckte seine Hand mit nach oben gerichteter Handfläche aus und versetzte sie in eine langsam kreisende Bewegung. Ich saß ihm dabei zu Füßen, so daß ich seine Hand dicht vor Augen hatte, und lauerte wie ein Habicht auf den geringsten Trick, darauf bedacht, nicht zu blinzeln. Aber zu meinem großen Erstaunen bildete sich auf seiner Hand ein bläuliches Licht, das sich in ein Medaillon verwandelte. Der ganze Vorgang verwirrte mich: Warum machte er das?

Später erfuhr ich, was Maharajji von solchen Wundern sagte: „Es gibt jene siddhis (Kräfte), aber man sollte sie nicht oft gebrauchen. Sie reduzieren das Spirituelle zur Magie." Und von diesen Heiligen sagte er: „Laßt sie spielen. Manche Heilige des Südens sind sehr auf Wunder aus." (R.D.)

Einmal, es war vor dem Guru Purnima-Tag (ein Tag, an dem der Guru geehrt wird), fütterte uns Maharajji in Vrindaban mit eigener Hand. Alle erhielten nacheinander einen Pera. Ich versuchte, auch ihm einen zu geben. Er aß natürlich keinen Zucker, aber ich gab nicht nach, denn schließlich war auch das Prasad. „Du mußt ihn essen, bitte iß ihn." Also tat er so, als würde er ihn essen.

Aber Naima ertappte ihn: „Du hast ihn gar nicht gegessen, Maharajji." Er sah schuldbewußt drein, als wollte er sagen: „Oh, ihr habt es gemerkt?" Der Pera lag in seiner Hand, und er ließ ihn darin verschwinden. Nun entstand wieder dieses herrliche Spiel, bei dem er ganz der Zauberer war: „In welcher Hand ist er? Ha! Falsch geraten, er ist in dieser Hand." Ich glaube, daß er für dieses Spiel seine Kräfte überhaupt nicht gebrauchte. Er ließ den Pera wirklich in seiner Hand verschwinden, versteckte ihn in seiner Decke und wandte seine Fingerfertigkeit an – all die Tricks, die jeder Zauberer kennt. Aber er sagte: „Seht her! Schaut! Ich bin wie Sai Baba. Ich kann ihn erscheinen lassen – ich kann ihn verschwinden lassen. Ich kann alles. Zauberei! Es ist Zauberei!"

Wir fuhren mit Maharajji in einem Auto durch Bombay. Er dirigierte uns durch enge Straßen, bis wir schließlich vor einem Haus hielten. Eine Ma kam herausgerannt und berührte Maharajji's Füße. Schon vorher hatte mich einer meiner Kollegen gedrängt, Maharajji nach den Satya Sai Baba-Wundern zu fragen, und Maharajji hatte diese Frage nicht beachtet. Nun, nachdem wir uns einige Zeit in diesem Haus befanden, sagte Maharajji: „Mutter, sie glauben, daß das Manifestieren von Gegenständen etwas Großartiges ist. Gib uns ein paar Murtis." Und da lagen plötzlich diese kleinen Murtis von Krishna in ihrer Hand. Siddhi Ma wickelte zwei von ihnen in ihren Sari, und als sie nach Hause kam und den Sari aufband, waren es drei.

Von den Wunder-Babas sagte Maharajji: „Wozu ist das alles gut? Das ist doch nur Torheit." Er konnte Wunder tun, aber das größte Wunder war, daß er das Herz und den Geist eines Menschen zu Gott hinwenden konnte, wie er es bei mir getan hat.

ICH HABE KEINE KRÄFTE. ICH WEISS NICHTS.

Maharajji war wirklich der größte Heilige. Alle denkbare yogische Einfachheit prägte sein Leben. Es gibt in Indien hochbetagte Heilige, die den Menschen fast nie Darshan geben. Keiner außer den wenigen, denen sie freundlich gesinnt sind, kann sie finden. Manchmal nehmen sie die Form eines Tigers oder eines Affen oder eines Bettlers an. Du kannst ihr Darshan nur erhalten, wenn sie es dir geben wollen, sonst nicht. Die wahren Devotees Gottes gehen nie in orange, tragen keine Malas (Gebetsperlen) und umgeben sich auch nicht mit dem Duft von Sandelholz. Du kannst sie nur insoweit erkennen als sie es zulassen.

WAS SOLL ICH TUN, MA? DA IST KEIN AUGE, DAS MIR FOLGEN KANN, NIEMAND KENNT MICH, NIEMAND VERSTEHT MICH. WAS SOLL ICH TUN?

(VIER TAGE BEVOR ER SEINEN KÖRPER VERLIESS)

UND DANN GAB ES unter denjenigen, die schon seit langer Zeit Maharajji's Gefährten waren, viele Devotees, die überhaupt keine Mutmaßungen über Maharajji's Identität anstellten.

Du kannst nicht versuchen Maharajji zu verstehen. Du kannst ihn nur anziehen, wie du ein paar Schuhe oder ein Kleidungsstück anziehst, und ihn dann spüren.

Ich fragte einen Devotee: „War deine Frau nicht überrascht, als du nicht anhieltest, um mit ihr zu sprechen?"

„Nein, überhaupt nicht. Wenn wir bei Maharajji sind, denken wir nie rational über etwas nach. Sie wußte ja, daß ich mit Maharajji zusammen war."

Es ist äußerst schwierig, ihn zu fassen zu kriegen.

Über solche Dinge weiß ich nichts. Ich weiß nur, daß er mein Baba ist.

OBWOHL WUNDER in Maharajji's Nähe etwas alltägliches waren, wurde doch während seiner Lebenszeit kaum von ihnen gesprochen Die Devotees wußten ganz genau, daß er es nicht mochte, wenn von diesen Dingen die Rede war. Wenn ein paar Devotees zusammensaßen und über seine Wunder debattierten, rief er sie zu sich, schimpfte und sagte: „Ihr erzählt nur Lügen!"

Maharajji sagte, daß es Gottes Liebe sei, die alles umfasse, und daß er selbst überhaupt nichts täte, und wenn man über ihn schreiben würde, würden Millionen Menschen kommen und ihn belästigen, von nichts weiter angezogen als von dem Gerede über Wunder.

1963 sammelte ein Mann Geschichten über Maharajji. Maharajji sagte: „Willst du mir Schande machen? Verbrenne sie!" Er verbrannte sie.

Ein anderer Devotee schrieb einen Artikel, und Maharajji zerriß das Manuskript.

Jemand fragte Maharajji, ob er ein paar Fotos von ihm machen dürfe. Maharajji sagte „Nein" und drückte seine Mißbilligung aus. Der Mann redete auf Maharajji ein, bis er endlich seinen Widerstand aufgab. Der Mann machte drei oder vier Aufnahmen. Als der Film entwickelt war, waren diese drei oder vier Negative völlig unbelichtet.

Wenn du zufällig gesehen hattest, wie er ein Wunder tat – z.B. wenn er Puris er-

zeugte – dann wies er dich an, niemandem davon zu erzählen. „Ich sage dir, daß es dir schaden würde. Erzähle es niemandem."

Einmal ging dem Wagen, in dem Maharajji unterwegs war, das Benzin aus, und es gab im ganzen Umkreis keine Möglichkeit zum Tanken. Maharajji ließ den Fahrer Wasser in den Tank füllen und weiterfahren. Dann warnte er den Fahrer ausdrücklich, diesen Vorfall für sich zu behalten, solange Maharajji am Leben sei. Maharajji sagte, daß er sich Lepra zuziehen würde, wenn er es erzählte! Erst drei Jahre nachdem Maharajji seinen Körper verlassen hatte, erzählte der Mann die Geschichte zum ersten Mal.

DU SOLLTEST NICHT ÜBER DEINEN REICHTUM, DEINE FRAU ODER DEIN SADHANA SPRECHEN, DU WÜRDEST SIE SONST VERLIEREN.

MAHARAJJI'S STRATEGIE funktionierte offensichtlich, denn es kannten ihn nur die, die er dazu bestimmt hatte; die breite Bevölkerung aber wußte nichts von ihm. Die *Illustrated Weekly of India* brachte zum Beispiel eine Ausgabe heraus, die sich nur mit den indischen Heiligen aus Vergangenheit und Gegenwart beschäftigte. Hunderte waren aufgeführt, aber Maharajji war in der gesamten Ausgabe nicht ein einziges Mal erwähnt. Vielleicht war gerade dies das größte Zeichen seiner Macht.

Als die ersten Westler zu Maharajji kamen, wandelte er sich. Er erlaubte jetzt das Fotografieren und gab sogar seinen Segen für ein Buch, *Sei Jetzt Hier*, durch welches Millionen von Suchenden in der westlichen Welt von Maharajji und seinen Fähigkeiten erfuhren. Weshalb er sich wandelte, ist nicht bekannt. Vielleicht bereitete er sein Vermächtnis vor.

Allem Anschein nach übertrug Maharajji keine seiner Kräfte, die er offenbarte, auf seine Devotees. Vielleicht war er ähnlicher Ansicht wie Shirdi Sai Baba, welcher sagte: „Ich gebe ihnen keine Kräfte, denn ich will nicht, daß sie ihren Weg verlieren." Anstelle irgendwelcher Siddhis oder yogischen Kräfte schenkte uns Maharajji grundlegendere Dinge: Glauben, Herzen voller Liebe und ein Anerkennen der Realität des Göttlichen. Gleichzeitig wußte er, daß manche Devotees ein Verlangen nach diesen Kräften hatten, und es machte ihm Vergnügen, mit diesen Leuten zu spielen.

1967 fragte mich Maharajji: „Möchtest du fliegen?" Ich hatte damals einen Pilotenschein, und obwohl ich wußte, daß es nicht das war, was er meinte, sagte ich etwas spaßhaft: „Ich kann bereits fliegen, Maharajji."

Maharajji ignorierte meine Erwiderung und sagte: „Du willst fliegen. Du wirst auch fliegen."

Es dauerte noch über vier Jahre, bis ich 1972 während der Arbeit mit einem Mantra unter der Führung eines Swami die Erfahrung astralen Fliegens machte. (R.D.)

1967 sagte er unter anderem als erstes zu mir: ..Du kennst Gandhi?"

„Ich habe von ihm gehört, Maharajji."

„Du solltest so sein wie er."

Allein mit dieser Bemerkung löste er in mir eine Serie von pharisäischen Macht-Phantasien aus, die sich über Jahre hinweg fortsetzten. Erst sehr viel später erreichte ich den Punkt, an dem Gandhi unter dem Blickwinkel des Mitempfindens eine größere Bedeutung für mich gewann als unter dem der Macht. Maharajji's Äußerung bescherte mir viel Arbeit an mir selbst.

Um noch etwas mehr Öl in das Feuer dieser meiner Verlangen zu gießen, fragte Maharajji eines Tages: „Hast du im Haus der Nixon's Tee getrunken?" Ich war verdutzt, denn die Frage war ohne Zusammenhang. Dann erinnerte ich mich aber an einen Engländer, der sich vor vielen Jahren in Almora angesiedelt hatte und unter dem Namen Krishna Prem bekannt war. Er wurde von vielen Indern als Heiliger angesehen und trug ursprünglich den Namen Nixon. Ich fragte Maharajji, ob sich seine Frage auf diesen Nixon bezog.

„Nein, der mit dem großen weißen Haus in Amerika. Der mit dem Haus, das größer ist als Muktananda's."

Da konnte es kein Mißverständnis geben – er meinte den Präsidenten. „Nein, bei dem habe ich nie Tee getrunken."

In dem Gedanken, daß es sich vielleicht um eine Verwechslung der Generationen handeln könne, fügte ich hilfsbereit hinzu: „Aber mein Vater hat es getan."

„Warst du nicht in Mr. Nixon's Haus, und er reichte dir Tee und war sehr nett zu dir?"

„Nein."

„Oh." Weiter nichts. Nur wieder mal eine kleine Andeutung, daß ich in den Hallen der weltlichen Macht vielleicht einmal eine Rolle spielen würde.

An einem anderen Tag sprach er dann erneut über die Präsidentschaft. Diesmal sagte er: „Weißt du, Lincoln war ein sehr guter Präsident."

„Ja?"

„Ja. Er war ein guter Präsident, weil er wußte, daß Christus der wirkliche Präsident ist. Er war nur der stellvertretende Präsident."

„Oh."

„Ja, er war sehr gut. Er half den Armen und Notleidenden. Er vergaß Christus nie."

„Ah!"

Dann fragte er: „Hast du Lincoln gekannt?" Einen Moment herrschte verlegenes Schweigen, da jeder der Anwesenden von dieser „Unmöglichkeit" wußte. Dann erklärte Dada Maharajji, daß dies gar nicht möglich gewesen wäre, da Lincoln 1865 gestorben sei. Er erklärte es ihm wie einem Kind. Aber wir wußten alle, daß Maharajji niemals etwas Unnützes sagte. (R.D.)

राम

Das Oberhaupt der Staatspolizei von Uttar Pradesh, des größten Staates Indiens, war zum Darshan gekommen, saß zu Maharajji's Füßen und rieb mit sichtlicher Hingabe seine Beine. Ich wurde dazugerufen, und Maharajji stellte mich ihm vor. Dann fragte er mich, ob die Polizei in Amerika so gut sei wie die Polizei in Indien. Beim Anblick dieses mit dem Massieren von Maharajji's Beinen beschäftigten Polizeichefs mußte ich über diesen Vergleich lachen. Ich sagte, daß die Polizei in Amerika große Macht ausübe und oft vergesse, daß sie ein Diener der Menschen sei. Und ich fügte hinzu, daß es bei dem Polizeichef irgendeines Staates undenkbar sei, daß er vor einem heiligen Manne kniet und dessen Füße reibt. Maharajji stellte mich dem Polizisten vor und sagte: „Das ist Ram Dass. Er wird die Polizei Amerikas zu Gott bringen." Ich mußte lachen. Jetzt schrieb er mir spätere Fähigkeiten zu, vor denen sogar meine Phantasien verblaßten.

Etwa in jener Zeit begann Maharajji auch damit, mich Samarth Guru Ram Das zu nennen. Vorher hatte er mir alle paar Wochen einen neuen Namen gegeben (z.B. „Isha", Jesus oder Kabir). Sobald ein neuer Name erschien, stellte ich, wenn auch nur oberflächlich, Erkundigungen über die Eigenschaften der Person an, deren Namensvetter ich geworden war, und schlüpfte probeweise in diese Identitäten hinein. Über Jesus wußte ich schon Bescheid. Kabir, ein großer Heiliger, war ein sehr armer Weber, der die Einheit aller Religionen predigte und durch seine freimütigen Glaubensbekenntnisse große Berühmtheit erlangte. Seine Poesie genoß in meinem Herzen bereits große Verehrung. Es schien anfangs, daß sich der Name Samarth Guru Ram Das auf den Sikh Guru Ram Das beziehen müsse; dann aber fand ich ein Buch, in dem von einem Samarth Guru Ram Das die Rede war, der um 1600 lebte und der Guru König Sivajji's war. Er errichtete viele Hanuman-Tempel. Samarth bedeutet „all-mächtig", und es gibt viele Geschichten über seine wunderbaren Kräfte. Er lebte in einer Lehmhütte gleich neben dem Königspalast. Der König wurde hoch geachtet, weil er für seine Untertanen sorgte und die Armen großzügig speiste. Aber anscheinend kam es zuweilen vor, daß sein Ego doch bei ihm die Überhand nahm. Dann konnte es zum Beispiel geschehen, daß der Guru einen Felsen spaltete, aus dem viele winzige Käfer hervorkrochen, und den König fragte, wer denn diese Käfer ernähren würde. Die Erkenntnis der Trivialität seiner eigenen Bestrebungen ließ den König dann wieder demütig werden.

Ich mochte diesen Namen, und obgleich ich all die Kräfte besitzen wollte, auf die Maharajji anzuspielen schien, wußte ich doch, daß ich mich tatsächlich in ihnen ver-

lieren würde, wenn er sie mir gäbe. Hin und wieder verhalf mir Maharajji indessen auch zu Erfahrungen, die mir, indem er mir erlaubte ihm zu helfen, zeigten, daß die wahren Kräfte hervorzuströmen beginnen, wenn man erkennt: „Ich vermag nichts; Gott macht alles."

Bei einer Gelegenheit sagte Maharajji zu mir: „Hari Dass ist in Amerika. Laß' ihn fünf Jahre dort bleiben."

Ich wußte, daß Hari Dass lediglich ein Dreimonatsvisum hatte und daß es nicht leicht war, ein Dauervisum zu bekommen – d.h. eingetragener ausländischer Bürger zu werden. So sagte ich zu Maharajji: „Das kann ich nicht. Ich habe in den Vereinigten Staaten keinerlei politischen Einfluß."

Aber Maharajji überhörte meine Antwort. Er wiederholte nur: „Laß' Hari Dass fünf Jahre in Amerika bleiben. Ich habe Bhagvan Das sieben Jahre lang hierbehalten." Ich mußte über diese Assoziation lachen. Da saß Maharajji, der alle nur denkbaren Kräfte besaß, und stellte diesen absurden Vergleich auf. Mein Einfluß auf die Regierung der Vereinigten Staaten war gleich null. Ich protestierte zum zweiten Mal. Aber er blieb unnachgiebig, und ich versprach, alles zu tun, was in meinen Kräften stand.

Wenige Tage vor dieser Unterhaltung besuchte mich in Nainital ein Amerikaner aus Los Angeles, dem ich nie zuvor begegnet war. Ich erklärte ihm, daß mein Guru in der Nähe sei, und nahm ihn mit zu Maharajji, der ihm den Namen Badrinath Das gab. Er war sehr angetan von Maharajji und von Herzen dankbar, daß ich das Treffen arrangiert hatte. An seinem letzten Tag in Nainital – einen Tag nachdem ich mich mit Maharajji über Hari Dass unterhalten hatte – dankte mir Badrinath Das noch einmal und fragte, ob er in den Staaten irgendetwas für mich tun könne. Ich fragte ihn: „Was denn zum Beispiel?" und er erzählte, daß er ein erfolgreicher Rechtsanwalt in Los Angeles sei. Ich konnte mich auf keinen Freund besinnen, der gerade in Schwierigkeiten war, dankte ihm aber für das Angebot. Dann hatte ich einen Einfall und fügte hinzu: „Meine ganze Familie besteht aus Rechtsanwälten, und die einzige legale Sache, die ich brauche, ist ein amerikanisches Dauervisum für Hari Dass Baba." Ich erklärte ihm, was Maharajji mir aufgetragen hatte.

Badrinath Das sagte: „Komisch, daß du gerade sowas brauchst. Mein Schwager ist zufällig Direktor der Einwanderungsbehörde der westlichen Staaten, und wir werden das mit einem Brief erledigen können." So kam es dann auch. Als Hari Dass bei der Einwanderungsbehörde vorsprach, war seine Akte mit speziellen VIP-Aufklebern versehen, und er erhielt sein Visum für ausländische Staatsangehörige ohne Schwierigkeiten.

Zweifellos hatte Maharajji gewußt, daß dies alles so kommen würde, aber anstatt es selbst mit Badrinath Das zu besprechen, hatte er mich dabei helfen lassen.

Doch während Maharajji einerseits mit meinen Gelüsten nach weltlicher Macht spielte, löschte er sie andererseits auf subtile Weise aus. Als ich eines Tages einmal mit Maharajji und KK zusammensaß, trafen viele CID-Leute ein, um Maharajji's Darshan zu empfangen. Sie gehörten zur Begleitung Indira Gandhi's, die sich gerade in der Nähe aufhielt. Nachdem sie wieder gegangen waren, sagte Maharajji: „Wozu ist das alles gut? Ein König kann nur seinen Untertanen Gehorsam gebieten, aber ein Heiliger kann Tieren und Raubtieren befehlen zu gehorchen, und sie würden ihm folgen."

Neben dieser Herabsetzung eines weltlichen Königs, den Geschichten über Samarth Guru Ram Das und seiner Äußerung, wen Lincoln als den wirklichen Präsidenten ansah, prägte mir Maharajji immer wieder ein, in welch engen Grenzen sich die weltliche Macht entfalten könne, die die meisten Menschen suchen. Seit jener Zeit haben diese Lehren unvermindert auf mich gewirkt. (R.D.)

UNTER DEN TAUSENDEN von Suchenden, die zu Maharajji's Füßen saßen, waren viele Männer und Frauen zu finden, die sowohl politische als auch wirtschaftliche Macht ausübten – wenngleich Maharajji auf weltliche Macht auch nicht das geringste gab. Manchmal ging Maharajji ihnen aus dem Weg, und manchmal schien er seinen Sinn zu ändern, indem er ihnen half oder ihnen Führung gab.

Maharajji war im Hause des Direktors des Zentralgefängnisses von Agra zu Gast, als er sich plötzlich erhob und das Haus verließ. Er sagte, daß ein reicher Einfuhrhändler käme, um ihn zu belästigen. Wenige Minuten später fuhr eine Limousine vor, und ein großer, mit Prasad beladener Mann näherte sich dem Haus.

Wenigstens zwei oder drei Mal versuchte Maharajji Gouverneuren, die ihn sehen wollten, aus dem Weg zu gehen. Aber einer der Gouverneure traf unangekündigt ein. Maharajji sagte: „Wenn er dermaßen versessen darauf ist, mich zu sehen, wie kann ich ihn da aufhalten?"

Maharajji kümmerte sich nur insoweit um Politik als es seinen Devotees Nutzen brachte. Er sagte: „Ja, du wirst Gouverneur" oder „Du wirst Vizepräsident von Indien" und so weiter.

Einmal kam die Frau des Vizepräsidenten Giri. Maharajji weigerte sich sie zu empfangen, obwohl er ihre Ankunft angekündigt hatte. „Gebt ihr Prasad", sagte er. Sie wurde vom Gouverneur und dessen Sohn begleitet, und die drei behelligten Maharajji, obwohl er ruhte. Als Maharajji mit ihnen sprach, fragte der Gouverneur, ob Giri für die Präsidentschaftswahlen kandidieren solle.

Später kam Giri selbst in Begleitung von vier Männern. Maharajji sprach eine Viertelstunde unter vier Augen mit ihm. Giri fuhr wieder nach Delhi und trat von seiner Kandidatur als Vizepräsident zurück. Nach dem Grund gefragt, sagte er: „Meine innere Stimme rät es mir." Dann beteiligte er sich am Wahlkampf um das Amt des indischen Präsidenten.

Bevor noch die Stimmen für die Präsidentschaftswahl ausgezählt waren, rief Maharajji aus: „Giri hat gewonnen." Und so war es auch.

राम

An Publizität war Maharajji nie gelegen, und er mied stets den Umgang mit Prominenten. Er hielt sich fern von Devotees, die Einfluß gewonnen hatten. Oft erzählte man mir: „Er hatte uns immer besucht, aber jetzt, wo er uns auf den Thron verholfen hat, hat er uns aufgegeben. Er wird nie mehr zu uns kommen. Ich wünschte, er hätte uns nicht geholfen. Dann könnten wir wenigstens sein Darshan bekommen."

राम

Indiens Premierminister Nehru machte auf seinem Flug nach Assam in Kalkutta Zwischenlandung. Auf dem Flughafen wurde eine Pressekonferenz abgehalten, an der Reporter wie auch Regierungsbeamte teilnahmen. Während Nehru sprach, stiegen Passagiere aus einer anderen Maschine, die soeben gelandet war. Wenige Minuten später bemerkte Nehru, daß die Zahl seiner Zuhörer sich verringert hatte und ein Teil der Leute zu jener Maschine hinübergegangen war. Nehru fragte seine Berater, deren engster ein alter Devotee Maharajji's war. Dieser sagte, daß Baba Neem Karoli in dem Flugzeug sei und die Leute zu ihm eilen würden, um sein Darshan zu erhalten. Nehru gab seinem Erstaunen Ausdruck und sagte: „Indien ist in der Tat glücklich zu schätzen, solange es einen Heiligen hat, der so groß ist, daß die Menschen ihrem Premierminister davonlaufen, um ihn zu sehen."

राम

Kurze Zeit nach dem Ausbruch des Krieges zwischen Indien und China im Jahre 1962 empfahlen die militärischen Befehlshaber dem indischen Premierminister Nehru die völlige Evakuierung Neu-Delhis, da eine chinesische Invasion zu erwarten sei. Verständlicherweise zögerte Nehru diese Entscheidung sehr lange hinaus. In der langen Geschichte Indiens war Delhi verschiedene Male angesichts einer militärischen Einnahme aufgegeben worden, und jedesmal kündigte dies die Niederlage des ganzen Landes an. Nehru's Generäle jedoch gaben ihm den Rat, den Evakuierungsbefehl binnen vierundzwanzig Stunden zu erlassen, um eine Katastrophe zu vermeiden. Er bat sogar seinen höchsten Minister, einen langjährigen Devotee Maharajji's, Maharajji aufzusuchen und ihn um Rat zu fragen. Der Minister meinte zu Nehru, daß er daran glaube, daß Maharajji alles wisse, und daß er kommen werde, wenn er sein Darshan geben wolle. Er sagte, daß Maharajji nie einen Hilferuf überhöre, wenn dieser ernst gemeint sei. Darüber hinaus war dem Devotee der gegenwärtige Aufenthaltsort Maharajji's unbekannt. Noch am selben Abend rief Maharajji an und sagte zu Nehru's Minister, seinem Devotee: „Sag' ihm, er soll sich keine Sorgen machen. Es wird gut ausgehen. Sie haben schon mit dem Rückzug begonnen." Am nächsten Morgen teilte der militärische Führungsstab Nehru mit, daß der Feind sich in der Nacht über die Bergpässe zurückgezogen habe und die Kämpfe abgeflaut seien.

Lange Zeit hatte Premierminister Nehru den Wunsch geäußert, Maharajji's Darshan zu erhalten, aber es war Maharajji stets gelungen, einer Begegnung aus dem Weg zu gehen. Eines Tages erschien ein enger Freund Nehru's, ein Devotee Maharajji's, um Maharajji zu einem Treffen mit Nehru zu bewegen. Maharajji sagte, daß er zum Sitz des Premierministers kommen werde, bestand aber darauf, daß es keinen Aufwand und keine Zeremonie geben dürfe.

In Nehru's letzten Lebenstagen sagte Maharajji immer: „Nehru ist ein guter Mensch. Er verehrt Gott in seinem Herzen. Er macht sich nicht wichtig damit."

Mujib's Bruder kam. Der Mann wußte nicht, ob sein Bruder Mujib noch am Leben war. Die meisten glaubten, er sei tot. Aber Maharajji sagte: „Sei unbesorgt. Dein Bruder wird zurückkommen, und er wird kommen wie ein König." Und so war es auch – an der Spitze der Abteilung aus Bangladesh kehrte er zurück.

Eines Tages kam ein gewöhnlicher Mann zu Maharajji und wollte nichts weiter als die Erfüllung eines Wunsches: Er wollte Minister sein. Maharajji sagte: „Gut, du wirst Minister werden. Nimm Prasad und geh." Viele Jahre später saß ich einmal allein mit Maharajji in seinem Raum in Kainchi. Stundenlang saßen wir dort, und er war in einem tiefen samadhi (spirituelle Trance)-Zustand, als er plötzlich den Namen eines Mannes ausrief. Eine Viertelstunde später fuhr ein beflaggter Wagen vor, in dem ein Minister saß. Ich sagte es Maharajji, der mir auftrug, dem Mann Prasad zu geben und ihn dann hereinzuführen.

Der Mann trat ein und sagte: „Maharajji, ich bin dir einmal begegnet. Du sagtest zu mir, daß ich ein Minister werden würde. Nun bin ich ein Minister geworden.

Das habe ich nur deiner Gnade zu verdanken. Vor meinem Amtsantritt wollte ich zu dir kommen, um den Staub von deinen Lotosfüßen zu wischen. Ich bin um deines Darshans willen gekommen. Danach will ich mein Amt antreten."

ES KAM NICHT oft vor, daß Maharajji überhaupt über Politik sprach. Normalerweise war er an den weltlichen Ereignissen kaum interessiert, wenn ihn nicht gerade die Devotees damit bestürmten. Oft schien er aus einer kosmischen Perspektive auf die Tagesprobleme zu blicken, und dann und wann amüsierten sie ihn auch.

Als Maharajji einmal mit einem westlichen Devotee sprach, erkundigte er sich danach, ob die Wissenschaftler den Plan hätten, ein Raketenschiff zum Mars zu entsenden. Als der Devotee dies bejahte, kam Maharajji aus dem Lachen nicht heraus.

Ein Politiker sagte über seine Arbeit zu Maharajji: „Wir tun sehr viel für die Menschen."
Maharajji erwiderte: „Wo ist eure grüne Revolution?", womit er auf die Dürre anspielte. „Ihr glaubt, daß ihr alles könnt. Ihr könnt nichts. Nur Gott wirkt."

Obwohl Maharajji der indischen Unabhängigkeitsbewegung Wohlwollen entgegenbrachte, sagte er: „Die Briten hatten ein gutes Herz."

Vor fünfundzwanzig Jahren saßen einige von uns mit Maharajji zusammen, und er sagte über die Teilung zwischen Indien und Pakistan: „Ihr werdet sehen, ein Teil Pakistans wird bei Indien bleiben."

1962, während des Krieges zwischen Indien und China, erzählte ich Maharajji: „Die chinesischen Truppen sind in Assam einmarschiert. Unsere Streitkräfte haben nur zugesehen. Wenn sie auch weiterhin nicht kämpfen, werden die Chinesen ins Flachland vordringen."
Maharajji sagte: „Nichts wird geschehen. Die Chinesen werden sich zurückziehen. Indien ist ein Land der rishis *(der Weisen) und der Selbstaufopferung. Der Kommunismus kann nicht eindringen."*

„Aber Maharajji", fuhr ich fort, „warum sind die chinesischen Truppen dann eingedrungen?"

„Nur um dich aufzuwecken", erwiderte er.

Man unterhielt sich über eine mögliche Machtübernahme durch die Kommunisten, und Maharajji sagte: „Nein! Nein, der Kommunismus kann nicht hierherkommen. Hier sind alle Menschen religiös gesinnt und ergeben. Der Kommunismus kommt nur in die Länder, in denen niemand an Gott glaubt. In Ländern, wo es Religion gibt und wo man nach ihr lebt, kann sich der Kommunismus nicht ausbreiten."

INDIEN IST EIN GOLDENER VOGEL.
ES IST EIN LAND DER RISHIS UND HEILIGEN.

VERÄNDERUNG IST DER GANG DER WELT,
UND WENN SIE IM KALI YUGA (DUNKLES
ZEITALTER) DIESEN WEG GEHEN MUSS,
DANN LASST SIE IHN GEHEN. SOLANGE
IHR NICHT DER HERR SEID, KÖNNT IHR
SIE SOWIESO NICHT AUFHALTEN –
WARUM ALSO AUF SIE SCHIMPFEN?

MAHARAJJI ALS GOTT

OBWOHL MAHARAJJI immer einwand, daß er selbst nichts tun könne und daß nur Gott dazu in der Lage sei, sahen viele Devotees in ihm eine Identität mit Gott.

Es gibt so viele Kategorien von Heiligen und Sadhus. Maharajji war ein Heiliger der außergewöhnlichen Art, die man advait vad *nennt: Es gibt nur Gott, ich selbst bin Gott, und alle Dinge sind mein eigenes Herz und meine eigene Seele, und Gott ist überall gegenwärtig. Maharajji folgte dem Pfad von Advait Vad. Er sah seine eigene Seele in jedem Menschen. Für ihn war alles Eins.*

Maharajji war wie Krishna: Manchmal war er wie Gott, und manchmal war er wie ein gewöhnlicher Mensch.

Äußerlich ist er ein Mensch, aber er ist kein Mensch. Er kann seinen atma *(Geist) jederzeit in jede beliebige Person eintreten lassen, um seine Arbeit zu tun. Sein Körper wurde verbrannt und kann nicht zurückkehren, aber sein Atma kann in jeder Form erscheinen. In einem Traum sagte er zu mir: „Du kannst mein Darshan haben, aber nicht in dieser Form."*

Er war so sehr Teil unseres Lebens, daß wir uns des Ausmaßes seiner Kräfte nicht bewußt waren, wenn wir bei ihm waren. Er verschleierte seine Größe. Wir sammelten nie Anekdoten, weil wir glaubten, er würde ewig weiterbestehen.

Ein sehr gelehrter Sadhu war jeden Tag bei KB zu Gast. Stundenlang diskutierten die beiden philosophische Fragen. Der Sadhu sagte, daß das Universum noch immer von Weisen regiert werde, von himmlischen Wesen, die eine Hierarchie bildeten und vom Obersten König regiert würden. Er sagte, daß das weltliche Spiel und die weltlichen Herrscher unter der Kontrolle dieser von der Zeit nicht berührten Weisen stünden. Er fuhr mit der Beschreibung des Obersten Königs und dessen Gebaren fort. KB war verblüfft. Der Sadhu hatte eine perfekte Beschreibung von Maharajji gegeben. Einige Zeit später kam Maharajji in KB's Haus, und als er die Fotografie des Sadhus an der Wand sah, wurde er sehr zornig. „Wo hast du dieses Foto her? Wo hast du diesen Mann getroffen?" rief er. „Du Unhold! Du redest zuviel und verleitest andere zum Reden." Als Maharajji ging, hatte er KB nur noch neugieriger gemacht. Ein paar Jahre später sprach KB mit Maharajji über dharma *(der spirituelle Verlauf des Lebens) und über Herrscher, und er dachte dabei fortwährend an die mysteriöse Offenbarung des Sadhu. In Hinsicht auf König Janak, den mythischen Weisen und König des alten Indien, fragte er Maharajji, ob Janak der letzte der erleuchteten Herrscher in der Welt gewesen sei. Maharajji erwiderte: „Nein, nein! Es gibt noch heute einen solchen König der Welt. Es gibt einen König des gesamten Universums, größer als Janak."*

Ein Sadhu in Bombay gibt Beschreibungen von den Heiligen, die sich in Siddha Loka *(der höchsten spirituellen Ebene) befinden, und er sagt, daß Maharajji dort über uns allen nackt auf einem weißen Stein im Schnee säße.*

FRAGE GOTT ODER HANUMAN. ICH BIN NUR EIN GEWÖHNLICHES WESEN. ICH VERMAG NICHTS.

An einem Sommerabend saßen wir im Kreis um Maharajji herum, der auf dem Rücken lag. Anscheinend war er weit entrückt und von Seligkeit erfüllt. Ich hielt seine rechte Hand und begann ganz still ihre Linien zu studieren. Maharajji richtete sich ein wenig auf und fragte mit entrückter Stimme, was ich in seiner Hand sehen könne. Ich sagte: „Maharajji, in deiner Hand steht, daß du Gottes Darshan empfangen wirst." Wie ein kleines Kind flüsterte er mit einem Ausdruck von Heimlichkeit und Freude: „Oh, sie haben es herausgefunden!"

ICH BIN DER VATER DER WELT. DIE GANZE WELT IST MEIN KIND.

Brahmachari Maharaj war ein großer Heiliger, und er wurde in den Kumoan-Bergen hoch verehrt. Als er und Maharajji sich trafen, machte Brahmachari Maharaj Dunda Pranam. Es war ein heißer Tag, und Brahmachari Maharaj schickte Tewari zum Wasserholen, um lassi *(ein Getränk aus geschlagenem Yoghurt, Wasser und Zucker) zu bereiten. Brahmachari Maharaj trank nur das Wasser einer bestimmten Quelle, so daß Tewari einige Zeit zum Wasserholen brauchte. Als er zurückkehrte, schalt ihn Brahmachari Maharaj: „Du hast keinen Einblick. Du verstehst nicht. Das ist kein gewöhnlicher Heiliger. Maharajji kann auch Leitungswasser trinken. Es macht ihm nichts aus."*

Einmal kam Maharajji nach Lucknow und traf sich mit Shri Brahmachari Maharaj. Nach einer kurzen Begrüßung gingen sie in ein Hinterzimmer und verschlossen die Tür. Als fünfzehn oder zwanzig Minuten vergangen waren, öffnete sich die Tür, und Shri Brahmachari Maharaj kam mit einem leuchtenden Gesicht heraus. Er stand still da und lächelte. Im Innern des Raumes konnte man Maharajji sehen, der eine eigentümliche Mudra eingenommen hatte – sein ganzer Körper erschien wie ein runder, weicher Körper. Fast im selben Moment verließ er den Raum, und sein Körper erstrahlte in einem rötlichen Licht. Für wenige Augenblicke standen die beiden Heiligen still zusammen, dann brach Maharajji auf.

Als Gandhi erschossen worden war und jedermann weinte, fragte Brahmachari Maharaj: „Warum weinen alle?" Als man es ihm erklärte, sagte er: „Es gibt nur ein einziges Wesen in Indien, das ihn wieder ins Leben zurückbringen könnte, und das ist Neem Karoli Baba."

Maharajji fütterte einen Swami, der vom Sivananda Ashram zu Besuch gekommen war, mit Puris und sagte zu ihm, er solle sich in die Höhle hinter dem Tempel setzen. Der Swami fühlte sich jedoch so stark von Maharajji angezogen, daß er bald wieder zu ihm zurückkam. Maharajji schickte ihn dann zu einem großen Baum, von wo aus der Swami Maharajji sehen konnte. Vor seinen Augen verwandelte sich die Szenerie von Kainchi in den Sivananda Ashram in Rishikesh, und Maharajji wurde zu Sivananda. Dann ging Maharajji/Sivananda hinüber zum Swami und sagte: „Glaubst du, daß es irgendeinen Unterschied zwischen uns gibt? Sind wir nicht ein und derselbe?"

Der Swami sagte: „Du befindest dich auch in jener Form. Du bist wirklich nur er. Du täuscht mich in dieser Form." Maharajji erwiderte nichts darauf. Er lächelte nur.

ICH BIN JEDES MENSCHEN GURU.

Ich müßte wohl lange nach einem Menschen suchen, der sich auf dieser Stufe befindet. Man mag höher und höher steigen, aber es ist schwierig, die höchste Verwirklichung zu erreichen und auf die physische Ebene zurüchzukommen. Maharajji schien auf allen Ebenen gleichzeitig zu sein. Das ist der höchste Zustand.

Ich behandelte ihn wie einen gewöhnlichen Sadhu, bis ich erkannte, wer er war.

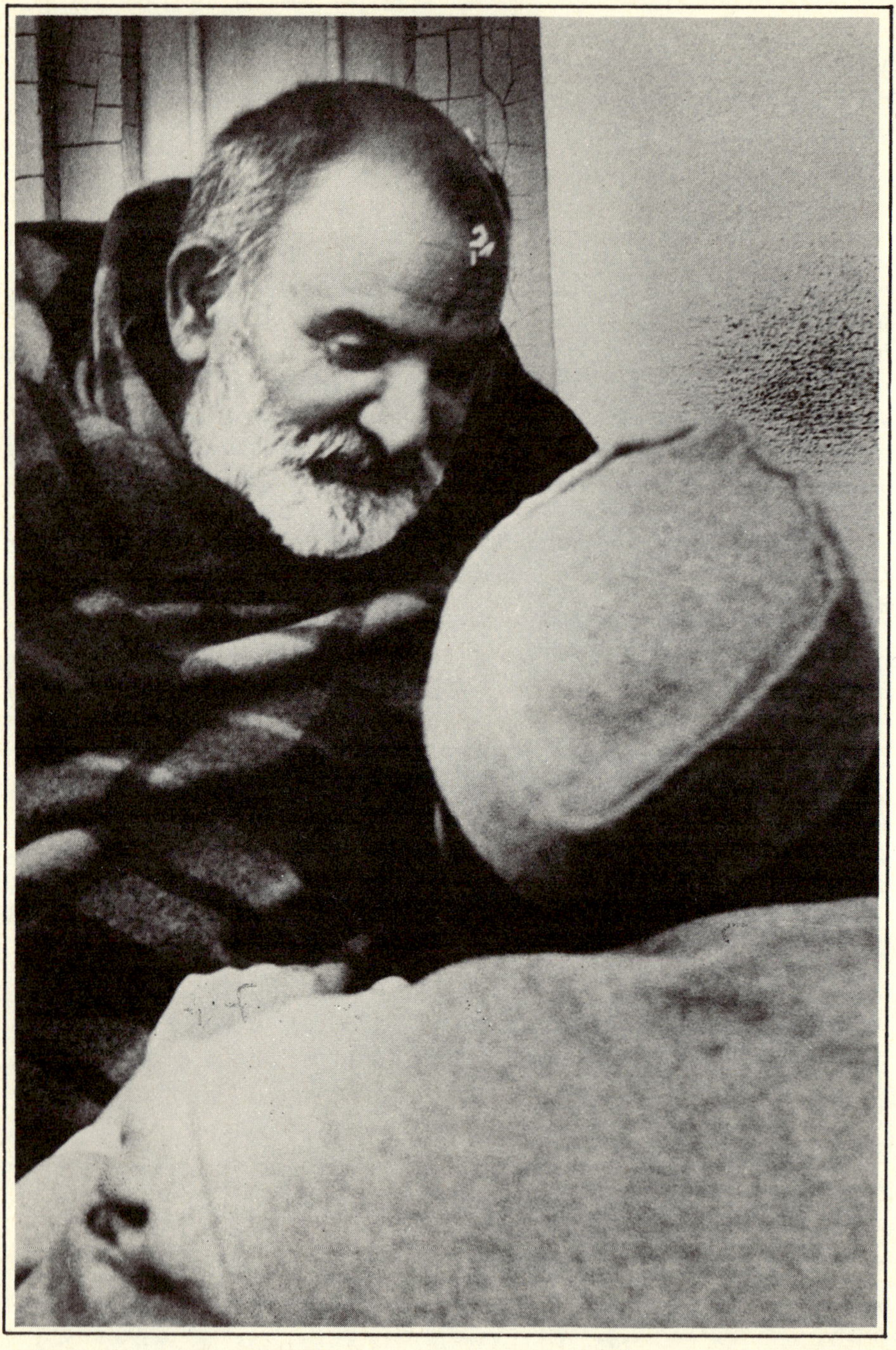

Rameshwar Das

Der heilende Stock

MAHARAJJI VERWENDETE seine ehrfurchtgebietenden Kräfte oft darauf, einen schützenden Schirm über seine Devotees zu breiten. Nirgends trat dies deutlicher und atemberaubender in Erscheinung als bei der Heilung eines kranken Devotees. Bei manchen setzte die Heilung mit einer Berührung oder einem Blick oder einem Wort ein; anderen verschrieb er Arzneien. Einige Geschichten beschreiben, wie ungewöhnlich diese Arzneien oft waren. Anderen Devotees, die mit Krankheiten zu ihm kamen, bedeutete er, daß er nichts für sie tun könne, und schickte sie zu Ärzten oder bestimmten Tempeln, damit sie dort geheilt werden konnten. Aber wenn die Situation es verlangte und der Glaube des Devotees stark war, schien Maharajji Heilungen selbst über große Entfernungen hinweg zu bewirken – durch das Telefon oder sogar in Träumen. Wenn man Maharajji daraufhin ansprach, stritt er alles ab. Er sagte dann nur: „*Sub Ishwar hai.* (Es ist alles Gott)"

Nachdem sich eine langjährige Devotee Maharajji's einer schweren Operation unterzogen hatte, blieb Maharajji neun Tage lang in ihrem Haus. Jemand fragte ihn, warum er so lange bliebe, da er sich doch gewöhnlich nie länger als ein paar Tage an einem Ort aufhalte. Maharajji erwiderte: „Warum fragst du? Du bist es nicht, der mich ernähren muß. Warum machst du dir Gedanken?" In der siebten Nacht erlitt die Frau einen Rückfall. Die Ärzte gaben ihr Schlaftabletten und sagten, sie müsse ruhen. Das war aber nutzlos, denn sie konnte nicht schlafen. Als ihr Mann Maharajji informierte, sagte er: „Sei ohne Sorge, ich komme." Nach mehreren Stunden kam er schließlich in ihr Zimmer und gab ihr einen strengen Verweis, weil sie nicht schlief, wie es die Ärzte angeordnet hatten. Dann erhob er sein rechtes Bein und berührte mit seinem großen Zeh ihre Stirn, und innerhalb von Sekunden fiel sie in einen tiefen Schlaf. Als sie erwachte, war sie gesund.

राम

Ein Devotee wurde zu einer Operation in das Krankenhaus eingeliefert. Die Ärzte sagten, daß er an Krebs sterben müsse und eine Operation die einzige Überlebenschance sei. Die Familie kam zu Maharajji, um seinen Segen zu erbitten. Maharajji sagte: „Laßt die Operation durchführen. Er kann keinen Krebs haben. Nach der Operation wird es ihm gut gehen." Zwei oder drei Tage rang der Mann mit dem Tode. Maharajji schickte eine Ma mit Prasad zu ihm, die zwei Tage lang an seinem Bett blieb. Die Operation wurde vorgenommen, und man fand keinen Krebs. Die vorausgegangenen Tests hatten auf Krebs hingedeutet, aber zur Zeit der Operation war er verschwunden.

राम

Einmal erhielt Maharajji Besuch von einem Harvard-Professor und dessen Frau. Die Frau war Künstlerin, und sie skizzierte ein Portrait von Maharajji, während sie vor ihm saß. In der Nacht erkrankte sie schwer, wurde von Fieber geschüttelt und hustete Blut. Das war äußerst ungewöhnlich, denn sie war eine sehr gesunde Frau. Unglücklicherweise waren die beiden an einen Zeitplan gebunden und hatten noch am selben Tage nach Delhi weiterfahren wollen. Als Maharajji von der Erkrankung hörte, erwiderte er: „Sie wird heute nach Delhi fahren." Der herbeigerufene Arzt meinte jedoch, daß sie in ein besseres Quartier gebracht werden müsse und daß es wenigstens eine Woche dauern würde, bis sie abreisen könne. Man hüllte sie warm ein, um sie abzutransportieren, und als der Wagen am Tempel vorbeifuhr hielt man an. Alle stiegen aus, um zu Maharajji zu gehen und ihm ihre Reverenz zu erweisen, einschließlich der kranken Frau. Je näher sie ihm kam, desto besser fühlte sie sich – und als sie direkt vor ihm stand, fühlte sie sich vollkommen gesund. Er strahlte sie an. Sie holte ihre Skizze hervor, und er schrieb auf die Ränder der Zeichnung राम, राम, राम (Ram, Ram, Ram).

राम

Die Tochter des Polizeichefs von Rampur lag mit Typhus im Sterben, und die einzige Behandlung, die man damals kannte, war strikter Nahrungsentzug. Seit etwa vierzig Tagen hatte man ihr nichts zu essen gegeben, und sie befand sich nah am Rand des Todes. In Nainital traf ein Brief aus Rampur ein, in dem Maharajji gebeten wurde zu kommen und dem Mädchen Darshan zu geben. Jedoch schon einen Tag vor Eintreffen des Briefes hatte Maharajji gesagt: „Kommt, wir müssen nach Rampur fahren." Sie machten sich auf den Weg. Im Zimmer des Mädchens sagte er: „Sie lassen meine Tochter verhungern. Was ist hier los? Ich bin sehr hungrig. Macht mir ein Essen." Dann aß er und sagte zu dem Mädchen:

„Sie lassen dich verhungern. Hier, iß die Chapatti. Steh auf und iß." Es gelang ihr, sich aufzurichten und ein wenig davon zu sich zu nehmen. Dann sagte er: „Ich bin müde. Ich muß ausruhen. Setz' du dich auf den Stuhl, und ich schlafe auf dem Bett." Das Mädchen tat, wie er gesagt hatte. Ungefähr eine Stunde lang lag er vollkommen still und schien zu schlafen. Dann stand er auf und ging, und sie wurde gesund.

Auf einer Pilgerfahrt hatte eine der Ma's Rückenschmerzen. Sie träumte von Maharajji und von vibhuti (Asche von heiligen Feuern, die im allgemeinen zur Heilung benutzt wird), die sie aber auf seinen Rücken rieb, was ihm Schmerzen bereitete. Am nächsten Tag sagte eine andere Ma zu ihr: „Wir haben ein wenig Vibhuti von Maharajji. Laß sie uns auf deinen Rücken reiben." Nachdem dies geschehen war, besserte sich ihr Zustand, und sie konnte die Pilgerreise fortsetzen.

Eine Frau war schwanger, aber alle Ärzte sagten ihr, daß es eine unregelmäßige Schwangerschaft sei, die sie vorzeitig werde abbrechen müssen. Dann empfing sie Maharajji's Darshan. Er schaute sie nur an und sagte: „Thik ho jaega (Es wird gut werden)." Sie trug das Baby normal aus und gebar ein völlig gesundes Kind.

Als R's Tochter ein Jahr alt war, fiel sie aus einem Fenster des Hauses – es war ein Sturz von über neun Metern. Sie blieb unverletzt, und als am nächsten Morgen die Kunde eintraf, daß Maharajji nach Kainchi gekommen war, brachte man sie zu ihm. Maharajji sagte, daß ihr nichts fehle. Als das Mädchen dann zwei Jahre alt war, fiel es erneut aus einem anderen Fenster des Hauses – wieder aus derselben Höhe. Auch diesmal blieb das Kind unverletzt, und auch Maharajji war wieder nach Kainchi gekommen, so daß man sie zu ihm brachte anstatt zum Arzt. Beiläufig bemerkte er, daß ihr nichts passiert sei. Derselbe Unfall ereignete sich noch ein drittes Mal, als das Mädchen drei Jahre alt war. Dieses Mal erinnert sich das Mädchen selbst: „Ich erinnere mich an den Sturz – ich hatte das Gefühl, als würde ich hinabschweben."
Als man sie zu Maharajji brachte, sagte er zu ihren Eltern: „Ich werde sie nicht sterben lassen."

Der Sohn eines Devotees war sehr krank und bat seine Muter, ihm etwas Vibhuti von Maharajji zu geben. Dann schlief er ein und träumte, daß er immer wieder in einen See zu tauchen versuchte und Maharajji ihn jedesmal wieder herauszog. Als er erwachte, war das kritische Stadium seiner Krankheit vorüber.

Bei meiner Frau stellte sich eine Gesichtslähmung im Bereich der Augen und des Mundes ein, und es wurde so schlimm, daß sie Selbstmord begehen wollte – sie war jedoch noch sehr jung.

Wir schliefen auf zwei Feldbetten. Eines Nachts sahen wir beide zu gleicher Zeit Maharajji, es war um halb vier. Meine Frau bat mich aufzustehen und Tee für Maharajji zu bereiten. Ich stand auf, aber es war niemand da. Keiner von uns beiden konnte einschlafen, so tranken wir den Tee selbst. Plötzlich sah ich meine Frau an und sah, daß ihr Gesicht sich wieder bewegte und ihr Auge blinzelte. Der Doktor sagte später: „Es ist unmöglich. Das hat Gott getan."

Einige Tage später kam Maharajji um sechs Uhr morgens und fragte: „Was ist mit deiner Frau geschehen?" Sie strahlte wieder wie früher. Jetzt haben wir sieben Kinder.

Meine Mutter hatte von einem Sadhu geträumt, der am Kopf verwundet worden war, und sie hatte etwas in seinen Mund getan, was Maharajji ihr gegeben hatte. Verwundert über diesen seltsamen Traum erwachte sie. Am nächsten Tag kam Hari Dass zu uns, um Essen für die Leute im Tempel zu holen. Das Essen war noch nicht fertig, und Hari Dass wurde gebeten zu warten. Er ging hinunter zur Toilette, und als er anschließend die Treppe wieder hinaufstieg, glitt er aus und schlug mit dem Kopf so unglücklich auf, daß er stark zu bluten begann. Mein Vater traf ein, und als er Hari Dass auf der Treppe liegen sah, rief er meine Mutter, und beide trugen ihn hinauf in ein Bett. Er war bewußtlos, und es schien wenig Hoffnung zu bestehen, aber meine Mutter erinnerte sich an ihren Traum und holte etwas Vibhuti, die sie von Maharajji bekommen hatte. Sie gab sie in Hari Dass' Mund, und nach einer halben Stunde stand er wieder auf.

R's Frau lag im Sterben, und ein chirurgischer Eingriff war unumgänglich. Es war jedoch kein Blut ihrer seltenen Blutgruppe vorhanden, auch in Bombay nicht. Als der Eingriff begann, wiederholte sie Maharajji's Namen, und zum größten

Erstaunen des Chirurgen lief die Operation nahezu unblutig ab. Später erzählte sie, daß sie auf eine andere Bewußtseinsebene gegangen sei, wo Maharajji gesagt habe: „Führt sie weg. Sie wird noch dort bleiben."

Dada's Neffe lag mit Pocken im Sterben, und allem Anschein nach war er dem Ende nahe, denn man hatte den Körper schon vom Bett auf den Fußboden gelegt. Jemand empfahl, dem Jungen einen Tropfen Ganges-Wasser, in dem Maharajji's Füße gebadet hatten, in den Mund zu träufeln. Als man dies getan hatte, erhob sich der Junge, und im Laufe des nächsten Tages waren die Pocken verschwunden.

Zur selben Zeit war Siddhi Ma weit weg in den Bergen mit Maharajji zusammen, als Maharajji plötzlich am ganzen Körper Flecken bekam. Da Pocken in dieser Gegend relativ unbekannt waren, kannten die Einwohner ihre äußeren Begleiterscheinungen nicht. Sie hielten es für eine Allergie und behandelten Maharajji mit einem bestimmten Wasser. Im Laufe des nächsten Tages verschwanden die Flecken, und Maharajji sagte: „Das war ein wunderbares Wasser. Woher können diese Flecken gekommen sein? Ich muß gegen irgendetwas allergisch gewesen sein." Erst viel später stellte sich heraus, daß die Heilung des Jungen und Maharajji's „Allergie" zeitlich zusammenfielen.

Maharajji gab in einem kleinen Raum des Ashrams Darshan, als ein verstört blickender Mann hereinkam. Maharajji begann ihn sofort anzuschreien und streckte seine Hand gegen ihn aus. Der Mann murmelte etwas und schüttelte den Kopf, aber Maharajji fuhr fort, irgendetwas von ihm zu fordern. Endlich griff der Mann in seine Hosentasche und holte einen kleinen Vogel hervor, durch dessen Brust ein Stock gestoßen war. Er schien tot zu sein. Maharajji nahm den Vogel, wobei er den verrückten Mann weiter anschrie, und zog den Stock aus dem Körper des Vogels. Er gab den Vogel dem Pujari und sagte: „Bring' ihn hinaus und gib ihm Wasser." Als ihn der Pujari nahm und ins Freie trat, entschlüpfte der Vogel seiner Hand und flog davon.

Eines Abends besuchte Maharajji uns zu Hause in Agra. Er begann auf der Veranda hin und herzulaufen, herauf und herunter, immer wieder. Es kam uns so vor, als nehme er die Schmerzen eines anderen auf sich. Nach ein paar Stunden setzte er sich auf einen Stuhl und bat um heißen Tee. Das Telefon läutete. Devotees aus Lucknow versuchten Maharajji ausfindig zu machen. Wir sollten Maharajji ausrichten, daß einer seiner Devotees – eine arme

76jährige Frau aus dem Hügelland – zweieinhalb Stunden lang operiert worden war und alles erfolgreich verlaufen sei. Maharajji war auf seine Weise während der Operation bei ihr gewesen. Die ganze Zeit über erschien er sehr unruhig, und als der Anruf kam, zeigte er sich sehr erleichtert.

Meine Frau hatte Maharajji seit ihrer Kindheit gekannt, und ihre Familienmitglieder waren lange Zeit Devotees gewesen. Ich selbst traf ihn jedoch erst 1962, als ich eine Lungenoperation hatte. Mein Zustand war kritisch. Da erzählte mir meine Frau von Maharajji, und ich erinnerte mich daran, was ich vorher über ihn gehört hatte; und ich betete, ihm vor meinem Tod noch einmal zu begegnen. Noch am selben Tag kam Maharajji in unser Haus, trat an mein Bett und gab mir seinen Segen. Von da an begann sich mein Zustand zu bessern, und die Krankheit ist nie wieder aufgetreten. Jedesmal wenn mich Maharajji dann besuchte, erzählte er mir, daß ich sehr gesund sei.

Yudisthra hatte Maharajji mit dem Auto nach Bhumiadhar gebracht. Dann ging er zu einem Wasserfall, um ein Bad zu nehmen. Er kam zurückgerannt, sagte zu Maharajji, daß ihn eine Schlange gebissen habe, und sank bewußtlos nieder. Seine Hand hatte sich blauschwarz verfärbt. Maharajji ließ Brahmachari Baba eine Decke ausbreiten und Yudisthra darauflegen. Dann ließ sich Maharajji von ihm ein Glas Wasser bringen, das er dann unter seiner Decke in der Hand hielt. Maharajji rief aus: „Er ist gebissen worden! Was wird geschehen?" Der Mann war immernoch ohne Bewußtsein. Nach einigen Minuten gab Maharajji Brahmachari Baba das Wasser und trug ihm auf, es auf der Stelle zu verreiben, wo die Schlange den Mann gebissen hatte. Sobald das Wasser diese Stelle berührt hatte, erlangte Yudisthra das Bewußtsein wieder. Nach einer Stunde war er wieder wohlauf.

Einmal, als ich noch ein Kind war, war ich sehr, sehr krank und hatte hohes Fieber. Meine Mutter rief Maharajji an, und er kam sofort zu uns. Er legte nur seine Hand auf meinen Kopf, und das Fieber verließ mich.

1964 erlitt ich einen Herzanfall. Meine Frau machte sich große Sorgen, aber ich spürte innerlich die stille Versicherung Maharajji's, daß ich nicht sterben würde.

Eines frühen Morgens kamen fünf junge Männer nach Kainchi. Ungeduldig warteten sie auf Maharajji's Erscheinen. Gleich nachdem er seinen Raum verlassen hatte, fragte er sie nach dem Grund ihres Kommens. Sie erzählten, daß sie Mohammedaner aus einer nahegelegenen Stadt seien. Ein naher Verwandter von ihnen lag im Sterben und hatte sie gebeten, zu Maharajji zu gehen und ihn um seinen Segen zu bitten. Maharajji ließ sich eine Plastiktasse voll Wasser bringen, flüsterte etwas, blies hinein und gab den Jungen die Tasse. Sie sollten sofort zu ihrem Verwandten zurückkehren und es ihm zu trinken geben. „Thik ho jaega (Es wird ihm gut gehen)."

Im Hause einiger Devotees in Lucknow gab Maharajji einer großen Gruppe von Leuten Darshan. Außerhalb von Maharajji's Raum rezitierte ein Sadhu mit erhobener, Pundit-ähnlicher Stimme die Gita, während sich neben ihm der Besitzer des Hauses seiner kranken Katze widmete. Maharajji rief seinen Devotee herbei. „Was machst du mit der Katze?" Der Devotee erklärte, daß er die Katze in der Sonne wärme und zum Tierarzt bringen wolle, da sie sehr krank sei. „Die Natur hat es so eingerichtet", sagte Maharajji, „daß eine Katze fast nie einen Arzt braucht. Sie gehört der Mutter Natur – sie wird wieder gesund." Er nahm eine kleine Süßigkeit und sagte: „Gib ihr das." Obwohl die Katze so krank war, daß sie nicht einmal Milch zu sich nahm, fraß sie die Süßigkeit ohne Zögern. Eine Minute später sprang sie auf, stürzte sich auf den Sadhu und unterbrach so seinen Vortrag. Dann lief sie davon. Als der Devotee wieder ins Zimmer kam, sagte Maharajji: „Geht es deiner Katze wieder gut? Tiere kurieren sich selbst. Wenn sie krank sind, verweigern sie die Nahrung. Sie suchen sich Kräuter und fressen sie."

Eine Frau aus Lucknow, die unter zu hohem Blutdruck litt, rief ihren Mann im Büro an und sagte, daß sie sich schwindelig fühle und er doch nach Hause kommen möge, da sie keinen Arzt erreichen könne. Als er nach Hause kam, hatte sie noch immer keinen Arzt erreicht. Beide waren sehr erstaunt, als das Telefon klingelte – es war Maharajji, der aus Agra anrief. Er sagte: „Du machst dir Sorgen um den hohen Blutdruck deiner Frau? Sei unbesorgt. Es fehlt ihr nichts. Gib ihr ein Glas Wasser."

Als Maharajji einmal bei mir zu Hause war, sagte er morgens um vier Uhr: „Komm, laß uns gehen."

Ich sagte: „Maharajji, ich werde mein Auto holen und dich fahren."

Aber er sagte: „Nein, ich will laufen."

So holte ich meine Sandalen. Maharajji ging barfuß. Ich wußte nicht, wohin wir gingen, aber ich vertraute mich ihm immer an, denn selbst wenn er sagte, daß er einen Ort nicht kenne, fand er ihn. Oft fragte Maharajji: „Weißt du, wo Der-und-der wohnt?" Ich sagte Nein, und dann führte er uns hin. So ergab ich mich ihm.

Wir gingen in ein Armenviertel. Maharajji ging auf eine Hütte zu, die nur eine fensterähnliche Tür besaß. Er stieß sie auf und blickte hinein. Da lag ein kleiner Junge von vielleicht zwölf Jahren, der sehr krank war, auf einer Bettstelle. Maharajji sagte zu dem Jungen: „Steh' auf, du bist nicht krank." Sobald es dem Jungen gelungen war sich zu erheben und gegen die Wand zu lehnen, legte sich Maharajji auf sein Bett. Jetzt erwachte die alte, blinde Großmutter, die den Jungen pflegte, und fragte: „Wer ist da?"

Ich antwortete. „Ein mahatma (große Seele) ist gekommen."

Maharajji fragte sie: „Hat er seit Wochen Fieber mit Schüttelfrost?"

Sie bejahte.

Der Junge hatte wahrscheinlich typhöses Fieber. Es war der Ma unangenehm, daß sie Maharajji nichts anbieten konnte. Maharajji bemerkte es und erblickte eine alte, mit Wasser gefüllte Kanne.

„Ma, hast du etwas pani (Wasser)? Ich bin sehr durstig."

Sie freute sich, daß sie ihm wenigstens Wasser geben konnte. Er nahm einen tiefen Schluck und reichte mir die Kanne, obgleich er wußte, daß ich niemals daraus trinken würde. Ich lehnte ab. Dann gingen wir, und der Junge wurde wieder gesund.

1972 oder 1973 hielt Ram Dass in Ohio einen Vortrag. Ein Junge, der an diesem Abend unter den Zuhörern war, bestieg am nächsten Morgen das erste Flugzeug, flog von Cleveland, Ohio über New York und London nach Neu Delhi, stieg dort in ein Taxi und fuhr hinauf nach Kainchi. Weniger als 36 Stunden waren vergangen, seit er Ram Dass über Maharajji hatte sprechen hören. Als er den Ashram betrat, hatte er sein Hemd ausgezogen, da es sehr heiß war, und ich konnte sehen, daß er einen bösen Ausschlag auf der Brust hatte. Ich hieß ihn willkommen und fragte ihn, woher er käme, und er erzählte mir seine Geschichte. Dann fragte ich ihn, warum er seinen Hautausschlag nicht hatte behandeln lassen. Er berichtete, daß alle Fachärzte den Ausschlag als unheilbar bezeichnet hätten. Er habe es mit Injektionen und mit Salben versucht, und nichts hätte geholfen.

Ich meinte, das sei albern – es würde sich nur um Tinia Corpus handeln, was sehr leicht zu heilen sei. Und ich fügte hinzu, daß Dwarka ohnedies nach Nainital fahren werde und den Schwefelteer noch am selben Abend von dort mitbringen könne.

Dann würde der Ausschlag in wenigen Tagen verschwunden sein. Und er sagte zu mir: „Erst vor zwei Tagen habe ich Ram Dass gehört. Und jetzt habe ich Doktor Amerika (mein Spitzname bei Maharajji) getroffen und bin hier in Maharajji's Ashram. Mir ist alles recht!" Seine Augen waren so groß wie Teller.

Dwarka kehrte mit dem Schwefelteer zurück. Ich zeigte dem Jungen die Anwendung und sagte ihm, daß der Ausschlag schon in wenigen Tagen abgeheilt sein würde. Er versprach, das Mittel zu benutzen, und sagte, daß er noch am selben Tag für eine Woche nach Badrinath fahren wolle. Dann ging er hinüber zum Teestand.

Es kam mir in den Sinn, daß schon viel Zeit verstrichen war, seit ich Medizin praktiziert hatte, und daß ich ein wenig aus der Übung gekommen war. Ich ging in mein Zimmer und überprüfte anhand meiner medizinischen Bücher meine soeben gestellte Diagnose. Ich stellte fest, daß ich die falsche Krankheit diagnostiziert hatte. Das Mittel, das ich ihm gegeben hatte, war vollkommen nutzlos. Ich rannte hinunter zum Teestand und sah ihn gerade noch in den Bus steigen und wegfahren. Ich fühlte mich miserabel. Durch diese Fehldiagnose hatte ich nicht nur als Maharajji's Repräsentant versagt, sondern hatte den Jungen auch mit einer unbrauchbaren Medizin losgeschickt – und wenn er zurückkam, mußte er denken, daß alle Leute bei Maharajji unfähige Narren wären. Die nächsten Tage waren einfach furchtbar für mich. Ich hatte etwas schreckliches getan.

Nach einer Woche kam er zurück. Ich sah ihn schon von weitem, rannte hinaus zu ihm und sagte: „Es tut mir leid!"

Er sagte: „Warum denn? Schau!" Er öffnete sein Hemd, und seine Brust war völlig geheilt. Nicht mal eine Narbe war zu sehen. Es war alles weg. Ich verstand das nicht, aber ich wußte, daß es nicht die Medizin gewesen sein konnte, die ich ihm gegeben hatte.

Ich ging zum Fenster von Maharajji's Raum, den wir „Büro" nannten, und sagte: „Maharajji, danke. Du hast ihn geheilt."

Er sagte: „Sub Ishwar hai (Es ist alles Gott)."

Eine Devotee war krank, weil sie zu viele Pickles gegessen hatte. Sie aß sie sehr gern, hatte sich aber den Magen verdorben und konnte sie nicht mehr verdauen. Nachdem sie Mango Chutney gegessen hatte, bekam sie am nächsten Morgen Magenschmerzen. Ihr Mann erzählte Maharajji, daß seine Frau krank sei, und Maharajji kam herbeigeeilt und hielt etwas in der Hand, das in Papier gewickelt war. Wir dachten alle, er würde uns ein geheimnisvolles Kraut oder ein uraltes Heilmittel bringen. Maharajji öffnete das Päckchen und reichte ihrem Mann den Inhalt: Eine in Cellophan gewickelte Tablette Gelusil!

Man hatte festgestellt, daß ich Diabetes hatte, und ich mußte alle gewürzten, stärkereichen, fetten oder süßen Speisen meiden. Kurz darauf kam ich zum ersten Mal nach Kainchi, und auf einem großen Teller wurden mir in Fett gebackene Puris, Halva und scharfgewürzte Kartoffeln vorgesetzt – alles genau die Dinge, die ich nicht essen sollte. Der Arzt hatte mir gesagt, daß ich davon sehr krank werden könne. Daran dachte ich und sah hinüber zu Maharajji, der mir zublinzelte. Ich versuchte mich zu entscheiden, ob ich dem Doktor oder Maharajji vertrauen sollte. (Zu jener Zeit wußte ich noch nicht mal, ob er mein Guru war.) Es war mein erster „Arbeitstag" als Maharajji's Devotee.

Schließlich entschied ich mich für das Mahl. Und ich hatte solchen Hunger, daß ich gleich zwei große Teller voll aß. Und dann kam ich jeden Tag und stopfte mich voll. Nach einigen Wochen fuhr ich nach Nainital und ließ meinen Blutzucker-Spiegel prüfen. Er lag an der unteren Grenze. Der Arzt sagte: „Ich verstehe nicht, wie sich der Zuckerspiegel so schnell und so weit senken konnte. Ich werde daraus nicht klug."

Ich sagte: „Nun, ich glaube zu wissen, was passiert ist."

Meine Mutter war krank. Viele Ärzte hatten sie untersucht und gesagt, daß sie eine Infektion habe und ins Krankenhaus müsse. Meine Mutter ist sehr orthodox, und sie wollte nicht ins Hospital. Ich schrieb an Maharajji, und er bat mich, sie zu einem Homöopathen zu bringen, dessen Namen er mir nannte. Meine Mutter wurde geheilt. Der alte Homöopath, der Maharajji nie begegnet war, erzählte indessen: „Dieser Maharajji hat schon so viele Leute zu mir geschickt, und welche Medizin ich ihnen auch gebe, sie werden immer gesund – selbst wenn das Leiden chronisch ist. Ich weiß nicht, wie das kommt."

Als ich einmal für eine Weile in Kainchi war, kam meine Frau in Maharajji's Darshan, ohne daß ich davon wußte. Sie hatte in jenen Tagen starke Herzschmerzen. Wenn sie eine Treppe hinauf- oder hinunterstieg, bekam sie Herzjagen. Sie kam weinend zu mir und glaubte, sie müsse sterben. Aber da ich Maharajji's Kraft vertraute, machte ich mir keine Sorgen um sie und erzählte Maharajji auch nichts davon.

An diesem Tag ging sie selbst zu Maharajji und erzählte es ihm. Sofort rief Maharajji aus: „Wo ist er? Ruf' ihn her!" Ich kam, und er sagte: „Was? Sie ist krank, und dir ist das egal?" Und er fuhr mit seinen Vorwürfen fort. Ich erwiderte nichts, weil ich wußte, daß er alles weiß, was du denkst, und daß er auf deine Gedanken antwortet, als hättest du sie laut ausgesprochen. Du denkst und er spricht.

Ich dachte: „Warum sollte ich etwas tun – es liegt alles in deiner Hand."

Er antwortete laut: „Nein! Es gibt einen Arzt – fahr' nach Agra. Er ist Herzspezia-

list. Er ist ein großer Schüler." Dann wandte sich Maharajji an eine der anwesenden Ma's und sagte: „Erzähle ihm von deiner Verwandten, die ich zu ihm geschickt habe. Dieser Doktor ist ein großer Heiliger."

Sie sagte: „Als ich dem Doktor den Brief zeigte, den uns Maharajji geschickt hatte, eilte er sofort zu uns, um meine Verwandte zu Hause zu behandeln."

Maharajji sagte: „Und was passierte dann?"

„Nun, schon nach zwei oder drei Tagen war sie gesund."

„Siehst du! Siehst du!" rief Maharajji. „Er ist mein großer Schüler. Jao! Geh'! Wenn du Geld brauchst, werde ich es dir geben. Du mußt fahren!"

Ich sagte nichts. Ich dachte nur bei mir: „Hör' mal, Maharajji, du bist so groß. Es ist nicht nötig, daß ich dort hinfahre. Du bist Gott. Du kannst sie heilen."

Sofort antwortete er auf meine Gedanken: „Nein, nein, du mußt fahren! Badmash! Ich befehle es dir!" Ich schwieg. Er sagte: „Weißt du nicht, daß der Doktor ein großer Heiliger ist? Sobald sie sein Darshan empfangen hat, wird sie gesund. Du wirst seine Gnade erkennen, du wirst zu ihm gehen, es wird keine Medizin nötig sein. Du wirst mit ihm sprechen. Sie wird gesund werden. Du fährst! Morgen mußt du fahren! Weigere dich nicht!" Ich dachte daran, daß ich nicht fahren würde. „Was? Du befolgst meine Befehle nicht? Befolge meine Befehle! Du bist sehr böse. Du mußt fahren."

„Nun", dachte ich, „es ist sehr schade – aber wenn er sagt, daß ich fahren muß, dann muß ich fahren." Am nächsten Tag glaubte ich, daß er mich losschicken würde, aber er sprach überhaupt nicht mehr davon. Er sagte: „Komm her, setz' dich zu mir. Wieviele Leute kommen heute in den Tempel? Gib ihnen Prasad, gib ihnen alles, was sie brauchen." Er erwähnte die Fahrt nach Agra überhaupt nicht. Von jenem Tag an bis heute – acht Jahre lang – hat meine Frau keine Schmerzen mehr gehabt.

IN SEINEN JÜNGEREN Jahren war Maharajji in manchen Dörfern der indischen Ebenen bekannt für seine Heilungen von Geisteskranken. Diese Menschen wurden damals in Ketten zu Maharajji geführt, damit er ihnen half. In späteren Jahren schränkte er dies weitgehend ein und ließ die Kranken oft zu einem Tempel bringen, den man „Bala Ji Hanuman" nannte – dennoch konnte er noch immer mit einem Wort oder einem Blick oder einem Deuten seines Fingers wieder ausgleichen, was im Geiste unausgeglichen war.

Ein indischer Devotee brachte seine verwitwete Mutter zu Maharajji, die seit dem Tode ihres Mannes seelisch und körperlich am Ende war. Viele Jahre lang war sie seine Devotee gewesen, hatte ihn anscheinend aber nur selten gesehen, und in der Hoffnung, daß ihr dies helfen würde, brachte ihr Sohn sie nun zu Maharajji. Als Maharajji herauskam, betrübte es mich zu sehen, daß der Mann mit seiner Mutter im Hintergrund stand und der Raum um Maharajji herum völlig von den jungen Leuten aus dem Westen eingenommen wurde.

Ich nahm es in Kauf, für einen Wichtigtuer gehalten zu werden, und bat die Leute zur Seite zu treten, so daß die beiden nach vorne kommen konnten. Die Leute machten sofort Platz. Dann nahm Maharajji die Witwe mit in den kleinen Raum, wo sie eine Weile bei ihm blieb. Völlig verwandelt kam sie heraus – wahrhaft strahlend. Ich war davon stark beeindruckt, und auch ihr Sohn und ihre Enkelin waren sehr bewegt.

Einer der Leute aus dem Westen fing an, sich ganz verrückt zu benehmen. Er schlief nicht mehr und fing an, nackt durch die Stadt zu laufen, Dinge zu stehlen und allen möglichen Unsinn zu machen. Schließlich stieg er, nur mit einem Tuch bekleidet, in ein Taxi, um Maharajji in einem zweihundert Meilen entfernten Tempel zu besuchen. Er traf ein, betrat den Tempel und ging zu Maharajji hinüber. Als er sich ihm näherte, erhob Maharajji seinen Zeigefinger, und der Mann hatte, wie er später erzählte, sofort das Gefühl, als würde ihm all die unglaublich hohe Energie, mit der sein Körper tagelang aufgeladen war und die ihn hatte glauben machen, er besäße übernatürliche Kräfte, in einem Moment entzogen. Er erinnerte sich daran, zornig auf Maharajji gewesen zu sein, weil er ihm diese Energie weggenommen hatte.

Vor vielen Jahren wurden manchmal Verrückte zu Maharajji in das Dorf Neeb Karori gebracht, die mit Ketten gefesselt waren. Maharajji sagte immer: „Macht sie los und bringt sie zu Hanumanji." Er nahm einen kleinen Bambusstock und schlug damit auf ihre Köpfe. Dann fragte er sie: „Ist alles in Ordnung?" Sie sagten: „Ja." Dann ließ Maharajji sie irgendeine Arbeit ausführen, indem sie z.B. einen rambans-(Kaktusart) Stiel holen sollten, und wenn sie es richtig machten, sagte er: „Jetzt ist es gut." Sie durften einen oder zwei Tage bleiben, dann bat er die Leute, die sie zu ihm geführt hatten, sie wieder nach Hause zu bringen.

Vor vielen Jahren lebte ein Mohammedaner hinter dem Haus, in dem sich Maharajji aufhielt. Die beiden hatten sich sehr gern. Eines Tages brachte man zwei verrückte Männer zu ihnen, und Maharajji sagte zu dem Mohammedaner: „Du bringst den einen wieder in Ordnung und ich den anderen." Demjenigen, der bei Maharajji war, ging es binnen kurzer Zeit gut, aber der Mohammedaner brauchte einige Zeit, und seinem Schützling war noch immer nicht geholfen. Die Devotees saßen dabei und schauten zu. Maharajji rief den anderen verrückten Mann zu sich und schlug ihm *sachte auf den Kopf, worauf auch dieser völlig normal war. Aber Maharajji sagte: „Oh, der Mohammedaner hat es ja schon gemacht."*

Der jüngere Bruder eines Direktors war geisteskrank geworden, und als Maharajji ihn im Sanatorium besuchte, begleitete ich ihn. Er wurde in Ketten ins Zimmer geführt, und sein zielloser Blick irrte hin und her. Maharajji stand direkt vor ihm und sprach mit ihm. Plötzlich stürzte der Mann vor Maharajji's Füßen zu Boden und war wieder völlig normal. Er konnte alle Fragen beantworten. Später wurde er entlassen, doch sollte dies nicht sein letzter Anfall von Geisteskrankheit gewesen sein.

Einmal stand ein westlicher Devotee Maharajji in einem Anfall von Trotz gegenüber. Er stand unter der Wirkung einer Droge und glaubte, er sei Jesus Christus und Maharajji müsse Buße tun. Mit erhobener Stimme ließ er in Gegenwart vieler Devotees seine Herausforderungen hören. Maharajji sagte nichts und begegnete seinem starren Blick für einige Augenblicke mit einem Ausdruck der Offenheit und des Mitempfindens. Als der junge Mann seine Tiraden fortsetzte, schüttelte Maharajji den Kopf und trug dann einigen Devotees auf, ihn hinauszuwerfen. Als dies geschehen war, schickte Maharajji ihm noch einige Devotees hinterher, um sicherzugehen, daß er den Bus besteigen und die Stadt verlassen würde. (Als der junge Mann später nach seinen Eindrücken während dieses Erlebnisses gefragt wurde, erzählte er, daß er gefühlt habe, ganz in Maharajji's Liebe hineingezogen zu werden, und daß er besonders gerührt war, als er ihm Leute hinterherschickte, die ihm beim Besteigen des Busses behilflich waren.)

MAHARAJJI HEILTE NICHT alle, die mit einer Krankheit zu ihm kamen oder darum beteten, geheilt zu werden. Warum manche geheilt wurden und manche nicht, wußte nur er. Manchmal brachte er wohl die Krankheit zum Abklingen, überließ aber der Person noch einen Rest des Leidens. Seine Äußerungen in jenen Fällen lassen vermuten, daß Maharajji's heilende Tätigkeit eng mit dem Karma des Einzelnen verknüpft war – das es oft für die Person notwendig war, teilweise oder sogar in vollem Maße an allen schmerzlichen Folgen der Krankheit zu leiden. Doch die meisten Menschen wollen nicht leiden, und deshalb erinnerte Maharajji seine Devotees von Zeit zu Zeit daran, daß uns das Leiden näher zu Gott bringt.

Meine Tochter war nach ihrer Geburt sehr kränklich. Ich brachte sie zu einem Allopathen und zu einem ayurved *(Arzt der Kräuterheilkunde), aber keiner* von beiden konnte ihr helfen. Ich ging mit ihr zu einem Astrologen, der sagte: „Sie hat drei Planeten, deren Verbindungen auf den Tod weisen. Wenn sie mit zweieinhalb Jahren noch lebt, dann kann ich ihr ein Horoskop stellen, jetzt ist es nutzlos." Dann brachte ich sie zu Maharajji und erbat seine Hilfe. Maharajji ließ nur seinen Kopf auf seinen Arm sinken und verbarg sein Gesicht eine Zeitlang. Er konzentrierte sich etwa fünf Minuten. Dann hob er seinen Kopf und sagte: „Mach' dir keine Sorgen, es wird ihr gut gehen." Nach diesem Darshan bekam meine Tochter mehrere Male hintereinander eine Lungenentzündung – aber sie lebte. Jetzt ist sie sechs Jahre alt. Ich bin um sie nicht besorgt. Was jetzt kommt, ist Karma, und wir müssen uns damit auseinandersetzen.

Einer von Maharajji's Devotees hatte sich eine schwere Vergiftung zugezogen. Er litt große Qualen, und niemand rechnete mit seinem Überleben. Maharajji sagte: „Du mußt dich mit diesem geringen Maß an Leiden abfinden. Etwas davon mußt du auf dich nehmen." Mit anderen Worten: Sein Leiden wäre ohne Maharajji's Gnade noch größer gewesen. Aber er überlebte tatsächlich.

Meine ältere Schwester war immer sehr kränklich gewesen und hatte verschiedene Gebrechen. Maharajji sagte zu ihr, daß daran nichts zu ändern sei – daß sie auf irgendeine Weise zurückliegende samskaras (Karma) abarbeiten müsse. Er sagte ihr, sie solle stets deviotionale Gedanken im Geiste hegen, andernfalls würde sie alles verlieren.

Maharajji fragte ein indisches Mädchen viermal: „Magst du den Kummer oder die Freude?" Jedesmal erwiderte das Mädchen: „Ich kenne die Freude überhaupt nicht, Maharajji, nur den Kummer." Maharajji sagte schließlich: „Ich mag den Kummer sehr. Er bringt mich näher zu Gott."

An einem Sonnabend hatte ich zum ersten Male sehr starke arthritische Schmerzen. Am Sonntag, nachdem Maharajji nach Agra gefahren war, hörten die Schmerzen auf. Im Winter kehrten sie dann mit großer Intensität zurück, aber ich unternahm nichts dagegen. Ich möchte den Schmerz nicht missen, damit er mich stets an jenen Tag erinnert. Es war das letzte Darshan, das ich von Maharajji empfangen habe.

DURCH LEIDEN ERLANGST DU WEISHEIT. DU BIST MIT GOTT ALLEIN, WENN DU KRANK BIST ODER DICH AN DER VERBRENNUNGSSTÄTTE ODER IM KRANKENHAUS BEFINDEST. DU RUFST GOTT AN, WENN DU LEIDEST.

MANCHMAL SCHIEN MAHARAJJI aus Gründen, die auch wieder nur ihm bekannt waren, mit dem Tod zu verhandeln und ihn von einem seiner Devotees hinwegzudrängen, während er ein anderes Mal nicht dazwischentrat und der Devotee starb. Weil Maharajji bei jeder Person den Zeitpunkt des Todes kannte, sehr ungern aber der Überbringer schlechter Nachrichten war, hielt er sich oft fern, wenn einer seiner Devotees sterben mußte. Wenn man ihn drängte, gab er in manchen Fällen einen subtilen Fingerzeig, aber oft war seine Abwesenheit der einzige Anhaltspunkt für einen Devotee, der mit Maharajji's Verhaltensweisen vertraut war.

Einmal kam eine Nachbarin zu meiner Frau und sagte, daß sie zu einem anderen örtlichen Baba ginge, um dessen Darshan zu erhalten. Sie bat meine Frau mitzukommen, und so machten sich beide auf den Weg. Die Nachbarin zeigte dem Baba ihre Hand, da er als ein Experte in der Handlesekunst, der Astrologie und ähnlichen Dingen galt. Doch der Baba sagte: „Ich will nicht deine, sondern ihre Hand (die meiner Frau) sehen." Sie wollte sie ihm nicht zeigen, aber er beharrte darauf, und dann sagte er zu ihr, daß sie in sechs Monaten sterben würde. Meine Frau erzählte dies Maharajji, der sofort ausrief: „Sub gulat (Das ist alles falsch)! Warum hat dieser Baba das gesagt? Wirst du etwa nicht sterben? Wird nicht *eine Zeit kommen, wo du sterben wirst? Jeder wird sterben! Warum hast du nicht zu ihm gesagt: ‚Was – wirst* du *denn nicht sterben? Bist du unsterblich?' Auch er wird sterben. Jeder wird sterben. Warum sagt er solche Dinge? Es ist sehr schlecht, daß er so etwas sagt. Sehr böse!" Dann erzählte Maharajji eine Geschichte über einen Heiligen. Ich war dabei und hörte zu.*

„Nun, es gab einen Heiligen. Eine Frau kam, um ihn zu sehen. Ihr Mann war gerade gestorben. Sie beugte sich zu seinen Lotosfüßen nieder, und er gab ihr seinen Segen und sagte ihr, daß sie fünf Söhne haben werde. Sie erwiderte: ‚Aber Maharaj, ich bin zu dir gekommen, weil mein Mann gerade gestorben ist. Wie will ich fünf Söhne bekommen?' Der Heilige erwiderte: ‚Ich habe dir gesagt, daß du fünf Söhne haben wirst, und ich werde mein Wort halten.' Und ihr Mann kehrte ins Leben zurück." Dann sagte Maharajji: „Und ich werde dasselbe tun. Ich habe mein Wort gegeben und werde es halten. Du wirst nicht sterben. Du wirst noch fünfundsiebzig Jahre leben. Sei unbesorgt." Das war vor acht Jahren, und sie erfreut sich noch immer ihres Lebens.

Maharajji kam mit einem Devotee an einer Stelle vorbei, wo ein Handleser seiner Tätigkeit nachging. Der Mann studierte die Hand des Devotees und sagte, daß er in drei Tagen sterben werde. Der Devotee war natürlich sehr bestürzt. Aber Maharajji sagte: „Er ist sehr klug. Aber dieser Narr erkennt nicht, daß er *es ist, der in drei Tagen sterben wird." Und so geschah es.*

Ich saß mit Maharajji in einem Boot, und er hieß mich in das Wasser springen. Ich hatte Angst und sagte: „Maharajji, ich kann nicht schwimmen. Ich werde ertrinken."

Maharajji zeigte auf eine hohe Brücke und sagte: „Wenn deine Zeit noch nicht gekommen ist, könntest du von jener Brücke springen und würdest doch nicht sterben." Als er das sagte, fühlte ich großes Vertrauen und sprang ins Wasser, und es reichte nur bis an meine Hüfte.

In Ram Ghar lebte ein Hausierer. Er wurde sehr krank, und die besorgte Familie brachte ihn zu einem örtlichen Baba, der ihm helfen sollte. Dieser Baba sagte, daß der Mann bald sterben würde, daß er selbst aber ein Arznei besäße, die ihn möglicherweise retten könne. Die Familie konsultierte dann auch Maharajji und erzählte ihm, wie der andere Baba geurteilt hatte. Maharajji erwiderte rasch: „Unsinn! Er wird über achzig Jahre alt werden. Dieser üble Bursche will euch nur einen Schrecken einjagen, damit er euch seine Medizin verkaufen kann."

Der Ehemann einer kranken Frau ging zu Maharajji, und Maharajji fertigte einen besonderen Stock an und trug dem Mann auf, ihn unter die Bettdecke seiner Frau zu legen. Der Mann tat dies, und bald besserte sich ihr Zustand; aber als sie nach dem Stock suchten, war er nicht mehr da. Der Mann, der den Stock nun unbedingt haben wollte, ging zu Maharajji und sagte, daß der Stock nicht mehr da sei.

Maharajji erwiderte: „Du hast deine Frau. Was willst du mit einem Stock?" Als später die Mutter eines anderen Devotees erkrankte, ging dieser zu Maharajji und sagte: „Du hast Dem-und-dem einen Stock gegeben, um seine Frau zu heilen. Wirst du mir auch einen Stock geben, damit meine Mutter gesund wird?" Maharajji sagte: „Sie war ein junges Mädchen und ich habe sie gerettet. Deine Mutter ist eine alte Frau, und sie wird sterben." Und sie starb.

Mein Vater wurde mehrere Male operiert, und Maharajji besuchte ihn jedesmal vorher wie auch danach. Als er zum letzten Mal krank wurde, blieb Maharajji jedoch aus. Nun wußten wir, daß er nicht mehr lange leben würde. Maharajji besuchte uns nach seinem Tod.

Dasselbe geschah bei meiner Mutter. Als meine Mutter krank wurde, kam Maharajji nach Kanpur, ohne uns zu besuchen, obwohl er sonst immer zu uns kam, wenn er in der Stadt war. Sie starb. Zwei Tage später besuchte uns Maharajji und ging in den Gebetsraum, wo ein Bild meiner Mutter stand. Maharajji begann zu weinen wie ein fünfjähriges Kind. Er weinte sehr lange.

Nach Maharajji's Tod geschah etwas, das mich zu ihm brachte. Mein noch junger Schwager lag mit Krebs im Sterben und lag weit von uns entfernt im Krebsforschungs-Institut in Bombay. Die Ärzte telegrafierten uns, daß der Krebs sein absolutes, letztes Stadium erreicht habe und daß mein Schwager noch am selben Tage sterben werde. Wir waren alle sehr traurig. Ich fuhr nach Jaunapur (Maharajji's neuem Tempel in Neu-Delhi) und dachte, wenn Maharajji wirklich ein so großer Heiliger sei wie man von ihm sagte, dann könne er uns helfen – durch die Kraft seiner eigenen tapasya (Enthaltsamkeit und Entsagung). So ging ich in den Tempel und betete um drei Dinge: Als erstes bat ich darum, daß das Leben meines Schwagers um weitere zwei Monate verlängert werden möge. Um eine Heilung wollte ich nicht bitten (was bestimmt ist, muß geschehen – ein zerstörter Körper muß sterben), aber ein Aufschub war vielleicht möglich. Als zweites betete ich, er möge bei uns sterben, im Kreise seiner Familie. Und als drittes bat ich ihn um einen friedvollen Tod.

Kurz darauf bekamen wir aus Bombay die Nachricht, daß eine Remission eingetreten sei und daß man ihn aus der Pflege entlassen könne. Er kam mit dem nächsten Flugzeug zu uns nach Delhi. Er wurde nochmals ärztlich untersucht, und man erklärte ihn sogar für fähig, seine Arbeit wieder aufnehmen zu können! Nun, die Remission währte zwei Monate und einen Tag. Dann erlitt er einen Rückfall und starb in Frieden, in unser aller Gegenwart. Warum aber wurde ihm ein zusätzlicher Tag geschenkt? Am letzten Tag der zwei Monate ging er in Maharajji's Tempel und empfing Prasad. Dieser Prasad schützte ihn. Er konnte nicht am selben Tag sterben, an dem er Prasad empfangen hatte.

Als für meinen Vater die Zeit zum Sterben gekommen war, sagte Maharajji zu ihm: „Bitte mich um irgendetwas."

Vater sagte: „Ich will nichts. Ich habe mein Leben gelebt. Jetzt möchte ich in Kashi (Benares) am Ganges sterben."

Maharajji sagte unter vier Augen zu ihm: „Du mußt noch ein Jahr leben. Du wirst am Ganges sterben, aber nicht in Kashi."

Ein Jahr später sagte mein Vater in Dharagan am Ganges, wo mein neues Haus stand: „Du hast hier in Dharagan ein Haus, aber du weißt nicht, welche Betrübnis dir das bringen wird." Das war bei seinem Besuch im Juli. Er starb dort im November.

Mein Vater, der Verwaltungsbeamte unseres Bezirks, wurde 1951 krank und mußte große Schmerzen erleiden. Dreißig Tage lang hatte er eine Temperatur von siebenunddreißig Grad. Vier Tage vor seinem Tod kam Maharajji und brachte ihm vier Rosen. Er sagte zu meinem Vater: „Es wird dir gut gehen." Zu mir sagte er: „Der Körper muß ein Ende haben."

ALL DIESE BEGEBENHEITEN betreffen Maharajji's Devotees, doch seine heilenden Kräfte reichten weit über ihren Kreis hinaus. In der folgenden Geschichte von Subrahmanyum – Dr. Larry Brilliant, einem westlichen Arzt, der durch seine Frau Girija zu Maharajji kam – können wir einen Eindruck davon gewinnen, wie Maharajji indirekt wirkte. In diesem Fall bewirkte er durch Subrahmanyum und die Welt-Gesundheits-Organisation der Vereinten Nationen, daß die Ausrottung der Pocken vorangetrieben wurde.

Das erste, was er zu uns sagte, als wir hereinkamen und uns setzten, war: „Doktor – Doktor Amerika! Wieviel Geld hast du?"

Ich sagte: „Oh, Maharajji, ich habe fünfhundert Dollar."

„Nein, nein, nein – wieviel Geld hast du wirklich?" Ich blieb dabei, daß das alles war, was ich hatte. Er sagte: „Ja, ja, ja, hier in Indien. Aber wieviel Geld hast du in Amerika?"

Ich überlegte und war ehrlich gesagt ein wenig besorgt, ob dies nun ein Apell sein sollte, Geld für einen Tempel zu spenden, und ich erwiderte: „Ich habe zu Hause in Amerika nur fünfhundert Dollar" – was der Wahrheit entsprach. Doch fügte ich schnell hinzu: „Aber ich habe durch die Medical School sehr viele Schulden. Ich mußte eine Menge Geld borgen, um sie zu absolvieren, und wenn ich auch tausend Dollar habe, sind meine Schulden doch noch viel höher."

Er sagte: „Was? Du hast kein Geld? Du bist kein Doktor!" Es klang genauso, als ob meine Mutter gesprochen hätte. Er sah mich an und begann zu lachen: „Du bist kein Doktor. Du bist kein Doktor, du bist kein Doktor, UNO Doktor, UNO Doktor, UNO Doktor . . ." Ich verstand nicht, was er damit meinte. Dann sagte er: „Du wirst Schutzimpfungen geben; du wirst in die Dörfer gehen und die Leute impfen."

„Du möchtest, daß ich hier jemandem eine Spritze gebe?" fragte ich. Ich verstand nicht, was er von mir erwartete. Alle anderen verstanden ihn – nur ich nicht. Endlich sah er mich an und sagte: „Doktor Amerika – UNO Doktor. Doktor der Vereinten Nationen. Du wirst für die Vereinten Nationen arbeiten. Du wirst in Dörfer gehen und Impfungen vornehmen."

Tatsächlich hatte ich nebenbei Erkundigungen bei einigen Bekannten eingezogen, die für WHO, die Welt-Gesundheitsorganisation, arbeiteten, aber sie antworteten, daß WHO niemanden einstellen würde. Unterdessen fragte mich Maharajji während der nächsten paar Wochen immer wieder: „Hast du deinen Job bekommen?"

Ich sagte immer: „Nein, Maharajji", und ließ den Gegenstand schnell wieder fallen.

Eines Tages sagte Maharajji zu mir: „Geh' zu WHO. Du wirst deinen Job bekommen." So ging ich zum Büro der WHO in Neu Delhi und traf dort denselben Mann, mit dem ich schon vorher gesprochen hatte. Er war sehr freundlich, wies mich aber darauf hin, daß es bei WHO keine offenen Stellen gebe und daß man ohnehin nur erfahrene Berater aus medizinischen Schulen und Institutionen des Auslands einstellen würde. Dann sagte er: „Es gibt da aber ein Programm. Wenn man dort etwas tun könnte, wäre es sehr schön. Es ist jedoch ein so schwieriges Gebiet, daß sich die Frage stellt, ob man das Ziel wird erreichen können. Es handelt sich um die Pocken-Bekämpfung. Die indische Regierung ist gerade jetzt sehr stark gegen die Ausweitung des WHO-Programms für die Bekämpfung der Pocken. Andere Probleme wie z.B. die Malaria und die Geburtenkontrolle stehen bei ihr im Vordergrund, und die Pocken haben für sie nicht die höchste Priorität. Aber ich werde sie zu Nicole Grasset schicken, der französischen Ärztin, die dieses Programm leitet."

Wir trafen eine Verabredung mit ihr, und dann kehrte ich zum Haus der Barmans zurück, zweier Devotees von Maharajji. Ich lieh mir von ihnen einen Anzug, kaufte mir eine unmögliche Krawatte und band mein Haar zu einem Pferdeschwanz zusammen, den ich unter meinem weißen Hemd versteckte. Meine Kostümierung war grotesk und paßte mir überhaupt nicht, und Nicole bemerkte sofort, daß ich nur ein Hippie war. Sie sagte: „Es tut mir leid. Wir haben wirklich keinen Job. Aber es war mir ein Vergnügen, Sie kennenzulernen."

Also ging ich zurück zu Maharajji, und er fragte mich wieder: „Hast du deinen Job bekommen?" Ich sagte: „Nein, Maharajji. Ich glaube, wir sollten es einfach vergessen."

Nachdem zwei weitere Wochen vergangen waren, sah mich Maharajji an und sagte:

„Geh wieder zur WHO."

Ich machte wieder den Autobus-Eisenbahn-Autobus-Rikscha-Trip zum WHO-Büro. Wieder sprach ich mit Ned, meinem Bekannten, und diesmal füllte ich ein bestimmtes Formular aus, tippte es nochmal sauber ab, schickte es ab und telefonierte mit Nicole. Natürlich hatte sie keinen Job für mich.

In der nächsten Woche fragte Maharajji, ob ich meinen Job schon hätte und bat mich, Nicole anzurufen. Es wurde mir langsam peinlich. Diesmal rief ich sie von Vrindaban aus an. Wieder mußte ich hören, daß es weder eine Expansion des Pocken-Programms noch irgendwelche Einstellmöglichkeiten für amerikanische Ärzte gebe – aber sie dankte mir für mein fortgesetztes Interesse an der Arbeit.

Einige Zeit später rief Maharajji mich plötzlich zu sich und sagte: „Geh zur WHO. Sofort!"

Ich bestieg einen Zug und ging schnurstracks zur WHO. Als ich durch die Tür trat, begegnete ich einem Mann, den ich noch nicht kannte. Er fragte mich: „Was tun Sie hier?"

Ich sprach meinen üblichen Text: „Ich bin hergekommen, um in der Pockenbekämpfung mitzuarbeiten. Mein Guru hat gesagt, daß ich für die WHO arbeiten würde."

Dann ging ich hoch in Ned's Büro und telefonierte mit Nicole. Sie sagte, daß sich mit dem Pocken-Programm noch immer nichts geändert habe, daß aber an diesem Tag etwas anderes geschehen sei: Der Leiter des globalen Pocken-Programms sei aus Genf eingetroffen. Sie schlug vor, daß ich kommen und mit ihm sprechen solle. Ich ging hin, und natürlich war es derselbe Mann, dem ich in der Tür begegnet war und dem ich erzählt hatte, daß ich für die WHO arbeiten würde – und nun war es der Mann, um dessen Programm es ging. Er stellte mir ein paar Fragen und schrieb eine „Notiz für die Akten": „Der junge Mann scheint an fremden Kulturen Gefallen zu finden und wird wahrscheinlich einmal sehr gute Arbeit auf internationalem Gebiet leisten. Er hat jedoch keine Erfahrung im Bereich der öffentlichen Gesundheitspflege und war bisher nur Pflichtassistent, und ich wünsche ihm viel Glück für die Zukunft. Wir haben für ihn keine Verwendung." Er erklärte mir, daß WHO mich aus verschiedenen Gründen nicht einstellen könne: Erstens hatte ich keine Ausbildung in staatlicher Gesundheitspflege. Ich hatte noch niemals einen Pockenfall zu Gesicht bekommen. Zweitens zog es die indische Regierung auf Grund politischer Spannungen gegenwärtig vor, auf amerikanische Arbeitskräfte zu verzichten. Drittens hatte man in Indien das Programm zur Ausrottung der Pocken tatsächlich noch nicht vorangetrieben. Außer in vier Ländern waren die Pocken überall ausgerottet worden, aber die Strategie sah vor, daß nach den drei anderen Ländern Indien als letztes an die Reihe kommen sollte.

Und das war es. Er fügte noch hinzu, daß es ein Pocken-Programm in Pakistan gebe, und wenn ich daran Interesse hätte, solle ich das doch stärker in Erwägung ziehen.

Nach kurzem Zögern sagte ich einfältig: „Ich muß erst meinen Guru fragen."

Ich kehrte zu Maharajji zurück. Als er fragte, ob ich den Job erhalten habe, sagte ich: „Nein, aber in Pakistan gibt es eine Möglichkeit."

„Nein!" schrie er. „Ich habe gesagt Indien!" Also telefonierte ich wieder mit der WHO und erzählte Nicole, daß mein Guru darauf bestehe, daß ich in Indien für WHO arbeiten würde.

Wahrscheinlich amüsierte sie das, aber sie war zuvorkommend wie immer und dankte für meinen Anruf.

Nachdem es zwei Monate so weitergegangen war, waren Girija und ich erschöpft und enttäuscht. Wir beschlossen, uns eine Weile zu erholen und nach Kaschmir zu fahren. Als wir den Ashram verließen, rief ich Nicole an und teilte ihr unsere Pläne mit. „Wenn du zufällig von einem Job hören solltest", sagte ich, „dann ruf' mich bitte in Srinagar an."

„Weißt du", sagte sie, „gerade ist etwas sehr seltsames passiert. Ich hatte plötzlich eine Inspiration. Ich weiß nicht – vielleicht ist es dein Guru oder so etwas, aber kannst du schreiben?"

„Ja", sagte ich. Ich hatte ein paar medizinische Zeitschriften redigiert.

„Nun, du weißt, daß wir dich wirklich nicht als Pocken-Arzt einstellen können, aber wenn du so fest entschlossen bist, für WHO zu arbeiten, könnte ich dich vielleicht als Verwaltungs-Assistenten in Dienst nehmen."

„Weißt du, mir ist alles recht. Maharajji sagte, daß ich für dich arbeiten und in die Dörfer gehen und Injektionen geben würde. Er hat sich noch nie geirrt."

Sie änderte meinen Antrag um, so daß ich mich jetzt nicht mehr als Arzt, sondern als Verwaltungs-Assistent bewarb, und schickte ein Telegramm nach Genf an D. A. Henderson, den Planungsleiter: „Ich werde Brilliant einstellen." Sie wollte mich plötzlich wirklich einstellen und die Bewerbung durchsetzen. Noch immer hatte WHO in ihrer Abteilung keinen Posten ausgeschrieben.

Nach unserem Urlaub in Kaschmir kehrten wir nach Kainchi zurück, wo uns Maharajji lächelnd mit der Frage empfing: „Hast du schon deinen Job?"

„Nein, Maharajji. Es ist wirklich sehr kompliziert." Wieder schickte er mich nach Delhi. Es war nun das zehnte Mal, daß es hin und her ging, wie bei einem Jo-Jo – jedesmal in Barman's Anzug und mit der schrecklichen Krawatte.

Bei WHO erfuhr ich, daß meine Bewerbung als Verwaltungs-Assistent angenommen worden war, daß ich mich aber noch einer Sicherheits-Prüfung unterziehen müsse – wie jeder Amerikaner, der für WHO arbeitet. Als ich dieses Stück Papier für die Sicherheits-Zulassung in Händen hielt, wußte ich, daß dies das Ende des Spiels war. Nie und nimmer konnte ich eine Sicherheits-Zulassung bekommen. Wir hatten dem linken Flügel der antimilitaristischen Bewegung in den Staaten angehört, und ich war einer der Anführer einer radikalen Organisation gewesen – dem Medizinischen Komitee für Menschenrechte. Ich hatte absolut keine Chance, die Sicherheits-Zulassung zu erhalten.

Mit einem schauderhaften Gefühl fuhr ich nach Kainchi zurück. Ich erklärte Maharajji alles und meinte, daß es bisher wohl eine Menge Hindernisse gegeben ha-

ben mochte, aber nun sei der Ofen aus.

„Oh", sagte Maharajji, „wer ist die Person, die dir diesen Job geben soll?" Ich konnte mich nicht genau erinnern, gab aber Henderson als Chef an. Maharajji tat so, als sei er ein echter fakir *(Sadhu). Er richtete sich auf, hielt seinen von der Decke verhüllten Arm vor sein Gesicht und fragte: „Wie buchstabiert man seinen Namen?" Ich fing an, ihn zu buchstabieren. „Warte", sagte er und begann, die Buchstaben mit tiefer Stimme langsam zu wiederholen. Er hielt eine Hand vor seine Augen, spähte aber zwischen seinen Fingern hindurch und lachte fortwährend. Den Namen unablässig wiederholend, täuschte er vor, in einen Trance-Zustand zu gehen, ohne mich dabei aus den Augen zu lassen, ob ich ihn dabei auch beobachtete und gehörig beeindruckt war – wobei er aber ständig kicherte.*

Zur selben Zeit nahm Dr. Henderson in Genf an einer Cocktail-Party in der amerikanischen Botschaft teil. Der amerikanische Botschafter und der Präsident der Ärztekammer waren anwesend. Der Präsident fragte Henderson, wie das Programm der Pocken-Bekämpfung fortschreite. „Großartig", meinte Henderson. „Wir haben es in vierunddreißig Ländern erfolgreich abgeschlossen, und nur vier Länder sind noch übrig."

„Werden Sie von allen Ländern unterstützt?" fragte der Präsident.

„Ja. Die Russen geben uns Impfstoff. Schweden gibt uns eine Menge Geld. Alle Länder helfen mit."

Der Präsident fragte: „Wie steht es mit Amerika? Was erhalten Sie von uns?"

„Nun", sagte Henderson, ein Experte darin, Unterstützung für sein Programm zu erwirken, „nicht allzu viel."

„Was brauchen Sie?"

Henderson erwiderte: „Ich weiß nicht, wie ich da hineingeraten bin, und ich weiß auch nicht weshalb, aber wir wollen einen jungen Arzt einstellen, der in einem indischen Ashram gelebt hat. Wir haben so etwas noch nie gemacht. Und der Junge kann keine Sicherheits-Zulassung bekommen."

Der Präsident der Ärztekammer der Vereinigten Staaten sagte: „Sicherheits-Zulassung? Wofür braucht er die?"

Henderson erwiderte: „Jeder Amerikaner, der für die Vereinten Nationen arbeitet, muß eine Sicherheits-Zulassung haben."

Der Präsident sagte: „Das wußte ich nicht. Wer stellt ihm die Zulassung aus?"

Henderson sagte: „Sie."

„Tatsächlich? Geben Sie mir eine Serviette und sagen Sie mir den Namen des Jungen." Er nahm eine Cocktail-Serviette und schrieb darauf: „Brilliant – Arbeitsgenehmigung erteilt." Er gab Henderson die Serviette, der an WHO in Neu Delhi telegrafierte, daß ich eingestellt werden könne.

Am nächsten Morgen rief uns Maharajji in sein „Büro". Er war überaus liebenswürdig. Lachend und schmunzelnd ließ er Tee und Jelebees bringen und drückte uns an sich. Wir rieben seine Füße und waren voller Seligkeit. Dann sagte Marahaji plötzlich: „In Ordnung. Es ist Zeit für euch zu gehen."

Wir dachten, daß wir den Ashram verlassen sollten.

Wir standen auf, machten Pranam, gingen hinaus und bogen um die Ecke, und als wir das Tor des Ashrams erreichten, kam der Postbote mit einem Telegramm aus Neu Delhi: „Uns wurde heute mitgeteilt, daß Sie eine US-Sicherheits-Zulassung erhalten haben. Kommen Sie sofort zu WHO – Neu Delhi, um Ihre Arbeit aufzunehmen.”

So fuhr ich nach Neu-Delhi und begann meine Arbeit als Verwaltungs-Assistent. Während der Woche arbeitete ich im WHO-Büro, und an den Wochenenden kamen wir nach Kainchi, um bei Maharajji zu sein. Ich denke zurück an ein Darshan im hinteren Teil des Ashrams, bei dem wir drei Stunden lang über die Pocken sprachen. Es war die schrecklichste Krankheit, die ich jemals erlebt hatte. Er erzählte mir alles über sie: Wo sie in Indien auftrat, wo und zu welchen Jahreszeiten es die schlimmsten Epedemien gab, wie es sich mit dem Kreislauf der Übertragung verhielt und in welchen Gegenden wir mit Schwierigkeiten rechnen mußten – die ganze Epedemiologie. Er wußte viel mehr als ich, obwohl ich schon etwa drei Monate bei WHO arbeitete. Ich fragte ihn: „Werden die Pocken ausgerottet werden?” Ich weiß noch seine Antwort, weil ich sie mir aufgeschrieben habe: „Die Pocken werden ausgerottet. Das ist Gottes Geschenk an die Menschheit für die schwere und hingebungsvolle Arbeit der medizinischen Wissenschaftler.”

Da Englisch meine Muttersprache war, wurde ich im WHO-Büro gelegentlich damit beauftragt, die Einsatz-Pläne schriftlich niederzulegen. Maharajji half dabei, das ganze Projekt zu organisieren. Weil ich sozusagen aus erster Quelle über die Verhältnisse in Indien informiert war und weil Maharajji's Ratschläge ausgezeichnet waren, wuchs meine Verantwortlichkeit mehr und mehr. Indessen merkte ich auch nach einem weiteren Monat noch nichts davon, daß Maharajji's Vorhersage sich bewahrheitet hatte, denn ich ging noch immer nicht in die Dörfer, um Impfungen vorzunehmen. Es hatte bis jetzt kein solches Programm gegeben.

Langsam näherte sich aber das Projekt dem Punkt, wo wir im Begriff standen, mit der praktischen Arbeit zu beginnen. Im September sollte es losgehen. Einige Leute aus dem Stab machten sich auf den Weg – aber ich natürlich nicht, da ich ja Verwaltungs-Assistent war. Ich sollte in Delhi bleiben und mich um den Laden kümmern. Es kam aber so, daß zwei der russischen Ärzte, die einer Gegend zugewiesen worden waren, wo Maharajji lange Zeit gelebt hatte, durch Formalitäten mit der sowjetischen Regierung aufgehalten wurden. Da gab es nun diese weiße Stelle auf der Karte – und da war einfach niemand außer mir, den man dort hinschicken konnte.

So wurde ich aus dem Büro in die Dörfer geschickt. Auf dem Armaturenbrett des Jeeps, den Girija und ich fuhren, hatten wir ein großes Bild von Maharajji angebracht. Wenn wir eine örtliche Praxis der Gesundheitsbehörde betraten und dem Arzt von der Dringlichkeit einer ernsthaften Pocken-Bekämpfung erzählten, bekamen wir nicht selten zu hören: „Ja, ja, schönen Dank, daß Sie gekommen sind. Nun gehen Sie bitte. Ich habe genug andere Probleme.” Die indische Höflichkeit mochte es dann gebieten, daß wir zum Jeep geleitet wurden – und der Arzt sah Maharajji's Bild auf dem Armaturenbrett und fragte uns, warum wir es dort angebracht hätten. „Oh", sagte ich, „er ist mein Guru. Er sagte mir, ich solle für die Vereinten Nationen arbeiten. Er sagte mir auch, daß die Pocken ausgerottet werden würden. Er meinte, daß dies das Geschenk Gottes an die Menschen für die schwere und uneigennützige Arbeit der medizinischen Wissenschaftler sei." Und dann passierte es oft, daß der Arzt sagte: „Oh, bitte kommen Sie doch zurück in mein Büro. Darf ich Ihnen einen Tee anbieten? Wenn es so ist, daß die Pocken ausgerottet werden, wie soll man das denn organisieren?" So ähnlich passierte es immer wieder.

Jedes Mal nahm man – einfach weil Maharajji gesagt hatte, daß die Pocken ausgerottet werden würden, und weil all die indischen Beamten gehört hatten, daß sich jede seiner Aussagen bewahrheitete – unsere Arbeit ernst und stellte andere Dinge zurück, um uns zu helfen.

Oft sagten skeptische WHO-Mitarbeiter oder indische Beamte zu mir: „Schauen Sie, Sie wissen doch, wie es mit Indien ist. Sie mögen die Pocken überall sonst ausrotten, aber in Indien, wissen Sie, wird man die Pocken niemals besiegen. Es ist einfach nicht möglich." Wenn sie aber hörten, was Maharajji gesagt hatte, änderten sie oft vollständig ihre Meinung.

Bald wurden wir in Gegenden geschickt, die auf Grund der negativen Haltung der örtlichen Ärzte ausgelassen worden waren. Wir erzählten von Maharajji's Voraussage. Einige der Amtsträger erinnerten sich an die Zeit, als die Chinesen 1962 in Indien einmarschiert waren und Maharajji gesagt hatte, daß sich die chinesischen Truppen von selbst nach China zurückziehen würden. Und so änderten diese Ärzte ihre Haltung und motivierten ihre Leute zu ungeheurer Arbeit – und bald waren die Pocken in ihrem Gebiet bezwungen. Die Folge davon war, daß die Pocken jedesmal, wenn ich in ein schwierigeres Gebiet entsandt wurde, durch Maharajji's Gnade verschwanden – obwohl ich selbst nur sehr wenig über diese Krankheit oder das UN-System wußte.

WHO schickte mich weiterhin in unbekannte und abgelegene Gegenden. Ich dachte, daß ich vielleicht gerade in Uttar Pradesh großes Glück gehabt hatte, aber im Januar 1974 wurde ich in einen abgelegenen Teil von Madhya Pradesh beordert, eine Gegend, die zufällig zum Shahdol-Bezirk – Amarkantak! – gehörte, Maharajji's altem Sadhu-Tummelplatz, wo zum damaligen Zeitpunkt die schlimmste Epedemie Indiens wütete. Fast jeder in diesem Bezirk hatte Maharajji gekannt, und als man hörte, daß er gesagt gabe, die Pocken würden *ausgerottet werden, entstand eine Zusammenarbeit, die in diesen abgelegenen Hügeln zu einem gewaltigen Feldzug führte. Die Epedemie war vorüber!*

Die Leute innerhalb von WHO begannen sich für Maharajji zu interessieren. Nicole, meine Chefin, öffnete sich in einer wirklich wundervollen Weise für Maharajji. Zuerst einmal glaubte sie jetzt tatsächlich, daß Maharajji irgendwie auf sie eingewirkt hatte, als sie mich einstellte. Zweitens gewöhnte sie es sich an – da sie stets alle um ihre Meinung fragte, bevor sie eine wichtige Entscheidung traf – uns, wenn wir über die Wochenenden zu Maharajji fuhren, zu fragen, welche Ratschläge er in Hinsicht auf bestimmte Probleme der Pocken-Bekämpfung gebe. Er sandte seine Antwort dann durch uns zurück. Seine Ratschläge waren sowohl auf der praktischen als auch auf der spirituellen Ebene voller Weisheit. Viele Mitarbeiter brachten ihm Hochachtung entgegen. Einige Mitglieder des Pockenstabes besaßen eine Eigenschaft, die ich bei keiner anderen Gruppe innerhalb des UN-Programms fand: Sie waren sehr inspiriert. Wir sprachen ungezwungen über Maharajji, da sie sehr hingebungsvolle Individuen waren.

Zwei Jahre intensiver Anstrengungen waren erforderlich, um die Pocken in ganz Indien zu bezwingen. Als wir 1974 begannen, zählten wir 180.000 Fälle mit 30.000 Toten innerhalb eines einzigen Jahres. Insgesamt arbeiteten 400 Epedemiologen aus 30 verschiedenen Ländern zusammen mit 100.000 indischen Helfern in einem immensen Sturm des Mitgefühls und Verantwortungsbewußtseins. Jedermann in Indien, selbst viele der leitenden WHO- Mitarbeiter, hatten gesagt, daß man es nie schaffen könne – aber Maharajji sagte, man könne *es schaffen. Er sagte, es sei Gottes Geschenk an die Menschheit, und das war es wahrhaftig.*

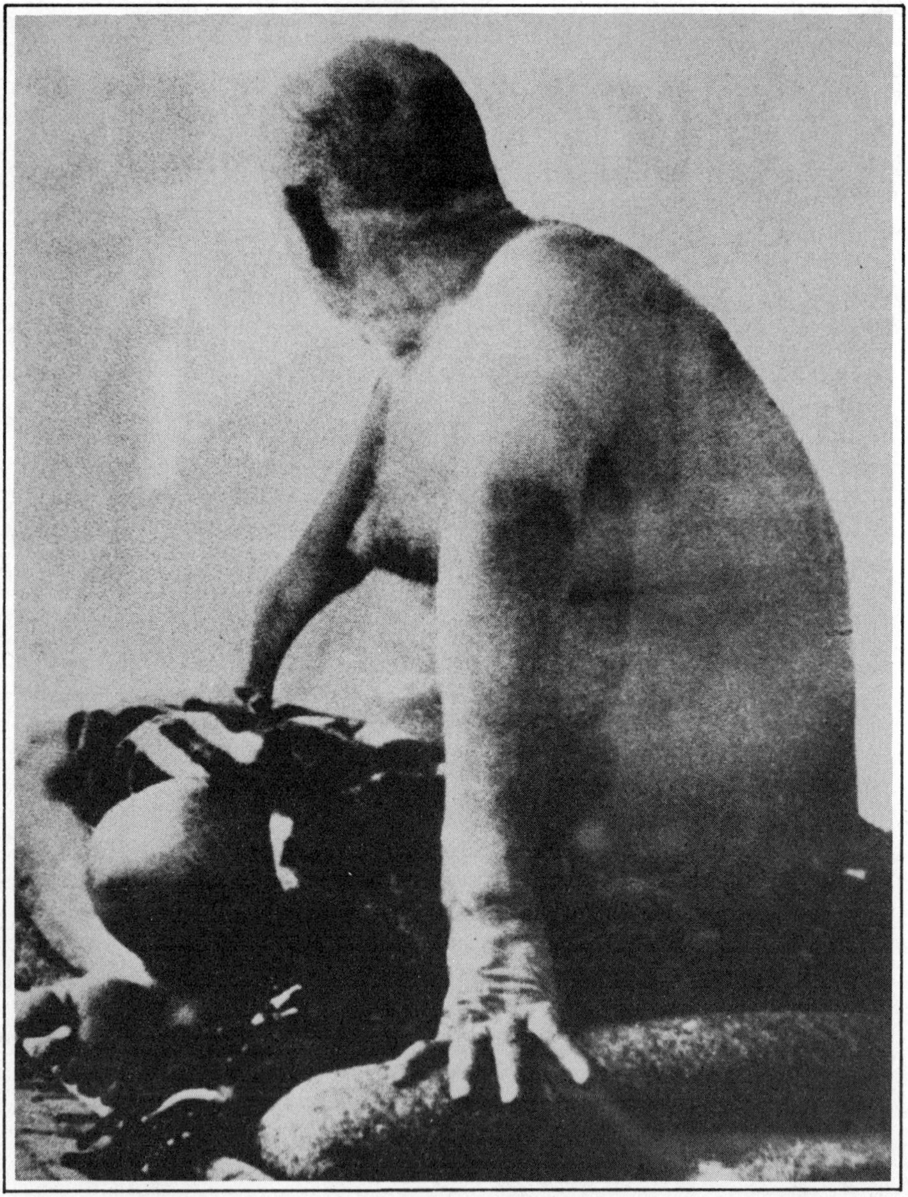

Verkörperter Geist

NICHTS VON DEM, was Maharajji betrifft, beansprucht den Verstand wohl mehr als die Art und Weise seiner Beziehung zum physischen Universum, insbesondere zu seinem eigenen Körper. Obwohl dieser auf den ersten Blick wie ein gewöhnlicher menschlicher Körper erschien – und er gab sich offenbar alle Mühe. dies unter Beweis zu stellen – gab es eine Fülle von Zeugnissen dafür, daß er nicht nur nicht gewöhnlich, sondern tatsächlich außergewöhnlich weit jenseits des Verstehens war.

Am subtilsten war vielleicht der Reiz, der von seinem Körper ausging. Ein Vorübergehender mochte von ihm das Bild eines kleinen, rundlichen, älteren Mannes gewinnen; ein zweiter Blick jedoch mußte einen solchen Eindruck irrelevant erscheinen lassen. Maharajji's Körper besaß eine Qualität, die ihn für uns Devotees unwiderstehlich anziehend machte. Die meisten von uns konnten Stunde um Stunde der Erfüllung zubringen, indem sie einfach nur diese Form betrachteten.

Wenn ich an ihn denke, denke ich an seine Hände – nicht nur daran, seine Hände zu halten, sondern auch die Art ihrer Bewegungen zu beobachten. Seine Finger waren sehr geschmeidig und doch voller Kraft. Wenn er seine Hände nicht gebrauchte, waren sie vollkommen entspannt und flach. Seine Fingerspitzen hatten eine ungewöhnliche Form. Mehr als an sein Gesicht erinnere ich mich an seine Hände.

Er war die Ungezwungenheit selbst. Er nahm verblüffende Körperstellungen ein. Er floß wie der Akash. Es schien, als sei er vollkommen flüssig. Seine Haut war von einer erstaunlichen Beschaffenheit, sie hatte einen Glanz und eine Weichheit, die ungewöhnlich waren, wie die Haut eines Babies.

Machmal war die Schönheit seines Körpers so strahlend, daß es dir vor Überraschung den Atem nahm. In der Julihitze Vrindabans kurz vor dem Guru Purnima-Tag kam er heraus, nur mit einer weißen Dhoti bekleidet, und alles, woran ich denken konnte, war die Beschreibung Hanuman's in der Ramayana: „Ein Körper, leuchtend wie ein Berg aus Gold . . .“

Ich erwartete immer, ihn in seine Decke gewickelt zu sehen. Eines Tages bog ich um die Ecke und betrat das Zimmer, und da war er, nur an den Hüften und Beinen mit einem Tuch bekleidet. Ich weiß nicht warum, aber es war einer der schockierendsten Tage meines Lebens, obwohl ich mich keineswegs fürchtete. Ich hatte Fotografien gesehen, aber ich war nicht darauf vorbereitet, die Unermeßlichkeit dessen zu sehen, der er war.

Ein anderes Mal sah ich ihn draußen auf dem Tucket sitzen, mit einem Tuch, das um seine Hüften geschlungen war. Diesmal erschien er mir wie ein kleines Kind. Da war dieses massive Wesen, das aussah wie ein entzückendes kleines Baby, das in seine Windeln gewickelt war und spielte.

Meine Mutter und meine Tante schlichen sich in Maharajji's Raum, als er draußen war, um ein Bad zu nehmen. Sie liebkosten seine Decke und hielten sie an ihr Gesicht. Anschließend sprachen sie nur noch davon, daß sie gerochen habe wie die Decke eines Baby's.

Zuweilen erschien er dick, und manchmal wieder dünn; manchmal war er groß und manchmal klein: erst war er schwer und dann wieder leicht. Und seine Gelenke funktionierten nicht wie normale Gelenke.

Es war nicht nur so, daß er seinen eigenen Körper – den, der uns vertraut war – in unglaublicher Weise manipulierte, er nahm offenbar auch nach Belieben andere Körper an.

Einmal war ich während der Nacht mit Maharajji allein. Es war in Vrindaban. Er sagte zu mir: „Gut, du führst mich auf einen Spaziergang."

Maharajji hatte solch einen massiven Körper, und ich sagte: „Maharajji, ich kann dich doch nicht am Arm nehmen."

Aber er bestand darauf. Ich reichte ihm meine Hand, mit der Handfläche nach oben, und er legte die ganze Wucht seines Gewichts auf meine Hand. Ich sagte: „Maharajji, du bist zu schwer."

Er sagte: „Tatsächlich? Dann setzt du mich irgendwo hin."

So suchte ich ihm einen Platz, wo er eine Weile saß. Dann sagte er: „Nun nimm mich wieder hoch." Und dieses Mal fand ich, daß er sehr leicht war. Viel leichter als ein Baby.

Seit jenem Tag begleitet mich immer das Gefühl, daß er neben mir geht.

Wenn er in seinen früheren Jahren in einem Dorf erschien, spielte er oft nur mit den Kindern und führte ihnen mit seinem Körper die unglaublichsten Kunststücke vor. Seine Gelenke schienen überhaupt nicht miteinander verbunden zu sein. Ich hätte das nie für möglich gehalten. Wir sahen mit zwanzig Leuten zu, als er, um die Kinder zu unterhalten, seine Hände hinter dem Rücken zusammenschloß und sie über den Kopf nach vorne brachte, ohne sie loszulassen.

Einmal bekam Maharajji Besuch von einem berühmten Orthopäden. Maharajji zeigte ihm, wie er sein rechtes Ellenbogengelenk auf eine sehr ungewöhnliche Art bewegen konnte. Der Arzt untersuchte es sorgfältig, denn er hatte so etwas noch nie gesehen. Dann sagte er: „Hör' mal, du mußt dir das Gelenk als Kind gebrochen haben, und es ist niemals wieder geheilt."

„Oh", sagte Maharajji, als sei er überrascht. „Nun, und wie ist es hiermit?" Und er machte dasselbe mit dem anderen Arm.

Als man die Murti von Maharajji machen wollte, nachdem er seinen Körper verlassen hatte, kam man zu mir und bat mich um ein Photo von ihm – es sollte das bestgeeignete Photo für die Murti sein. Ich sagte, daß ich Babaji so viele Jahre gekannt habe und viele Hunderte von Bildern besäße, und daß er auf jedem anders aussah. Und Babaji selbst – er war manchmal klein, manchmal sehr dick, manchmal ganz schlank. Ich war nie fähig zu erkennen, welcher nun der wirkliche Baba war. Du konntest ihm jede beliebige Form geben, aber er ließ sich nicht darin einfangen. Er war wie die Luft.

Die junge Tochter eines Devotees blieb manchmal über Nacht im Tempel. Immer wieder beobachtete sie Maharajji und sagte schließlich zu ihm: „Maharajji, am Tag, wenn all die Leute um dich herum sind, erscheinst du so hilflos und alt. Aber in der Nacht, sobald die Tore geschlossen sind, schwirrst du umher. Wie kommt das?" Maharajji lachte.

Frau Soni besuchte Maharajji einmal, und er sah nicht gut aus. „Maharajji, du siehst überhaupt nicht gut aus", sagte sie.

„Tatsächlich, Ma?" Dann machte er etwas mit seinem Körper, und plötzlich sah er ganz strahlend aus. „Wie sehe ich jetzt aus, Ma?"

„Jetzt siehst du viel besser aus, Maharajji."

Eine Familie hielt sich mit ihrem Großvater im Tempel auf. Als sie zu Maharajji kamen, deutete er auf den Großvater und sagte: „Wir sind uns schon einmal begegnet." Aber der Großvater sagte, er könne sich das nicht denken. Er war ganz sicher, daß sie sich noch nie begegnet waren, aber Maharajji hielt an seinen Worten fest. Schließlich schloß Maharajji für einen Moment seine Augen und sagte dann: „Erinnerst du dich nicht? Du hast meine Schlafrolle auf dem Bahnhof getragen."

Erst glaubte der Großvater, daß Maharajji ihn einfach mit jemand anderem verwechseln müsse. Dann aber erinnerte er sich daran, daß er im Alter von elf oder zwölf Jahren mit einigen Schulfreunden eine Fahrrad-Tour gemacht hatte. Sein Fahrrad hatte eine Panne gehabt, und seine Kameraden waren ohne ihn weitergefahren. Er brauchte ein paar Rupies, um das Fahrrad reparieren zu lassen, denn er hatte kein Geld. So ging er zum Bahnhof, mit dem Gedanken, er könne sich für einen Gepäckträger ausgeben und jemandem die Tasche tragen.

Leider war er sehr klein, so daß die Tasche sehr leicht sein mußte. Er stand neben den Waggons Erster Klasse. Plötzlich stieg ein Mann aus dem Zug. Er trug einen Anzug, glänzende Schuhe und einen steifen Hut. Er hatte eine eingerollte Decke, die er dem Jungen anvertraute, damit er sie zu einem Haus in einem entlegenen Stadtviertel trug. Die Rolle war sehr leicht, aber als sie ankamen, gab der Mann dem Jungen fünf Rupies (viel mehr als für die Arbeit nötig war) und sagte ihm, daß er am nächsten Tag wiederkommen und ihn besuchen könne, wenn er wolle. Aber der Junge nahm das Geld, ließ sein Fahrrad reparieren und setzte seinen Weg fort, ohne zurückzukehren.

Einmal kam ein Betteljunge in unser Hotel. Wir gaben ihm etwas zu essen, aber der Junge wollte nicht wieder gehen. Endlich bat er um ein Spielzeug, und wir jagten ihn weg. Später erzählte Maharajji: „Ich kam in euer Hotel, aber ihr habt mich fortgejagt."

Es gab zwei Schwestern, die Maharajji sehr tief verehrten. Eine von ihnen ging zur Toilette, kam in einem ekstatischen Zustand wieder heraus und sagte: „Ich habe in der Toilette ein Darshan von Maharajji gehabt." Das Haus war weit von dem Ort entfernt, wo Maharajji sich zu diesem Zeitpunkt aufhielt. Ihre Schwester eilte auf die Toilette, und was sie dort vorfand, war eine große Kobra.

Einmal, als CS Maharajji wusch, dachte er an Gorakhnath, der keinen wirklichen Körper hatte, aber verschiedene Körper manifestieren konnte. CS seifte Maharajji ein, wusch ihn und alberte mit ihm herum, aber jener Gedanke verließ ihn dabei nicht. Als er anfing, Maharajji die Dhoti umzubinden, merkte er, daß innerhalb der Dhoti gar nichts war. Kaum daß er diesen Gedanken hatte, drehte sich Maharajji um und schrie ihn an: „Fort, weg mit dir, ich binde mir meine Dhoti selbst um."

DIE AUSSERGEWÖHNLICHEN Positionen, die Maharajji mit seinem Körper einnahm, waren ebensowenig zufällig wie alles andere, was er tat. Einige der älteren Devotees waren recht geübt darin, Maharajji's Körpersprache zu lesen, denn viele seiner Stellungen waren wirkliche *mudras* (gestaltgewordene Äußerungen), welche Segen gaben, bestimmte Kräfte aktivierten oder bestimmte Veränderungen in der Umgebung bewirkten.

Siddhi Ma hielt ein Bild von Maharajji in Händen, das ihn auf der Seite liegend zeigt, in der klassischen Pose, mit einer Hand auf dem Scheitel seines Kopfes. Sie sagte, daß diese Mudra mit der Hand auf dem Scheitel des Kopfes bedeutet: „Sorge dich um nichts. Ich habe alles unter Kontrolle."

MANCHMAL ZOGEN IHN seine Devotees offenbar von zwei Orten gleichzeitig an, die ziemlich weit voneinander entfernt waren. Bevor er dann jemanden im Stich ließ, führte Maharajji eines seiner großartigsten Talente vor – nämlich jenes, an zwei Orten gleichzeitig zu erscheinen.

Einmal ging Maharajji zu einem Barbier, um seinen Bart rasieren zu lassen. Während der Barbier arbeitete, erzählte er Maharajji, daß sein Sohn vor einiger Zeit weggelaufen war, und daß er nicht wußte, wo er sich aufhielt. Er vermißte ihn sehr und machte sich Sorgen um ihn. Maharajji's Gesicht war zur Hälfte rasiert und zur Hälfte eingeseift, aber er bestand darauf, sofort hinausgehen und urinieren zu müssen. Nach kurzer Zeit kam er wieder, die Rasur wurde beendet, und Maharajji ging. Am nächsten Tag kehrte der Sohn des Barbiers mit einer seltsamen Geschichte zu seinem Vater zurück. Er hatte in einer über 160 Kilometer entfernten Stadt gewohnt, und tags zuvor war dieser dicke Mann, dessen Gesicht nur zur Hälfte rasiert war, eilenden Schrittes in das Hotel gekommen, in dem er arbeitete. Er hatte ihm Geld gegeben und verlangt, daß er noch am selben Abend mit dem Zug zu seinem Vater zurückkehren solle.

Während er sich im Hause eines Devotees aufhielt, bat Maharajji darum, im Zimmer eingesperrt zu werden. Die Fenster waren vergittert und die Türen von außen verriegelt. (In Indien sind die Räume zum Schutz vor wilden Affen oft mit schweren Fenster-Gittern versehen. Außerdem besitzen die Türen an der Innen- und Außenseite voneinander unabhängige Riegel. So können sie, wenn sie von außen verriegelt sind, von innen nicht geöffnet werden.) Kurze Zeit später traf ein Devotee ein und fragte, wo Maharajji hingefahren sei. Der Hausherr sagte: „Was? Er ist doch im Zimmer eingeschlossen."

„Das ist unmöglich. Ich habe ihn gerade in einer Rischka gesehen, irgendwohin unterwegs."

Zur gleichen Zeit empfing meine Schwester Maharajji an ihrer Tür. „Ich will Khichri. Ich fühle mich nicht wohl und will nur Khichri essen", sagte er.

Inzwischen hatte man in dem anderen Haus die Tür geöffnet und den Raum leer vorgefunden. Aber keines der Gitter war angerührt worden, und so verschloß man den Raum wieder. Nach ungefähr einer Stunde waren Geräusche aus dem Inneren des Zimmers zu hören. Man öffnete die Tür, und diesmal fand man Maharajji darin vor.

Maharajji kam um drei Uhr morgens in das Zimmer einer alten Frau, die ihr Haus verschlossen hatte, und sagte: „Warum störst du mich, Ma?" Sie hatte vorher zu ihm gebetet.

Devotees hatten gerade das Gebäude eines neuen Hanuman-Tempels für Maharajji in Panki in der Nähe von Kanpur fertiggestellt, und die offizielle Eröffnungs-Zeremonie stand bevor. Maharajji weilte in Allahabad und hatte allen erzählt, daß er der Feier nicht persönlich beiwohnen werde. Am Morgen der Eröffnung des Tempels ging Maharajji in seinen Raum in Allahabad und bat darum, für einige Stunden alleingelassen zu werden. Die Tür wurde von außen verriegelt. Am folgenden Tag fanden sich einige Devotees in Allahabad ein, um Prasad von der Puja in Panki zu verteilen. Sie gaben Maharajji's Gastgeber etwas davon und beschrieben die farbenfrohe Puja und den Bhandara. Sie erzählten, daß alles glänzend verlaufen sei; selbst Maharajji sei erschienen, obwohl er vorher angekündigt habe, daß er nicht kommen werde.

„Das ist unmöglich!" sagte der Gastgeber. „Maharajji war die ganze Zeit über hier in Allahabad."

„Nun, er war auch in Panki. Er war von elf Uhr bis zwölf Uhr im Tempel", erwiderten sie.

WENN DEINE KUNDALINI *(IN DER WIRBELSÄULE AUFSTEIGENDE ENERGIE) ERWACHT, BRAUCHST DU KEIN FLUGZEUG, UM NACH AMERIKA ZU REISEN.*

Ein Devotee aus Nainital erhielt, während er in Kanpur zu Besuch war, Maharajji's Darshan. Als er aufbrach, gab Maharajji ihm eine Nachricht mit auf den Weg, die er den Leuten im Nainitaler Tempel überbringen sollte. Die Nachricht besagte, daß man Maharajji innerhalb von 14 Tagen dort erwarten solle. Als er tags darauf nach Nainital kam, ging der Devotee nicht erst nach Hause, sondern gleich in den Tempel. Er war erstaunt, daß so viele Leute dort waren, obwohl Maharajji doch fort war. Zufällig hörte er, daß Maharajji sich in einem der Räume aufhalte.

„Das glaube ich nicht", sagte er. „Ich habe ihn erst gestern in Kanpur gesehen. Es ist unmöglich."

„Nein, Baba ist schon seit fünfzehn Tagen hier", antwortete man ihm.

„Aber ich habe aus Kanpur eine Botschaft von ihm. Er sagte, daß er erst in vierzehn Tagen hierher kommen wolle." Der Devotee betrat Maharajji's Raum. „Babaji,

wie ist das möglich?" fragte er.

„Hap! Hinaus! Geh weg! Sprich mit niemandem darüber. Du erzählst Lügen!" schrie Maharajji ihn an.

Ein Devotee Maharajji's wohnte in Agra und hatte schon seit Jahren kein Darshan mehr von Maharajji erhalten. Nachdem er erfahren hatte, daß Maharajji nach Neu Delhi gekommen war, telefonierte er mit ihm.

„Warum bist du nicht nach Agra gekommen? Es ist so lange her, daß du mir dein Darshan gegeben hast. Darf ich nach Delhi kommen?"

Maharajji antwortete. „Nein. Komm' nicht her. Ich werde nach Agra kommen."

„Wann?"

„Bald."

Der Mann wollte Maharajji's Worten keinen Glauben schenken und bettelte darum, nach Delhi kommen zu dürfen, aber Maharajji blieb dabei, daß er den Mann in Agra besuchen werde. Der Devotee legte den Hörer auf, und als er sich zur Tür wandte, sah er Maharajji dort stehen. Der Devotee warf sich Maharajji zu Füßen. Maharajji sprach drei oder vier Minuten mit ihm und verließ ihn dann wieder, um nach Delhi zurückzukehren. Der Mann rief erneut bei den Gastgebern in Delhi an, und man sagte ihm, daß Maharajji gerade vor ein paar Minuten zur Toilette gegangen sei. Und gleich darauf hieß es: „Oh, da ist er wieder."

In Neeb Karori wollte ein Mann einmal mit Maharajji nach Vrindaban fahren, und Maharajji wollte nicht mitkommen. Maharajji sagte: „Schließt mich in diesem Raum ein. Ich muß etwas erledigen." Als der Mann aus Vrindaban zurückkehrte, berichtete er, daß er und Maharajji eine wundervolle Zeit miteinander verbracht hätten. Aber als man den Raum öffnete, war Maharajji immernoch darin.

Ein Devotee, der Maharajji begleitete, fragte sich einmal, wie Maharajji an mehreren Orten gleichzeitig sein könne. Dreimal sagte Maharajji zu ihm: „Geh' hinaus und sieh nach, was in den anderen Räumen los ist." Der Devotee ging schließlich hinaus in die Vorhalle. Das Haus hatte sechs Zimmer, und er sah, wie Maharajji aus jedem von ihnen heraustrat.

Ein Devotee mußte den Hanuman-Tempel in Nainital, wo Maharajji sich gerade aufhielt, verlassen, um im Flachland Geschäfte zu erledigen. Bei seinem Aufbruch war er traurig und dachte, daß Maharajji nach seiner Rückkehr möglicherweise nicht mehr im Tempel sei, und daß er ihn erst wieder nach langer Zeit sehen könne. Er saß in einem Zug, der in einem kleinen Bahnhof hielt, um Wasser aufzunehmen. Jemand kam zu ihm und sagte: „Sieh mal dort drüben. Da ist Neem Karoli Baba." Der Devotee dachte: „Das ist merkwürdig. Er ist doch in Nainital geblieben." Er ging zum anderen Ende des Bahnsteigs und sah Maharajji dort sitzen. Er war von Devotees umringt und benahm sich so wie immer. Der Mann sprach mit Maharajji und auch mit den anderen Devotees, und nach einer Weile sagte Maharajji: „Geh zurück zu deinem Zug, sonst versäumst du ihn. Er fährt gleich ab."

Nachdem er seine Geschäfte erledigt hatte, kehrte der Devotee nach Nainital zurück, und es zeigte sich, daß Maharajji noch immer dort war. Er hatte den Tempel während der ganzen Zeit nicht verlassen.

Meine Mutter sah Maharajji einmal an zwei Stellen gleichzeitig. Sie befand sich in Bhumiadhar und ging auf Maharajji zu, als sie plötzlich einen zweiten Maharajji sah, denselben wie den ersten. Einer saß am Straßenrand und der andere im Wald. Wenige Augenblicke später verschwand die eine Gestalt, und sie sprach mit Maharajji's „übriggebliebener" Form.

Am 14. Januar 1965 erschienen in Dada's und Didi's Haus an der Wand der Kleiderkammer des Darshan-Raums Fußabdrücke, die sie Maharajji zuschreiben und jährlich mit einem Bhandara feiern. Als sie Maharajji mit diesen Fußabdrücken konfrontierten, sagte er: „Ich war da, aber Didi hat mich bemerkt."

Maharajji ruhte sich einmal aus, und die Ma's, die mit ihm im Zimmer saßen, wurden sich dessen gewahr, daß Maharajji nicht mehr dort lag. Als sie spürten, wie seine Energie zurückkehrte, fragten sie ihn, wo er gewesen sei. Er lachte, und als sie meinten, daß er ohne Flugzeug nach Amerika reisen könne, lachte er wieder und schalt sie aus.

Ich aß in Amerika einmal mit einem Physiker zu Mittag, der den Nobelpreis bekommen hatte. Er fragte mich nach Maharajji, und ich fing an, ihm ein paar Geschichten von ihm zu erzählen. Er fand sie allesamt faszinierend und zweifelte nicht an ihrer Glaubwürdigkeit, bis ich zu den Geschichten kam, in denen Maharajji zur *selben Zeit an zwei Orten erscheint. Darauf erwiderte der Physiker: „Das ist unmöglich. Nach den Grundsätzen der Physik kann etwas nicht gleichzeitig an zwei Orten sein."*

„Sehen Sie", sagte ich, „Maharajji hat es trotzdem fertiggebracht." (R.D.)

MAHARAJJI SELBST GAB nie Erklärungen über das Spiel seines Körpers ab. Die folgende Geschichte jedoch weist auf eine andere Realität hin, in der dieses Spiel, zumindest aus Maharajji's Sicht, einen klaren Sinn ergab.

Einmal, als wir während einer Kälteperiode in den Bergen waren, zog Maharajji neun Pullover an. Später, zur Schlafenszeit, sagte er: „Ihr denkt, das ich das aus weltlichen Gründen mache. Seid nicht albern." Er zog alle Pullover aus, entledigte sich auch seiner Decke und schlief die ganze Nacht unbekleidet.

WENN DU DIESE Phänomene, die Maharajji mit seinem Körper manifestierte, erst einmal als wahr akzeptiert hast, fällt es dir schwer, zu deinem Konzept von ihm als einem normalen sterblichen Wesen zurückzufinden. Aber er gab sich alle Mühe, eben dieses Konzept in uns zu festigen. Er demonstrierte Eitelkeit, Krankheit, Altern (obwohl es darüber einige Verwirrung gab, wie sich in den folgenden Geschichten zeigt) und letztlich den Tod. Aber für die Devotees war das alles nur ein Teil seines Spiels.

Als Maharajji uns aus einem bestimmten Anlaß besuchte, bemerkte er ein Bild von sich, das ihn lachend und mir einem ziemlich langen Bart zeigte. Er schalt mich aus und fragte, warum ich ihm nicht gesagt hätte, daß sein Bart so sehr gewachsen sei, und warum ich ihn nicht zum Barbier geschickt hätte. „Nun hat er das ganze Bild verdorben", sagte er.

Während eines abendlichen Darshans in Kainchi war Maharajji mit den Ma's, die soeben Puja vor ihm ausgeführt hatten, im hinteren Teil des Tempels gewesen. Er kam heraus und nahm auf dem Tucket Platz. Er sah tadellos aus – ein Wesen, wie es stattlicher und königlicher nicht sein konnte. Er war frisch rasiert und trug genau auf der Mitte seiner Stirn einen runden gelben tilak *(Kennzeichen religiöser Bedeutung). Wie ein König saß er da, und wir saßen lange Zeit schweigend vor ihm. Es war, als ob er sagen wollte: „Ich sehe so gut aus!"*

In einem Aufzug in Bombay betrachtete sich Maharajji im Spiegel und strich seinen Bart glatt.

Etwa zwei Wochen nach unserer Ankunft in Kainchi sagte Maharajji: „Doktor, ich habe Kopfschmerzen." So lief ich nach hinten in mein Zimmer, wo ich meine medizinische Ausrüstung aufbewahrte, und suchte Aspirin mit Kodein heraus. Ich dachte: „Moment mal – soll ich diesem Mann wirklich Kodein geben?" Letzten Endes war er ein alter Mann, und ich wußte nicht, wie er darauf reagieren würde. Während ich in meinen Fläschchen herumwühlte, ließ mir Maharajji ausrichten, daß er keine Pille nehmen wolle; er wolle eine Salbe. Um Salben war es bei mir damals schlecht bestellt, und ich hatte nur Pillen, so ließ ich ihm sagen, daß ich überhaupt keine Salben hätte.

Doch da sprang Chaitanya als Retter ein – er hatte eine kleine, dicht verschlossene Dose mit Essential Balm, einer chinesischen Salbe. Überglücklich, daß ein westlicher Doktor es fertiggebracht hatte, für diesen armen alten Mann mit seinen Kopfschmerzen eine Salbe aufzutreiben, rannte ich zurück zu Maharajji, stolperte über die vor ihm sitzenden Devotees, stürzte zu ihm hin und gab ihm die kleine Dose. Und er sagte: „Oh, Doktor! Deine Medizin ist sehr gut! Das ist großartig! Das ist genau die Medizin, die ich wollte!" Er betrachtete die Dose und machte vergebliche Anstalten, sie zu öffnen. (Er hatte in solchen Dingen nicht allzuviel Geduld.)

Dann legte er die verschlossene Dose auf seinen Kopf und sagte: „Doktor! Diese Medizin ist ausgezeichnet. Sie ist wunderbar. Sie hat meine Kopfschmerzen vollständig weggenommen. Oh, Doktor, du bist ein wundervoller Doktor! Du bist großartig. Deine Medizin ist wunderbar. Alles ist vollkommen. Meine Kopfschmerzen sind völlig verschwunden."

Eines Tages klagte Maharajji, daß er erkältet sei und Socken und Medizin brauche. KK lachte und sagte: „Oh, Maharajji, dir fehlt doch nichts. Warum versuchst du, Leute wie uns zum Narren zu halten?" Maharajji lachte, als sei er bei einer List ertappt worden, und bald ging es ihm besser.

In Vrindaban war Maharajji wirklich krank. Zwei Jahre lang hatte er ein Herzmittel genommen, da er verschiedentlich Herzanfälle gehabt hatte. Manchmal ließ er mich holen, wenn er krank war, und als wir an einem solchen Tag zu ihm kamen, saß er gerade auf seinem Tucket. Vor ihm auf dem Tucket lag das größte Taschentuch, das ich jemals gesehen habe, in das er immer wieder hineinschnaubte. Er bot den Anblick einer sehr komischen Karikatur eines Mannes mit einer bösen Erkältung.

Er sagte: „Oh, Doktor. Ich bin schrecklich krank. Willst du mir nicht etwas Medizin geben?" Ich sagte: „Ja, Maharajji", und fragte ihn nach seinen Symptomen. Ich konstatierte eine Erkältung, lief zum Basar und kam mit drei verschiedenen Schachteln zurück, die homöopathische, ayurvedische und westliche Medizin enthielten. Ich zeigte Maharajji jede einzelne Packung: „Hier ist die homöopathische Medizin. Hier ist die ayurvedische Medizin. Und hier ist die westliche Medizin." (Die letztere enthielt Vitamin C, Aspirin und Dristan.)

Er warf das homöopathische und das ayurvedische Mittel zur Seite und sagte: „Das ist die Medizin, die ich haben will." Und er schluckte rasch das Vitamin C, Aspirin und Dristan hinunter.

Sehr oft sagte er zu mir: „Weißt du, die westliche Medizin ist sehr gut." Und mich nannte er „Doktor Amerika".

Ein Arzt, dessen erste Begegnung mit Maharajji schon über fünfundzwanzig Jahre zurücklag, besuchte den Baba. Nach einer Viertelstunde sagte Maharajji: „Ich habe Schmerzen, Doktor. Willst du nicht mein Bein massieren?" Der Arzt nahm Öl und begann mit der Massage, und dann sagte er: „Ich habe viele alte Leute gesehen, die steif geworden sind, aber deine Nerven haben sich nicht verändert. Dein Körper erscheint sogar jünger als im Jahr 1942."

Maharajji sagte: „Geh' weg! Diese Doktoren sind Narren. Schließlich wird man geboren und muß wieder sterben. Ein Heiliger hat ihm etwas über Nerven erzählt. Was weiß er schon davon?" Und Maharajji schickte den Arzt fort.

Eine Frau sagte einmal zu Maharajji: „Bald ist das Hochzeitsfest meines Verwandten. Du mußt unbedingt daran teilnehmen, Maharajji."

Maharajji sagte: „Ich werde kommen" – und er kam auch – allerdings nicht in seiner gewohnten Gestalt. Auf der Hochzeit sagte er zu ihr, daß er sehr hungrig sei, und als sie fragte, was er denn möge, erwiderte er: „Khir, Khir, nichts anderes. Bring' mir Khir." Sie brachte ihm Khir, und als sie ihm noch mehr holen wollte, war er verschwunden. Einige Zeit später, als sie Maharajji wiedertraf, tadelte sie ihn, daß er nicht an der Hochzeit teilgenommen habe.

Er rief: „Nein, nein! Du selbst hast mir Khir gegeben. Aber dann hast du mir kein Khir mehr gebracht, und da bin ich fortgelaufen. Ich habe dir einen Streich gespielt!"

DIE GROSSEN SADHUS HABEN KEINEN MENSCHLICHEN KÖRPER. SIE SIND ALLGEGENWÄRTIG. WENN EIN HEILIGER SEINE FORM VERÄNDERT, MUSS ER NICHT UNBEDINGT EINEN MENSCHLICHEN KÖRPER ANNEHMEN. DIE SEELE IST DIE KLEINE FORM UND DER MENSCHLICHE KÖRPER IST DIE GROSSE FORM.

Als Maharajji noch in Neeb Karori lebte, verbrachte er viel Zeit in der Abgeschiedenheit einer unterirdischen Höhle. Eine Ma kam zu ihm, um die Höhle zu säubern. Als sie eintrat, sah sie Maharajji dort sitzen, und Schlangen wanden sich um seinen Körper. Sie sagte, daß sie nicht näherkommen würde, solange die Schlangen da wären, und lief wieder hinaus. Er rief ihr zu, daß sie keine Angst zu haben brauche, und als er sich erhob, verschwanden die Schlangen in seinem Körper.

Als wir einmal mitten in der Nacht im Wald waren, sagte ich zu ihm: „Zeige mir Gott."

Er sagte: „Du mußt meinen Bauch reiben." Ich ermüdete, da sein Bauch immer größer und größer wurde, bis er mir wie ein Berg erschien. Er machte ein schnarchendes Geräusch, das so klang wie bei einem Tiger. Es war nur ein Spiel, aber wenn du ihn auf die Probe stelltest, zeigte er dir überhaupt nichts.

Manchmal, wenn Maharajji auf dem Tucket lag, war es zu klein; zu anderen Zeiten war er wie ein Schatten, oder wie ein ganz kleines Kind in seiner Decke.

Wenn du neben ihm gingst, war er manchmal groß und manchmal klein.

Bevor in Bhumiadhar Gebäude errichtet wurden, gab es nur eine kleine Außentoilette. Maharajji mußte einmal austreten, und Siddhi Ma holte mit einem Lota aus einem Nachbarhaus Wasser und wartete draußen. Als Maharajji wieder herauskam, sah sie seine gewaltige Form und fühlte sich im Vergleich zu ihm buchstäblich so klein wie eine Fliege.

Ein Devotee erzählte mir, daß Maharajji immer sehr klein wurde, wenn er vor der Hanuman-Murti in Vrindaban stand. Natürlich wünschte ich mir daraufhin, dieses Phänomen zu erleben, aber ich sagte niemandem etwas davon. An einem Tag, gleich nach dem Mittagsmahl, als Maharajji wie gewöhnlich in seinem Raum ausruhte, stand ich allein vor der Murti. Zu meiner großen Freude erschien Maharajji im Tempel, um Hanuman's Darshan zu erhalten. Wir lehnten beide am Geländer, und er fesselte meine Aufmerksamkeit mit einem durchdringenden, starren Blick. Und während ich ihn anschaute, wurde er kleiner und kleiner – jede Form löste sich auf, während die nächstkleinere Form erschien. Es sah sehr ätherisch aus.

Maharajji sagte einmal: „Ich komme nach Amerika."
Die Westler fragten: „In unseren Herzen?"
„Nay", erwiderte er, „in einem Körper. Wollt ihr mich nach Amerika mitnehmen? Wo werde ich wohnen?"
Einmal, als Maharajji mein Haus verließ, befürchtete ich, daß er hinfallen könne (er war ein alter Mann), und so faßte ich ihn am Arm. Er nahm meine Hand und drückte sie mit einer solchen Kraft (ohne irgendein Zeichen der Anstrengung), daß ich fast gestürzt wäre. Da erkannte ich, daß er kein „alter Mann" war.

1962 kam eine alte Frau in Maharajji's Darshan. Als sie ihn sah, rief sie aus: „Wie kann Neem Karoli Baba noch am Leben sein? Er muß doch schon vor langer Zeit gestorben sein! Mein Vater war ein Devotee von Neem Karoli Baba, und mein Vater hatte gesagt, daß er Baba schon seit vierzig Jahren kannte. Ich bin jetzt dreiundsiebzig und sah Baba das letzte Mal, als ich sieben war., und er sah überhaupt nicht anders aus als jetzt." Maharajji schalt sie aus und ließ es nicht zu, daß die anderen anschließend mit ihr sprachen.

Einmal sagte Maharajji: „Ich kam früher immer hierher, um diesen Fakir zu sehen, der auf einem Pferd reitet, diesen Gorashin Baba." (Gorashin Baba lebte vor etwa dreihundert Jahren.)

Ein achzigjähriger Mann kam nach Lucknow und sagte, daß er Baba als Erwachsenen gekannt habe, als er selbst erst zehn oder fünfzehn Jahre alt war. Maharajji sagte: „Glaubt ihm nicht!" Ein anderer Mann von über achzig Jahren sagte, er habe Maharajji schon fast siebzig Jahre zuvor gekannt, als er selbst zwanzig war, und Maharajji habe ihm für seine erste Arbeitsstelle seinen Segen gegeben.

Einige Leute unterhielten sich über einen Heiligen, der vor fünfhundert Jahren gelebt hatte. Maharajji sagte: „Oh, ich habe ihn gekannt."

1961 unternahm Maharajji mit einigen Devotees eine Pilgerfahrt nach Chitrakut. Als sie dort waren, stellte er sich an das Ufer eines Flusses und rief über das Wasser hinweg fortwährend nach einem gewissen Gopal, einem Schafhirten. Immer und immer wieder rief er nach ihm. Niemand kannte einen Mann dieses Namens, aber Maharajji sagte, daß Gopal ein Freund von ihm sei, der ihm viele Dinge bringen würde. Nach langen Erkundigungen fand man heraus, daß es vier Generationen früher eine solche Person gegeben hatte, die einem Guru ergeben gewesen war. Schließlich spürte man Gopal's Enkel auf, und dieser war ein sehr alter Mann.

Zu einer alten Frau, die verwirrt darüber war, Maharajji nach so vielen Jahren unverändert wiederzusehen, sagte er: „Ma, ich war tot. Ich wurde in den Bergen wiedergeboren."

Rameshwar Das

Maharajji's Lehren: Von der Verhaftung

MAHARAJJI ERTEILTE keine formalen Lehren. Doch jede einzelne seiner Äußerungen – jedes Wort, jeder Blick, jede Geste und Bewegung – lehrte jene unter uns, die sich ihm öffneten – auf eine Weise, die oft an unserem Intellekt vorbei direkt in unsere Herzen führte.

Viele Themen tauchten in Maharajji's Beziehungen zu seinen Devotees auf: Wahrheit, Geld und Armut, Zorn, Drogen, Sexualität, Familie und Heirat, Pilgerschaften, Rituale, Heilige und Sadhana, Dienst und Hingabe, und natürlich die Liebe. In Maharajji's Unendlichkeit fanden wir Botschaften über all diese Dinge, die uns, nicht immer ohne Verwirrung, auf unserer Heimreise zu Gott den Weg zeigten.

Denn Maharajji ging in seiner spiegelgleichen Art von Augenblick zu Augenblick auf die ihn umgebenden Menschen und ihre besondere karmische Problematik ein – und jemand, der durch das Sammeln seiner Äußerungen und der Geschichten über ihn nach einer allgemeinen Lehre über ein bestimmtes Thema suchte, mußte unweigerlich in Verwirrung geraten. Er sagte etwas bestimmtes, und einen Moment später sagte er das Gegenteil.

Aber jede Person befand sich auf einer anderen Stufe der Reise und brauchte so auch eine andere Lehre. Und in diesem Fluß der Widersprüche, der ihm entströmte, in diesen Lehren, die keine Lehren sind, besteht eine tiefergreifende Führung als in einem simplen „tu dies" und „tu das". Es ist die beständige Erinnerung an die Existenz des Geistes – daß das, was in dieser Welt vor uns erscheint, nicht das ist, was es zu sein scheint.

Ein solches Wesen, das „in der Welt" ist, „aber nicht von der Welt", zu sehen, zu hören oder auch nur von ihm zu wissen, ist mehr als Lehre – es ist Gnade.

Maharajji unterhielt sich in einem Raum mit ein paar Leuten, und einem Mann erschien das Gespräch bedeutungslos. Er sagte: „Babaji, du solltest den Menschen Belehrungen und Lektionen geben." Maharajji antwortete ihm nicht. „Hin und wieder solltest du uns Antworten geben und uns etwas lehren", fuhr der Mann fort. Wieder schwieg Maharajji. Der Mann wiederholte seine Äußerung ein drittes Mal.

Da rief Maharajji ärgerlich aus: „Was sind das für Belehrungen? Was soll das? Was sind das für Lektionen? Das ist alles Torheit! Lektionen!" Dann fragte er jeden einzelnen der Männer, die bei ihm saßen – es waren ein Goldschmied, ein Ladenbesitzer, ein Büroangestellter und ein Lehrer – wie er den folgenden Tag verbringen werde. Jeder gab eine ähnliche Antwort und sagte, daß er wie üblich zur Arbeit gehen und den Tag auf die gewohnte Weise verbringen werde. Maharajji sagte: „So viele Leute sind hier, und sie werden morgen alle das tun, was sie zu tun haben, und bei allen ist es im Voraus geplant. Was hat es da für einen Sinn, eine besondere Lehre zu erteilen? Du wirst das tun, was du tun willst. Wozu also Lektionen? Es ist zwecklos, irgendjemanden zu etwas zu drängen. Egal was ich sage, du wirst dennoch tun, was du tun willst. Aber du willst, das ich dir etwas vorschreibe. Diese Belehrungen haben keinen Sinn. Es ist zwecklos, Menschen zu belehren. Es ist der Allmächtige, der jeden lehrt – alle werden bestens unterrichtet. Es gibt einen Höchten Lehrer, und er hat alle Menschen unterwiesen. Lehren bedeutet nichts. Jemand, der sich für einen Lehrer ausgibt, tut das nur, um sein eigenes Ego zu befriedigen."

1970 oder 1971 beklagte sich K: „Maharajji, nun bin ich die ganze Zeit mit dir zusammen, und ich habe überhaupt nichts gelernt."

Maharajji erwiderte: „In Ordnung. Ich werde dich aufklären." Doch er vermied es stets, ihn aufzuklären.

Eine Ma kam einmal zu Maharajji und sagte: „Maharajji, du sprichst immer über weltliche Dinge – wie viele Kinder, welche Erziehung, welche Arbeit, wieviel Geld. Warum lehrst du uns nichts über Brahm (das Formlose)?"

Maharajji sagte: „Gut. Ich werde dich lehren." Die Mutter begann, ihre Arbeit in Kainchi zu verrichten, und als es Zeit für den letzten Bus nach Nainital war, machte sie ihr Pranam und wollte zur Haltestelle gehen. Maharajji fragte sie: „Gehst du schon?"

Sie sagte: „Ich muß zu meiner Familie, um das Essen zu bereiten und meine Hausarbeit zu machen."

Maharajji sagte: „Hör' zu, geh' jetzt noch nicht. Ich werde dich über Brahm unterrichten. Setz' dich her." Sie blieb dabei, daß sie nach Hause gehen und sich um ihre Familie kümmern müsse. Er sagte: „Nein, nein. Ich will dich über Brahm belehren. Setz' dich hin. Geh' heute nicht nach Hause."

„Wie soll das möglich sein? Ich muß gehen."

„Aber zuerst wolltest du doch Brahm, und jetzt fragst du, wie das möglich sein soll?"

Nachdem sie gegangen war, sagte er zu mir: „Schau sie an. Erst sprach sie von Brahm und jetzt denkt sie an Zuhause. Eine einzige Person kann nicht zwei Dinge gleichzeitig tun. Brahm ist keine Sache, kein Spielzeug, mit dem man sich nur so nebenbei beschäftigen kann. Man muß etwas aufgeben dafür."

Maharajji erlaubte den Leuten immer, daß sie das taten, was sie tun wollten, und forderte nur selten jemanden dazu auf, mit dem Rauchen oder Trinken aufzuhören. Er machte nie jemandem Vorhaltungen, sondern führte die Umstände herbei, die eine Person veranlaßten, eine Angewohnheit aufgeben zu wollen.

Als man ihn nach dem Prozeß fragte, durch den sich die Devotees von ihren Verlangen lösen könnten, antwortete er: „Wenn die Zeit dafür gekommen ist."

Es kam vor, daß Maharajji aus Mitleid mit einem Devotee, der die Angewohnheit hatte zu rauchen, unterwegs den Wagen halten ließ – unter dem Vorwand, er müsse etwas trinken oder urinieren. Und so hatte der Devotee die Zeit, um eine Zigarette zu rauchen.

M hatte die Angewohnheit, betel *(ein Blatt, das zur Verdauungsförderung gekaut wird) zu kauen, benutzte aber nur die feinste Qualität. Als ich einmal nach Nainital fuhr, gab mir M zwei Rupies für Betel mit, und Maharajji erfuhr davon. Am nächsten Morgen brachte eine Frau Maharajji Betelblätter als Prasad (was nicht oft vorkam). „Was ist das?" fragte Maharajji. „Oh, Betel. M! Hier ist dein Betel!" Und solange sich M in Kainchi aufhielt, brachte stets irgendjemand frische Betelblätter als Prasad mit. Maharajji hatte nicht danach verlangt, man brachte es ihm ganz von selbst.*

Als M an seinem letzten Tag Maharajji's Raum betrat, schwenkte Maharajji eine Blume hin und her. M dachte, daß er sie ihm für seine Frau mitgeben wolle. M lud Maharajji ein, ihn in seinem Haus im Flachland zu besuchen, und Maharajji sagte, daß er im November kommen und alle Leute aus dem Westen mitbringen werde. „Wo werden sie wohnen?" fragte Maharajji. „Wie willst du sie mit Essen versorgen?" Und M erwiderte: „Sie werden sich ihr Essen selbst kochen." Mit Tränen in den Augen schickte Maharajji M fort, ohne ihm die Blume oder das übliche Betel zu geben. Wenige Augenblicke später brachte jemand Maharajji süße Betelblätter.

Maharajji rief M zurück: „M, hier ist dein Betel für die Reise." Dann gab Maharajji ihm Süßigkeiten, Früchte und auch die Blume für seine Frau.

In bezug auf die Gewohnheit eines Devotees, Alkohol zu trinken, bemerkte Maharajji: „Was Freunde machen, ist in Ordnung."

Dada war eines Tages in Vrindaban so sehr mit der Versorgung der Leute beschäftigt, daß er keine Zeit fand, eine Zigarettenpause einzulegen. Maharajji drehte sich zu ihm um, machte die Bewegung des Rauchens und sagte: „Geh' und nimm dir deine zwei Minuten, um das zu erledigen."

Von Leuten, die schlechte Angewohnheiten hatten, wie z.B. zu rauchen, zu trinken, oder auch Fisch, Eier oder Fleisch zu essen, sagte Maharajji: „Sie haben ihre Gewohnheiten. Sie haben Freude daran. Warum sollte ich sie daran hindern?"

NICHT–VERHAFTUNG AN den Sinnesobjekten ist Befreiung, Liebe zu den Sinnesobjekten ist Knechtschaft. Dies ist wahres Wissen. Nun handle, wie es dir beliebt." Dieses Zitat aus einer alten Hindu-Schrift, der Ashtavakra Gita (XV:3) vermittelt kurz und bündig, was Maharajji über die Verhaftung lehrte. Sein eigenes Leben machte deutlich, woran er Gefallen fand: Nichts zu haben, woran man sich verhaften kann, und dadurch frei zu sein für das Zusammensein mit Gott. In seinen jüngeren Jahren wanderte er umher, nur mit einem Tuch bekleidet, und besaß nichts weiter als die Scherbe eines zerbrochenen Tonkruges, die ihm als Wasserschale und Eßnapf diente. In späteren Jahren trug er noch immer lediglich eine einfache Dhoti, zusätzlich eine Decke, und in den frostigen Bergnächten ein Unterhemd oder einen Pullover oder Socken. Die Räume, in denen er lebte, waren eine einzige Mahnung zur Nicht-Verhaftung. Da gab es nur das Tucket und einen Wassertopf. Sonst nichts.

Er erinnerte uns daran, weder an Dingen noch an Menschen noch an unserer Arbeit und noch nicht einmal an der Redlichkeit zu haften. Manche spornte er zu immer größerer Entsagung an, während er anderen riet, geduldig und sanft den Prozeß der Freiwerdung zu betreiben.

MAHARAJJI ZITIERTE: „Aye thei Hari bhajan koo, oothan lage kapas. (Ich war zu der Erkenntnis Gottes gelangt und sang sein Lob, aber sobald ich den Mutterschoß verlassen hatte, begann ich Baumwollfrüchte zu sammeln [eine Frucht, die, wenn sie reif ist und schön aussieht, auf Berührung auseinanderfällt])."

VERHAFTUNG IST DAS GRÖSSTE HINDERNIS FÜR DIE ERKENNTNIS.

WENN DU IM AUGENBLICK DES TODES VERLANGEN NACH EINER MANGOFRUCHT HAST, WIRST DU ALS INSEKT WIEDERGEBOREN WERDEN. SELBST WENN DU NUR NACH EINEM WEITEREN ATEMZUG VERLANGST, WIRST DU WIEDER GEBURT ANNEHMEN.

ER ZITIERTE: „WENN DER TON EINES TOPFES UNGEBRANNT IST UND DER TOPF ZERBRICHT, WIRD DER TON WIEDER VERWENDET. ABER WENN DER TOPF GEBRANNT IST UND ER ZERBRICHT, DANN WIRD ER WEGGEWORFEN."

LÜSTERNHEIT, GIER, ZORN, VERHAFTUNG – DIES ALLES SIND PFADE ZUR HÖLLE.

WIE WILLST DU ETWAS WIEDER FÜLLEN, WENN DU ES NICHT VORHER LEER GEMACHT HAST?

WENN DU GOTT SEHEN WILLST, TÖTE DIE VERLANGEN. DIE VERLANGEN BESTEHEN IM GEIST. WENN DU EIN VERLANGEN NACH ETWAS HAST, DANN NIMM KEINE NOTIZ DAVON, UND ES WIRD WEICHEN. WENN DU DANACH VERLANGST, DIESE TASSE TEE ZU TRINKEN, DANN TRINKE SIE NICHT, UND DAS VERLANGEN DANACH WIRD SICH VON DIR LÖSEN.

HEILIGE UND VÖGEL SAMMELN NICHTS. HEILIGE VERSCHENKEN, WAS SIE HABEN.

ER SCHIMPFTE: „DIESE GANZE WELT IST VERHAFTUNG. UND DEINE SORGEN BESTEHEN DESHALB, WEIL DU VERHAFTET BIST."

Maharajji sagte zu Dada, der das Oberhaupt einer Familie von Devotees war: „Du bist ganz mein geworden. Was bedeutet dir Familie? Du bist ein Fakir. Du brauchst am Tag nur zwei Chapattis, und die bekommst du von mir. Was ist Verhaftung für die Heiligen und Mahatmas?" Die Familie wurde darüber betrübt, aber Maharajji sagte, daß Dada seine Familie nicht zu verlassen brauche, wenn er den wahren Sinn seiner Worte erkannt habe.

Maharajji sagte zu einem Devotee: „Warum bist du an dieser Katze verhaftet? Ich ermahne dich ständig, alle Verhaftungen aufzugeben, und du bindest dich immernoch an eine Katze."

*HEIRAT BEDEUTET NUR NOCH MEHR VERHAFTUNG.
DU BRAUCHST MEHR HINGABE UND DISZIPLIN,
UM DIE EINHEIT MIT GOTT ZU ERFAHREN, WENN
DU VERHEIRATET BIST.*

Manchmal machte ich mich emsig im Obstgarten zu schaffen. Eines Tages sagte Maharajji: „Hör' mal, dieser Obstgarten gehört mir. Du arbeitest wie ein Verwalter. Er ist mein Eigentum. Ein Verwalter ist nicht gebunden. Wenn er aus der Arbeit entlassen wird, geht er einfach fort. Lebe also wie ein Verwalter."

Maharajji erzählte mir die folgende Geschichte: „Samarth Guru Ram Das war der Guru des Königs und lebte in einer kleinen Lehmhütte neben dem Palast. Eines Tages kam der König aus dem Palast und machte eine Verbeugung vor dem Guru. Dann händigte der König ihm eine Schriftrolle aus, in der er dem Guru sein ganzes Königreich überschrieb. Der Guru nahm die Rolle, las sie durch, stimmte zu und sagte dann zum König: ‚Verwalte es von jetzt an für mich!' " (R.D.)

Maharajji fragte einen alten Devotee, der eine große Taschenuhr besaß, warum er daran so verhaftet sei. Der Devotee schlug die Uhr gegen einen großen Stein und zerbrach sie.

Ein Sadhu besaß Land, und er bot mir einen Teil davon an, damit ich darauf einen Ashram für die Leute aus dem Westen einrichten könne. Ich hielt Rücksprache mit Maharajji. Er sagte: „Er will dir seine Verhaftung geben. Es ist kein reines Geschenk. Wenn es rein wäre, würde er es dir einfach geben, anstatt darüber zu sprechen." (R.D.)

Er ermahnte mich ständig: „Ram Dass, gib die Verhaftungen auf." Oft versuchte ich, die Last auf ihn abzuwälzen, indem ich erwiderte: „Es ist alles deine Gnade." Aber er erinnerte mich daran, daß ich selbst die Anstrengung machen müsse, denn er wiederholte nur immer wieder: „Gib die Verhaftungen auf. Du solltest keine Ashrams haben. Keine Verhaftungen irgendwelcher Art." (R.D.)

Maharajji wiederholte schon zum hundertsten Male, daß ich die Verhaftungen aufgeben solle. Ich erzählte ihm, daß ein anderer Lehrer dasselbe zu mir gesagt habe. „Hat er Verlangen?" fragte Maharajji.

„Ja, ich glaube, daß er noch welche hat", erwiderte ich.

„Wie kann er dich dann vom Verlangen befreien?" (R.D.)

Kali Babu erzählte Maharajji von einem aus mehreren Metallen hergestellten Gefäß, daß zur Aufbewahrung von Wasser dienen und die Gesundheit fördern solle. Maharajji ließ ihm keine Ruhe, bis er endlich ein solches Gefäß herstellen ließ. Maharajji benutzte es den ganzen Tag über und trank Wasser daraus. Dann sagte er zu Kali Babu, er solle es während der Nacht unter Verschluß halten, und am nächsten Tag wolle er es wieder benutzen. Plötzlich fügte Maharajji hinzu: „Was? Verhafte ich mich etwa daran? Verschenke es."

Ein Devotee sagte: „Ob er in weltliche Dinge verstrickt war? Ich glaube nicht, daß er an irgendetwas oder irgendjemandem verhaftet war. Er war nur ein Spiegel deiner eigenen Verhaftungen."

ICH BIN IN DER WELT, ABER ICH WERDE
NICHT VON DER WELT BERÜHRT.
ICH GEHE ÜBER DEN MARKTPLATZ,
ABER NICHT WIE JEMAND, DER ETWAS
KAUFEN WILL.

– MAHARAJJI ZITIERT KABIR

Maharajji war vollkommen unverhaftet. Von dem Augenblick an , als er den Hanuman Garh-Tempel verließ, sprach er dessen Namen nie wieder aus; als er den Tempel in Kainchi verlassen hatte, drehte er sich nicht ein einziges Mal nach ihm um. „Wenn ich fortgegangen bin, dann bin ich fortgegangen", sagte er immer.

TEMPEL SIND NICHTS WEITER ALS AUFEINANDER-GESCHICHTETE STEINE. VERHAFTUNG HÄLT DICH ZURÜCK.

ICH WILL NICHTS. ICH EXISTIERE NUR, UM ANDEREN ZU DIENEN.

Ich hatte für Maharajji in Australien eine Decke aus Angorahaar gekauft und wartete sehr gespannt darauf, sie ihm geben zu können. Als der Tag dafür gekommen war, wurde unsere Gruppe in den kleinen Raum geführt, den wir spaßhaft sein „Büro" nannten, und wir knieten uns vor ihm hin. Nicht ohne Stolz legte ich die Decke neben ihn auf das Tucket, und alle warteten gespannt darauf, welche Lila nun folgen würde. Wie köstlich wäre es, wenn er sie sich umlegen oder uns vielleicht seine alte Decke schenkte, oder . . . Es gab hundert Möglichkeiten. Aber darauf, was er dann tat, waren wir nicht gefaßt. Nachdem er die Decke erst ignoriert hatte, reichte er hinab und ergriff sie mit drei Fingern, als sei sie ein totes Tier. Er hob sie empor und reichte sie einer Frau in unserer Gruppe, die Maharajji an diesem Tag zum ersten Mal sah. Dann wandte er sich an mich und fragte: „Habe ich es so richtig gemacht?" Wir waren alle wie betäubt.

Ich brauchte einen Moment, um mich wieder zu orientieren, um zu erkennen, was er gerade getan hatte. Dann sagte ich: „Vollkommen." (R.D.)

Ein Devotee sagte, daß Maharajji nichts brauchte und nicht gerne Geschenke erhielt.

Zwei altgediente Devotees erfuhren, daß sie Maharajji in einem bestimmten Tempel am Ufer des Ganges antreffen könnten. Sie gingen sofort dorthin und fanden ihn. Er tat, als hätte er sie noch nie zuvor gesehen. Wenige Minuten später stand Maharajji plötzlich auf und sagte: „Los! Laßt uns gehen!" Sie rannten zu dritt los, bis sie ein tonga *(Pferdekutsche) fanden. Sie stiegen ein und setzten ihren Weg fort. Die beiden Devotees fragten Maharajji, warum er so schnell aufgebrochen sei. „Ihr wißt es nicht?" erwiderte er. „Diese reiche Frau ist auf dem Weg, um mich zu besuchen. Sie hat eine englische Decke, die sie mir schenken will, aber ich will sie nicht haben." Im selben Moment* begegneten sie einer Limousine, die in entgegengesetzter Richtung unterwegs war. Maharajji lachte und sagte: „Seht ihr? Da fährt sie!"

Ein Devotee arbeitete lange und ausdauernd an wunderschönen Girlanden aus Seide und Satin, die aneinandergereihten Blumen und Blättern glichen und ein besonderes Feiertags-Geschenk für Maharajji sein sollten. Als er sie Maharajji überreichte, versuchte er, ihm eine der Girlanden umzulegen, aber Maharajji wehrte energisch ab. Er sagte: „Nimm sie weg. Sie sind nur dazu da, um von der Welt bewundert zu werden."

Ein Devotee bemerkte, daß es nicht darauf ankam, was du Maharajji gabst, sondern mit welcher Gesinnung du es ihm gabst. Er konnte sich lange an etwas so Einfachem wie einem Blatt erfeuen, wenn die Gabe von Herzen kam.

Spät in der Nacht gab mir Maharajji einen großen Kashmiri-Apfel. Ich hatte an diesem Tag aus irgendeinem Grund das Abendessen versäumt und war hungrig. Als ich den Weg hinaufging, überlegte ich, ob ich den Apfel essen sollte. Äpfel sind saftig und rein, und alles Reine ist in Indien von Bedeutung. Ich dachte auch daran, daß in einem Apfel keine Steine seien (so etwas weiß man erst zu schätzen, wenn man Reis mit Steinen darin gegessen hat). Allein die Tatsache, daß etwas ohne einen Stein im Inneren auf die Welt kommen kann, hat etwas feines, anziehendes an sich.

Als ich schließlich die Kuti erreichte, war mein Verlangen ganz deutlich, ganz greifbar geworden. Wir meinen vielleicht, daß ein Verlangen irgendwie viel subtiler ist als z.B. ein Tisch, aber in jenen Momenten kam es mir so vor, als gäbe es in meinem Universum nichts realeres als das Verlangen. Plötzlich verstand ich, was es heißt, einem Heiligen darzureichen, was ein Prasad oder Geschenk genannt wird. In der Gita steht, daß schon das Darreichen einer Blume aus hingabebereitem Herzen heraus das lauterste Geschenk ist, das du jemandem geben kannst. In jenen Momenten wollte ich das Verlangen als mein Prasad darreichen.

Ich bewahrte den Apfel auf und legte ihn am nächsten Tag, als ich früher als die meisten in den Tempel kam, auf das Tucket. Im Lauf des Vormittags, bevor Maharajji herauskam, trafen viele Leute ein, und bald war der Apfel von anderen Früchten, Blumen, Süßigkeiten usw. überhäuft. Aber ich ließ meinen Apfel nicht aus den Augen. Nach etwa einer halben Stunde kam Maharajji heraus, wühlte in all diesen Gaben herum, holte meinen Apfel hervor und warf ihn mir zu.

राम

Ich fühlte mich einmal hoffnungslos niedergeschlagen und erzählte Maharajji, daß ich nicht in der Welt bleiben, sondern ein sanyasi *(Entsagender) sein wolle. „Du* kannst nicht *so einfach ein Sanyasi sein. Sieh dir diese Leute hier an", sagte Maharajji und zeigte auf all die Westler, die dort saßen. „Diese Devotees haben die Freuden des materiellen Lebens bis zur Neige ausgekostet – und du nicht. Würdest du jetzt ein Sanyasi werden, wäre es sehr schwierig für dich. Du solltest zuerst diese Dinge kosten, dann kannst du sie hinter dir lassen."*

राम

Ich sagte einmal zu Maharajji, daß diese maya *(weltliche Illusion) sehr schwer zu transzendieren sei. Mein Vater war sein ganzes Leben ein ergebener Bhakta gewesen und machte sich noch immer Sorgen um die Gesundheit und das Wohlergehen seiner Kinder. So sagte ich zu Maharajji: „Diese Maya ist sehr schwer zu überwinden."*

Maharajji sagte vier Dinge zu mir: „Maya? Kya hai? Kahan hai? Nahin hai (Maya? Was ist das? Wo ist sie? Es gibt sie nicht)!" Das war alles. Es war ein sehr eigentümlicher Tag.

ES IST EGAL, OB DU VERHEIRATET BIST ODER NICHT, ES KOMMT NUR DARAUF AN, WIE SEHR DU GOTT LIEBST.

Maharajji saß hinten in seinem Stuhl im Freien, blickte zu den Bergen hinauf und sagte: „Seht die Bäume auf jenem Berg. Wer bewässert sie? Wer kümmert sich um sie? Sie sind die Bürgschaft dafür, daß Gott für die Menschen da ist. Auf sie können die Menschen blicken, wenn sie etwas über Gott wissen wollen."

राम

Nichts hielt Maharajji zurück. Schwitzend saß er auf der schmutzigen Erde. „Es ist Mutter Erde, auf der ich sitze, und ich bin auch aus Erde gemacht", sagte er. „Es ist alles Gottes Land."

ES IST BESSER, IN ALLEM GOTT ZU SEHEN ALS ZU VERSUCHEN, ES ZU VERSTEHEN.

WENN DU ZAHNSCHMERZEN HAST, TUST DU, WAS DU GERADE TUST, ABER DER GEIST VERWEILT STÄNDIG BEIM ZAHN.

Eine Devotee fragte: „Wie kann ich unverhaftet bleiben, wenn ich ein Baby habe?" und Maharajji antwortete: „Vertraue einfach auf Gott und denke an Gott, dann wird es allmählich geschehen, und du wirst unverhaftet wie eine Lotosblume leben."

WENN DU FREI VON VERHAFTUNGEN BIST, WIRST DU EIN EINFACHES LEBEN IN EINER EINFACHEN UMGEBUNG FÜHREN.

Einmal rief Maharajji eine junge Devotee aus dem Westen und einen einheimischen Sadhu in sein Zimmer. Das Mädchen war in einen hübschen Sari gekleidet und trug Schmuck; der Sadhu trug die typische Sadhu-Kleidung. Maharajji zeigte auf das Mädchen aus dem Westen und sagte: „Sie ist ein Sadhu."

Der Sadhu wandte ein: „Wie kann sie ein Sadhu sein? Schau, wie sie angezogen ist."

Maharajji wies ihn zurecht: „Sie kümmert sich nicht um all solche Dinge. Es spielt keine Rolle für sie, ob sie in Seide oder in Lumpen gekleidet ist. Sie wird sogar Diamanten tragen. Sie ist nicht verhaftet an diesen Dingen. Sie kennt keine Begierde, keine Habsucht, keinen Zorn und keine Verhaftung. Sie wird ihr ganzes Leben umherwandern. Sie hat kein Zuhause im Universum."

Dann schickte er das Mädchen aus dem Zimmer.

GOTT WIRD DIR ALLES GEBEN, WAS DU FÜR DEINE SPIRITUELLE ENTWICKLUNG BRAUCHST. HALTE AN NICHTS FEST.

LIEBE DIE ARMEN. DIENE IHNEN. GIB ALLES DEN ARMEN, SELBST DEINE KLEIDUNG. VERSCHENKE ALLES. JESUS VERSCHENKTE ALLES, AUCH SEINEN KÖRPER.

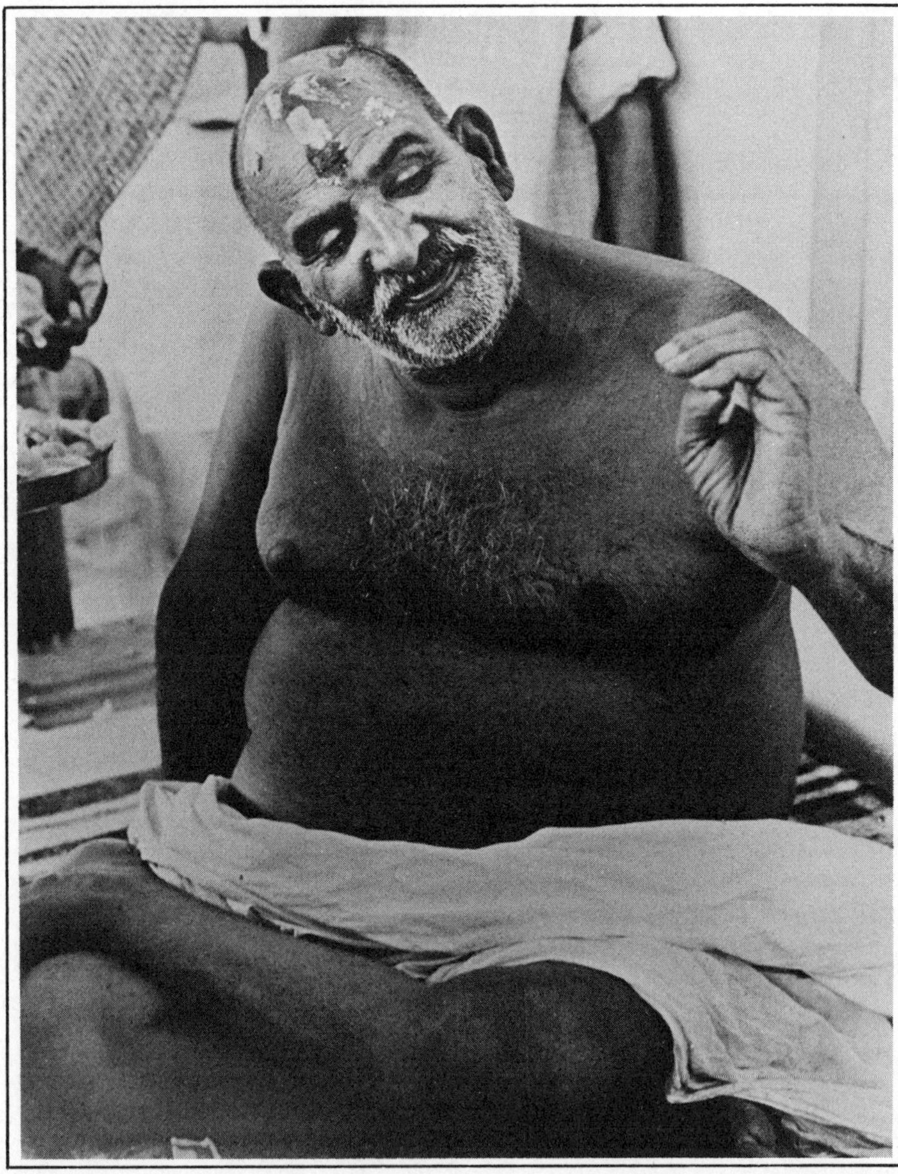

Rameshwar Das

Von der Wahrheit

WENN MAN VERSUCHT, Maharajji's Lehren über die Wahrheit zu verstehen, muß man die Wahl treffen, ob es Maharajji's Taten oder seine Worte waren, die diese Lehren treffender widerspiegeln. Auf der einen Seite wies er die Devotees fortwährend an, die Wahrheit zu sagen, koste es, was es wolle.

TOTALE WAHRHEIT IST NOTWENDIG. DAS, WAS DU SAGST, MUSST DU LEBEN.

WAHRHEIT IST DIE SCHWIERIGSTE TAPASYA. DIE MENSCHEN WERDEN DICH HASSEN, WEIL DU DIE WAHRHEIT SAGST. SIE WERDEN DICH BESCHIMPFEN. SIE MÖGEN DICH SOGAR TÖTEN, ABER DU MUSST DIE WAHRHEIT SAGEN. WENN DU IN DER WAHRHEIT LEBST, WIRD GOTT DIR IMMER ZUR SEITE STEHEN.

CHRISTUS STARB FÜR DIE WAHRHEIT.

AUF DIE FRAGE, WIE DAS HERZ GELÄUTERT WERDEN KÖNNE, ERWIDERTE ER: „SPRICH IMMER DIE WAHRHEIT."

Ein Mann kam zu Maharajji, und Maharajji bat ihn um etwas Geld für Ziegelsteine zum Bau eines Ashrams. Der Mann sagte, daß er nichts besäße, dann ging er fort. Später kam der Mann zu Maharajji zurückgerannt und sagte, daß sein Geschäft brenne und er ruiniert sei.

„Du hast doch gesagt, du hättest keine Besitztümer!"

„Oh, ich habe gelogen . . ."

„Du lügst jetzt. Dein Geschäft brennt nicht."

Der Mann ging und kehrte zu seinem Laden zurück – und sah, daß nur ein Sack mit Paprikaschoten qualmte.

Ich hatte Maharajji die erste Ausgabe des Be Here Now *geschenkt, nachdem ich angekommen war. Er hatte einen seiner Devotees gebeten, das Buch in sein Zimmer zu legen, und ich hatte nichts mehr davon gehört. Fünf Monate später wurde ich in den hinteren Teil des Tempels gerufen. Maharajji saß auf seinem Tucket und hielt das Buch in Händen. Seine erste Bemerkung war: „Du druckst Lügen."*

„Das habe ich nicht gewußt, Maharajji. Von allem, was in dem Buch steht, glaubte ich, daß es wahr sei."

„Nein, es stehen Lügen darin", sagte er vorwurfsvoll.

„Das ist schrecklich", sagte ich. Aber ich war verwirrt, weil ich nicht sicher war, ob er es ernst meinte. So fragte ich ihn: „Was für Lügen, Maharajji?"

„Du sagst hier, daß Hari Dass die Tempel gebaut hat."

„Nun, ich dachte, er hätte es getan."

Da winkte Maharajji einen Inder herbei, der in der Nähe saß, und fragte ihn: „Was hast du mit den Tempeln zu tun gehabt?"

„Ich habe sie gebaut, Maharajji." Maharajji sah mich an, als sei der Beweis erbracht, daß ich gelogen hatte.

Maharajji fuhr fort: „Und du sagst, daß Hari Dass im Alter von acht Jahren in den Dschungel ging." Wieder rief er einen Mann herbei, der bezeugen konnte, daß Hari Dass einige Jahre als Sekretär im Forstwirtschafts-Ministerium gearbeitet hatte.

Ich konnte nur lahm erwidern: „Nun, jemand hatte mir erzählt, daß er in den Dschungel ging, als er acht Jahre alt war."

Wieder und wieder konfrontierte mich Maharajji mit unwahren Dingen, die ich geschrieben hatte.

Endlich sagte Maharajji: „Du glaubst alles, was dir die Leute sagen. Du bist ein einfältiger Mensch. Die anderen Westler hätten es nachgeprüft. Was wirst du nun mit diesen Unwahrheiten tun?"

In meinem Kopf drehte sich alles. Was konnte ich da tun? Die erste Auflage von dreißigtausend Exemplaren war schon ausgeliefert und konnte bestimmt nicht mehr zurückgezogen werden, aber Steve Durkee hatte geschrieben, daß man im Begriff stand, weitere dreißigtausend

Exemplare zu drucken. So sagte ich: „Nun, ich könnte schreiben und die Lügen in der nächsten Auflage streichen lassen."

„Gut. Tu das. Es würde dir schaden, in Lügen verwickelt zu sein."

Und damit wandte er sich anderen Dingen zu. Ich inspizierte den Schaden im Buch und schrieb einen Brief an Steve in der Lama Foundation in New Mexico, wo das Buch verlegt wurde. Lediglich die Streichung zweier Absätze war notwendig. Obwohl die Änderungen scheinbar nur von geringer Bedeutung waren, betrachtete ich das Be Here Now als Maharajji's Buch, und wenn Maharajji es ändern wollte, dann mußte es geändert werden.

Etwa zwei Wochen später traf die Antwort von Steve ein, und er schrieb, daß die Änderungen in der nächsten Auflage nicht mehr vorgenommen werden könnten. Als mein Brief bei Lama eintraf – weit oben in den Bergen, nördlich von Taos – war er gerade von der Druckerei zurückgekehrt, wo er die Neuauflage in Auftrag gegeben hatte. Der Drucker wollte die Arbeit aus Gefälligkeit schnell erledigen und schon am nächsten Tag in den Druck gehen. Die Maschine sollte das gesamte Buch in einem fortlaufenden Arbeitsgang drucken, binden und schneiden. Steve hatte im Verlauf der zweitägigen Rückreise dann andere Geschäfte erledigt, und obwohl er nicht noch einmal mit dem Drucker gesprochen hatte (bei Lama gab es keine Telefone), war er sicher, daß die Arbeit ausgeführt worden war. Aber er versicherte mir, daß man die Änderungen in der nächsten Auflage vornehmen werde, die wahrscheinlich in drei oder vier Monaten folgen würde.

Mit dem Brief in meinem jhola *(Schultertasche) bestieg ich am frühen Morgen den Bus nach Kainchi. Als ich in den Tempel kam, schrie Maharajji: „Was steht in dem Brief?" Es mutete mich immer wie ein Scherz an, wenn er so fragte, denn wenn er wußte, daß da ein Brief war, wußte er offensichtlich auch, was darin stand. Er wollte es nur von mir hören. So gab ich ihm meinen Bericht, und als ich fertig war, sagte er: „Tu es jetzt." Ich erklärte ihm nochmals geduldig den Druckvorgang und wiederholte, daß es für eine Änderung in diesen dreißigtausend Exemplaren zu spät sei. Und er wiederholte: „Tu es jetzt." Ich setzte ihm auseinander, daß dann alle dreißigtausend Bücher wieder eingestampft werden müßten, was einen Verlust von wenigstens zehntausend Dollar bedeuten würde. Maharajji entgegnete scharf: „Geld und Wahrheit haben nichts miteinander zu tun. Tu es jetzt. Beim ersten Druck hieltest du alles für wahr, jetzt aber, wo du weißt, daß nicht alles wahr ist, kannst du keine Lügen drucken. Es wird dir schaden."*

Nun, wenn Maharajji die Änderungen jetzt *wollte, dann gab es kein Wenn und Aber. Für Lama würde es den Verzicht auf jeglichen Gewinn bedeuten, und darüber war man sicherlich nicht sehr glücklich; aber letzten Endes kam das gesamte Geld ja ohnehin von Maharajji. Obwohl es noch nicht einmal neun Uhr vormittags war, schickte mich Maharajji aus dem Tempel – nicht ohne mir nochmals aufzutragen, „es jetzt zu tun".*

Ich fuhr per Anhalter nach Nainital zurück und schickte Steve ein Telegramm mit den neuen Anweisungen. Etwa eine Woche später erhielt ich seine Antwort. Er berichtete, daß etwas sehr seltsames geschehen war. Er hatte auf dem Postamt mein Telegramm vorgefunden, und mit der gleichen Post war ein Brief des Druckers eingetroffen. Wie versprochen hatte dieser sofort nach Steve's Abreise mit dem Einlegen der Druckplatten in die Maschine begonnen. Aber er stellte fest, daß die Platte für eine Buchseite fehlte – es war ein ganzseitiges Foto von Maharajji. Er suchte in den Unterlagen nach dem Original-Foto, um eine neue Platte herzustellen, aber zu seinem Erstaunen war auch das Original nicht vorhanden. Da er nicht wußte, was er tun sollte, nahm der Drucker die Arbeit aus der Maschine, um weitere Instruktionen abzuwarten. Es war also, so schloß Steve, nur ein Telefonat nötig, um die beiden Absätze ändern zu lassen, und nicht etwa zehntausend Dollar, wie ich befürchtet hatte. Mit dieser Nachricht eilte ich zurück zu Maharajji, aber er gab mir weder an diesem noch am folgenden Tag die Gelegenheit, mit ihm zu sprechen. (R.D.)

Als Dada's Schwägerin zu Besuch war, rief mich Maharajji in ihrer Gegenwart an sein Tucket, zeigte auf diese Frau und fragte mich, ob ich mich an sie „erinnern" würde. Ich konnte mich wirklich nicht besinnen, wollte aber keinen Fauxpas begehen und lächelte verständnisvoll, als würde ich mich erinnern. Maharajji lächelte ebenfalls, als wolle er mir beipflichten, und sagte: „Ja, sie ist Dada's Schwägerin."

Nun war ich von meiner eigenen Schlauheit gefangen, und ich überlegte, daß ich sie, wenn sie Dada's Schwägerin war, vermutlich in Allahabad getroffen hatte, wo Dada lebte. Also sagte ich: „Oh ja, wir kennen uns aus Allahabad."

Worauf sie entgegnete: „Nein, in Allahabad sind wir uns nie begegnet. Wir trafen uns letzten Frühling in Kainchi." Ich war ertappt. Maharajji sah mich an und hielt seinen Zeigefinger hoch, was in diesem Fall deutlich besagte: „Hab' ich dich erwischt! Paß nur auf!" (R.D.)

In Allahabad erwischte mich Maharajji bei etwas, das wir im Westen „eine kleine Notlüge" nennen. Wir waren um ihn herum versammelt, und unter uns befand sich ein hoher Beamter des Obersten Gerichtshofes. Zum ersten Mal in all den Jahren, in denen ich bei Maharajji gewesen war, hörte ich, wie er einem Beamten erzählte, welch wichtige Person ich in den Vereinigten Staaten sei – daß ich ein Professor wäre und Bücher schriebe. All dies erschien mir so bedeutungslos, wenn ich bei ihm war, und es klang mir seltsam in den Ohren, wie er meine westlichen Tugenden sozialer Macht anpries. Als er zu Ende war, sagte der Richter zu mir: „Es ist mir eine Ehre, Sie kennenzulernen. Vielleicht möchten Sie dem Obersten Gericht einmal einen Besuch abstatten."

Die zweifache Tatsache, daß ich aus einer Familie von Rechtsanwälten kam und außerdem in Indien war, um mich in den Geist zu vertiefen, ließen mir die Aussicht auf solch einen Besuch nicht eben reizvoll erscheinen. Doch immerhin war er eine bedeutende Persönlichkeit, und ich konnte doch nicht einfach sagen, was ich soeben gedacht hatte! So erwiderte ich recht unschlüssig: „Das wäre sehr nett."

Darauf sagte der Beamte: „Würde es Ihnen um zehn Uhr passen?"

Ich war gefangen, und es gab für mich nur einen Weg des Entrinnens. Ich sagte: „Wir werden meinen Guru fragen müssen. Von ihm hängt es ab."

So fragte der Beamte Maharajji, und der antwortete: „Wenn Ram Dass sagt, daß er es nett findet, dann sollte er hingehen." Und der Blick, den er mir dann zuwarf, konnte nur bedeuten: „Hab' ich dich wieder!"

Die Ereignisse des nächsten Tages zeigen, daß selbst ein einfältiger Mensch wie ich dazulernen kann. *Ich besichtigte mit diesem Herrn das Gericht, und wir kamen schließlich in die Anwalts-Kammer, wo all die Rechtsanwälte herumsaßen. Es war die Zeit der dramatischen Annäherung Nixon's an China. Als die Rechtsanwälte einen Amerikaner in der Begleitung dieses hohen Beamten erblickten, umringten sie mich und stellten mir Fragen zu Nixon's China-Politik, die für Indien von erheblicher Bedeutung war. Meine Antwort fiel so gelehrt aus wie es mein Verständnis der Situation erlaubte. Am Abend, als ich wieder zum Darshan bei Maharajji war, nahm mich ein anderer würdevoller Herr beiseite, von dem sich herausstellte, daß er der führende Rechtsanwalt der Stadt war. Er fragte mich, ob ich vor dem Rotary Club und der Anwaltskammer eine Ansprache halten wolle. Ich hatte das flaue Gefühl, daß ich, wenn ich jetzt nicht aufpaßte, in der ganzen Szene auf dem Präsentierteller herumgereicht werden würde. Ich dachte an die Falle, in die ich tags zuvor getappt war, und sagte: „Ich möchte eigentlich vor keiner dieser Gruppen sprechen, aber natürlich werde ich tun, was Maharajji sagt."*

So trug der Rechtsanwalt Maharajji seinen Fall vor, und Maharajji schien entzückt über diese Einladungen. Er wiederholte sie mehrmals vor allen Anwesenden, als wolle er andeuten, sie seien ein gelungener Streich, ein Durchbruch von großer Wichtigkeit. Ich fühlte mich von Maharajji verraten. Dann wandte sich Maharajji an mich und fragte: „Worüber wirst du sprechen?"

Ich überlegte schnell und griff nach der einzigen Assoziation, die mir in den Sinn kam: „Ich werde über das Gesetz und den Dharma sprechen."

„Aha!" sagte Maharajji. „Und wirst du über Christus sprechen?"

„Natürlich."

„Und über Hanuman?"

„Gewiß."

„Und über mich?"

„Unbedingt."

Der Rechtsanwalt war etwas bleich im Gesicht geworden. Er warf ein: „Nun, wir dachten, daß er über Nixon's China-Politik spricht, Maharajji."

Maharajji sah verblüfft drein. „Oh, nein! Ram Dass könnte das nicht. Er kann nur über Gott sprechen."

Der Rechtsanwalt machte einen Rückzieher und sagte: „Nun, das wäre nicht ganz das Passende. Vielleicht kann ich einige Kollegen zu einem Gespräch über Gott zu mir einladen." Unnötig zu sagen, daß er es nie tat. Ich hatte meine Lektion gelernt. Maharajji stärkte mir den Rücken, wenn ich die Wahrheit sagte, wie schwierig es auch sein mochte. (R.D.)

IM WIDERSPRUCH ZU all diesen Lehren stand jedoch, daß Maharajji häufig log. Wenn Maharajji etwas voraussagte, wußte daher niemand, ob es tatsächlich eintreffen werde. Obwohl Leute aus den umliegenden Ortschaften, die ihn nicht mochten (und dank seiner Unverblümtheit waren das nicht wenige), auf seine Lügen aufmerksam machten, waren den Devotees solche Widersprüchlichkeiten gleichgültig. Für uns bestand die Lektion vielleicht darin, daß ein befreites Wesen seine oder ihre eigenen Regeln hat; doch solange du noch nicht befreit bist, sagst du am besten die Wahrheit.

Maharajji willigte gewöhnlich in jeden Wunsch eines Devotees ein. Die Leute luden ihn oft zu sich ein, damit er ihr Haus segne und an der von der Familie zubereiteten Mahlzeit teilnehme. Zwangsläufig ging er auf all diese Bitten ein, blieb aber dann meistens fern.

Auf die Frage eines Devotees nach seiner Angewohnheit, gegebene Versprechen zu brechen, erwiderte Maharajji: „Ich bin eben ein großer Lügner!"

Ein Devotee fragte Maharajji, warum er den Leuten immer schöne Dinge erzähle oder ihnen eine strahlende Zukunft vorhersage, wenn er auch wisse, daß in Wirklichkeit das Gegenteil eintreffen würde. Maharajji erwiderte: „Erwartest du, daß ich den Leuten erzähle, daß ihre Lieben sterben werden? Wie kann ich so etwas tun? In Ordnung, wenn du es mir rätst, werde ich allen von jetzt an offen antworten." Nach einer Weile kam eine Frau und bat Maharajji um seinen Segen, damit es ihrem kranken Mann besser gehe. Maharajji rief aus: „Mutter, warum bist du gekommen? Dein Mann liegt sterbend zuhause im Bett und befindet sich im Koma. Es gibt keine Rettung für ihn. Du solltest nach Hause gehen!" Die Frau ging, offensichtlich schockiert und verletzt. Ebenso schonungslos verfuhr Maharajji mit einigen anderen Leuten. Dann fragte er den Devotee: „Wie kannst du von mir erwarten, daß ich so schonungslos mit den Leuten umgehe? Wie kann ich ihre Gefühle verletzen?"

Wenn Maharajji log, um einer Person nicht wehzutun, gab er die Wahrheit aber auf eine andere Weise zu erkennen. Als K Maharajji nach seiner kranken Mutter fragte, sagte er: „Wer soll dich denn ernähren, wenn sie nicht mehr hier ist? Sie wird noch lange bei uns sein." Dann ließ Maharajji aber einen Spezialisten aus Agra kommen und sie untersuchen.

Der Spezialist sagte: „Diese Frau wird nur noch achtundzwanzig Tage leben."

Der Arzt war von seiner eigenen Aussage überrascht, denn er hatte eine so genaue Prognose noch nie gestellt, sondern eher von einem oder zwei Monaten gesprochen. Sie starb am Morgen des neunundzwanzigsten Tages. K verstand nun, daß Maharajji den Spezialisten als Fingerzeig herbeigeholt hatte. Heilige geben deutliche Fingerzeige, aber wir können sie nicht immer verstehen.

Maharajji sagte irgendetwas, und wenn er sich später selbst widersprach und der Widerspruch zutage trat, dann sagte er: „Das habe ich nicht gesagt."

Ich bat Maharajji schriftlich um seinen Segen, kurz bevor ich ein Examen absolvierte. „Werde ich bestehen?" fragte ich ihn. Aber es kam keine Antwort. Ich fiel durch. Betrübt über meinen ersten Fehlschlag, eilte ich nach Kainchi, wo Maharajji mich lächelnd empfing. Ich erzählte ihm, daß ich viele Briefe geschickt und er nicht geantwortet hätte.

Er erwiderte: „Du wolltest es wissen. Ich kann nicht lügen, und die Wahrheit war sehr bitter."

„Soll ich das Examen wiederholen?" fragte ich.

Er erwiderte: „Ja, diesmal wird dir nichts im Weg stehen."

Ich bestand.

Einmal kamen zwei Männer zum Darshan. Während sie vor Maharajji standen und ihm allerlei großartige Dinge von sich erzählten, wurde er zunehmend ungeduldiger. Als sie eine Atempause machten, schickte sie Maharajji mit schroffen Worten weg. Als sie gingen, wandte er sich an uns und sagte: „Sie stellen sich hin und erzählen mir Lügen – sie haben versucht, mich zum Narren zu halten! Wissen sie denn nicht, daß ich es bin, der die ganze Welt zum Narren hält?"

Rameshwar Das

Vom Geld

KANCHAN (GOLD)", sagte Maharajji und drohte dabei mit dem Finger. Dies und das sexuelle Verlangen wären die beiden größten Hindernisse für die Erkenntnis Gottes. Immer wieder warnte Maharajji vor diesen unheilvollen Reizen, diesen Verhaftungen; aber wie klein war doch die Zahl derer unter uns, die ihm zuhören konnten. Er bezeichnete uns westliche Devotees als Könige. Wir kamen zumeist aus angenehmen wirtschaftlichen Verhältnissen und wußten deshalb, daß finanzielle Sicherheit nicht die Befreiung vom Leiden in sich birgt. Dies zu erkennen war ein großer Schritt auf dem Pfad gewesen. Viele der indischen Devotees hatten nur finanzielle Not und Entbehrungen kennengelernt, und sie konnten oft nicht ganz verstehen, daß weltliche Sicherheit nicht ein und dasselbe ist wie Freiheit. Doch gab es einige Devotees, für die, obwohl sie nie in den Genuß materieller Sicherheit gekommen waren, solche Fragen ohne Belang zu sein schienen. Es war, als wären sie wahrhaftig für Gott geboren.

Maharajji reagierte, was Geld betraf, auf jede Person anders. Bei denen, für die die Verhaftung an Geld nicht das primäre Hindernis war, brachte er das Thema nie zur Sprache. Mit anderen Devotees sprach er ständig über Geld, erweckte in ihnen Paranoia und Gier und riß damit vielleicht das zähe Karma dieser speziellen Verhaftung mit den Wurzeln aus. Meistens gab er anscheinend den Rat, soviel zu behalten, wie es für die Aufrechterhaltung des Körpers, der Familie und der Gemeinschaft notwendig sei, und den Rest an die Armen zu verteilen. Er erinnerte uns ständig daran, daß, wenn wir das täten und auf Gott vertrauten, für alles gesorgt sei.

Manchmal schenkte er uns ein oder zwei Rupies, was uns damals als ein Segen zukünftiger finanzieller Sicherheit erschien. Manche bewahrten diese Rupies auf und haben seitdem nie finanziellen Mangel erfahren müssen. Andere verschenkten die Rupies sofort an den ersten Bettler, den sie trafen – auch diese Devotees lernten den Mangel nie kennen. Eine solche Gunst nennt man den „Segen *Lakshmi's* (die Göttin des Reichtums)". Maharajji konnte ganz zweifellos einen solchen Segen gewähren.

*1969 schrieb ich an KK und fragte, ob ich Maharajji etwas Geld schicken könne. Die Antwort von Maharajji, in einem Brief von KK übermittelt, lautete: „Wir benötigen kein Geld. Indien ist ein goldener Vogel. Wir haben gelernt zu ‚geben', nicht zu ‚nehmen'. Wir können Gott nicht erreichen, solange wir an diesen zwei Dingen verhaftet sind: (1) Gold (Reichtum) (in Hindi ‚Kanchan') und (2) Frauen (in Hindi ‚Kamini'). Zwei Schwerter können nicht in eine Scheide gesteckt werden. Je mehr wir opfern (*tyaga*), desto mehr gewinnen wir . . . ."*

WENN DU GENUG GLAUBEN HAST, KANNST DU GELD UND BESITZ AUFGEBEN. GOTT WIRD DIR ALLES GEBEN, WAS DU FÜR DEINE SPIRITUELLE ENTWICKLUNG BRAUCHST.

Eine alte Frau, knorrig und zwergenhaft, kam in Maharajji's Darshan. Ich glaube, sie war von einem der benachbarten Bauernhöfe. Sie wackelte auf die Veranda hinauf, berührte mit ihrem Kopf Maharajji's Füße und setzte sich. Dann entknotete sie mit großer Mühe einen Zipfel ihres Saris, holte einige zerknitterte Rupiescheine hervor und warf sie auf Maharajji's Tucket. Ich hatte noch nie jemanden gesehen, der Maharajji Geld gab, und sah mit gewissem Ungbehagen zu, denn diese Frau war offensichtlich so arm wie die sprichwörtliche Kirchenmaus. Maharajji schob ihr das Geld wieder zu und bedeutete ihr, daß sie es zurücknehmen müsse. Wortlos griff sie nach dem Geld und wickelte es wieder in ihren Sari. Die volle Bedeutung dieser Situation entging mir, denn ich kannte die Kultur zu wenig, um das Geschehen richtig einschätzen zu können.

Dann schien Maharajji es sich jedoch anders zu überlegen, denn er forderte das Geld wieder von der Ma zurück. Wieder band sie mit ihren gichtkranken Händen das Ende ihres Saris auf und gab ihm die Scheine. Es waren zwei Scheine zu einem Rupie und eine Zwei-Rupie-Note (vier Rupies haben etwa den Wert von einer Mark). Maharajji nahm sie und gab sie mir. Ich wußte nicht, was ich tun sollte. Ich war hier ein „reicher Westler" (selbst die armen Westler sind wegen ihrer vergleichsweise besseren Wirtschaftslage in Indien „reiche Westler") mit einem eigenen Auto (ein seltener Luxus in Indien) und Reise-Schecks. Ich konnte dieses Geld einfach nicht annehmen. Aber als ich es der Frau zurückgeben wollte, ließ es Maharajji nicht zu. Ich sollte es behalten.

Am Abend legte ich die vier Rupies auf meinen Puja-Tisch und sann lange Zeit über sie nach, aber die große Klarheit wollte nicht kommen. Später sagte mir ein indischer Devotee, daß ich das Geld gut aufbewahren solle, denn dann würde ich nie Mangel zu leiden haben.

Während dieser Zeit hatte ein altes Sikh-Ehepaar damit begonnen, mich im Hotel zu besuchen. Die beiden hatten einen winzigen Laden, in dem sie getrocknete Früchte verkauften, und waren offensichtlich sehr arm. Trotzdem brachten sie mir bei jedem Besuch getrocknete Früchte mit, knieten zu meinen Füßen und erzählten mir in allen Einzelheiten aus ihrem mühevollen Leben. Ich habe keine Ahnung, warum sie es sich in den Kopf gesetzt hatten, daß ich ihnen spirituell oder materiell helfen könne, aber sie suchten mich immer wieder auf. Dann erzählten sie mir eines Tages, daß sie aus Krankheitsgründen die Gegend verlassen und ins Flachland ziehen müßten, wo sich ihre finanzielle Situation nur eher noch verschlechtern konnte. Ich hatte den Wunsch, ihnen etwas auf die Reise mitzugeben, aber mir fiel zuerst nichts ein. Da dachte ich an die vier Rupies. Ich nahm einen der Scheine und erklärte ihnen, auf welche Weise er zu mir gelangt war, und daß, wenn sie ihn aufbewahren würden, sich bei ihnen alles zum Besten wenden werde. Sie verließen Nainital, und ich habe seitdem nie mehr etwas von ihnen gehört. Die drei restlichen Rupies habe ich noch heute. Und bis jetzt ist mir das Geld noch nie ausgegangen. (R.D.)

DS erzählte, daß er immer alles Geld, das Maharajji ihm gab, aufbewahrt hatte, so daß einmal eine Summe von über zweihundert Rupies zusammenkam. Dann wurde ihm alles auf irgendeine Weise aus dem Hause gestohlen. Danach ermahnte Maharajji ihn immer, wenn er ihm Geld gab, es nicht zu verlieren. DS holte einen Umschlag aus einem Versteck in seinem Haus und zeigte ihn mir. Darin befand sich ein kleines Päckchen Rupie-Scheine – Zehn-, Fünf-, Zwei- und Ein-Rupie-Noten – die alle zu mehreren Stapeln zusammengeheftet waren.

Maharajji zog zwei Rupies unter seiner Decke hervor und drückte sie mir in die Hand. Dabei sagte er etwas, was ich nicht verstand. Ich behielt sie nicht sehr lange. Einen brachte ich in den tibetanischen mandir *(Tempel) in Manali und den anderen gab ich einem Bettler.*

Ich weiß nicht, woher er es nahm, aber er gab mir oft Geld. Einmal wollte er mir eine große Summe geben, und ich fragte nach dem Grund, da ich genug verdiente und er ein Sadhu war. Ich hätte diesen Überschuß vielleicht dazu verwendet, ins Kino oder trinken zu gehen. „Wäre dir das recht?" fragte ich ihn.

„Nein", sagte er, und so gab er mir das Geld nicht.

Einmal gab er mir fünf und meiner Schwester dreißig Rupies, die wir aufheben sollten. Sie behielt ihr Geld, aber ich gab meines aus. Ich sagte ihm, daß ich so etwas nicht aufbewahre.

Einmal, kurz bevor er fortging, gab er mir einen Hundert-Rupie-Schein. Ich sagte, daß ich ihn nicht haben wolle, aber er meinte, ich solle ihn behalten; und als ich mich nochmals weigerte, sagte er: „In Ordnung, dann hebe ich ihn auf." Ich weiß nicht, wie es zuging, aber nachdem ich gegangen war, fand ich den Hundert-Rupie-Schein in meiner Tasche.

Bei Swami N's erstem Darshan gab Maharajji ihm zehn Rupie-Scheine und sagte, daß er sie als Prasad behalten solle. Swami steckte das Geld in seine Geldbörse, und von jenem Tag an hatte er immer genügend Geld. Seine Geldbörse ist immer gefüllt.

Er gab mir die beiden Rupies. Es war das einzige Mal, daß er mir etwas schenkte, die Laddus und den Prasad ausgenommen. Ich erinnere mich deutlich an die beiden Rupies; ich war verwundert und besorgt, weil ich nicht wußte, was ich mit ihnen anfangen sollte. „Was soll ich jetzt machen?" dachte ich. „Wozu ist dieses Geld bestimmt?"

Eines Tages kam ein Mann zu mir, um das Darshan eines Sadhus zu erhalten, der bei mir zu Gast war. Er entdeckte das Foto von Maharajji und sagte: „Ich kenne ihn. Ich kenne ihn." Und er erzählte von seinem Darshan bei Maharajji.

Er war ein junger Bursche gewesen, der sehr verbittert über die Welt war. Eines Tages war er in einen alten Shiva-Tempel gegangen und war auf Maharajji gestoßen, der dort schlief. (Der Mann gab eine genaue Beschreibung von Maharajji – wie er auf dem Boden lag, nur mit einer Dhoti bekleidet und in eine karierte Decke gehüllt.) Maharajji hatte sich aufgesetzt und dem Jungen sofort befohlen, ihm etwas Milch zu bringen. Der Junge ärgerte sich, daß dieser Baba so mit ihm umsprang. Maharajji zog dreißig Rupies unter seiner Decke hervor und trug ihm auf, davon die Milch zu bezahlen. Der Junge rannte mit dem Geld los und kam mit ungefähr einem halben Liter Milch zurück. Das Wechselgeld behielt er in der Tasche, und Maharajji fragte nicht danach. Er nahm es mit, und seine Familie hatte es bitter nötig. Maharajji hatte gut daran getan, ihn nicht zu fragen, ob er Geld brauche oder ein Geschenk haben wolle. Der Junge war zu stolz; so verleitete Maharajji ihn mit einem Trick dazu, das Geld anzunehmen.

Als wir einmal alle im Kainchi-Tal lebten, fragte Balaram Maharajji, ob wir von irgendjemandem Geld für die Herrichtung des Hauses erbitten sollten. Maharajji stimmte zu; wir sollten an Harinam schreiben. Ich schrieb ein Aerogramm, das wir Maharajji zeigten, bevor wir es absandten. Balaram faltete es, verschloß es und schickte es ab, und Harinam schrieb zurück, daß das Geld unterwegs sei – und daß er es nett gefunden habe, einen Zwei-Rupie-Schein beizulegen, er wüßte nur nicht, warum. Wir hatten jedoch überhaupt keinen Zwei-Rupie-Schein in den Brief gesteckt, und soviel ich weiß, sprach Maharajji nie von dieser Sache. Es war einer der kleinen Geld-Streiche gewesen, die er so gerne spielte.

> *GELD IST ÜBERHAUPT KEIN PROBLEM. DIE SCHWIERIGKEIT LIEGT IN SEINEM RICHTIGEN GEBRAUCH.* LAKHS *UND* CRORES *(GROSSE SUMMEN)* VON RUPIES *KÄMEN LEICHT ZUSAMMEN, WENN SIE ZU WEISEM GEBRAUCH BESTIMMT WÄREN.*

Kürzlich stand ich vor der Frage, welches Material ich für den Bau der Meditationshalle in Maharajji's Tempel in der Nähe von Delhi verwenden sollte. Auf dem Weg dorthin traf ich zwei Männer, die sich als Architekten vorstellten. Das erweckte mein Interesse, und ich fragte sie nach der Art ihrer Tätigkeit. Sie erzählten mir, daß sie am Entwurf eines Fünf-Sterne-Hotels in Patna arbeiteten. Daraus entnahm ich, daß sie ihr Fach beherrschten, und ich bat sie, die Fahrt für zehn Minuten am Tempel zu unterbrechen und mich bei meinem Problem zu beraten. Als sie den Tempel und die Bilder von Maharajji sahen, rief der eine von ihnen aus: „Also hier ist sein Ashram! Ich kenne ihn. Auf ihm gründet mein ganzes Leben!" Ich bat ihn zu erklären, was er damit meinte.

Er sagte, daß seine Familie ihn, als er noch jung war, mit zu Maharajji genommen habe. Maharajji hatte sich ihm zugewandt und gefragt: „Was hast du für ein Problem? Was willst du?" und der Junge hatte geantwortet: „Geld."

Maharajji zog eine Zehn-Rupie-Note unter seiner Decke hervor. Alle lachten über die Episode, und nach einer Weile brach man auf. Die Familie des Jungen schlug vor, mit dem Prasad-Geld gemeinsam ins Kino zu gehen, aber er weigerte sich, es herauszugeben. Er hatte es bis auf diesen Tag aufbewahrt. Immer war ihm Geld zugeflossen, wenn er es brauchte. Wenn er am Abend zehntausend Rupies benötigte, hielt er sie am Nachmittag in seinen Händen – und das alles durch den Glauben, der ihm aus einem oder zwei Darshans erwachsen war.

Der Architekt bot aus freien Stücken seine kostenlose Hilfe beim Entwurf des Meditationsgebäudes an, zum Dank an Maharajji.

Als V einmal nach Hause fahren wollte, merkte er, daß er nicht genug Geld hatte. So traf er Vorkehrungen, um sich zweihundert Rupies zu leihen, und fuhr dann nach Kainchi, um Maharajji seine Reverenz zu erweisen, bevor er die Heimreise antrat. Maharajji segnete ihn und schickte ihn hinaus. Dann rief er V zurück und sagte: „Du hast deine Pläne geändert. Du willst nicht nach Lucknow fahren. Du hast kein Geld mehr. Dir fehlen zweihundert Rupies." Maharajji rief nach dem Pujari, der die Schlüssel zur Tempelkasse hatte, aber der Pujari war auf dem Markt und hatte die Schlüssel bei sich. Maharajji sagte, V solle zu Hanuman gehen und beten, und rief ihn dann gleich wieder zurück. Maharajji griff unter seine Decke und zog zweihundert Rupies hervor. V fragte, wie er zu dem Geld gekommen sei, und Maharajji sagte, daß jemand ins Zimmer gekommen sei und es ihm gegeben habe, als V draußen bei Hanuman war.

Als ich jung war, hatte ich kein Geld, aber Maharajji behauptete ständig, daß ich eine Menge Geld hätte. Mein Vater und ich betrieben einen Gemüsehandel, und jedesmal, wenn ich Gemüse in den Ashram brachte, erhielt ich dafür nicht den vollen Preis. Ich nahm, was Maharajji mir gab, aber meinem Vater erzählte ich nichts davon, um ihn nicht zu erzürnen. Aber mir war nie klar, wie die Rechnungen eigentlich bezahlt wurden. Einmal sagte ich: „Maharajji, das ist sehr wenig Geld für die Lebensmittel, die ich gebracht habe."

Maharajji sagte: „Es ist in Ordnung. Nimm es." Ein anderes Mal sagte er: „Du wirst ein Haus haben." Und später: „Verschenke alles." Jetzt habe ich ein Haus und zwei Geschäfte. Ich bin ein reicher Mann, dank Maharajji.

KK hatte eine pattal (zu einem Teller geformtes Blatt) mit aufgeschnittenen Früchten für ihn zurechtgemacht, und während er sich mit Maharajji unterhielt, hielt er ihm die Früchte hin, und Maharajji nahm ein wenig davon. Wir Westler saßen ein Stück weiter. Maharajji ließ mich rufen: „Holt diesen Peter her", sagte er. (Er hatte mir noch keinen Namen verliehen.) Er fragte mich: „Was gibst du mir?"

Ich sagte: „Baba, ich gebe dir alles, was ich habe." Seine Frage stand im Zusammenhang mit mit der vorangegangenen Unterhaltung, die er mit den Indern geführt hatte. „Seht ihr? Habt ihr das gehört?" sagte er offenbar zu ihnen. Dann nahm er die Apfelstücke von KK's Pattal, legte sie in meine Hände und sagte: „Mit diesen Äpfeln werde ich dir viele Dollars geben." Er gebrauchte das englische Wort für ‚Dollars'. (Die Inder sagten später zu mir: „Weißt du, was er gesagt hat? Weißt du, welchen Segen du gerade bekommen hast?!")

Ich antwortete ihm: „Maharajji, welche Art von Reichtum meinst du? Alles, was ich will, ist spiritueller Reichtum."

Und er sagte: „Nahin! Bohut dollar (Nein, das meine ich nicht)! Jao."

Daß dieser Segen für die Laufbahn eines Arztes, wie ich sie eingeschlagen habe, nicht unpassend ist, liegt auf der Hand. Falls ich wirklich reich werde, wie Maharajji es gesagt hat, würde ich gerne ein Geschäft gründen, in dem viele Leute aus dem Satsang (Gemeinschaft der Devotees) Arbeit finden könnten.

GELD IST EIN HINDERNIS. IN DER GEMEINSCHAFT MIT GOTT BRAUCHT MAN KEIN GELD.

In Kainchi gab es einen Ladenbesitzer, dessen Tochter verheiratet werden sollte, aber er hatte nicht genügend Geld für die Hochzeit. Maharajji meinte, er solle sich keine Sorgen machen; in drei Tagen werde er eine Menge Geld bekommen. Drei Tage später gab es einen Erdrutsch, der die Straße blockierte, und alle Autos und

Lastwagen mußten dort halten. Alles Getreide und alle Nahrungsmittel, die er in Vorbereitung des Hochzeitsfestes eingelagert hatte, wurden von diesen Leuten verzehrt, und auf diese Weise verdiente er viel Geld.

In Kanpur blieb Maharajji meistens ein paar Tage. Dort lebte einer der reichsten Männer Indiens, dessen Familienmitglieder alle Devotees waren. Maharajji hatte ihr Haus – eine palastartige Villa – nie besucht, und als er wieder einmal in Kanpur war, ließ er sich von ihnen zu einem Besuch überreden. Er traf mit einer Unzahl von Leuten ein. Die Familie machte Puja und servierte dann ein großartiges Festmahl mit vielen seltenen Delikatessen. Man wollte Maharajji erklären, in welcher Reihenfolge er die verschiedenen Gänge zu sich nehmen müsse. Aber Maharajji füllte alles – Süßigkeiten, Curries, Früchte, Gemüse – in eine Schüssel, mischte es durch und aß. Als er fertig war, schnappte er sich den Fahrer des reichen Mannes, den er sehr mochte (und der ihn auch in einem mehrtägigen Trip nach Amarkantak gebracht hatte), und fuhr weg. Maharajji sagte zu ihm: „Laß uns jetzt zu dir nach Hause fahren."

Der Fahrer, der in einem der ärmsten Viertel Kanpurs in einer Hütte lebte, wollte Maharajji's Wunsch nicht ernstnehmen, aber Maharajji blieb dabei. Bei ihrer Ankunft sagte Maharajji: „Ich bin hungrig. Bringt mir etwas zu essen." Da die Familie sehr arm war, war nichts zu essen im Haus. Man hatte schon gegessen, und die Zubereitung von Rotis hätte lange gedauert. Maharajji sagte: „Nein, da ist ein Topf mit gur (brauner Rohrzucker). Bringt ihn mir!" Sie holten den Zucker, und Maharajji ließ ihn sich schmecken.

Ich beklagte mich einmal darüber, daß Maharajji nur die Reichen besuche; da nahm er mich mit zu einem Flickschuster, bei dem wir einige Tage wohnten. Obwohl wir in dem ärmlichen kleinen Raum sehr beengt waren, war Maharajji sehr zufrieden.

Mitten unter den Armen schien er am glücklichsten zu sein. Bei ihnen nahm sein Gesicht einen milden, frohen Ausdruck an.

Maharajji sagte zu einem klagenden Devotee: „Es ist nicht deine Bestimmung, Geld zu haben, was kann ich da tun?"

Ein wohlhabender Mann, der zum Darshan gekommen war, bat Maharajji um seinen Segen, damit er Reichtum erlange. Darauf sagte Maharajji: „Hör' mal, du bist schon stinkreich. Ich denke nicht daran, dir einen Segen für Reichtum zu geben." Der Mann wollte einen Segen, der ihn so reich machte wie Tata (einer der reichsten Männer Indiens).

Maharajji begann, die Geschichte von Birla (ein anderer sehr begüterter Inder) zu erzählen. Birla war ein gewöhnlicher junger Mann gewesen, der auch zu seinem Guru gegangen war und ihn gebeten hatte, er möge ihn zum reichsten Manne Indiens machen. Der Guru wies Birla an, zu warten und zu dienen, und Birla diente seinem Guru – er beseitigte die Fäkalien, wusch die Dhotis und so weiter. Jahr um Jahr verstrich, aber sein Guru erwähnte den Segen des unerschöpflichen Reichtums mit keinem Wort. Zehn Jahre lang hatte Birla seinem Guru treu gedient, ohne seinen Wunsch je wieder zu erwähnen.

Eines Tages rief der Guru Birla zu sich und sagte: „In Ordnung. Hier hast du ihn." Und er nahm einen Lota und urinierte. „Nimm diesen Lota mit Urin. Deck ihn zu und fahre mit dem Zug nach Kalkutta. Wenn du in Kalkutta bist, steigst du aus. Wenn du aussteigst, trinkst du den Urin. Das ist der Segen."

Birla gehorchte vertrauensvoll. Als er in Kalkutta eintraf, trank er den Urin, der sich indessen wunderbarerweise in Nektar verwandelt hatte, so daß er sicherlich nicht würgen mußte. Dann kam eins zum anderen, und er wurde der reichste Mann Indiens.

Nachdem der reiche Mann diese Geschichte gehört hatte, rief er: „Maharajji, Maharajji! Laß mich deinen Urin trinken!"

„Nay,nay,nay,nay. Ich werde dir keinen Urin geben."

„Alles, alles tue ich dafür! Gib mir deinen Urin!"

Und Maharajji sagte: „Oh nein. Ich werde dir nicht den Segen des Reichtums geben. Ich werde nur deine Enkel segnen. Du wirst keinen Segen von mir bekommen. Du hast schon genug."

„Gut, gut. Mach' es. Alles, was du willst."

So ging es weiter, bis Maharajji sich endlich erweichen ließ und sagte: „Urin werde ich dir nicht geben – ich werde dir ein Stück Roti geben." Dann fragte uns Maharajji: „Hat irgendjemand Roti? Hat jemand ein Stück Roti?" Ich hatte vorher ein kleines Stück Roti bekommen, hatte einmal abgebissen und hielt den Rest in der Hand. Ich gab Maharajji das angebissene Stück, er segnete es und gab es dem reichen Mann.

Dieser rief aus: „Oh, das ist großartig!" Er war entzückt.

Dann wandte Maharajji sich anderen Dingen zu, und während er sich unterhielt, sprach ein anderer Devotee mit dem reichen Mann und sagte ihm, daß das Brot juth *(unsauber, unrein, schmutzig, verunreinigt) sei, da ich davon abgebissen hätte. All dies geschah hinter Maharajji's Rücken. Der reiche Mann gab mir die Roti zurück – Roti mit einem Millionen–Rupie-Segen! Ich aß sie auf!*

राम

Maharajji sagte immer zu mir, daß ich mein Geld ausgeben solle: „Gib es aus. Spare es nicht. Laß das Geld fließen. Schenke es den Bedürftigen. Gib es aus."

राम

Als ich Maharajji zum ersten Mal traf, hatte ich kein Geld mehr, und die Frist meines Rückflug-Tickets in den Westen lief binnen einer Woche ab. Aber in dem Glauben, daß „das Haften am Geld nichts anderes ist als mangelnder Glaube an Gott", dachte ich nicht an die Rückreise. Fast zwei Jahre vergingen, und während dieser Zeit war ich mit allem Notwendigen versehen, ohne daß ich jemals Geld in den Händen hielt. Dann erfuhr ich, daß ich tausend Dollar geerbt hatte. Vom ersten Moment an opferte ich das ganze Geld in meinem Herzen Maharajji und ließ es mir nach Indien schicken. Bevor ich es in Delhi abholte, fragte ich Maharajji, was ich ihm mitbringen könne. Er bat um zwanzig Besen und einige Dosen Milchpulver, und als ich schon an der Tür war, rief er mich zurück und bat mich, ihm eine Decke mitzubringen. Die Decke war das erste, was ich von dem Geld kaufte.

Als ich wieder in Kainchi war, bat mich Maharajji jeden Tag um ein wenig Geld oder etwas anderes, und bei den anderen Westlern war es ebenso. Ich sagte nie nein. Es war nicht mein Geld. Dann war alles bis auf einen 20-Dollar-Reisescheck aufgebraucht, und Maharajji trug mir auf, ihn nicht einzulösen. Etwa eine Woche später schickte er mich nach Nepal und sagte, daß ich vier Monate dort bleiben solle.

Ich hatte natürlich kein Geld. Er bat einige Leute, mir Geld zu geben – es kamen ungefähr fünfhundert Rupies zusammen – und schickte mich los. Als ich in Nepal mit einem Gefährten unterwegs war, verlor ich all meine Rupies. Wir wußten, daß Maharajji das getan hatte, und als wir auf dem Rückweg zur Herberge waren, kam uns ein kleiner Junge entgegen, der uns anstrahlte und fragte, ob alles in Ordnung sei, gerade so wie es Maharajji's Art war. Wir spürten beide, daß er es war. In der Herberge entdeckte ich die zwanzig Dollar wieder, und damit kehrten wir dann nach Kathmandu zurück. Dort erfuhren wir dann auch, daß Maharajji seinen Körper verlassen hatte.

GELD SOLLTE DAZU BENUTZT WERDEN, ANDEREN ZU HELFEN.

Während des Sommers in Kausani erzählte mir einer der westlichen Devotees, daß er Maharajji Geld geben wolle. Es war eine beträchtliche Summe, die er teils verdient und teils geerbt hatte. Verschiedenen Leuten aus dem Satsang, deren Mittel erschöpft waren, hatte er auf unauffällige Weise sehr großzügig geholfen. Er fragte mich, wieviel er Maharajji meiner Ansicht nach geben solle.

„Warum gibst du Maharajji nicht dein ganzes Geld?" schlug ich vor. „Wenn du sagst, daß es dir darum geht, daß dein Geld bewußt verwendet wird – und wenn Maharajji dein Guru ist, kannst du ja annehmen, daß er bewußter ist als du – liegt es auf der Hand, daß er entscheiden sollte, was mit deinem Geld geschieht. Wenn er meint, du solltest selbst die Verantwortung dafür tragen, wird er es dir zurückgeben."

Aber der Devotee sah es anders und gab Maharajji etwa zweitausend Dollar. Maharajji fragte mich nun jeden Tag, wenn wir ihn besuchten, was er wohl mit dem Geld anfangen solle – ob er es dem Devotee zurückgeben solle oder nicht.

Obwohl ich mir über die tiefere Bedeutung dieser Sache nicht klar war, trat ich dafür ein, daß er dem Devotee sein Geld zurückgeben solle – hauptsächlich wohl deshalb, weil ich fühlte, daß die Gabe einen Mangel an Glauben widerspiegelte. Maharajji gab ihm das Geld damals zurück, doch ich weiß nicht, was weiterhin geschah . . . (R.D.)

Aber ich. Im folgenden Jahr, als dieser Devotee im Begriff stand, Indien zu verlassen, wollte er einen zweiten Versuch machen, Maharajji das Geld zu geben. In Delhi wechselte er die übriggebliebene Summe in Rupies um, die er mir gab, da ich noch länger in Indien blieb. Wir kamen überein, daß ich ihm das Geld nach Amerika senden würde, wenn Maharajji es nicht annahm. Ich nahm das recht dicke Bündel Rupiescheine mit zurück nach Kainchi und besprach die Angelegenheit mit Dada unter vier Augen. Nach einigen Tagen, als der Satsang sich darauf vorbereitete, mit dem Bus nach Nainital zurückzufahren, kündigte Dada an, daß ich noch für eine Nacht in Kainchi bleiben werde. Das führte zu einigem Aufsehen, da es so aussah, als werde mir vor aller Augen ein geheimnisvolles, besonderes Vorrecht zuteil. Ich tappte nicht weniger im Dunklen als die anderen, denn das Bündel Rupies, das ich immer mit mir herumtrug, hatte ich inzwischen schon ganz vergessen. Am Abend, als sich alle nach dem Darshan und dem Abendessen zur Nachtruhe in die Zimmer zurückge-

zogen hatten, erschien Dada mit einer Taschenlampe, um mich hinunter in den dämmrigen Tempel zu führen. Und ich glaubte, die sanften Atemzüge des schlafenden Hanumanji zu hören, während ich die Rupies langsam in den engen Schlitz des Spendenkastens hineinstopfte.

„Diene den Armen", sagte Maharajji.
„Wer ist arm, Maharajji?"
„Jeder ist arm vor Christus."

Es war auf dem Mela. Maharajji hatte ein Zelt, und ständig wurde Prasad an alle Ankömmlinge und Devotees verteilt. Von acht Uhr morgens bis zwei oder drei Uhr am Nachmittag bereitete man Essen zu. Da erschien der reichste Millionär Indiens, und Maharajji schrie sofort: „Geh' weg! Ich will dein Gesicht nicht sehen! Hinaus! Verschwinde!"

Der Mann sagte: „Aber Maharajji, ich habe zwei Säcke Mehl mitgebracht, damit du sie auf deinem Bhandara an die Armen verteilen kannst. Bitte nimm sie an."

Maharajji rief aus: „Nein! Geh' weg! Zeige mir nicht dein Gesicht. Komm' nicht hier her."

Als der Mann noch immer nicht wegging, stand Maharajji auf und verließ das Zelt. Der Mann blieb trotzdem. Er folgte Maharajji und sagte: „Oh, Maharajji, gib mir doch eine Belehrung. Was soll ich tun?"

Maharajji erwiderte: „Welche Lehre sollte ich dir geben? Willst du mir folgen? Wenn ich dich lehre, wirst du mir dann folgen?"

Der Mann blieb stumm.

Maharajji sagte zu ihm: „Wie groß dein Reichtum auch ist, verschenke ihn an die Armen. Das ist meine Lehre. Wirst du sie befolgen?"

GIB DAS GELD AUF, UND ALLER REICHTUM IST DEIN.

Maharajji wiederholte ständig aufs neue, daß man am Geld nicht verhaftet sein solle, da es einen nur in Schwierigkeiten bringe. Mit Vorliebe erzählte er die

Geschichte eines Mannes, der viel Geld verdient hatte und dessen Sohn so gierig auf das Geld war, daß er mit einem Gewehr in der Hand zu seinem Vater ging und einen Teil davon forderte. Da sagte der Vater: „Nimm alles."

In Amerika hatte ich immer wieder erlebt, vor welche Probleme Familien des Geldes wegen gestellt werden und welche Habgier und Verbitterung zwischen einem reichen Vater und seinen Kindern herrschen kann – einzig und allein um des Geldes willen. Obwohl ich diese Gefühle meinem Vater gegenüber nicht hegte, war ich nicht blind gegen die Tatsache, daß ich eines Tages, wenn er starb, viel Geld erben würde. Dann rief mich Maharajji eines Tages zu sich und fragte: „Dein Vater hat viel Geld?"

„Ja, Maharajji."

„Er wird es dir vererben?"

„Einen Teil davon wird er mir vererben." Ich dachte daran, mit welchem Stolz sich mein Vater an seine früheren finanziellen Nöte erinnerte, in die er zum Teil durch den frühen Tod seines eigenen Vaters geraten war, und wie er dann selbst eine finanzielle Sicherheit aufgebaut hatte, damit es keinem seiner Kinder einmal so ergehe wie ihm.

„Du solltest die Erbschaft nicht annehmen."

Das hatte ich noch nie zuvor erwägt. Das Wissen, daß ich aus diesem Geld keinen persönlichen Nutzen ziehen würde, hat mich sehr zum Guten hin beeinflußt. Und seit dieser Zeit sind mein Vater und ich uns viel näher gekommen. (R.D.)

DAS HAFTEN AN GELD IST EIN MANGEL AN VERTRAUEN ZU GOTT.

J's Bruder erhielt von Maharajji den Rat, all sein Geld zu verschenken. Er sagte: „Nein, Maharajji, was soll dann aus meiner Familie werden?"

Maharajji sagte: „Du wirst so viel mehr besitzen. Gib alles mir. Gib es mir."

Manchmal sandte Maharajji eine Nachricht an J's Bruder in Haldwani und bat ihn, ihm Eisenbahnfahrkarten zu besorgen. Aber der Bruder versteckte sich, um die Fahrkarten nicht kaufen zu müssen. Schließlich sagte Maharajji zu ihm: „Ich werde J meine Gnade erweisen. Du bist habgierig. Du wirst leiden." Damals war J arm, und all seine Brüder waren reich. Aber jetzt geht es J gut, und der eine Bruder hat sein Geschäft verloren und besitzt nichts mehr.

GELD SCHAFFT ÄNGSTE.

In seinen jüngeren Jahren war Maharajji mit einem Sadhu umhergewandert. Später fing der Sadhu an, Geld anzusammeln, und er gab einem seiner Devotees eine Summe zur Aufbewahrung. Maharajji ging zu diesem Devotee und überredete ihn, die Hälfte des Geldes als Mitgift für seine Tochter zu verwenden. Als der Sadhu davon erfuhr, war er zornig auf Maharajji. Daraufhin soll Maharajji gesagt haben: „Du richtest dich selbst zugrunde. Mach' dich von all dem frei." Der Sadhu erkannte, daß er tatsächlich in eine Falle gegangen war. Er zündete ein großes Feuer an und verbrannte seinen ganzen Besitz. Maharajji sagte von ihm: „Er war ein guter Sanyasi."

Eines Tages, als ich mit Maharajji und einem Dolmetscher allein war, warnte mich Maharajji vor dem Geld: „Geld ist gut für einen grihastha *(Familienvater), aber ganz schlecht für einen Yogi. Geld ist dein Feind. Du solltest nicht mit Geld in Berührung kommen."*

Ich fragte ihn, ob es nicht in Ordnung sei, so viel Geld zu behalten, daß es für die täglichen Bedürfnisse reiche. Er meinte, daß dagegen nichts einzuwenden sei: „Behalte nur soviel Geld, wie es für deine Bedürfnisse nötig ist, und verteile den Rest." Nun, eine solche Weisung ließ mir allen erforderlichen Spielraum, denn wer definiert, was „Bedürfnisse" sind?

Bald darauf kam Maharajji auf unser Gespräch über meinen Umgang mit Geld zurück.

„Geld ist dein Feind. Du solltest damit nicht in Berührung kommen."

„Aber Maharajji, ist es nicht richtig, wenn man Geld für die täglichen Bedürfnisse zurückbehält?" Diesmal antwortete er jedoch: „Nein! Geld sollte um einen Heiligen herumgehen, nicht durch ihn hindurch." Er hatte mir einfach die Hintertür verbaut.

Als ich an diesem Abend ins Hotel zurückkehrte, überlegte ich, daß ich irgendetwas tun mußte, um diese neuen Weisungen in die Tat umzusetzen. Zumindest mußte ich einige Experimente mit Geld anstellen. Ich entschied mich zu dem Versuch, Geld buchstäblich nicht zu berühren. Wenn ich kein Geld in der Tasche hatte, konnte ich mir jedesmal, wenn ich gewohnheitsmäßig in diese Tasche griff, den Gebrauch des Geldes bewußt machen. Andererseits, so dachte ich, wollte ich finanziell nicht von anderen abhängig werden. Die Inder hatten zum größten Teil einfach nicht die Mittel, und ebenso war es bei den meisten Westlern. So händigte ich mein Geld in diesem ersten Experiment einem anderen

Westler aus, und er wurde mein „Geldbörsen-Verwalter". Er bezahlte die Busfahrscheine und all das andere. Wenn ich auch einsah, daß dies nicht der Sinn von Maharajji's Weisung sein konnte, hielt ich mich damit doch wenigstens an den „Buchstaben des Gesetzes": „Du sollst nicht mit Geld in Berührung kommen." Es war mir klar, daß Maharajji mehr damit meinte. Selbst heute, nach sieben Jahren, habe ich in diesem Punkt noch nicht ausgelernt. (R.D.)

EIN HEILIGER NIMMT NIEMALS GELD AN.

Als die Verlobung eines jungen Mannes gefeiert wurde, brachte die Familie Maharajji Süßigkeiten. Maharajji sagte: „Ich habe gerade an euch gedacht. Gut, daß ihr gekommen seid. Euer Sohn ist verlobt, und ihr habt Geld von der anderen Familie bekommen. Alle Onkel und Tanten haben einen Hunderter bekommen – und was ist mit mir? Wie wäre es mit einem Hunderter für mich?"

Zum ersten Mal hörte ich Maharajji's Namen vor etwa zehn Jahren in Kanpur. Man erzählte, daß er ein Mahatma von sehr hohem Range sei und alles wisse. Ein Freund berichtete von seinem Darshan bei Maharajji: „Ich habe ihn gesehen. Er hat eine Kraft oder einen Geist unter seiner Kontrolle. Deshalb weiß er alles. Es ist keine spirituelle Kraft, sondern irgendein Geist oder so etwas."

Es gab ein paar einflußreiche Geschäftsleute, die Maharajji besuchten, und er sagte ihnen, sie sollten bestimmte Waren einkaufen und dann wieder verkaufen. Alle drei Männer verdienten an einem einzigen Tag fünfundzwanzig- oder dreißigtausend Rupies. Sei blieben in Maharajji's Nähe, weil sie dachten, er würde ihnen verraten, wie sich der Markt entwickeln würde. Sie gingen zu ihm, und er fragte: „Habt ihr Geld verdient?" Alle drei nannten die Summe, die sie verdient hatten, und baten Maharajji dann um weitere Instruktionen.

Maharajji sagte zu einem Devotee: „Wo soll das hinführen, wenn alle um des Geldes willen kommen? Die Industriellen aus Kanpur sind schlimm. Sie werden mir Ärger bereiten." Dann sagte Maharajji zu einem von ihnen: „Gut, du hast dreißigtausend Rupies. Bring' mir morgen dreitausend davon." Zum zweiten sagte er: „Du bringst fünfzehnhundert" und zum dritten: „Du bringst zwölfhundert." Sie willigten ein, kamen aber nicht wieder, weil sie dachten, er sei korrupt. Maharajji hatte mit Geld nichts im Sinn, er wollte von solchen Spekulanten nur nicht behelligt werden. Von einem vierten

Mann, einem meiner Verwandten, wollte Maharajji neunhundert Rupien haben. Am nächsten Tag kam der Mann wieder. Maharajji fragte: „Hast du das Geld mitgebracht?"

„Nein, Maharajji, ich habe es nicht mitgebracht", erwiderte er.

„Warum nicht?"

„Maharajji, ich komme her, um etwas zu nehmen, nicht um etwas zu geben."

„Oh, du kommst, um zu nehmen und nicht zu geben. Na komm, es ist gut. Ich will kein Geld. Laßt diese anderen Leute nicht herkommen."

Mein Verwandter wurde ein Devotee.

Einmal erschien die Königin von Nepal, deren Gatte Maharajji sehr tief ergeben war. Sie beschenkte Maharajji sehr großzügig, aber er sagte: „Nein, verteile es an die Leute." Er griff nach meiner Hand und sagte: „Sie hat viel Geld. Ob wir uns etwas davon holen sollen?"

Ich sagte: „Ja." Wir lachten beide. Solcherart war sein Humor. Gewöhnlich heißt es von Maharajji nur, daß er Geld nie berührt.

Einmal sagte Maharajji: „Du solltest dein Geld ehrlich verdienen. Willst du mich etwa in Verruf bringen?"

Ein Sadhu war im Tempel zu Besuch und machte Maharajji zum Vorwurf, daß er Tempel habe und an Besitztümern verhaftet sei. Er saß bei Maharajji auf dem Tucket und ereiferte sich sehr. Maharajji hörte nur zu und beschwichtigte die anwesenden Devotees. Ein wenig später holte der Sadhu einen shaligram hervor, einen besonderen Stein, der für die Puja vor Shiva benutzt wird. Maharajji sagte zum Sadhu: „Schenkst du ihn mir?"

„Aber Maharajji, ich brauche ihn für meine Puja."

Dann fragte Maharajji, dem Sadhu hinsichtlich seiner Äußerung, daß Maharajji ein Materialist sei, in die Hände spielend: „Verkaufst du ihn mir?"

„Oh nein", sagte der Sadhu. Aber Maharajji überredete ihn schließlich, ihm den Stein für vierzig Rupies zu verkaufen. Der Handel wurde prompt abgeschlossen.

Dann sagte Maharajji: „Gib mir dein Geld."

Widerstrebend holte der Sadhu die vierzig Rupies hervor und gab sie Maharajji. Aber Maharajji sagte: „Nein, gib mir dein ganzes Geld." Der Sadhu zog mehrere hundert Rupies hervor, gab sie Maharajji und protestierte, daß er nun kein Geld mehr habe und nicht wisse, wovon er nun leben solle. Maharajji *nahm die Rupiescheine und warf sie in das Kohlenfeuer, das vor den beiden brannte. Die Scheine gingen in den Flammen auf. Der Sadhu war fassungslos, machte Maharajji Vorhaltungen, weil er das Geld verbrannt habe, und beteuerte, daß er nun verhungern müsse und so weiter.*

Da sagte Maharajji: „Oh, ich wußte nicht, daß du an dem Geld so verhaftet bist." Und er nahm einen chimpter *(Zange), reichte damit in die Flammen und zog lauter neue, unbeschädigte Scheine hervor, bis der Sadhu wieder im Besitz all seiner Rupies war. Der Sadhu saß dann nicht mehr auf Maharajji's Tucket – er nahm zu seinen Füßen Platz.*

ALLES GELD IN DER WELT GEHÖRT MIR.
AUCH DAS GELD IN AMERIKA.

Von den Drogen

DER GEBRAUCH VON Charas geht in Indien auf eine lange Tradition zurück. Mit Tabak vermischt und in einer Chillum geraucht, wird Charas von einem Großteil der wandernden Sadhus, die zu Millionen zählen, extensiv verwendet. Für die Anhänger des Gottes Shiva ist das Rauchen Bestandteil des religiösen Rituals. Andere Menschen mit devotionalen Neigungen benutzen es, um die Intensität ihrer Gefühle bei den devotionalen Praktiken zu verstärken.

Als Maharajji in seinen jüngeren Jahren ebenfalls ein wandernder Sadhu war, saß er zweifellos mit anderen Sadhus zusammen an manchem Urwald-Lagerfeuer und mag selbst dabei Charas geraucht haben oder auch nicht. In späteren Jahren unterstützte er, obwohl er diese Mittel selbst nicht benutzte, andere, die es taten. In vielen Fällen half er Sadhus bei der Beschaffung von Charas oder Arsen (eine Substanz, die in äußerst geringer Dosierung ebenfalls bei Sadhus Verwendung findet). Wenig hielt er allerdings davon, wenn Familienväter oder überhaupt Leute mit Familie Haschisch rauchten. Auf sie ließ er oft wahre Schimpfkanonaden los oder witzelte darüber und zog sie fortwährend damit auf. Er sagte, sie würden ihre Pflichten vernachlässigen. Bei den Leuten aus dem Westen mißbilligte er im Allgemeinen den Gebrauch von Haschisch oder Opium als Mittel zur Veränderung des Bewußtseins („Nahrung ist das beste Rauschmittel", „Liebe ist die beste Medizin"). Bei einigen Westlern jedoch, die das entsagungsvolle Leben eines wandernden Sadhus wirklich auf sich nahmen und den Brauch des Haschischrauchens innerhalb der devotionalen Praktiken pflegten, hatte er keine Einwände dagegen.

Während Charas ein in Indien beheimatetes Produkt ist, verhält es sich bei LSD anders. Da so viele Menschen im Westen ihr spirituelles Erwachen durch die Einnahme von LSD erfahren hatten, war es unvermeidlich, daß Maharajji und LSD irgendwann in Berührung kamen. Und diese Berührung zog innerhalb eines Zeitraums von sechs Jahren viel Lila nach sich.

Maharajji wußte, daß ich rauchte – er weiß alles. Aber Maharajji verlangte nie, daß ich diese Gewohnheit aufgab, sagte nie, daß es schlecht sei, und sprach überhaupt nie darüber.

Manchmal saß ich mit anderen Babas in meinem Zimmer unter dem Tempel, und wir rauchten Chillums. Wenn Maharajji vorbeikam, betrat er nie *den Raum, solange wir rauchten. Manchmal ging er mit jemandem an der Tür vorbei, murmelte laut: „Laß die alten Hurensöhne (wörtlich Schwiegersöhne") nur machen!" und ging weiter.*

Maharajji beschaffte mir sogar Charas. Wenn ein Mann zum Darshan kam, der Charas dabeihatte, bat Maharajji ihn, es mir zu geben. In dieser Weise erfüllte Maharajji die Wünsche vieler Leute. Was immer sie wollten – ob es nun Charas, Geld oder Süßigkeiten waren – Maharajji war der Vermittler, der es ihnen besorgte.

Wenn in Kainchi ein Sadhu zum Darshan kam, der ein Chillum-Baba war, schickte Maharajji ihn oft zu mir in den hinteren Teil des Ashrams, damit er mit mir rauchen konnte.

Ich sah, wie Maharajji eigenhändig Haschisch an Leute verschenkte.

WENN LEUTE ZUSAMMEN HASCHISCH RAUCHEN,
DANN VERGESSEN SIE ALLES – IHRE FAMILIE,
IHRE PFLICHTEN – UND SIE DENKEN, DASS
ANDERE LEUTE IHRE ENGSTEN BRÜDER SIND.

HASCHISCH IST SCHLECHT FÜR DIE
GESUNDHEIT. ES RUFT IN DIR LUST,
ZORN, GIER UND VERHAFTUNG HERVOR.
ES IST SCHLECHT FÜR DAS HERZ UND
DEN ATEM.

WIE SHIVA – NUR UM BEI GOTT ZU SEIN –
SOLLTEST DU HASCHISCH RAUCHEN. ES IST
NICHT NOTWENDIG, HASCHISCH ZU RAUCHEN.
ES TUT DIR NICHT GUT. ES WÄHRT NUR KURZE
ZEIT UND SCHADET DEINEM HERZEN. DIE HINGABE
AN GOTT IST EINE SUCHT, DIE FÜR IMMER WÄHRT.

In seinen jüngeren Tagen besuchte Maharajji häufig einen Sadhu an seiner dhuni *(Lagerfeuer) außerhalb der Stadt Aligarh. Dieser Sadhu hatte die Gewohnheit, Charas und* ganja *(Marihuana) zu rauchen und alle Rauschmittel zu nehmen, die er nur auftreiben konnte. Eines Tages zeigte er Maharajji eine neue Droge, die, wie er sagte, einen sehr intensiven und beseligenden Rausch verursachte. Er bot Maharajji etwas davon an und machte ihn darauf aufmerksam, daß schon die kleinste Dosis genüge, aber Maharajji nahm das ganze Stück und schluckte es hinunter. Nach wenigen Augenblicken wurde Maharajji ohnmächtig und brach zusammen. Der Sadhu kannte das Gegenmittel bei einer Überdosis – vier Liter Milch – und als man die Milch auf dem Markt besorgt hatte, flößte er sie ihm ein. Maharajji erwachte wieder zum Leben und richtete sich auf. Als er vor sich den Sadhu erblickte, gab er ihm in einer Anwandlung von Zorn eine Ohrfeige. „Du hast versucht, mich umzubringen! Er hat mich vergiftet! Hap! Bösewicht!" rief er aus, während er fortrannte.*

Ein Sadhu namens N Baba, der zumeist jenseits von Bageshwar in der Nähe eines Gletschers lebte, betrachtete Maharajji als seinen Guru und besuchte ihn manchmal. Maharajji bot ihm den Platz neben sich auf dem Bett an, aber der Sadhu setzte sich stets auf den Boden. Der Sadhu aß Arsen, um die Kälte meistern zu können. Bei einem Besuch des Babas fünf oder sechs Jahre zuvor hatte Maharajji ihn gefragt: „N, was ist das?" und der Sadhu erwiderte, daß es Arsen sei. Maharajji sagte: „Laß mal sehen." Der Sadhu holte aus seiner Tasche so viel Arsen hervor, daß man damit zwei Menschen hätte töten können. Maharajji griff schnell danach und aß es auf. Alle waren schockiert, aber Maharajji bat nur um ein Glas Milch. Es war keine Wirkung an ihm festzustellen.

Eines Tages ging Maharajji allein am Ganges spazieren. Er traf auf einige Sadhus, die dort in ihren kleinen Kutis lebten. Sie fragten ihn, wer er sei, wo er wohne, wo er Nahrung erhielte und was er äße. Maharajji erklärte, daß er nur ein Wanderer ohne Zuhause sei, daß er dort wohne, wo sich die Gelegenheit biete, und daß er essen würde, wenn Nahrung verfügbar sei. Sie fragten ihn, ob er eine Weile bei ihnen bleiben wolle. „Werdet ihr mir zu essen geben?" fragte er. Sie meinten, das sei selbstverständlich, und so setzte er sich zu ihnen. Ein Sadhu kam dazu und begann mit den Vorbereitungen für eine gemeinsame Chillum. Diese wurde dann herumgereicht, und als sie Maharajji angeboten wurde, begann dieser laut zu schimpfen, nannte sie Faulpelze und Schwindler und beschuldigte sie, ihn zugrunde richten zu wollen und sich selbst auch. Dann stürmte er fort. Kurz darauf kam ein anderer Sadhu in die Kuti und fragte, ob sie Maharajji denn nicht erkannt hätten. Was seien sie für Sadhus, wenn sie selbst einen siddha mahatma *(höchsten Heiligen) nicht erkennen könnten, der sie persönlich besuche! Sie murmelten: „Wie konnten wir ihn erkennen, so wie er sich verhalten hat!"*

Einige Westler hatten es mit einer anderen Art von Drogen-Karma zu tun, denn sie waren in den Schmuggel von Haschisch verwickelt gewesen. Als Maharajji dies herausbekam, manövrierte er sie in eine komplizierte Schmuggel-Aktion hinein, die sie für lange Zeitperioden vom Tempel und von ihm selbst fernhielten.

Der Erlös dieses gewagten Unternehmens sollte für wohltätige Zwecke verwendet werden. Die Resultate dessen, was sie vorher aus Eigennutz getan hatten, nun Gott darzubringen, war eine wirksame Lehre, die sie dankbar annahmen. Aber sie waren sehr betrübt darüber, von den Treffen bei Maharajji ausgeschlossen zu sein.

Daß ihr Guru solche Aktivitäten billigte und sogar unterstützte, veranlaßte sie zu einer gründlichen Überprüfung ihrer eigenen Modelle von Gut und Böse. Seine Beteiligung spornte sie auch zu größerer Kühnheit an, denn sie glaubten, daß ihnen unter seinem Schutz nichts passieren könne. Als ihnen indessen der Gedanke kam, daß es nicht unbedingt Maharajji's Art war, in ein Karma einzugreifen, und daß es vielleicht ihr Karma sein könne, ins Gefängnis zu gehen, war ihre ursprüngliche Begeisterung dahin. Als die Aktion schließlich beendet war, hatten sie mehr als genug von diesen ungesetzlichen Aktivitäten.

1967, als ich zum ersten Mal nach Indien kam, brachte ich einen Vorrat von LSD mit, in der Hoffnung, jemanden zu finden, der möglicherweise mehr über diese Substanzen wußte als wir im Westen. Als ich Maharajji begegnet war, kam es mir nach einigen Tagen in den Sinn, daß er für diese Frage genau die richtige Person sei. Am darauffolgenden Tag ließ er mich zu sich rufen und erkundigte sich sofort: „Hast du eine Frage?"

Es war natürlich solch eine überwältigende Erfahrung, vor ihm zu sitzen, daß ich die Frage, an die ich in der vergangenen Nacht gedacht hatte, völlig vergessen hatte. So schaute ich dumm drein und sagte: „Nein, Maharajji, ich habe keine Frage."

Er erschien irritiert und fragte: „Wo ist die Medizin?" Ich war verwirrt, aber Bhagavan Das warf ein: „Vielleicht meint er das LSD." Ich fragte Maharajji, und er nickte. Ich wurde losgeschickt, um die Flasche mit dem LSD aus dem Auto zu holen. Als ich zurückgekehrt war, schüttete ich die Pillen in meine Hand. Neben dem LSD waren da noch eine Anzahl anderer Tabletten für dies und jenes – Ruhr, Fieber, Schlaflosigkeit und so weiter. Er ließ sich jede einzelne von mir erklären.

Er fragte, ob man Kräfte durch sie bekommen würde. Ich wußte damals nicht Bescheid und dachte, daß er mit „Kraft" vielleicht körperliche Stärke meinte. Ich sagte: „Nein." Später kam ich natürlich dahinter, daß das Wort „Siddhis", das er gebraucht hatte, psychische Kräfte bezeichnet. Dann streckte er seine Hand nach dem LSD aus. Ich legte ihm eine Pille in die Hand. Jede dieser Pillen enthielt etwa dreihundert Mikrogramm sehr reines LSD – eine beträchtliche Dosis für einen Erwachsenen. Er streckte die Hand noch immer aus, und ich legte eine zweite Pille hinein – sechshundert Mikrogramm. Und immernoch hielt er die Hand hin. Ich *fügte eine dritte Pille hinzu. Die Dosis betrug jetzt neunhundert Mikrogramm, und das war ganz gewiß keine Dosis für Anfänger. Dann warf er die Pillen in seinen Mund. Der Schock, den dies in mir auslöste, mischte sich mit der Faszination des Sozialwissenschaftlers, der mit Spannung auf den Ausgang eines Experiments wartet. Eine Stunde lang durfte ich bleiben – und nichts geschah. Überhaupt nichts. Er lachte mich nur an.*

Alles war sehr schnell und unerwartet abgelaufen. Als ich 1968 in die Vereinigten Staaten zurückkehrte, erzählte ich vielen Leuten von diesem Acid-Bravourstück. Doch was ich nicht loswurde, war der nagende Zweifel, daß er mich vielleicht irregeführt und die Pillen über seine Schulter geworfen oder in seiner Hand versteckt hatte, denn ich hatte sie nicht direkt in seinem Mund verschwinden sehen.

Als ich drei Jahre später wieder in Indien war, fragte er mich eines Tages: „Hast du mir die Medizin gegeben, als du das letzte Mal in Indien warst?"

„Ja."

„Habe ich sie genommen?" wollte er wissen. (Aha, da kam ja mein Zweifel zum Vorschein!)

„Ich denke schon."

„Was passierte dann?"

„Nichts."

„Oh! Jao!" und er schickte mich für diesen Abend weg.

Am nächsten Morgen wurde ich zur Veranda gerufen, die sich vor seinem Zimmer erstreckte, und wo er morgens auf einem Tucket saß. Er fragte: „Hast du noch etwas von der Medizin?"

Zufällig hatte ich noch einen kleinen Vorrat von LSD dabei, „für alle Fälle", und offensichtlich war es das, was er meinte. „Ja."

„Bring' es her", sagte er. Ich holte die Flasche. Sie enthielt fünf Pillen zu je dreihundert Mikrogramm. Eine von ihnen war zerbrochen. Ich legte sie alle auf meine Handfläche und hielt sie ihm hin. Er nahm die vier unbeschädigten Pillen. Dann steckte er sehr auffällig und bedachtsam eine nach der anderen in seinen Mund und schluckte sie – ein weiterer unausgesprochener Gedanke war nun beantwortet.

Sobald er die letzte Pille geschluckt hatte, fragte er: „Kann ich Wasser trinken?"

„Ja."

„Heiß oder kalt?"

„Das ist egal."

Er rief laut nach Wasser, und als man es brachte, trank er eine Tasse voll davon. Dann fragte er: „Wie lange dauert es, bis es wirkt?"

„So zwischen zwanzig Minuten und einer Stunde."

Er rief nach einem älteren Mann, der schon lange sein Devotee war und eine Uhr besaß. Maharajji hielt das Handgelenk des Mannes und zog es immer wieder zu sich empor, um einen Blick auf die Uhr zu werfen. Dann fragte er: „Wird es mich verrückt machen?"

Das erschien mir so bizarr, daß ich es einfach nur als einen Scherz auffassen konnte.

Und ich sagte: „Wahrscheinlich."

Er wartete. Nach einer Weile zog er sich die Decke über sein Gesicht, und als er schließlich wieder zum Vorschein kam, rollten seine Augen hin und her, und sein Mund stand halb offen. Es sah aus, als sei er völlig verrückt geworden. Ich war bestürzt. Was war geschehen? Hatte ich seine Kräfte falsch eingeschätzt? Schließlich war er ein alter Mann (obwohl ich keine Ahnung hatte, wie alt), und ich hatte ihm zwölfhundert Mikrogramm gegeben. Vielleicht hatte er sie das letzte Mal doch hinter sich geworfen und dann in meinen Gedanken gelesen, und nun hatte er mir beweisen wollen, daß er in der Lage war, die „Medizin" zu nehmen – ohne zu wissen, wie stark sie tatsächlich war. Beklemmende Schuldgefühle stiegen in mir auf. Aber als ich wieder zu ihm aufsah, war er völlig normal und sah auf die Uhr.

Nach Ablauf einer Stunde war es offenkundig, daß nichts geschehen war. Seine Reaktionen waren reine Schauspielerei gewesen. Und dann fragte er: „Hast du nichts stärkeres?" Nein, das hatte ich nicht. Dann sagte er: „Diese Medizinen wurden vor langer Zeit im Kulu-Tal benutzt. Aber die Yogis haben dieses Wissen verloren. Man gebrauchte sie zusammen mit dem Fasten. Jetzt weiß niemand mehr davon. Um sie ohne Wirkung einnehmen zu können, muß dein Geist fest auf Gott gerichtet sein. Andere hätten Angst, sie zu nehmen. Viele Heilige würden sie nicht nehmen." Und dabei ließ er es bewenden. (R.D.)

Als ich ihn fragte, ob ich LSD wieder nehmen solle, sagte er: „In einem heißen Klima sollte man es nicht nehmen. Wenn du dich an einem kühlen und friedlichen Ort befindest, und wenn du allein bist und deine Gedanken auf Gott gerichtet sind, dann kannst du die Yogi-Medizin nehmen." (R.D.)

LSD IST GUT FÜR DIE WELT,
ABER ES IST NICHT SPIRITUELL.

LSD ERMÖGLICHT ES DIR, EINZUTRETEN UND
PRANAM VOR CHRISTUS AUSZUFÜHREN,
ABER NACH ZWEI STUNDEN MUSST DU WIEDER
GEHEN. DIE BESTE MEDIZIN IST, CHRISTUS
ZU LIEBEN.

LSD IST NICHT DER WAHRE SAMADHI.

Einmal bat mich ein Westler, ihn zu dolmetschen. Er wollte Maharajji fragen, wie er seinem Freund drüben in Amerika helfen könne. Dieser Freund war durch eine Unzahl von LSD-Trips in einen sehr konfusen Zustand geraten. Maharajji sagte, daß er seinen Freund dazu auffordern solle, immer an Gott zu denken.

Ich hatte das Foto von einem Jungen mitgebracht, der in Amerika unter seltsamen Umständen gestorben war. Er hatte mich 1968 in New Hampshire besucht und war einer meiner ersten Yoga-Studenten gewesen. Er kam jede Woche und nahm sehr rasch alles in sich auf, was ich in Indien gelernt hatte und nun mit ihm teilte. Zuletzt hatte ich die Absicht gehabt, ihn zur weiteren Unterrichtung zu Hari Dass zu schicken, aber er hatte es vorgezogen, nach Arizona zu fahren, um dort in einer Höhle zu leben und sein Sadhana fortzusetzen. Ich hatte ihn alles gelehrt, was ich wußte, aber er schrieb mir oft Briefe und meldete sich während des Winters 1968/69 immer wieder.

Dann hörte ich eine Weile nichts von ihm und erfuhr später, daß er in der Höhle gestorben war. Seine Mutter las mit mir in seinen letzten Tagebuch-Eintragungen, die sehr außergewöhnlich waren. Ich vermutete, daß er sie unter dem Einfluß von LSD vorgenommen hatte. Er war mit blutender Nase tot aufgefunden worden, und auch an der Wand der Höhle hatte man Blut entdeckt. Vielleicht hatte er pranayam *(Yoga des Atmens) ausgeführt und dabei ein Blutgefäß zum Platzen gebracht. Die Eintragungen endeten wie folgt:*

> *Ramana Maharshi und mein Guru steuern beide*
> *meinen Maha Samadhi. . . keine Sorge. . . ich bin*
> *in grenzenloser Seligkeit . . . und werde dich*
> *von innen her führen . . . schreibe Ram Dass die*
> *gute Nachricht, daß ich mich dem Sadhana*
> *nicht mehr länger unterziehen muß . . . dort bin.*
> *. . . Liebe, Liebe . . . ich weiß, was geschieht,*
> *auch der Guru ist im Innern bei mir . . . wisse,*
> *daß ich den Körper in völliger Identifikation*
> *mit Jesus verlassen habe . . .* Jesu está conmigo.
> Yo estoy en su corazon . . . con guru.

Ich hatte seiner Mutter versprochen, Maharajji nach ihrem Sohn zu fragen, wenn ich das nächste Mal bei ihm sein würde. Nun holte ich zu einem geeigneten Zeitpunkt sein Bild aus der Zeit seines Hochschulabschlusses hervor und gab es Maharajji. Er hielt es dicht vor seine Augen, betrachtete es und sagte dann: „Er ist nicht in seinem Körper."

„Das stimmt, Maharajji."

„Er starb durch die Einnahme von Medizin."

„Ah, das habe ich vermutet." (Ich folgerte daraus, daß er nicht wirklich in den

wahren Samadhi eingegangen war, sondern unter der Einwirkung von LSD wahrscheinlich Pranayam ausgeführt hatte.)

Aber Maharajji, dem meine Zweifel anscheinend nicht verborgen geblieben waren, sagte: „Nein, es ist in Ordnung. Er wird nicht wieder Geburt annehmen. Er hat seine Arbeit beendet. Er ist jetzt eins mit Christus. Er liebte dich sehr. Er weinte um dich." Maharajji schwieg eine Weile und fuhr dann fort: „Sage seiner Mutter, daß sie sich keine Sorgen machen soll. Er ist bei Christus. Er gibt auf sie acht. Er hat seine Arbeit beendet." (Maharajji hatte genau den Inhalt des Tagebuchs wiedergegeben, und er hatte mir gezeigt, daß LSD unter bestimmten Umständen ein Fahrzeug für die Rückkehr zu Gott sein konnte.) Dann saß Maharajji still und mit geschlossenen Augen da. Es waren Augenblicke von großer Kraft. (R.D.)

Eines Morgens entschieden sich ein paar von uns, die Acid genommen hatten, zu früher Stunde in den Ashram einzusteigen und sich die besten Plätze zu sichern. So stapften wir durch die Kartoffelfelder und durch den Bach und kletterten über die Mauer. Unter lauten „Sitaram!"-Rufen (Begrüßung, gebildet aus den Namen Sita – Ram's Gemahlin – und Ram) nahmen wir unser Morgenbad, zogen frische, saubere Kleidung an und nahmen unsere Parkett-Plätze vor dem Tucket ein. Wir zentrierten uns und machten unsere Meditationen (oder was man sonst machte, während man auf Maharajji's Erscheinen wartete). Wir saßen in einer Reihe und waren voll auf dem Trip; ich saß an einem Ende des Tuckets. Ganz plötzlich flog die Tür auf – Peng – und da stand Maharajji, gehüllt in eine funkelnagelneue psychedelische Decke, die ihm ein Devotee geschenkt hatte. Niemand hatte die Zeit, sich ihm zu Füßen zu werfen. Geradezu urplötzlich war er da und funkelte wie ein Stern. Alle versuchten aufzustehen, aber er bahnte sich seinen Weg mitten hindurch, setzte sich auf die Bank und ignorierte uns.

Er saß einfach da, warf gelegentlich einen Blick zu uns herüber und sah dann wieder in den Himmel. Aber er ging die ganze Reihe durch und prüfte jeden von uns, was bei manchen nicht länger als einen Augenblick dauerte. So ging es etwa zehn Minuten. Er war frühzeitig herausgekommen – und als die anderen merkten, daß er draußen war, kamen sie angerannt, und er kehrte sofort in seinen kleinen Raum zurück.

Ich fand die Szene wirklich unbeschreiblich, als wir auf dem Trip bei ihm waren. Während er da saß, umherschaute und redete, sah es so aus, als sei da überhaupt niemand. Da war niemand, der das Spiel spielte, jemand zu sein! Es war ein glücklicher Morgen, und so war auch dieser ganze Tag.

Zur Zeit dieses Acid-Trips (siehe oben) hatte D Maharajji eine neue Decke gekauft – in blau und gelb und rot und grün. Ich habe ein Foto von dieser bunten Decke. Eine Menge Leute waren stoned auf Acid, saßen um den Tisch herum und warteten darauf, daß er aus seinem Zimmer kam. Als er harauskam, sprang er fast auf den Tisch, so viel Energie hatte er. Da war er! Er versetzte einer Frau in der ersten Reihe einen sanften Rippenstoß und sagte: „Gefällt dir LSD?" Das war das erste, was er sagte. Er lachte, und bald lachten alle. Dann wurde er ernst. Alle fingen an zu weinen. Es war, als drückte er auf unsere Knöpfe. Als dann alle weinten, sagte er: „Was soll das ganze Weinen? Ich kann Weinen nicht ausstehen. Hört mit diesem Weinen auf!"

ES GAB EINEN dramatischen LSD-Vorfall, der das Zartgefühl der indischen Devotees empfindlich verletzte. Ein junger Westler hatte LSD genommen und war, nur mit einem Tuch bekleidet, in den Tempel gekommen. Als dann Maharajji mit zwei Devotees im Arm an ihm vorbeiging, näherte er sich Maharajji von hinten und versuchte, ihn zu umarmen. Als er seine Arme hob, verhüllte sein Tuch die Köpfe der beiden Devotees und enthüllte seine eigene Blöße. Dieser Vorfall mochte einem Betrachter zwar anstößig erscheinen, aber der junge Mann erlebte es ganz anders. Dies wird im folgenden Dialog deutlich, den er mit einem anderen Devotee führte, der dabeigewesen war.

S: Nun, du weißt, wie ich deinen Trip an diesem Tag miterlebt habe, als du Maharajji von hinten umarmen wolltest . . .

R: Ja, ich wollte ihn küssen. Ich wollte ihn an mich drücken und küssen.

S: Und Maharajji lachte. Du hattest mit deiner roten Decke das Gesicht Dada's und das des anderen verdeckt, als du von hinten deine Arme um ihn legen wolltest. Du warst nackt unter der Decke. Maharajji kicherte nur, zwinkerte und schüttelte seinen Kopf. Als er dann in sein Zimmer ging, bist du zu dem Jungen hinübergelaufen, der den Tempel fegte, um Pranam vor ihm zu machen . . .

R: Er war der niedrigste im Ashram, und als ich hinausging, stand er dort. Ich war niemand, ich hatte noch nicht mal einen Körper. Und dieser Junge war Gott. Er stand da mit einem schmutzigen Besen, er hatte nichts – und ich mußte Pranam vor ihm machen. Der Junge war erst ungefähr zwölf, er fiel nie auf. Er war immer da und doch unsichtbar.

S: Währenddessen war Maharajji in seinem Zimmer und hatte sich eingeschlossen, aber er lachte fortwährend. Ich war zufällig genau vor dem Fenster. Maharajji fragte uns: „Was war los? Warum ist er so? Was hat er gemacht?" Ich sagte: „Maharajji, ich weiß es nicht." Dann sagte Maharajji: „Er hat zu viele Jelebees gegessen." Dann fing er von LSD an und fragte alle, die draußen vor seinem Fenster saßen: „Nehmt ihr es? Nehmt ihr es? Nehmt ihr es?" Ein einziger Westler sagte selbstsicher: „Ja, ich nehme es."

Dann hieß es, daß du überhaupt nichts mehr anhättest. Für eine Weile war es still. Dann, als wir Maharajji alle anschauten, lehnte er sich gegen das Fliegengitter, blickte einem indischen Devotee in die Augen und sagte: „Nackt!" Der schockierte Devotee legte die Hände auf seine Scham und rief, sich ein wenig krümmend: „Maharajji!"

Du saßest draußen und sangst mit den anderen. Dada sah zu dir hin und rief: „Da ist er! Er ist es!" Maharajji schaute und sagte: „Ich weiß nicht, ich glaube es nicht. Ich glaube nicht, daß er es ist." So ging es eine ganze Weile hin und her. Dada sagte: „Ich weiß, daß er es ist. Ich bin ganz sicher." Maharajji wollte dich einfach nicht erkennen. Endlich, nach etwa zwanzig Minuten, sagte Maharajji: „Nun, vielleicht ist er es." Und dann rief er dich herüber und meinte, du solltest den Ashram verlassen.

R: Ja. Die Übersetzung war: „Maharajji sagt, daß du böse bist und sofort gehen mußt." Ich sagte: „In Ordnung, Maharajji", aber ich kann mir nicht vorstellen, daß er wirklich bestürzt war. Ich fand ihn an diesem Tag sehr liebevoll, die ganze Zeit über. Als ich hinausgetragen wurde – ich konnte nicht laufen, ich hatte keine Beine – war ich ganz von Seligkeit erfüllt. Ich hatte das Gefühl, von Engeln getragen zu werden. Da war soviel Liebe überall um mich herum, daß ich nicht die geringste Verwirrung empfand.

S: Etwa einen Monat später kamst du das erste Mal nach dem Acid-Trip wieder in den Ashram. Du trugst eine Dhoti und eine Weste, geselltest dich zum Satsang und sangst mit den anderen draußen vor dem Fenster.

R: Ich weiß nicht, wie er mich nannte, denn mein Hindi war damals sehr schlecht. Es war etwas, was er immer zu Dada sagte, so ähnlich wie ‚badmash', nur anders. Er sagte: „Dummkopf! Jao!" Und das haute mich um. Ich war sehr verletzt. Es war, als hätte mich die Liebe selbst abgewiesen; es tat wirklich weh. Ich wankte aus dem Ashram und dachte: „Das kann er mir nicht antun. Ich werde wiederkommen, notfalls eine Million Mal." Aber der Vorfall ließ in mir den Wunsch entstehen, mich selbst zu verändern. Ich begann mich schuldig zu fühlen in bezug auf Dinge, die ich im Alter von zwei Jahren getan hatte. Ich war so voller Reue darüber, was für ein Schuft ich war, daß ich mir vornahm, seine Liebe zurückzugewinnen.

Als ich dann bei Lama Govinda gewesen war, kam ich mit Anata in den Ashram zurück. (Es war nicht lange bevor Maharajji starb.) Alle saßen um ihn herum, und er gab Darshan. Ich hatte solche Angst, daß er mich hinauswerfen würde, obwohl ich äußerlich sehr ruhig war. Er schaute mir direkt in die Augen und sagte: „Bist du mit ihr zusammen gekommen?" Ich sagte: „Ja." Und er sagte: „Du warst bei Lama Govinda." „Das stimmt." Dann sagte er: „Wie lange", verdrehte seine Augen und wandte sich ab – und ganz plötzlich wirbelte er wieder herum, sah mich direkt an und schrie: „Jao!" Und genau hinter mir sprang irgendjemand auf und rannte weg! Ich merkte, daß er genau über meinen Kopf hinweggeschrien hatte. Dann sah er mich an und lachte! Mir war vergeben. Danach schaute er mich verschiedene Male an und lachte nur. Ich war einfach selig!

Nach diesem Vorfall sagte Maharajji immer: „LSD bringt einen dazu, sich nackt auszuziehen und herumzutanzen." Und er rief uns alle im hinteren Teil des Ashrams von Kainchi zusammen. Wir waren vielleicht fünfunddreißig Westler und saßen in einem großen Kreis um ihn herum. Maharajji ging umher, nannte jede Person bei ihrem Namen und fragte: „Hast du schon mal LSD genommen?" Und alle sagten: „Ja, Maharajji." Ohne Ausnahme. (Es gab in der Tat nur eine Person in der Gruppe, die noch kein LSD genommen hatte – einen Franzosen, der einige Zeit in Israel gelebt hatte.) Maharajji dachte eine Weile nach. Er saß nur da und meditierte darüber.

An diesem Tag fanden sich vier junge Männer am Tor des Ashrams ein. Sie waren gerade eingetroffen. Maharajji rief: „Doktor!" Ich ging zu ihm ins „Büro", und er sagte: „Vier junge Männer sind gekommen. Geh' zum Tor und weise sie aus dem Ashram, denn sie haben LSD genommen." Ich ging zum Tor und sagte: „Ähm, hallo. Leute, habt ihr zufällig LSD genommen?"

Alle vier sagten: „Nein, wir haben noch nie LSD genommen."

Und ich sagte: „Entschuldigt, ich bin gleich wieder da." Ich ließ sie am Tor stehen und ging zurück zu Maharajji. „Maharajji, sie haben noch nie LSD genommen."

Er sagte: „Geh' und wirf sie aus dem Ashram. Sie haben LSD genommen."

Ich ging zurück und fragte sie zum zweiten Mal. Ich sagte: „Maharajji läßt euch nicht rein. Ihr müßt den Ashram verlassen. Ihr habt LSD genommen." Sie widersprachen sehr heftig. Sie sagten, daß sie niemals LSD genommen hätten. Ich ging wieder zu Maharajji und setzte mich für sie ein. Ich sagte: „Maharajji, jeder von uns hat viel LSD genommen, und auch bei mir war es wirklich nicht wenig. Wir haben alle eine ganze Menge LSD genommen."

Und er sagte: „Diese vier Jungen haben LSD genommen. Wirf sie hinaus. Das ist ein Befehl!" So ging ich hin und warf sie hinaus. Sie kamen nie wieder. Ich kann mir diesen Vorfall in keiner Weise erklären!

KK hatte einmal den Wunsch, LSD auszuprobieren, hielt es aber auf jeden Fall für richtig, Maharajji um Erlaubnis zu fragen. Als er Maharajji die Frage stellte, erwiderte Maharajji: „Was? Ist mit deinem Kopf etwas nicht in Ordnung?"

Rameshwar Das

Von der Meditation und vom Dienen

Meditation

Maharajji sprach oft davon, welchen Wert die Meditation als spirituelle Praxis habe – und er selbst schien sich die meiste Zeit in einem meditativen Zustand zu befinden – dennoch machte er es den meisten von uns nicht gerade leicht, in seiner Gegenwart zu meditieren. Wenn es uns aber glückte, hatte es in der Tat eine dramatische Wirkung.

WELTLICHE MENSCHEN GEHEN NACH AUSSEN, ABER IHR MÜSST NACH INNEN GEHEN WIE DIE SCHILDKRÖTE, DIE SICH IN IHREN PANZER ZURÜCKZIEHT.

MEDITATION IST GUT. DURCH DAS AUF-EINES-AUSGERICHTET-SEIN UND DIE LOSLÖSUNG KANN MAN EINEN REINEN GEIST ERLANGEN. MEDITIERE AUF EINEN PUNKT UND DU WIRST GOTT ERKENNEN.

SÄUBERE DEN GEIST VON ALLEN WELTLICHEN DINGEN. WENN DU DEINEN GEIST NICHT KONTROLLIEREN KANNST, WIE WILLST DU DANN GOTT ERKENNEN?

Manchmal sagte Maharajji: „Was weiß ich schon? England ist so weit weg." Aber manchmal sprach er von England, als wäre er dort gewesen. M bat Maharajji, ihm ein wenig von jener Kraft zu verleihen, die Maharajji befähige, bis nach England zu sehen und noch weiter. Maharajji lachte und sagte: „Nein. Du kannst das allmählich und durch Übung erreichen. Es ist nicht unmöglich, wenn du regelmäßig Sadhana machst und keiner Schwierigkeit aus dem Weg gehst."

M begann nach Maharajji's Weisung mit der Puja und der Meditation. Maharajji hatte ihm ein Mantra gegeben und gesagt, es sei egal, auf welche Weise er damit beginne. Nach einiger Zeit, als M mit Maharajji in einer Pferdekutsche unterwegs war, befragte er Maharajji über das Umherwandern des Geistes bei der Meditation: „Er will nicht auf einem Punkt stehenbleiben, stattdessen kommen ihm viele Ideen. Was soll ich da machen?" Da rannte plötzlich ein kleines Kind über die Straße – der Kutscher riß an den Zügeln und brachte das Pferd zum Stehen, gerade noch rechtzeitig, um einen Unfall zu vermeiden. „Mach' es so", meinte Maharajji und deutete auf den Kutscher, der die Zügel in der Hand hielt. „Wenn der Geist hierhin und dorthin und in alle möglichen Richtungen abschweifen will, mußt du versuchen, ihn immer wieder auf einen Punkt zurückzuziehen. Du solltest ihn in ständiger Übung zentrieren, dann wird er automatisch zu dem einen Punkt wandern, auf den du meditieren willst. Schließlich, nach Jahren, kommt der Geist zur Ruhe."

Einmal rief er mich in sein „Büro" in Kainchi und ließ mich neben ihm auf dem Bett sitzen. Damals hatte ich die Vorstellung, daß Meditation „etwas" sei – und hier saß ich nun mit dem Guru. Es war, so glaubte ich, an der Zeit zu meditieren, mich wirklich „einzustimmen". Nicht mit Worten, sondern durch Nicht-Beachtung ließ Maharajji diese falschen Konzepte von der Meditation in mir zusammenbrechen. Eines nach dem anderen fiel von mir ab, bis endlich nichts mehr übrigblieb und ich einfach dasaß und nichts Transzendentales fühlte, nur Leere. In dem Moment, als ich diesen Punkt erreicht hatte, jao'te er mich (schickte er mich weg).

Er befand sich die ganze Zeit in Meditation, während du mit ihm sprachst. Du konntest es spüren.

Wenn Maharajji bei uns saß, konnten wir es sehen, daß er in einem tiefen Samadhi-Zustand war. Mit einem Kopfnicken war er weit weg an einen anderen Ort; ein zweites Nicken, und er war wieder da. Wir hatten bei ihm immer das Gefühl, daß er überall sein konnte. Das war es, was wir bemerkten; ungeachtet der Tatsache, daß er dies alles vor uns verbarg, mußte es uns einfach in die Augen fallen.

Wir waren einmal hinten im Ashram, als alle anderen den Tag über weggeschickt worden waren. Der Himmel sah wunderschön aus – rot und purpur. Maharajji war zweifellos in einem Samadhi. Es war kein Samadhi der Stille, aber sicherlich irgendeine Art von Samadhi. Er lehnte sich zurück und sagte: „Gibt es solche Himmel in Amerika?" Und irgendwie wußte ich, daß es eine Verbindung zu diesem Augenblick geben würde, wenn ich wieder in Amerika war. Heute habe ich daran gedacht.

Bei einer bestimmten Gelegenheit lud mich KK ein, mit ihm und seinem Cousin ML abends hinaus nach Kainchi zu fahren, um einige Lampen und Vorräte abzuliefern, die auf Maharajji's Anweisung hin für ein bevorstehendes Feiertags-Ritual gekauft worden waren. Ich freute mich über diese Möglichkeit, denn es war mir nie, wenn Maharajji anwesend war, erlaubt worden, am Abend nach dem Schließen der Tore im Tempel zu bleiben.

Es war die stille Zeit der hereinbrechenden Abenddämmerung, und alles war mild und ruhig. Maharajji saß allein auf dem Tucket vor seiner Tür, als wir eintrafen. ML und ich gingen zu ihm, während KK sich um die Einlagerung der mitgebrachten Sachen kümmerte. Diesmal gab es keine Neckerei oder Unterhaltung irgendwelcher Art. Das war es, wonach ich mich wirklich gesehnt hatte – die Gelegenheit, in Maharajji's Gegenwart meditieren zu können. Denn das ununterbrochene Schauspiel der Worte und Äpfel, das sich gewöhnlich um Maharajji herum vollzog, lenkte das Bewußtsein ganz und gar auf die physische Ebene. Trotz meiner großen und anhaltenden Sehnsucht, ihm auf den anderen Ebenen zu begegnen, mangelte es mir an der Disziplin, dieses Drama, wenn es sich abspielte, völlig zu ignorieren und meinen Geist nach Innen zu lenken, um das Bewußtsein durch Konzentration auf das ajna (drittes Auge) auf andere Ebenen zu führen.

Jetzt war alles still, das war die Gelegenheit. Ich nahm die Lotos-Position ein und lenkte meine Aufmerksamkeit auf meine Stirn. Fast unmittelbar traf ich in tiefe Meditation ein und spürte die physische Ebene hinweggleiten. In diesem Moment wurde mir nebelhaft bewußt, daß Maharajji sich plötzlich auf die Seite gelegt hatte und schnarchte. Ich erinnere mich an ein undeutliches Erstaunen, denn die Stellung, in der er sich befand, ließ es unwahrscheinlich erscheinen, daß er wirklich schlief. Darüber nachzudenken blieb jedoch wenig Zeit, denn plötzlich wurde mein Körper von heftigen und starken Energiestößen geschüttelt, die meine Zähne buchstäblich klappern ließen. Das Schütteln schien noch intensiver zu werden, und der Brennpunkt auf meiner Stirn geriet ins Wanken, während der sich schüttelnde Körper die Aufmerksamkeit zu sich hinunterzog. Sofort setzte sich Maharajji auf, *wandte sich an ML und sagte: „Frage Ram Dass, wieviel Geld Steven verdient."*

Ich vernahm die Worte wie aus weiter Entfernung und hörte auch die Erwiderung ML's, daß er mich in meiner Meditation nicht stören wolle. Aber Maharajji ließ sich nicht beirren, und ML stieß vorsichtig an mein Knie. Ich fühlte, wie ich mich gegen das „Herunterkommen" wehrte, und ich versuchte, gerade so weit hinunterzugehen, daß ich sagen konnte: „Dreißigtausend im Jahr", um gleich wieder „nach oben" gehen zu können. Aber einmal unten, war die Erfahrung vorüber. Sie hatte jedoch genügt, um mir zu zeigen, daß meine geistige Disziplin für das Arbeiten mit den gewaltigen Energien nicht ausreichte, die Maharajji schon mit einem Schnarchen in mir freisetzen konnte.

Kurz darauf wurden wir „gejao't". An der Ecke des Tempels schaute ich noch einmal zurück. Da saß Maharajji regungslos wie eine Statue in der Dunkelheit, eingehüllt in seine Decke. Er hatte in diesem Moment etwas unirdisches an sich. Es war nicht der vertraute, liebevolle Maharajji, der er zu anderen Zeiten war: es war der ferne Shiva, der in ewiger Meditation auf dem Gipfel des Berges Kailash sitzt. Es war jener Aspekt von Maharajji, der so unermeßlich und unpersönlich wie der Himalaya erschien und einen Raum großer Tiefe und Unschuld in mir berührte. Dies war die Kraft, die mich anzog. Es war Liebe jenseits der Liebe. (R.D.)

MEDITIERE, UM DIE KUNDALINI ZU ERWECKEN. DENKE ÜBER GOTT NACH; SIE WIRD GERADEWEGS NACH OBEN STEIGEN.

UM GOTT ZU SEHEN, MUSST DU BESONDERE AUGEN HABEN. ANDERNFALLS KANNST DU DEN SCHOCK NICHT ERTRAGEN.

Als ich ein kleines Kind war, legte er mir oft eine Decke über den Kopf. Ich empfing dabei immer eine Art von Schwingung – ich zitterte vom Scheitel bis zur Sohle. Ich könnte es als eine Erregung der Sinne bezeichnen, aber es gibt für diese Empfindung kein passendes Wort. Ich kann keinen Ausdruck für dieses Wohlgefühl finden.

Eine Ma sprach davon, daß sie nach Chitrakut fahren wolle. Maharajji sagte: „Du willst nach Chitrakut fahren" und faßte sie bei ihrem Handgelenk. Das nächste, dessen sie sich gewahr wurde, war, daß sie sich in Chitrakut befand. Als sie dann wieder im Tempel war, war sie acht Stunden lang völlig ermattet.

Als Maharajji Gurudatt Sharma auf dem Mela zum ersten Mal in Samadhi versetzte, mußte man sehr auf Gurudatt achtgeben, denn er befand sich in einer solchen Ekstase, daß man befürchten mußte, er werde ins Feuer fallen.

Ich legte meine Hand auf seinen Kopf, als ich ihn badete, und mein ganzer Körper wurde mit Energie aufgeladen.

Auf unserem Weg nach Jageshwar hielten wir in Almora, und Maharajji forderte mich auf zu meditieren. Ich hatte das Gefühl zu fliegen und dachte an den Berg Kailash, bevor ich das Bewußtsein verlor. Nach einiger Zeit kehrte ich in den normalen Wachzustand zurück, und wir setzten die Fahrt fort. Später berichteten meine Frau und andere, daß sie Maharajji und mich genau zu dieser Zeit in Delhi gesehen hätten. Sie hatten sich gewundert, warum wir so schnell aufgebrochen waren.

Bei einem seiner Besuche in unserem Ashram forderte Maharajji einen seiner Devotees auf zu meditieren. Der Devotee setzte sich hin und ging sofort in Samadhi-Trance ein. Maharajji sagte zu den Ashramiten, sie sollten auf seine Augen schauen und ihn wieder wachrütteln. Sie versuchten es vergeblich, denn er war wie ein Stein. Nach zehn oder fünfzehn Minuten wandte sich Maharajji dem Devotee zu und rief laut: „Steh' auf! Steh' auf!" Sofort öffnete der Devotee seine Augen und erhob sich. Maharajji hatte ihn überhaupt nicht berührt. Später fragte Maharajji die Swamis des Ashrams: „Sitzt ihr auch in Meditation? Könnt ihr auch so dasitzen?"

Es war einzigartig, wie Maharajji vorging, um dich Konzentration und Meditation zu lehren. Sobald du ein Wohlgefühl zu spüren begannst, rüttelte er dich auf irgendeine Weise aus der Meditation auf. Ich fragte ihn einmal, warum er mich aus dem Samadhi geholt habe, und er erwiderte, daß der menschliche Geist seine Beschränkungen habe, daß ich mich in einem physischen Körper befände und diese Dinge nur ganz langsam erreichen könne – andernfalls würde ich wahnsinnig werden. Er wußte, wie groß die Kapazität deines Körpers war.

Maharajji erlaubte mir nie, in seiner Gegenwart auf ihn zu meditieren. Selbst jetzt noch wird meine Meditation durch alles mögliche gestört, wenn ich mich auf ihn zu konzentrieren versuche. Doch einen Mangel an Beseligung verspüre ich nicht.

Häufig vereitelte Maharajji unsere Bemühungen zu meditieren. Wenn wir dasaßen und jemand zu meditieren begann, schickte Maharajji seine beiden „Meditations-Störer" herüber. Der eine war sein Fahrer und der andere ein kleiner Junge, der mit dem Fahrer befreundet war. Sie sollten die Leute aus der Meditation rütteln. Einmal saßen wir alle da, und er sagte: „Gut, ihr könnt meditieren", und nach etwa einer Minute fing er an Witze zu erzählen, und schon war es wieder aus. Ein anderes Mal rief uns Maharajji in sein „Büro" und meinte, wir sollten singen. Wir fingen an zu singen, aber niemand hatte so richtig Lust, so daß der Gesang nach einer Weile erstarb. Da schrie er aus einem anderen Raum herüber: „Singt weiter!" Wir stimmten den Gesang von neuem ein, bis wir wieder ermüdeten. „Singt weiter", rief er. Und endlich, nach ungefähr drei Stunden, kam Leben in den Gesang, und es wurde wirklich toll. Am Ende fielen wir natürlich alle in Meditation, aber kaum daß dies geschehen war, kam von drüben der Ruf: „Kommt zum Mittagessen", und wir wurden in das andere Zimmer geführt. Nie war es uns möglich, an diesen inneren Räumen der Meditation festzuhalten.

Ich schätzte die Meditation sehr hoch ein, und als ich davon hörte, daß ein ausgezeichneter Meditationslehrer die sommerliche Regenzeit in Kausani verbringen würde, einem kleinen, abgelegenen Dorf im Himalaya, schmiedete ich genaue Pläne, um dort mit drei anderen Westlern einen ruhigen, konzentrierten Sommer der praktischen Arbeit zu verleben. Als ich Maharajji von meinem Vorhaben erzählte, meinte er nur: „Wenn dich danach verlangt . . ." Dann sagte er: „Fahr' hin! Ich werde dich rufen."

Das Haus in Kausani war ideal, und wir bezogen es in der freudigen Erwartung, daß unser Traum von einem meditativen Sommer sich nun erfüllen werde. Wir hatten ein Bad, wechselten uns mit dem Wasserholen und Kochen ab, genossen die herrliche Aussicht auf den Himalaya und erwarteten die Ankunft unseres Lehrers Anagorika Munindra.

Zu Beginn der zweiten Woche hörten wir, daß einige Westler im Dorf eingetroffen seien und unten in einem kleinen Gasthof wohnten. Wir kamen überein, sie nicht in unser Haus einzuladen, um uns diesen Freiraum für die Arbeit, die mit Munindra's Ankunft einsetzen würde, zu erhalten. Aber es kamen immer mehr Westler nach Kausani, und sie waren nicht sehr erbaut davon, auf der Bergspitze nicht erwünscht zu sein. Schließlich hatte sie Maharajji zu uns geschickt. Er hatte gesagt: „Geht zu Ram Dass nach Kausani. Das ist ein Lehrgang für Anfänger. Nicht für Ram Dass."

Ich war wütend. Maharajji wußte, daß wir allein sein wollten, hatte aber in voller Absicht inzwischen nicht weniger als zwanzig Leute hergeschickt. Wir beschlossen, an unserem ursprünglichen Plan festzuhalten, koste es, was es wolle!

Wir hatten jedoch die Dimensionen von Maharajji's Lila unterschätzt, denn gegen Ende der zweiten Woche hielten wir einen Brief von Munindra in den Händen: „Verschiedene Verwaltungsangelegenheiten, um die ich mich hier in Bodh Gaya kümmern muß, machen es mir unmöglich, diesen Sommer nach Kausani zu kommen." Wir ergaben uns der Tatsache, daß unser Luftschloß zerronnen war, schlossen uns den anderen Westlern im Dorf an, zogen in einen Ashram auf der anderen Seite des Tales und verlebten dort einen Sommer produktiver und konzentrierter Arbeit.

Am Ende des Sommers kehrten wir auf Maharajji's Geheiß nach Kainchi zurück. Als wir zum Darshan bei ihm erschienen, lachte er. Er sagte: „Ram Dass Lehrer, Ram Dass Lehrer. Buddhistischer Lehrer kam nicht. Ram Dass Lehrer, Ram Dass Lehrer", und er kicherte und zog an meinem Bart. Kein Zweifel – unsere sommerlichen Pläne waren nicht zufällig gescheitert. Da hatte jemand seine Hand im Spiel gehabt. (R.D.)

Maharajji hatte mich angewiesen, für mich allein zu bleiben und nicht viel zu reden. Er sagte auch, ich solle mich auf mein Ajna konzentrieren und an ihn denken. So blieb ich, als wir im Sommer einmal etwa achtzig Kilometer von Maharajji entfernt in Kausani waren, allein in meinem Zimmer, um fünf Tage lang zu fasten. Ich hatte viele Bilder von Maharajji dabei.

Als diese Zeit der Zurückgezogenheit begann, las ich im Mahabharata eine Geschichte über die Pandava-Brüder, von denen Arjuna der gewandteste war. Die Brüder, so geht die Legende, beneideten Arjuna um seine Geschicklichkeit und fragten ihren Guru, warum er um so vieles geschickter sei. Der Guru sagte: „Das hat keinen besonderen Grund. Lediglich sein Wille dazu ist stärker." Zur Demonstration stellte der Guru den Brüdern die Aufgabe, mit Pfeil und Bogen auf das Auge eines Vogels zu schießen. Arjuna erfüllte die Aufgabe mit Leichtigkeit. Anschließend fragte der Guru jeden einzelnen, was er gesehen habe. Der eine beschrieb den Baum, auf dem der Vogel gesessen hatte, und der zweite schilderte den Vogel und seine Farben. Als Arjuna gefragt wurde, erwiderte er: „Ich sah das Auge eines Vogels."

Ich wollte Maharajji so sehen, wie Arjuna das Auge des Vogels sah. Ich mußte Maharajji lediglich in den Brennpunkt meiner Meditation stellen, denn die Konzentration auf Maharajji richtete gleichzeitig das Auge, den Geist und das Herz auf einen Punkt aus. Nach einem oder zwei Tagen schienen die Bilder Maharajji's bedeutungslos zu werden, und ich legte sie beiseite; trotzdem spürte ich Maharajji's Gegenwart im Raum. Am vierten Tag spürte ich ihn so nah, als stünde er direkt hinter mir.

Das Fasten sensibilisierte mich gefühlsmäßig in hohem Maße, und so war ich sehr bestürzt, als ich zu spüren begann, daß er nicht mehr hinter mir und überhaupt nicht mehr im Zimmer anwesend war. Dann erkannte ich, daß Maharajji nur als separate Wesenheit verschwunden war; denn was sich im Verlauf dieser meditativen Tage ereignet hatte, war, daß Maharajji mir immer näher und näher gekommen und schließlich in mich hineingegangen war. Ich fühlte mich allein – nicht einsam, einfach nur allein. Es war ein Gefühl der Stärke, Klarheit und Fülle, aber auch ein Gefühl des Alleinseins und einer Stille inmitten äußerer Geräusche. Es war ein wenig so, als sei man der letzte Mensch auf Erden. Als ich das Haus verließ und wieder unter Leuten war, ging dieses Gefühl allmählich zurück; aber ich wußte jetzt, daß auf dem Pfad der Verschmelzung mit Maharajji meine Freiheit lag. (R.D.)

KUNDALINI RUHT UNTER DEM NABEL. DES GURU'S GNADE KANN SIE ERWECKEN, DIE SANFTE, EINFACHE BERÜHRUNG SEINER HAND.

DIENST

AUF DIE FRAGE, warum er von so vielen „badmash" umgeben sei, sagte Maharajji: „Nur kranke Menschen gehen zum Arzt." Und wie ein alter und zuverlässiger Hausarzt war Maharajji Tag und Nacht für seine Devotees da und machte „Hausbesuche". So war Maharajji's eigenes Verhalten ein perfektes Beispiel für jenen Sadhana, zu dem er seine Devotees am stärksten ermutigte: Selbstloses, liebevolles Dienen. Was die Familienväter betraf, die den größten Prozentsatz seiner Devotees ausmachten, so hielt sie Maharajji im Allgemeinen weder zu strenger Enthaltsamkeit noch zu extensiver Meditationspraxis noch zu ausgedehnten Ritualen an. Eher zeigte er uns den Weg des *karma yoga*, der durch hingebungsvolles Dienen im täglichen Leben zu Gott führt. Damit spiegelte Maharajji die Lehren der bedeutendsten devotionalen Literatur wider, wie z.B. der Ramayana, der Bhagavad Gita und der Bibel. Aber Maharajji machte deutlich, daß harte Arbeit allein noch nicht den Kernpunkt bilde. Wesentlicher sei die Arbeit, die in ständiger Erinnerung an Gott verrichtet werde, das heißt in Liebe vor dem Angesicht der Gnade Gottes.

Ein Mann arbeitete im Ashram so hart, daß er kaum Gelegenheit hatte, Maharajji's Darshan zu empfangen. Aber eines späten Abends geschah es, daß ein Devotee nach dem anderen aufbrach und Maharajji allein auf seinem Tucket zurückblieb. Der Mann ging zu ihm und setzte sich. Maharajji zeigte sich überrascht, da der Mann doch nie Zeit für das Darshan zu haben schien. So fragte Maharajji ihn: „Was möchtest du?" Der Mann erwiderte nur: „Atma-gyan (Kenntnis des Selbst)." Maharajji sagte: „Allen zu dienen ist atma gyan."

Wenn von der Läuterung des Herzens die Rede war, zitierte Maharajji manchmal die Gita: „Durch Arbeit erlernst du das Auf-Eines-Ausgerichtet-Sein, sagt die Gita, und dann erlangst du die Einsicht."

DIENE DEN ARMEN UND DENKE AN GOTT.
DU WIRST EINS MIT CHRISTUS.

„Hat Maharajji dir irgendwelche besonderen Lehren erteilt?"
Brahmachari Baba erwiderte mit süßem Lächeln: „Er lehrte mich zu dienen."
Da waren wir alle für eine Weile still.

Maharajji fragte HC, wie ein Mensch seiner Meinung nach in der Welt erfolgreich sein könne. HC sagte, daß dies durch fleißige, ehrliche Arbeit käme. Maharajji widersprach und sagte, daß die Gnade Gottes ebenso notwendig sei. Ohne die Gnade Gottes würde selbst der Einsatz aller Kräfte nicht zum Erfolg führen.

Einmal fragte ich Maharajji, wie es einem Menschen möglich sei, die ganze Zeit an Gott zu denken. Er erzählte mir die Geschichte von Narada (dem himmlischen Weisen) und dem Metzger. Vishnu (einer der Aspekte Gottes) lobte den Metzger immer, und Narada fragte sich nach dem Grund, da der Metzger doch ständig beschäftigt war, er selbst aber den ganzen Tag über Vishnu's Lobpreis sang. Vishnu stellte Narada die Aufgabe, eine bis zum Rand mit Öl gefüllte Schale auf den Gipfel eines Berges zu tragen, ohne einen Tropfen zu verschütten. Als Narada die Aufgabe erfüllt hatte, fragte ihn Vishnu, wie oft er an ihn gedacht habe. Narada fragte, wie er hätte an ihn denken sollen, da er sich doch auf das Tragen der Schüssel und das Besteigen des Berges hätte konzentrieren müssen. Vishnu schickte Narada zum Metzger, und der Metzger sagte, daß er während seiner Arbeit immer an Gott denke.

Dann sagte Maharajji: „Welche äußere Arbeit du auch verrichten mußt, verrichte sie; aber übe deinen Geist so, daß du in deinem Unterbewußtsein an Gott denkst."

Maharajji hatte mir oft die Weisung gegeben, mich abseits zu halten und nicht viel mit den anderen zu verkehren – und gleichzeitig den Menschen zu dienen und sie zu ernähren. Einmal blieb ich in meinem Zimmer, weil er gesagt hatte, ich solle allein essen und meine Zeit nicht mit den anderen verbringen. In dieser Nacht gab es zwischen einem Paar aus dem Westen Streit, und als Maharajji die beiden später danach fragte, bedachte er mich mit einem vorwurfsvollen Blick. „Wo war Ram Dass? Warum kam er nicht, um euch zu helfen?" (R. D.)

Ich fragte Maharajji nach meinem Sadhana, und er sagte: „Menschlichen Wesen zu helfen ist für dich der einzige Weg zur Erlösung. Du brauchst weder dhyan *(Meditation) noch Puja zu machen. Diene allen lebenden Wesen."*

WER IMMER FÜR GOTT ARBEITET, SEINE ARBEIT WIRD SICH VON SELBST VERRICHTEN.

ARBEIT IST GOTT. ARBEIT IST ANBETUNG.

DER GEIST SOLLTE IMMER IN ARBEIT VERTIEFT SEIN.

„Maharajji, wie kann ich Gott erkennen?"
„Diene den Menschen."

„Maharajji, wie kann ich Erleuchtung erlangen?"
„Speise die Menschen."

„Maharajji, wie kann ich Kundalini erwecken?"
„Diene den Menschen und gib ihnen Nahrung."

Maharajji öffnete uns dafür, in der wahren Freude am Dienen eine Form des Zusammenseins mit Gott zu erkennen. Es ist interessant, wie kritisch die Leute um uns herum reagieren, weil sie nicht verstehen, warum wir so hart, so voller Freude arbeiten.

Maharajji läßt dir das Vorrecht zuteil werden, seine Arbeit zu verrichten.

Ein Devotee sagte: „Es ist eine solche Ehre, Maharajji dienen zu dürfen."

Rameshwar Das

Vom Zorn und von der Liebe

Meister des Schimpfens

MAHARAJJI REAGIERTE auf ganz unterschiedliche Weise, wenn jemand unter uns vom Zorn geplagt wurde; und immer holte er den Zorn früher oder später an die Oberfläche und half uns, ihn allmählich loszulassen. Manchmal mußte ein Devotee eine wahre Schimpfkanonade Maharajji's über sich ergehen lassen. Das Beschimpfen, verbunden mit der dahinter verborgenen Liebe, war das große Allheilmittel selbst für den verstecktesten und tiefliegendsten Zorn. Bei anderen Devotees schien es, als würden um Maharajji herum genau die Situationen entstehen, die ihren Zorn wie in sprudelnd kochendem Wasser an die Oberfläche trieben. Genau im richtigen Augenblick war Maharajji mit dem für das Auslösen des Zornesausbruchs notwendigen Wort oder Blick zur Stelle – und auch mit der notwendigen Tasse Milch, um die Seele nach erfolgter Operation wieder zu besänftigen.

Zwei Jahre lang ließ Maharajji Dada im Rahmen der Leitung des Tempels vieles tun, dem Dada zu Hause aus dem Wege ging. Und immer schimpfte Maharajji auf ihn, offen und hinter seinem Rücken, von morgens bis abends. Im Verlauf dieses Trainings lernte Dada, seinen Zorn zu kontrollieren. Nach zwei Jahren fragte Maharajji Dada's Frau, ob er immer noch wütend werde, und sie erwiderte, daß das sehr selten geworden sei.

Maharajji sagte zu Dada, daß er, wenn er Dada's Frau wäre, ihn schon längst aus dem Hause gejagt hätte.

Maharajji wandte sich an Dada und sagte: „Du bist ein Dummkopf." Dada stimmte ihm zu. Dann sagte Maharajji: „Du bist kein Dummkopf." Dada stimmte ihm zu.

Daß Dada Maharajji's Schimpfen mit der Zeit recht gleichmütig aufnahm, zeigt eine Unterhaltung zwischen den beiden. In der Nähe krachten ständig Gewehrschüsse, und Maharajji fragte: „Was ist das?"

Dada antwortete: „Sie feuern nur Platzpatronen ab, Baba."

„Was bedeutet das, Platzpatronen abfeuern?" wollte Maharajji wissen.

„Das ist dasselbe, was du auch machst, Maharajji", erwiderte Dada.

„Oh", sagte Maharajji vergnügt, „ich werde auch weiterhin Platzpatronen abfeuern."

„Dada ist ein Meister der Künste", sagte Maharajji.

Dada erwiderte: „Und du bist ein Meister des Schimpfens."

Als Maharajji einmal so böse war, daß die Ma's zu weinen anfingen, sagte er zu ihnen: „Nur wenn ihr stark genug seid, mein Schimpfen zu ertragen, könnt ihr der Welt entgegentreten."

WENN MIR EINE PERSON NAHE IST, KANN ICH SIE RUHIG BESCHIMPFEN.

EIN HEILIGER WIRD NIEMALS ZORNIG.

ICH KÖNNTE DIR NICHT BÖSE SEIN, NICHT EINMAL IM TRAUM.

Eines Tages, als wir Westler in den hinteren Teil des Tempels geschickt worden waren, wie es während der Tageszeit üblich war, beschloß ich (aus sentimentalen Gründen), zu meinem alten Zimmer hinaufzusteigen, das ich 1967 im ersten Stock eines Gebäudes bewohnt hatte. Aus einem der Fenster konnte man über die Mauer hinweg in den vorderen Teil des Tempels blicken, der sonst von hinten aus nicht einzusehen war. Als ich müßig aus dem Fenster sah, bot sich mir ein Anblick, der meine Aufmerksamkeit fesselte und mich etwas zurücktreten ließ, so daß ich von draußen nicht gesehen werden konnte.

Unten, vor dem Fenster von Maharajji's Raum, saß ein Devotee, der im Tempel arbeitete und uns oft als Dolmetscher diente. Er weinte bitterlich. Offensichtlich sprach er mit Maharajji. Dann stand er auf und kam, immernoch weinend, auf den hinteren Teil des Tempels zu. Als er aus meinem Blickfeld verschwand, erschien Maharajji in seiner Tür und trat hinaus in den Hof. Er stand da wie ein grimmiger Löwe oder Elefant, und obwohl ich nichts hören konnte, war deutlich zu sehen, daß er laut schrie und wild gestikulierte, und zwar in heftiger Wut. Alle im Hof schienen sich zu ducken. Das erschien mir nicht „dharmisch". Maharajji hatte unmißverständlich zu mir gesagt, daß ein Heiliger niemals zornig wird.

Mich durchdrang das Gefühl, hintergangen worden zu sein, denn offensichtlich hatte Maharajji dort unten einen Zornesausbruch. Also war auch er kein Heiliger. Was für eine Art von Guru war er nur? Er tat das Gegenteil von dem, was er sagte. Das brachte mich nun meinerseits auf, und zum ersten Mal seit 1967 fühlte ich, wie sich mein Herz Maharajji gegenüber verschloß; und mir kam der Gedanke, daß ich Maharajji wohl verlassen und allein weitermachen mußte. Tief enttäuscht stolperte ich die Treppe hinunter und setzte mich zu den anderen, ohne aber etwas zu sagen. Später erfuhr ich, daß Maharajji gleich im Anschluß an die von mir beobachtete Szene wieder in sein Zimmer gegangen war, Dada zu sich gerufen und ihn in sehr umgänglichem Ton gefragt hatte: „Hat Ram Dass gesehen, wie ich zornig wurde?" Dada sagte, er glaube es nicht. Aber Maharajji behauptete, daß es so gewesen sei, und schickte ihn mit einer Nachricht zu mir.

Ich saß verdrossen da, als Dada zu mir kam und sagte: „Maharajji möchte wissen, ob du gesehen hast, wie er zornig wurde."

„Ja", sagte ich.

„Nun, ich soll dir sagen, falls du irgendwelche Fragen hast, werden sie später alle beantwortet." Und er ging wieder.

Wenige Augenblicke später erschien der weinende Devotee mit seiner Tasche in der Hand und sagte, daß er aus dem Tempel verbannt worden sei – wie wir später hörten, vermutlich deshalb, weil er vierzig Pfund Kartoffeln im Lager hatte verderben lassen. Er verabschiedete sich unter Tränen und ging. Nun war er nicht gerade der Begabteste, und trotz seiner netten Art war er auch ein rechter Quälgeist. Eigentlich hätte ich seinen Abschied nicht ungern gesehen, denn er war ständig bestrebt, sich bei den Westlern einzuschmeicheln. Aber unter diesen Umständen sah ich es als meine Pflicht an, dem Schwächeren beizustehen. Ich stand auf und folgte ihm nach vorne. Allein unaufgefordert zur Stirnseite des Tempels zu gehen, war schon ein Akt der Auflehnung. Und als der Bursche niedergeschlagen das Tempeltor durchschritt, trat ich mit Vorbedacht zu ihm hinaus, umarmte ihn und gab ihm etwas Geld und einen Zettel mit meiner Adresse in Delhi, falls er irgendetwas brauchte. Als er fort war, schritt ich herausfordernd mitten durch den Tempel, ganz wie in der berühmten Filmszene in Zwölf Uhr mittags. *Alle wußten nun, daß ich mich gegen Maharajji gestellt hatte.*

Den ganzen Tag wartete ich auf eine Klarstellung, aber es kam nichts dergleichen. Wie üblich wurden wir erst wenige Minuten vor der Abfahrt des letzten Busses nach vorne gerufen. Eines der Paare hatte gerade Eheprobleme, und Maharajji sprach mit den beiden. Er sagte, daß jeder im anderen Gott sehen und den Zorn aufgeben müsse. Ich lachte innerlich auf und dachte an die Szene, deren Zeuge ich geworden war. Dann zitierte er die Worte Kabirs: „Behandle eine andere Person wie es dir richtig erscheint, aber schließe sie niemals aus deinem Herzen aus." Und während er das sagte, sah er mich offen und eindringlich an. Die Worte brannten sich in mein Herz, und ich begriff, wie sie in diesem Moment auf das verheiratete Paar, auf Maharajji's Verhalten dem Devotee gegenüber und auf meine eigene Reaktion auf diesen Vorfall paßten. Wieder einmal hatte ich mich im Melodrama verfangen und nicht an die Existenz der Illusion gedacht – und an die dahinter verborgene Liebe. Er sprach dann nie mehr über diesen Vorfall, aber das verlieh dem, was er gesagt hatte, nur eine umso größere Kraft. (R. D.)

Gelegentlich erinnerte mich Maharajji's Verhalten an eine Geschichte, in der Ramakrishna von einem Heiligen erzählt, der eine Schlange dazu auffordert, niemanden zu beißen und alle zu lieben. Die Schlange willigte ein. Aber dann wurde die Schlange von vielen Leuten mit Gegenständen beworfen. Der Heilige fand die Schlange übel zugerichtet. „Ich habe nicht gesagt, daß du nicht zischen sollst", sagte der Heilige.

Ich war sehr ärgerlich auf Maharajji geworden, weil ich es nicht mehr hören konnte, wenn er erzählte, daß ich gut sei. Ich war der Worte „Bohut accha" wirklich müde. Einmal erzählte er einem Mann zehn Minuten lang, wie gut ich sei, und ich stand einfach auf und ging weg. Wie ein Mantra klang dieses gellende „bohut accha" in mir wieder, als ich fortging.

Dann kam ich zurück und setzte mich an den Havan, und als sich auch Maharajji später dort einfand, rief er mich zu sich. Ich war immernoch verärgert. Ich dachte: „Warum kann er mich nicht in Ruhe lassen!" Aber natürlich ging ich zu ihm, und er sagte: „Oh nein. Sie ärgert sich. Sie muß etwas Milch trinken." Er ließ Milch bringen, und ich mußte sie trinken.

Immer wenn ich sehr ärgerlich war, ließ Maharajji von jemandem warme Milch oder Süßigkeiten oder Kardamomsamen bringen. Er sagte, diese Dinge würden den Zorn dämpfen.

Während eines Aufenthalts in Maharajji's Tempel fühlte ich einmal großen Zorn in mir aufsteigen. Größtenteils richtete er sich gegen die anderen Devotees aus dem Westen. Wenn es vielleicht auch einige berechtigte Gründe für diesen Zorn geben mochte, war er innerhalb von zwei Wochen doch so angewachsen, daß ich selbst darüber erstaunt war. An einem dieser Tage marschierte ich zum Tempel und traf spät dort ein.

Alle Westler saßen wie üblich in einer Reihe auf der Veranda, und Maharajji saß auf der gegenüberliegenden Seite des Ashram-Hofes. Sie konnten ihn von weitem sehen, während sie ihr Prasad (in diesem Fall das Mittagessen) einnahmen. Als ich kam und mich zu ihnen setzte, brachte mit einer der Westler einen Blatt-Teller mit Essen, das man für mich aufgehoben hatte. Und in diesem Moment entlud sich mein Zorn, und ich nahm den Blatt-Teller und schleuderte ihn weg. Maharajji sah herüber.

Fast augenblicklich wurde ich zu ihm gerufen, und ich überquerte den Hof und kniete vor ihm nieder.

„Stört dich etwas?" fragte er.

„Ja", sagte ich und blickte zu den anderen Westlern hinüber. „Ich kann adharma (Verhaltensweisen, die den Menschen von Gott wegführen) nicht ausstehen. Ich kann es bei ihnen nicht ausstehen (auf die Westler deutend), und ich kann es bei mir nicht ausstehen. Eigentlich kann ich außer dir überhaupt niemanden ausstehen." Und während ich ihn ansah, fühlte ich, daß er der einzige sichere Hafen in dieser Dunkelheit meiner Seele war, und ich begann zu weinen. Nein, ich weinte nicht nur, ich heulte förmlich. Maharajji klopfte mir energisch auf den Kopf und ließ Milch bringen, und als ich durch meine Tränen hindurch wieder etwas erkennen konnte, sah ich, daß er ebenfalls weinte.

Er flößte mir die Milch ein und fragte mich, ob ich ihn liebe. Ich versicherte es ihm. Dann, als ich mich etwas beruhigt hatte, lehnte er sich vor und sagte: „Ich habe dir gesagt, daß du alle Menschen lieben sollst."

„Ja, Maharajji, aber du hast auch gesagt, daß ich die Wahrheit sagen soll. Und die Wahrheit ist, daß ich einfach nicht alle liebe. Da kam mir Maharajji noch näher, so daß sich unsere Nasen fast berührten, und sagte: „Liebe alle Menschen und sage die Wahrheit."

Die Art,wie er dies sagte, ließ keinen Zweifel darüber, daß es so sein sollte und nicht anders. Ich sah das flüchtige Bild eines Sarges vor mir – anscheinend das Symbol meines Todes – aber seine Form entsprach nicht der meines Körpers. Er *schien ein Sinnbild dieser Unterhaltung zu sein, in der ich im Grunde beteuerte, daß* derjenige, der ich zu sein glaubte, *nicht alle lieben und die Wahrheit sagen könne, und in der Maharajji erwiderte: „Du wirst der sein, der du bist, wenn du aufhörst der zu sein, der du zu sein glaubst. Wenn du stirbst, wirst du wiedergeboren werden, um alle zu lieben und die Wahrheit zu sagen."*

Dann fügte er hinzu: „Manchmal spiegelt der heftigste Zorn die größte Liebe wider."

Ich blickte hinüber zu all den Westlern, auf die ich in meiner Selbstgerechtigkeit so ärgerlich war, und mir wurde bewußt, daß sich dieser Zorn auf einer bestimmten Ebene befand, während unmittelbar darunter, auf einer etwas tieferen Ebene, unvorstellbare Liebe existierte – zwei Ebenen einer Beziehung, in der eine Person vielleicht sagt: „Ich mag dich nicht, aber ich liebe dich." Und wenn Maharajji's Instruktionen in die Tat umzusetzen waren – und darüber gab es keinen Zweifel, denn er war mein Guru, was auch kommen mochte – mußte der Zorn weichen, um der Liebe Raum zu geben.

Dann schlug mir Maharajji einen Handel vor: „Du mußt den Zorn vom Spiegel reiben, um Gott sehen zu können. Wenn du jeden Tag ein wenig Zorn fallen läßt, werde ich dir helfen." Dieses Angebot erschien mir mehr als fair; ich nahm bereitwillig an. Und von Maharajji's Seite sind alle Bedingungen treu erfüllt worden. (R.D)

राम

Ich war einmal auf einen anderen Devotee im Ashram sehr wütend und suchte Hilfe bei Maharajji, der auf einem Stein am Straßenrand saß. Ich kniete vor ihm nieder und berührte seine Füße mit meinem Kopf. Er legte seine Hand auf meinen Kopf und ließ mich während des ganzen Darshans in dieser Position verharren. Als es Zeit war zu gehen, half er mir auf. Meine Knie hatten blaue Flecken und waren von dem groben Kies gezeichnet, auf dem ich gekniet hatte. Ich hatte es die ganze Zeit über nicht gespürt. Mein Zorn war verschwunden.

VERGEBUNG IST DIE STÄRKSTE WAFFE, DENN MIT IHR GERÜSTET IST EIN HEILIGER NICHT ZU ERSCHÜTTERN. ER KANN JEDEN ZORN SOFORT FALLENLASSEN.

Einmal kam ein junger Mann, und Maharajji fragte ihn, wie es ihm gehe, und er sagte: „Oh, Maharajji, ich habe den Zorn überwunden." Maharajji sagte: „Oh, sehr gut!" und lobte ihn fortwährend.

Zur selben Zeit war ein anderer junger Mann anwesend, der Maharajji schon seit vielen Jahren bat, ihn einmal zu Hause zu besuchen. Aber Maharajji war nie gekom-

men, denn der Vater des Jungen hielt nichts von Sadhus oder Heiligen. Jetzt aber wandte sich Maharajji an diesen Jungen und sagte: „Hast du noch immer den Wunsch, daß ich zu dir nach Hause komme?" Der Junge sagte: „Ja, aber laß mich vorher mit meinem Vater sprechen." Maharajji sagte: „Tu das, und dann werden wir alle zu euch kommen." Der Besuch brachte es natürlich mit sich, daß Maharajji den Ehrenplatz des Hauses erhielt und der Vater deshalb woanders sitzen mußte.

Schließlich war die ganze Gesellschaft versammelt, und Maharajji saß auf dem Tucket, das dem Vater des Jungen gehörte. Dann lehnte er sich vor, sah dem Vater in die Augen und sagte: „Du bist ein großer Heiliger." Aber er gebrauchte in Hindi die sehr persönliche Form der Anrede, die man nur sehr engen Freunden oder Menschen niederer Kaste gegenüber benutzt. So war es eine schwere Beleidigung, den alten Vater in dieser Form anzureden. Der alte Mann war sprachlos, nahm sich aber zusammen. Es vergingen ein paar Minuten, da beugte sich Maharajji abermals vor und sagte: „Du bist ein großer Heiliger." Diesmal lief das Gesicht des Vaters rot an, und der Zorn stieg in ihm hoch, aber er konnte sich noch beherrschen. Nach einer Weile wandte sich Maharajji dem Vater ein drittes Mal zu und wiederholte dasselbe noch einmal. Nun verlor der Alte vollends die Beherrschung. Er sprang auf und schrie: „Du bist kein Heiliger! Du kommst herein und ißt den Leuten das Essen weg, sitzt auf fremden Betten, und du bist ein Scharlatan!"

Da sprang der junge Mann hinzu, der den Zorn überwunden hatte, packte den Vater am Kragen, schüttelte ihn und sagte: „Halt den Mund, du weißt nicht, mit wem du sprichst. Er ist ein großer Heiliger, und wenn du nicht still bist, werde ich dich töten."

Nun erhob sich Maharajji, sah sich verwirrt um und rief: „Was ist los, was ist los, will man mich hier nicht? Wir sollten gehen – man will mich hier nicht haben." Er ging zur Tür, und beim Hinausgehen wandte er sich an den jungen Mann und sagte: „Es ist sehr schwer, den Zorn zu überwinden. Einige der größten Heiligen können den Zorn nicht überwinden."

Der junge Mann sagte: „Aber Maharajji, er hat dich beschimpft."

„Du hast recht, er hat mich beschimpft. Warum wurdest du da zornig?"

DIE SPRACHE DES HERZENS

MAHARAJJI LIEBTE es, wenn aus dem Sundarakand-Kapitel der Ramayana vorgelesen wurde. An einer Stelle in der Geschichte wird Sita (Ehefrau und Devotee) eine Botschaft von Ram (Ehemann und Gott) überbracht, von dem sie getrennt worden ist. Ram gibt seiner Qual Ausdruck, von einer so lauteren Devotee getrennt zu sein: „Es lindert den Schmerz ein wenig, nur davon zu sprechen, aber wo ist jemand, mit dem ich darüber sprechen kann? Denn niemanden gibt es, der es verstehen würde. Welcherart das Band der Liebe wirklich ist, das dich und mich verbindet, Liebes, ist einzig meiner Seele bekannt; und meine Seele verweilt ewig bei dir. Wisse, daß dies die Essenz meiner Liebe ist." Wenn dieser Abschnitt vorgelesen wurde, rollten Tränen über Maharajji's Wangen, und oft tauchte er dabei in einen Zustand der Seligkeit ein.

Genau diese Art von Liebe war es, die uns mit Maharajji verband. Die Liebe war in den Äpfeln, in der Güte, im Scherzen, in seinem Kommen und Gehen, im Schimpfen – und sie war jenseits dessen. Hin und wieder sprach er über die Liebe, aber immer – *ist* er Liebe.

Ein Devotee sagte: „Er versteht die Sprache unserer Herzen."

राम

Maharajji zitierte Kabir: „Es ist leicht, deine Kleidung zu färben, aber es ist schwer, dein Herz zu färben."

राम

Eines Abends in Kainchi saßen ein anderer Devotee und ich bei Maharajji. Der andere Devotee las Maharajji mit monotoner Stimme aus der Zeitung vor. Ich dachte bei mir: „Maharajji, wie kannst du diesen lästigen Menschen nur ertragen? Warum duldest du ihn überhaupt?" Allmählich spürte ich, wie aus meinem Inneren die unbeschreiblichste Liebe hervorzuströmen begann. Sie wurde größer und größer, bis ich glaubte, mein Herz müsse zerspringen. Doch in diesem Moment legte Maharajji seine Hand auf meinen Kopf, und die Empfindung hörte auf. Als ich versuchte, sie noch einmal hervorzurufen, gelang es mir nicht. Ich sah hoch zu Maharajji, und er lächelte mich voller Mitempfinden an. Ich hätte am liebsten geweint.

DAS HERZ WIRD NIEMALS ALT.

Ich wünschte mir, daß Maharajji mich einmal zu Hause besuchen würde, schob es aber immer wieder hinaus, ihn zu fragen. Ich hatte Dada davon erzählt und hoffte, daß er mir helfen könne, Maharajji einzuladen. Ich war Maharajji erst vor wenigen Wochen zum ersten Mal begegnet. Eines Tages stand ich draußen vor Maharajji's Fenster, als er mich zu sich hineinrief. Nur Dada war noch bei ihm. Als ich eintrat, spürte ich, daß ich in einen anderen Bewußtseinszustand hinüberwechselte, und ich war mir in erster Linie bewußt, daß sich im Bereich meines

Herz-Chakras etwas weit geöffnet hatte, aber es war wie eine gähnende, schwarze Leere. Ich konnte mit den Augen kaum etwas erkennen oder mit den Ohren etwas hören, und ich bin sicher, daß mein Mund weit offen stand. Auch blinzelten meine Augen nicht.

Die beiden unterhielten sich. Maharajji sah mich an und sagte etwas zu Dada, und Dada übersetzte es. Maharajji sagte, daß er nicht zu mir kommen könne, da die Leute in meinem Dorf alle sehr böse seien und ihm keine Liebe entgegenbrächten. Dann schickte er mich hinaus. Danach, als mein gewohntes Bewußtsein wiederkehrte, war es mir, als hätte Maharajji gemeint, daß er nicht in mein Herz kommen könne, da es von weltlichen Verlangen erfüllt sei und keinen Platz für die Liebe zu ihm habe – und daß er bei diesem Darshan mein Herz geleert habe, damit er wahrhaftig kommen und hineinfließen könne.

REINIGE DEN SPIEGEL DEINES HERZENS,
UND DU WIRST GOTT SEHEN.

SCHENKT EINER PERSON LIEBE, SELBST
WENN SIE EUCH VERLETZT. ES IST DIE
SCHLIMMSTE BESTRAFUNG, JEMANDEN AUS
EUREM HERZEN ZU VERSTOSSEN. IHR
SOLLTET JEDEN MENSCHEN ALS GOTT LIEBEN
UND EUCH AUCH UNTEREINANDER LIEBEN.
WENN IHR EUCH NICHT UNTEREINANDER LIEBEN
KÖNNT, KÖNNT IHR EUER ZIEL NICHT
ERREICHEN.

KUMBHAK (DAS EINBEHALTEN DES ATEMS)
KANN AUCH DURCH BHAKTI (HINGABE)
ERLANGT WERDEN. WENN DAS GEFÜHL SEINEN
HÖHEPUNKT ERREICHT, HÖRT DER ATEM AUF,
UND DER GEIST WIRD FIXIERT.

Diesen Frieden und diese Liebe hat mir sonst niemand auf der Welt gegeben, weder Vater noch Mutter noch Frau – niemand. Erstaunlich.

VERLETZE NIE DAS HERZ EINES ANDEREN.

> *DAS HERZ EINES HEILIGEN SCHMILZT WIE BUTTER. NEIN, ES SCHMILZT NOCH LEICHTER ALS BUTTER. BUTTER SCHMILZT NUR, WENN SIE IN DIE NÄHE DES FEUERS GERÄT, ABER DAS HERZ EINES HEILIGEN SCHMILZT, WENN DAS HERZ EINES ANDEREN DEM FEUER NAHEKOMMT.*
>
> — Maharajji zitiert Kabir

Als ein Devotee gebeten wurde, ein paar Geschichten über Maharajji zu erzählen, erwiderte er: „Ich war nur kurze Zeit bei ihm (achtundzwanzig Jahre), deshalb weiß ich keine Geschichten. Was soll ich schon erzählen? Ich weiß nur das eine, daß er meiner Familie eine unvergleichliche Art von Liebe geschenkt hat, die man nicht beschreiben kann, weil sie jenseits der Worte und Formen liegt.

„Warum liebst du mich?" fragte Maharajji eine Frau.

„Ich weiß es nicht, Maharajji."

Maharajji wiederholte seine Frage immer wieder. Schließlich sagte er: „Du liebst mich, weil ich dich liebe."

Ein Devotee fragte: „Wird die Liebe, die wir untereinander empfinden, der Liebe zu dir im Wege stehen?"

Maharajji erwiderte: „Wenn es reine Liebe ist, steht sie nie im Weg."

Eine westliche Devotee Maharajji's ging zu Deoria Baba, einem bekannten und hochverehrten Heiligen Nordindiens, um sein Darshan zu erhalten. Als die Devotee zu Maharajji zurückkehrte, erzählte sie ihm, daß der Heilige gesagt habe, Maharajji sei eine Inkarnation der Liebe.

„Wieso! Dieser Bösewicht! Was weiß er schon? Was bildet er sich ein?" rief Maharajji in Erwiderung auf dieses Kompliment.

Ein Devotee sagte: „Maharajji war die verkörperte Liebe. Keine Religion, nur Liebe."

LIEBE IST DIE STÄRKSTE MEDIZIN. SIE IST STÄRKER ALS ELEKTRIZITÄT.

Ein Devotee fragte: „Was sollen wir tun, wenn wir Dunkelheit oder Abgetrenntheit empfinden?"

„Wenn die Liebe zu Gott stark genug ist, wird es keine Abgetrenntheit geben", erwiderte Maharajji. „Wenn du alle liebst, hat ein Dämon keinen Platz."

LIEBE ALLE MENSCHEN ALS GOTT, SELBST WENN SIE DICH VERLETZEN ODER DICH BELEIDIGEN. SEI WIE GANDHI UND CHRISTUS.

„Was ist, wenn die Furcht vor Gott größer ist als die Liebe zu ihm?" fragte ein Devotee.

„Furcht vor Gott ist nur eine andere Form der Liebe", antwortete Maharajji.

ICH HÄTTE SO EIN GROSSER HEILIGER SEIN KÖNNEN, WENN ICH NICHT SO MITLEIDSVOLL GEWESEN WÄRE.

BEHALTE MICH IN DEINEM HERZEN.

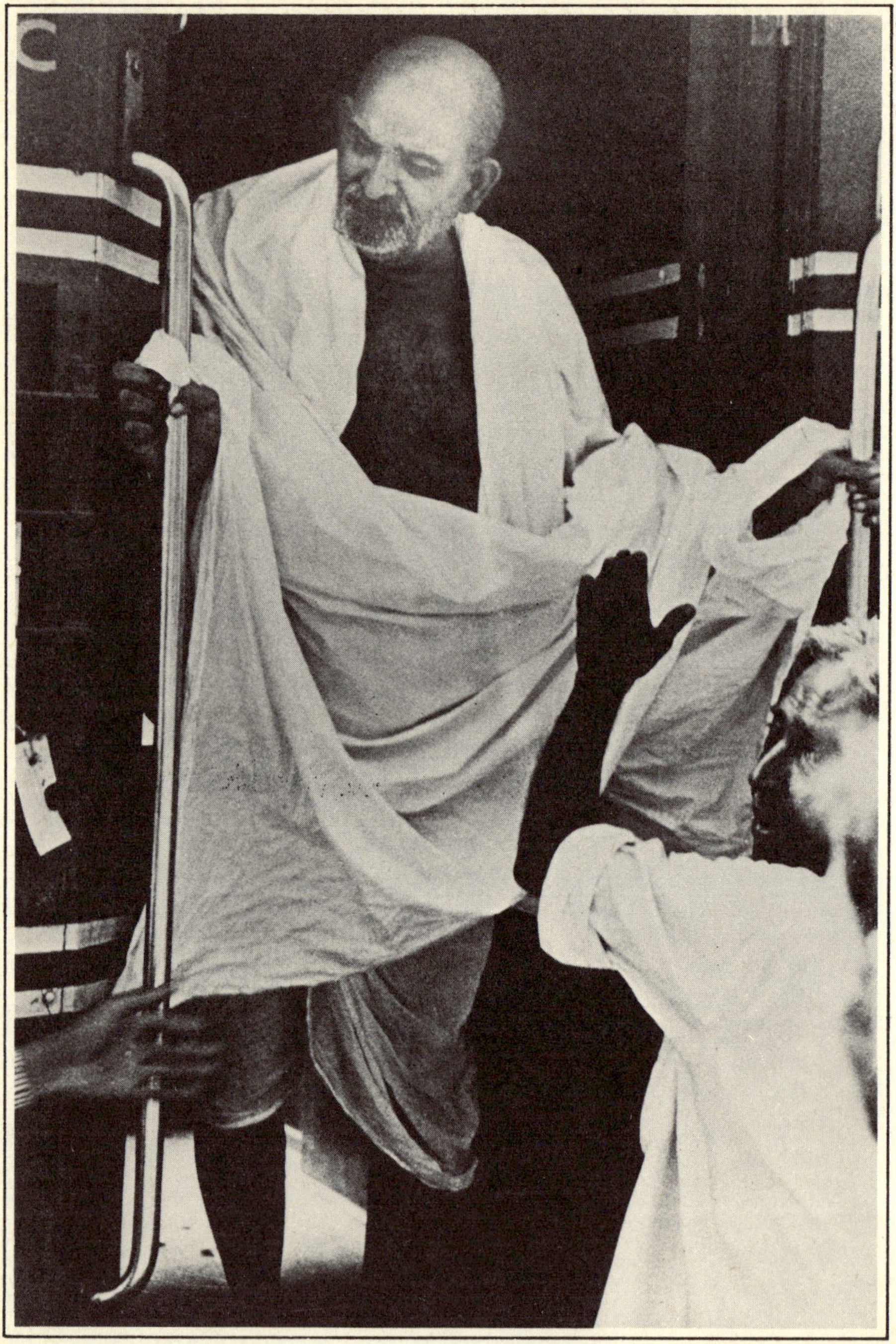
Rameshwar Das

Wie der Wind

MAHARAJJI WAR IMMER und ständig in Bewegung – von einer Stadt in die andere, von einem Haus zum anderen, von einem Raum in den anderen und von einer Position in die andere. So war es bis in seine späten Jahre. Er war wie ein Fluß – oder, wie er von sich selbst sagte: „Ich bin wie der Wind. Niemand kann mich festhalten."

Es war unmöglich, seiner habhaft zu werden – er entwischte immer mit großer List. Wenn Maharajji mitten unter Leuten war und gehen wollte, sagte er, daß er auf die Toilette müsse, und lief fort. Später kamen wir alten Devotees hinter diesen Trick, und er mußte sich einen neuen ausdenken.

Ich glaube, ich habe immer die ganze Zeit geweint und gelacht – und gesungen – wenn ich bei ihm war. Ich sah ihn 1965 sieben oder acht Mal, aber niemals länger als einen Tag und immer woanders. Er agierte damals auf mannigfache Weise. Von Kalkutta aus reiste er im Norden Indiens umher, aber wie ein Dieb in der Nacht war er plötzlich verschwunden, im Mercedes eines Devotees. Nie hielt er sich länger irgendwo auf.

Immer wenn Maharajji aus dem Auto stieg, hatte er ganz große, glänzende Augen. Alle erzählten, daß er bei Autofahrten sehr aufmerksam war, und daß er sich aus dem Fenster lehnte, um alles zu betrachten. Und wenn er ausstieg, waren seine Augen weit geöffnet, und er sah sich alles ganz genau an. Ich erinnere mich, wie Dada einmal lachend von einer Fahrt mit Maharajji erzählte. Maharajji wollte einfach nicht still sein – alles wollte er wissen, und über alles wollte er sprechen, wie ein kleines Kind. Du mußtest dich ständig voll auf ihn konzentrieren. Und dem Fahrer gab er laufend Anweisungen, wie er zu fahren hatte: „Jetzt rechts, jetzt links, hier wenden, wieder zurück . . ."

Wir gingen etwa zwei Stunden früher zum Bahnhof als es nötig war. Trotzdem sagte er: „Oh, wir werden zu spät kommen, wir werden zu spät kommen! Wir hätten früher losgehen sollen!" So ging es bei Maharajji die ganze Zeit – „Oh, der ho gai, der ho gai – es ist zu spät, es ist zu spät!" Dieses Mal war er wirklich in heller Aufregung. Alle saßen da und brachten keinen Ton heraus. Maharajji sagte: „Wir hätten die Fahrkarten früher besorgen sollen. Wir werden den Zug verpassen . . . ." Es war so komisch! Wir kamen anderthalb Stunden zu früh an.

HC erzählte, daß die Ma's, wenn sie Maharajji auf den langen Bahnfahrten begleiteten, oft im Kreis um ihn herum saßen. Manchmal saß Maharajji auf dem Boden des Privatabteils, und sie chanteten stundenlang im Rhythmus der ratternden Räder. Ein Lieblings-Chant (den ich sogar vor kurzem eine Ma bei der Arbeit habe singen hören) war von Kabir: „Dina Bandhu, Dina Nath, Mere dore tere hath (Mitleidsvoller Freund, mitleidsvoller Herr, ich bin eine Marionette in deiner Hand)."

Maharajji belegte das Nachbarabteil im Zug. Etwa um drei Uhr morgens kam er an unsere Tür und hämmerte mit beiden Fäusten dagegen. Ich wußte sofort, daß er es war. Ich sprang auf und riß die Tür auf. Maharajji stand da, mit einem Arm gegen den Türrahmen gelehnt und den anderen in die Hüfte gestemmt, und sagte: „Kya time ho-gaya (Wie spät ist es)?" Die Zeit zum Aussteigen (um 3:30 Uhr) war nahegerückt. Im Bahnhof von Mathura lagen viele Schlafende, und als wir über sie hinwegstiegen, sagte Maharajji: „Sub sota hain (Alle schlafen). Sub sota hain." Fortwährend wanderte sein Blick über die Schlafenden, und er wiederholte diese Worte. „Kyon (Warum)? Warum schlafen alle?"

Shiv Charan sagte: „Baba, es ist morgens halb vier. Bohut der ho gai (Es ist sehr spät) . . . "

Ich dachte: Nun, wir schlafen alle – ihr wißt, was ich meine. Wir schlafen in der Illusion. Es war ein wunderschöner Augenblick. Besonders schön war es gewesen, als er uns aufweckte. Es war das einzige Mal, daß ich das erlebte. Maharajji weckte uns mit den Worten: „Laßt uns gehen!"

Maharajji ließ oft Fahrkarten für ein bestimmtes Ziel besorgen und stieg dann eine Station früher aus, weil er wußte, daß sich die Devotees untereinander benachrichtigt hatten. Von Ananda Mayee Ma, einer großen Heiligen, deren Reisepläne stets bekannt gemacht wurden und die immer von Menschenmengen umgeben war, sagte Maharajji: „Es ist schrecklich, was ihre Devotees mit ihr machen. Hinter den acht Toren halten sie sie gefangen." Er meinte die Art und Weise, in der sie eine Gefangene der Liebe ihrer Devotees war.

Maharajji ist wie der Ganges. Der Fluß strömt hinunter nach Haridwar, und man errichtet dort ein Pilgerzentrum, aber er kümmert sich nicht um das Pilgerzentrum. Er fließt einfach weiter. In Allahabad ist es das gleiche, und ebenso wieder in Benares . . .

Maharajji besuchte Bareilly, und ein Devotee erzählte ihm, daß er für einige Tage geschäftlich nach England müsse. Er bat Maharajji, ihn dorthin zu begleiten. Maharajji sagte: „Laß uns gehen!" Sie nahmen das Flugzeug und wohnten drei Tage in einem guten Hotel. Nach drei Tagen verlangte Maharajji, daß sie sofort nach Indien zurückkehrten. Der Devotee wand ein, daß er seine Arbeit noch nicht beendet habe. Er brauche nur noch zwei Tage. Maharajji sagte: „Nein, laß uns gehen." Dann kam ein Telegramm mit der Nachricht, daß die Frau des Devotees sehr krank geworden sei. Sie flogen noch am selben Abend zurück. Als man Maharajji anschließend nach dieser Reise fragte, lachte er und sagte: „Ich bin mitgegangen. Ich habe Milch getrunken und Früchte gegessen."

Maharajji begleitete einmal seinen Devotee, den indischen Botschafter in Saudi-Arabien, auf einem Hadjj, einer Pilgerfahrt zum Heiligtum der Mohammedaner in Mekka. Sie flogen von Indien aus in die Hauptstadt Dschidda und wohnten in der indischen Botschaft. Von dort aus besuchten sie die heiligen Stätten des Islam. Später erzählte Maharajji, daß ihn einige Moslems geschlagen hätten, als sie entdeckten, daß er kein Mohammedaner war. „Da bin ich sofort wieder zurückgekommen", sagte er.

Ein Wachposten, der an der indisch-tibetischen Grenze seinen Dienst verrichtete, erzählte, daß Maharajji die Grenze überquert habe, nach Tibet gegangen und später wieder zurückgekommen sei.

Wer kann schon sagen, warum er diese Orte besucht und was er dort macht?

Ich hatte es mir im Nainitaler Hotel gemütlich gemacht. Ein kleiner Raum im obersten Stockwerk war meine „Höhle", in der ich mir mit indischen Tüchern, heiligen Kalenderbildern, Büchern, Kerzen, Räucherstäbchen und einem Heizlüfter einen bequemen Schlupfwinkel eingerichtet hatte, in dem ich mich für einige Monate verkriechen wollte. Aber als endlich alles „aufeinander abgestimmt" war, kam von Maharajji die Nachricht: „Sage Ram Dass, daß er nun aufbrechen soll. Er sollte nicht so lange an einem Ort bleiben. Er kann zurückkommen." Am nächsten Tag fuhren wir nach Delhi.

Ein anderes Mal sagte er: „Das ganze Universum ist dein Zuhause." Oder: „Alle Menschen sind deine Familie." Als wir einmal bei ihm bleiben wollten, sagte er: „Ihr braucht nicht hier zu bleiben. Das Licht ist überall." (R. D.)

WENN EIN SADHU AN EINEM ORT BLEIBT, DANN WIRD ER IN SCHWIERIGKEITEN KOMMEN. EIN YOGI, DER UNTERGWEGS IST, IST WIE EIN FLIESSENDER STROM . . . BEI BEIDEN KÖNNEN SICH UNREINHEITEN, ABLAGERUNGEN UND SCHMUTZ NICHT FESTSETZEN. WENN ICH HIERBLEIBE, WIRD SICH VERHAFTUNG BILDEN.

Früher, bevor Kainchi erbaut war, pflegte Maharajji häufig nach Nainital zu kommen. Oft besuchte er uns in unserer Wohnung im Verwaltungsgebäude, entweder mit dem Auto oder in einer dandi *(Sänfte). Die ganze Familie und die Nachbarn und viele Devotees aus Nainital waren versammelt. Maharajji nahm eine Mahlzeit ein und brach dann wieder auf. Immer wenn er kam, fand so etwas wie ein Bhandara statt. Ein Mahl wurde zubereitet, die Leute brachten Süßigkeiten mit usw. Zu jener Zeit streifte er ständig umher – manchmal in Nainital, manchmal in Bhowali, mal hier und mal dort. Die Leute waren ihm ständig auf den Fersen, um ihn zu sich nach Hause zu bringen.*

Maharajji kam in das Haus meines Vaters in Ajmeer. Er sagte: „Gib mir eine Dhoti. Ich will warmes Wasser, und ich will Dal und Chapattis. Ich werde sie in deiner Küche essen."

Frau Soni traf Maharajji zum ersten Mal, als sie vierundzwanzig Jahre alt war. Sie war sehr schüchtern. Maharajji hielt sich im Hause eines Nachbarn auf, und als sie zum Darshan zu ihm ging, nahm sie ihre drei kleinen Kinder mit. Als sie eintrat, sagte Maharajji: „Ich werde dich besuchen." Sie sagte nichts dazu. Im stillen war es ihr nicht recht, daß er kommen wollte, denn sie fühlte sich sehr unsicher. Die anderen Frauen redeten auf sie ein und sagten, daß die Leute darum bettelten, daß er sie besuchen möge, und nun würde er gar von selbst zu ihr kommen. Aber sie wollte es trotzdem nicht. Schließlich sagte Maharajji: „Steh auf! Wir wollen gehen!" und marschierte zu ihrem Haus. Glücklicherweise war gerade ein Festtag, und sie hatte die traditionellen Speisen zubereitet. Maharajji aß alles, was sie ihm anbot.

Als R von den yatras *(Pilgerfahrten) erzählte, sagte er, daß sich Maharajji auf Reisen in den Süden immer davonstahl, um Devotees zu besuchen. R sagte, daß Maharajji nie von ihnen sprach. „Er hat überall Devotees. Niemand weiß, wie viele es sind und wo sie alle wohnen."*

Zum ersten Mal traf ich Maharajji 1930, als ich noch ein Schuljunge war. Vater war ein großer Devotee. Maharajji besuchte uns oft zuhause in Faizabad (in der Nähe von Ayodhya). Nachdem mein Vater in den Ruhestand getreten war, wurde ich Chef der Gefängnispolizei. Wohin ich auch versetzt wurde, überall besuchte mich Maharajji – in Agra, Bareilly, Kanpur, Lucknow usw. Ein Zimmer unserer Wohnung wurde immer für ihn freigehalten. Im Hinblick auf sein Erscheinen änderte sich seit den 30er Jahren praktisch kaum etwas. Wir bereiteten täglich seine Lieblingsspeise zu – Loki (Kürbis), Mung Dal – für den Fall, daß er zu uns kam. Wenn Maharajji ausblieb, betrachteten wir das Essen als seinen Prasad und aßen es selbst.

Maharajji besuchte uns über fünfundzwanzig Jahre lang zuhause in Lucknow. Er kam wenigstens einmal im Jahr für ein paar Stunden oder einige Wochen. Für unsere ganze Familie war er Großvater und Guru zugleich. Die Kinder wuchsen seit ihrer Geburt unter seiner Anleitung auf. Er sah sie als seine eigenen Kinder an, und umgekehrt waren sie ihm gegenüber völlig unbefangen.

Es war solch ein Vergnügen, Maharajji im Hause zu haben. Niemand wurde von ihm vernachlässigt – er spielte mit den Kindern . . .

Ich fragte, wie es war, wenn man sich in Maharajji's Gegenwart wie ein Kind fühlte. Sie erwiderte: „Oh, er war selbst wie ein Kind. Es war so herrlich. Ich brachte ihm immer Milch, massierte ihm die Beine und saß einfach neben seinem Tucket. Wir wußten nie, wann er zu uns kommen oder wieder aufbrechen würde. Er traf einfach ein. Manchmal ging er um Mitternacht wieder weg, und wenn wir morgens in sein Zimmer sahen, fanden wir es leer – bis auf die Devotees, die dort saßen." Und sie lachte, besonders als sie an die wartenden Devotees dachte.

Maharajji blieb selten länger als ein paar Stunden. Manchmal bestürmten ihn die Devotees, die Nacht über oder sogar für ein paar Tage zu bleiben, aber er ließ sich nicht erweichen. Wenn er dann aufbrach, stieß er einen tiefen Seufzer der Erleichterung aus und sagte: „Oh, ich bin dem Gefängnis entronnen." Einmal blieb Maharajji sechs Tage lang im Haus eines Devotees. Als er ging, sagte er: „Oh, heute bin ich der Macht des Verlangens entkommen. Dieser Bursche hat mich hinter Schloß und Riegel gefangengehalten."

Einmal luden wir Maharajji zu uns nach Hause ein, und er sagte, er würde kommen. Wir räumten das Haus auf, säuberten es und legten alles für seinen Besuch zurecht – den Prasad und all das andere. Fünf Tage lang warteten wir auf ihn, aber er kam nicht. Später, als wir ihn wiedertrafen und ihn fragten, warum er nicht gekommen sei, sagte er: „Ich habe mich nicht danach gefühlt."

Ein Mann sagte zu Maharajji: „Seit Jahren versprichst du mir, mich zuhause zu besuchen, und nie bist du gekommen. Ich werde auch nicht mehr zu dir kommen, wenn du mich nicht besuchen willst."

Maharajji sagte: „Oh, ich hatte dich mißverstanden. Es ist also dein Haus. Ich hatte geglaubt, es wäre mein Haus, und ich müsse es deshalb nicht besuchen."

1937 kam Maharajji in das Haus einer Familie von Devotees. Er ging eine Weile auf der Veranda hin und her und sah sich dann den großen Raum an, der das Büro des Familienoberhaupts war. Er fragte, ob man das Büro freimachen könne. „Nimm du dir einen anderen Raum und laß mir diesen hier." Er blieb drei oder vier Monate in diesem Raum und kam nur morgens und abends für eine Stunde heraus. Niemand durfte den Raum betreten.

Maharajji konnte zu jeder Tages- und Nachtzeit unvermutet im Haus eines Devotees erscheinen. Zu Beginn der 40er Jahre klopfte er einmal mitten in der Nacht an die Tür eines Devotees. Als der Mann öffnete, erzählte Maharajji ihm, daß er von anderen Devotees verfolgt werde. Er suche Schutz, weil sie ihm keinen Frieden ließen. Der Mann sagte: „Wie soll ich dir helfen? Sie werden herkommen, sobald sie dich vermissen."

„Es wird schon gehen", sagte Maharajji. „Ich werde mich unter deinem Bett verstecken. Verriegle die Türen und Fenster, gib mir eine Matte und eine Decke, und wenn sie kommen, dann sage ihnen, daß du mich nicht gesehen hast." Der Mann machte es so, wie Maharajji ihm aufgetragen hatte, und als die Devotees kamen, schimpfte er laut, daß sie ihn geweckt hätten, und schickte sie ärgerlich fort. Maharajji schlief unter dem Bett des Mannes und zog die Bettdecke zu sich herunter, um sich darin zu verstecken. Der Mann wachte um vier Uhr auf. Maharajji war nicht mehr da, und er suchte in allen Zimmern nach ihm. Obwohl die Türen und Fenster noch verriegelt waren, war Maharajji spurlos verschwunden. Später erfuhr er, daß Maharajji zu dem Haus zurückgekehrt war, aus dem er in der Nacht zuvor entwichen war. Zu den verschlossenen Türen und Fenstern sagte Maharajji nur: „Oh, ich wollte dich nicht stören."

Maharajji benutzte gerne Abkürzungen und Dschungelpfade, wenn er sich vor Verfolgern verbergen mußte. Es gab in der ganzen Gegend keine Kanalröhre, in der er nicht schon wenigstens stundenweise genächtigt hatte – besonders zwischen Gethia und Bhumiadhar. Denn er machte sich jede Nacht von Nainital nach Gethia aus dem Staub. So ging es hin und her. Überall gewann er Devotees, und überall verwandelten sich die Leute in Devotees – in dieser Kunst war er ein Experte – aber wenn die Zeit zum Gehen gekommen war, verließ er seinen neuen Devotee.

In Bhumiadhar ging Maharajji, nachdem alle zu Bett gegangen waren, mit ein paar Leuten hinaus und setzte sich mit ihnen mitten auf die Straße. Andere, die aufgewacht waren, kamen und setzten sich dazu. Dann ließ Maharajji einen Lastwagen anhalten, fuhr ein paar Kilometer mit, und das Ganze ging wieder von vorne los.

Brahmachari Baba schwelgte in den Erinnerungen an Maharajji's Heldentaten in den Kumoan-Bergen. Wir saßen unterhalb des Tempels in Bhumiadhar, und er deutete mit eifrigen Gesten auf verschiedene Stellen in dem weiten Panorama, das sich vor uns ausbreitete. Seine Rede floß schnell, und eine Beschreibung folgte der anderen. „Das ist der Baum, unter dem er immer saß, lange bevor es hier einen Tempel gab. Es ging zu wie in einem darbar *(Königshof), weil so viele Leute ihn sehen wollten. Wir klapperten* all *diese Hügel ab, und nirgends hielten wir uns lange auf. Maharajji schlief überall. Er legte sich auf die Zementpfeiler am Straßenrand, und ich sollte wach bleiben. Wenn der Schlaf mich übermannte, bestrafte er mich sofort und schlief dann wieder ein. So ging es tagelang. Er ließ mich nicht schlafen, und wir wanderten überallhin. Wohin er auch kam, es waren* so *viele Menschen, die sich versammelten und ihm hinterherliefen. Die Ma's kamen, wann immer sie konnten. Wegen der Ma's fanden auch viele Feste statt."*

Man hatte mir in dem Haus, in dem Maharajji und ich zu Besuch waren, einen der innengelegenen Räume gegeben, und spät am Abend sagte Maharajji zu dem alten Ehepaar, dem das Haus gehörte: „Wie könnt ihr einen jungen Mann da drinnen schlafen lassen! Ihr wißt doch gar nicht, was das für einer ist. Man kann jungen Leuten heutzutage nicht trauen." Ich bekam ein anderes Zimmer, das weiter nach außen lag. Ungefähr zwei Stunden später kam Maharajji, weckte mich und sagte: „Laß uns leise aufbrechen, ohne daß sie aufwachen." Er erklärte, daß er mich aus diesem Grund in das andere Zimmer hatte bringen lassen. Maharajji wollte die Türen unbedingt selbst öffnen, damit sie nicht quietschten.

Wir gingen die dunkle Straße hinunter und hielten uns an den Händen. Wir kamen an eine Kreuzung, an der ein Rikscha-Walla schlief. Maharajji versuchte ihn mit süßen Worten zu bewegen, uns in seiner Rikscha zu fahren, aber der Walla lehnte ab. Schließlich ließ er sich aber doch überreden, und Maharajji begann mit ihm um jeden Anna zu feilschen. Der Walla war schließlich einverstanden, uns für sechsundzwanzig Annas zu fahren. Wir waren höchstens zwanzig Minuten unterwegs. Dann bat mich Maharajji auszusteigen und auf ihn zu warten, und er setzte die Fahrt allein fort. Er fuhr zu einem Haus, kehrte zurück und ließ uns zum Bahnhof bringen, wo gerade ein Zug zur Abfahrt bereitstand. Maharajji gab dem Walla seine Decke und einen Lota und zwanzig oder dreißig Rupies. Der Rikscha-Walla weinte.

Maharajji war in den Bergen von einem Ort zum anderen unterwegs, als ein Devotee aus Almora ihn ausfindig machte. Er sagte, daß Maharajji so lange nicht in seiner Gegend gewesen sei, und daß er ihn nun, wo er ihn gefunden habe, nicht so schnell wieder gehen ließe. Er brachte Maharajji zu sich nach Haus, gab ihm zu essen, quartierte ihn im Dachgeschoß ein und sagte, daß er Maharajji nachts im Hause einschließen werde, damit er nicht fortlaufen könne. Nachdem die Familie zu Bett gegangen war, sagte Maharajji zu JB: „Laß uns gehen!" JB mußte seine Dhoti ausziehen und mit einem Ende am Fenster festbinden, so daß sie außen herunterhing. Maharajji kletterte als erster hinaus, und dann rannten beide fort. Außerhalb der Stadt erreichten sie eine unscheinbare Hütte, in der Licht brannte. Maharajji klopfte, und von drinnen war die Stimme einer alten Frau zu hören, die auf Maharajji zu schimpfen begann, weil er so spät kam. Sie sagte, sie würde ihn schon seit Stunden erwarten und die ganze Zeit das Essen für ihn warmhalten. Maharajji trat ein und aß.

Verstehtst du, er war ein Nomade. Er streifte immer umher... Er besuchte die Devotees. Du gehst nicht zu ihm. Er kommt zu dir.

Pyari Lal Sah

Der Familienvater

OBWOHL ER STÄNDIG umherzog, war Maharajji auf vielfache Weise dennoch ein Familienvater, wenn es auch in erster Linie die Familie Gottes war, der er sich zugehörig fühlte.

IN GOTTES FAMILIE SIND ALLE FRAUEN MÜTTER UND SCHWESTERN, UND ALLE MÄNNER SIND VÄTER UND BRÜDER.

DAS GANZE UNIVERSUM IST DEIN ZUHAUSE.
ALLE SIND DEINE FAMILIE.

Die Art, in der Maharajji solche Dinge sagte, ließ oft den Eindruck entstehen, daß er, dessen Wissen um die Reinkarnation unbeschränkt war, uns eine ganz buchstäbliche Wahrheit über unsere gegenseitigen Beziehungen im Verlauf der Geburten vermittelte.

Auf einer weltlicheren Ebene war Maharajji in vieler Hinsicht wie ein Großvater, besonders für die indischen Devotees. Und als solcher gab er oft Ratschläge in Familienangelegenheiten. Der Kern dieser Ratschläge bestand eindeutig darin, durch gewissenhafte Erfüllung der betreffenden Rollen eine festgefügte Familieneinheit zu bewahren.

EINE FRAU MUSS GOTT DIENEN, INDEM SIE IHREM MANNE DIENT.

Meistens wies Maharajji die Frauen an, loyal und nachsichtig zu sein, denn dies halte die Ehe zusammen, egal ob ein Mann schlecht oder gut sei. Zum Beispiel kam eine reiche Familie mit ihrer neuzeitlich eingestellten Tochter, die einen (in Indien unüblichen) Hosenanzug trug und ihren Mann verlassen hatte. Vor aller Ohren sagte Maharajji: „Ja, er hat dir Unrecht getan, aber warum warst du so unduldsam und bist so zornig geworden?" Maharajji war sehr streng mit der jungen Frau. Er meinte, daß alles verloren sei, wenn die kulturellen Veränderungen dazu führten, daß die Frau die Familie nicht mehr zusammenhalte. Er sagte: „Deshalb gibt es bei uns keine Scheidungen."

FRAUEN STEHEN HÖHER ALS YOGIS, WENN SIE IHREN EHEGATTEN GEGENÜBER LOYAL SIND.

„Du kümmerst dich überhaupt nicht um deinen alten Vater", sagte Maharajji zu einem Devotee. „Du solltest deinem Vater jeden Tag Süßigkeiten bringen. Wenn ein Mensch Vater und Mutter hat, braucht er keinen Gott. Es ist leicht, zu einer Murti zu beten, aber es ist schwer, wenn die Murti etwas entgegnet." Der Devotee mußte an seine Ohren greifen (eine indische Form des Versprechens, ähnlich dem Auflegen der Hand auf das Herz) und versprechen, daß er seinen Vater jeden Tag besuchen und ihm Süßigkeiten bringen werde. Am nächsten Abend kam der Vater zu Maharajji. „Hör' mal", sagte Maharajji, „dein Sohn liebt dich und umsorgt dich, und du tust nichts für ihn. Du solltest deinem Sohn einen neuen Anzug nähen. Er ist dein Devotee."

Maharajji sagte, daß Mütter Gott am nächsten seien, und daß er sie solchermaßen erschaffen habe, um sich selbst zu teilen, denn nur Gott und die Mutter könnten alle Fehler vergeben.

(Die Mutter eines westlichen Devotees hatte Indien besucht und wurde nach ihren Erlebnissen mit Maharajji gefragt:)

Ich fühlte, daß ich einen bestimmten „Status" hatte. Das Wort Status hat für mich einen so negativen Klang, daß ich es nur mit größter Abneigung benutze, aber hier paßte es vielleicht. Es war eine Art von Respekt, der mir meinem Gefühl nach von Maharajji entgegengebracht wurde, weil ich eine Mutter war. Nie habe ich das bei jemand anderem erlebt, und ganz gewiß nicht in Amerika. Es war sehr schön.

Ich weiß, daß Maharajji auch der Mutter von Krishna Das diese Achtung schenkte. Auf die Heiligkeit der Mutterschaft wurde Gewicht gelegt. Alle Frauen sind Mütter. Vom Verstand her hatte ich geglaubt, daß es gute und schlechte Mütter gebe, und daß es nicht weiter von Bedeutung sei, jemanden zur Welt gebracht zu haben. Doch in seiner Gegenwart konnte ich meinem Gefühl trauen.

Wenn meine Mutter ihr Tuch nicht richtig um den Kopf gebunden hatte, sagte Maharajji: „Nein, Ma. So ist es nicht richtig" und befestigte ihr Tuch.

Oft sah ich, wie Maharajji von alten Frauen gefüttert wurde. Er meinte: Männer kann ich füttern, aber Frauen müssen mich füttern, denn alle Frauen sind die Mutter."

„Du ärgerst dich über deine Frau. Du behandelst deine Frau nicht gut. Sie ist Lakshmi! Du darfst sie nicht so schlecht behandeln", sagte Maharajji zu einem Devotee.

M's Schwiegersohn fuhr nach Kainchi, um Darshan zu empfangen, aber Maharajji wollte nicht mit ihm sprechen. Schließlich fragte er: „Wo ist meine Tochter? Du bist allein gekommen und willst die Berge genießen. Fahr' zurück und hol' meine Tochter her!" Der Schwiegersohn ging und kehrte dann mit seiner Frau zurück.

ZU JUNGEN INDERN schien er eher ein großväterliches Verhältnis zu haben, wobei er ihr Ratgeber in weltlichen Dingen war, sie aber auch spirituell berührte.

Maharajji kam und setzte sich in mein Zimmer, und ich ging nie hinein zu ihm, weil ich Angst hatte, er würde alles erzählen, und ich wollte nicht, daß es meine Eltern erfuhren.

K spielte wie ein Kind, wenn sie bei Maharajji war. Sie war ihm liebevoll ergeben, aber er sagte streng zu ihr: „Du schaust nicht in deine Bücher, und dann bist du böse auf mich, weil du in der Schule so schlechte Noten hast."

Maharajji gab einem Studenten den Rat, seiner Mutter jeden Tag Ehrfurcht entgegenzubringen, wenn er die Prüfungen bestehen wolle. Der junge Mann hörte nicht darauf und bestand auch die Prüfungen nicht.

Der Sohn einer Ma erzählte, daß Maharajji ihm in seiner Jugendzeit eher weltliche als spirituelle Führung gegeben habe. Er sagte, daß er selbst in jener Zeit an spirituellen Dingen nicht interessiert gewesen sei, jetzt aber empfänglich dafür sei und oft an Maharajji denke.

Ein paar Studenten kamen zu Maharajji, maßen ihn mit kühlen Blicken und schickten sich an, wieder zu gehen. Maharajji rief ihnen zu: „Ihr vergnügt euch auf eure Weise, und ich auf meine." Obwohl sie den Tempel schon verlassen wollten, zögerten sie und spazierten unruhig umher. Nach einer Weile erschienen sie wieder zum Darshan. Jetzt waren ihre Mienen sanfter und lebendiger. So subtil arbeitete er mit dem Herzen.

JUNGE MÄNNER SIND WIE LÖWEN.

Maharajji war eine Zeitlang in unserem Haus in Haldwani zu Gast, als ich neun oder zehn Jahre alt war. Immer wenn ich ins Zimmer kam, sagte er: „Meine Tochter ist da, meine Tochter ist da." Als er unser Haus wieder verließ, war ich sehr traurig — er sah mich noch nicht einmal an. Ich war abends so durcheinander, daß ich nichts essen konnte. Um vier Uhr morgens klopfte jemand an unsere Tür. Mutter sah, daß es Maharajji war, und ließ ihn ein. Er sagte zu ihr: „Ich bin nur wegen meiner Tochter gekommen. Sie hat ihre vier Chapattis und ihr Gemüse nicht gegessen. Bring' alles her, dann werden wir zusammen essen."

Ein alter Mann wurde zum ersten Mal zu Maharajji gebracht, aber er kam nur unwillig. Als er eintrat, sagte Maharajji: „Höre auf, deinen Sohn so oft zu schlagen. Er wird sich dadurch nicht im geringsten bessern." Der Mann hatte seinen Sohn tatsächlich sehr häufig geschlagen. Nur seine Frau wußte davon, und als er von Maharajji nach Hause kam, warf er seiner Frau vor, anderen davon erzählt zu haben.

Aber sie hatte nichts erzählt. Als er nun seinen Sohn züchtigen wollte, mußte er sich nach jedem Schlag, den er ihm gab, in sein eigenes Gesicht schlagen. Er machte so lange weiter, bis sein Gesicht grün und blau war. Danach schlug er seinen Sohn nie wieder.

ZU DEN ÄLTEREN, die bei ihren Kindern lebten, sagte Maharajji immer wieder: „Maun! Naun! Kaun!" was soviel heißt wie „Ruhe" (d.h. nörgelt und beschwert euch nicht), „Salz" (d.h. zeigt nicht auf Fehler und fällt keine Urteile wie „im Essen ist zuwenig Salz") und „Ecke" (mischt euch nicht in das Familienleben ein. Haltet euch aus der Welt heraus und bleibt in eurer Ecke.)

Oft spielte Maharajji die Rolle des Heiratsvermittlers. Die wenigen, die anscheinend bereits mit Gott verheiratet waren, nahm er unter seinen Schutz, und er half ihnen, dem elterlichen Heiratsdruck zu entgehen. Die meisten aber ermutigte er zur Heirat und drängelte sie förmlich in den Stand der Ehe hinein.

Rabu sagte, daß er nicht heiraten wolle, aber als Maharajji ihm erzählte, daß er dieses Mädchen fünf Jahre lang für ihn aufgehoben habe, heiratete Rabu sie.

Einer der Söhne einer Ma wollte unter keinen Umständen verheiratet werden, und die Ma kam hilfesuchend zu Maharajji. Maharajji traf den Sohn auf einer Brücke, legte ihm eine Decke über den Kopf und sagte dann: „Er wird heiraten. Jetzt ist er bereit." Und er heiratete.

Ein Devotee sollte auf Maharajji's Geheiß seine Nachbarin herüberholen, die Christin und von Beruf Ärztin war. Ihr Mann war gestorben, und nun lebte sie allein mit ihren drei jungen Töchtern. Als sie den Raum betrat, sagte Maharajji: „Deine Tochter ist noch nicht verheiratet? Du weißt in Kerala einen geeigneten jungen Mann für sie? Seine Familie verlangt zwanzigtausend Rupies? Du kannst die zwanzigtausend nicht bezahlen." Sie erwiderte, daß es so sei. Am nächsten Tag ließ Maharajji sie wieder rufen. „Du solltest jetzt hinfahren. Wende dich noch einmal an die Familie des Jungen. Sie wird kein Geld mehr fordern. Gib ihnen soviel du kannst. Sie werden es akzeptieren." Sie fuhr nach Kerala. Der Vater des Jungen erklärte ihr, daß das Geld nicht so wichtig sei und daß es ihm darum ginge, daß sein Sohn eine gute Frau bekäme. Und die Hochzeit wurde mit minimalen Kosten für die Frau arrangiert.

Eine traditionell gekleidete Inderin und ihre Tochter, beide offensichtlich voller Unruhe, warteten darauf, einen Moment mit Maharajji allein sein zu können. Aber sobald sie vor Maharajji erschienen, sagte er vor allen Anwesenden: „Weißt du, sie sollte den Dunklen heiraten, denn sie ist nicht sehr hübsch. Deine Tochter ist nicht hübsch, und wenn eine, die nicht hübsch ist, einen gutaussehenden Mann heiratet, wird er immer Augen für andere haben. Laß sie den Dunklen heiraten." MS, eine der anwesenden Devotees, war um der Frauen willen so in Verlegenheit, daß sie im Stillen zu sich sagte: „Oh, Maharajji!"

Meine Tante hatte Pockennarben und war nicht sehr hübsch. Sie war traurig, weil sie nicht geheiratet hatte. Maharajji sagte zu ihr: „Du gehörst mir" und umarmte sie. Sie war von Seligkeit erfüllt und hatte nicht mehr den Wunsch zu heiraten. Einen Monat später fand dann die Verlobung mit einem sehr netten Manne statt.

Als ich jung war und meine Tante, die mich aufgezogen hatte, starb, hatte ich das Gelübde abgelegt, nicht zu heiraten. Meine Familie versuchte mich zu verheiraten, aber ich weigerte mich eisern. Als ich zwischen fünfundzwanzig und dreißig Jahre alt war, sagte Maharajji zu mir, daß ich nicht heiraten solle, und erzählte den Leuten, ich hätte Tuberkulose oder Krebs und würde nicht mehr lange leben. Als ich dreißig war, fragte mich Maharajji: „Willst du verheiratet werden?"

„Nein", antwortete ich. Maharajji bewunderte dann mein Hemd und fragte, ob er es haben könne. Er erkundigte sich, welche Art von Hemden ich getragen hätte, bevor ich aufs College ging, und ich erwiderte, daß ich nur ein altes, abgetragenes Hemd besessen hätte, das seinen Zweck aber erfüllt habe. Dann fragte mich Maharajji, wieviel Hemden ich gegenwärtig besäße, und ich sagte: „Zwölf." Auf seine Frage, warum es so viele seien, erwiderte ich, daß ich mich als Volksschullehrer nach einem gewissen Kleidungs-Kodex zu richten hätte, wenn ich meine Stelle nicht verlieren wolle. Maharajji sagte: „Nein, nein, das ist es nicht. Du willst jetzt heiraten. Du könntest mit einem Hemd auskommen. Wenn ich dich bitte zu heiraten, was wirst du dann tun?" Ich sagte ihm, daß ich in diesem Fall heiraten müsse, aber die Verantwortung läge dann auf ihm. Eine Woche lang versuchte Maharajji, mich zum Heiraten zu bewegen.

Am Morgen des achten Tages brach Maharajji zu einer Eisenbahnfahrt auf. Auf dem Weg zum Bahnhof verließ er die Straße, ging auf das Haus einer jungen Frau zu und winkte mir, mit hereinzukommen. Drinnen fand Kirtan statt, und Maharajji setzte sich in den Puja-Raum. Dann rief er mich und die junge Frau zu sich. Maharajji fragte mich, ob ich dieses Mädchen heiraten wolle, aber ich verneinte. Maharajji sagte: „Und wenn ich dich darum bitte?" Ich erwiderte, daß er die Verantwortung tragen müsse. Zuerst sagte Maharajji: „Das werde ich nicht tun." Dann sagte er: „Gut, in Ordnung. Ich werde die Trauung vollziehen!" Er setzte Tilaks auf unsere Stirn und sagte: „So, ich habe euch verheiratet! Seid ihr einverstanden?"

„Ja."

Später sagte Maharajji: „Glaubt nicht, daß ich oder ihr das getan habt. Gott spielt die Lila auf seine Weise. Es ist nicht meine Rolle und auch nicht eure. Es sollte so geschehen!" Meine Frau und ich sind sehr glücklich gewesen, über fünfundzwanzig Jahre lang.

Siddhi Ma beschrieb eines Tages die Lila der Vermählung eines langjährigen Devotees von Maharajji. Am Tag der Hochzeit (die von Maharajji gegen den Willen des Mannes arrangiert und durchgesetzt worden war) saß der Devotee bei Maharajji und wollte sich nicht von ihm trennen. Aber Maharajji war unnachgiebig, und so steckte man den Devotee schließlich in das Gewand des Bräutigams und setzte ihn auf das Pferd, das ihn zum Hause der Braut tragen sollte. Als er durch den Dschungel ritt, gewahrte er Maharajji, der dort ging, und er sprang vom Pferd und rannte zu ihm. Wieder zwang ihn Maharajji, kehrtzumachen und der Hochzeit nicht zu entfliehen. (Der Mann, dessen Kinder jetzt ebenfalls verheiratet sind, berichtete, daß diese Heirat ein spiritueller Segen war und ihn von vielen Irrtümern befreite. Erst nach dieser Heirat, erzählte er, habe sein Sadhana wirklich begonnen.)

Ein anderer Devotee, der diese Geschichte hörte, erzählte daraufhin von einem Mann, dessen Hochzeit schon eingerichtet war. Als die Prozession des Bräutigams am Hochzeitstag unterwegs war, führte ihr Weg an Kainchi vorbei. Er sah, daß Maharajji dort war, und hielt an, um seinen Segen mit auf den Weg zu nehmen. Zu seiner Überraschung hielt Maharajji ihn zurück und hinderte ihn daran, den Weg zum Haus der Braut fortzusetzen. Und der Mann heiratete sein ganzes Leben nicht.

MAHARAJJI'S VERHALTEN bei indischen Heiraten war ganz auf die traditionellen Gepflogenheiten ausgerichtet, aber er erkannte offensichtlich die großen kulturellen Unterschiede an, die bei den Heiratssitten seiner westlichen Devotees bestanden. Einige von ihnen drängte er unaufhörlich zur Heirat, sprach sie immer wieder darauf an und stellte ihnen einen Partner nach dem anderen zur Wahl. In einigen Fällen suchte er zwei aus, die sich kaum kannten, und verkündete plötzlich, daß sie nun verheiratet seien oder heiraten sollten.

Manchmal sprach Maharajji so oft über eine Verbindung zwischen zwei potentiellen Partnern, daß die beiden diese Partie bereits als vollendete Tatsache akzeptierten. Dann erwähnte Maharajji die Angelegenheit nicht mehr, und die Heirat blieb aus. Wenn es mit solch einer „eingefädelten" Heirat nicht zu klappen schien, löste er sie bereitwillig wieder auf.

Dreimal fragte mich Maharajji, ob ich heiraten wolle. Beim ersten Mal war es Ian. Jeden Abend nach dem Darshan gingen wir durch das wunderschöne Kainchi-Tal die zwei Meilen hinauf zu unseren Häusern in Ninglat. Ian war solch ein astrales Wesen, daß mir in seiner Gegenwart alles magisch erschien – alles war voller Rosen und geflügelter Elfen. Als Ian eines Abends zu mir herüberkam, lag eine Menge sexueller Energie in der Luft. Ich wehrte sie ab, da es einfach nicht die rechte Zeit und der rechte Ort war. Aber nachdem er gegangen war, war mein ganzer Körper von Verlangen erfüllt. Ich lag einfach da und versuchte an Maharajji zu denken. Als ich am nächsten Morgen zum Darshan in den Tempel kam, rief mich Maharajji sofort in den Raum, wo er mit Dada saß. Maharajji fragte mich: „Willst du heiraten?"

Ich sagte: „Nein."

Er sagte: „Willst du Ian heiraten?"

„Nein, nein." Ich war keineswegs entsetzt, es war für mich überhaupt keine Frage. Ich sah noch nicht einmal eine Verbindung zwischen diesem Darshan und dem vergangenen Abend. Vielleicht gab es auch keine. Aber als Maharajji mir diese Fragen stellte, blickte er mir tief in die Augen, als studiere er mein ganzes Wesen, und dann wandte er sich an Dada und sagte: „Sie ist sehr gut." Dann schlug er mir auf den Kopf und sagte: „Du bist sehr gut. Heirate nicht. Jao." Ich wollte aufstehen, aber er sagte: „Setz' dich." Wieder gab er mir einen Schlag auf den Kopf und sagte: „Du bist sehr gut. Heirate nicht. Jao." Und dasselbe geschah noch ein drittes Mal, bevor ich ging.

Nachdem ich mit Carlos Vishwanath von Vrindaban nach Kainchi getrampt war, fragte er mich zum zweiten Mal, ob ich heiraten wolle. Es war ein Trip von zwei Tagen gewesen und wir hatten auf irgendeinem Bahnsteig übernachtet. Als wir nach Kainchi kamen, zog mich Maharajji geradewegs in seinen Raum hinein und fragte: „Willst du Vishwanath heiraten?" Auch dies war für mich überhaupt keine Frage. So sagte Maharajji: „Accha, gut. Heirate nicht. Jao."

Beim dritten Mal sagte ein anderer Devotee spaßhaft zu Maharajji: „Saraswati ist noch ledig. Du hast sie noch nicht verheiratet. Du solltest sie mit Ravi Das (Michael) verheiraten."

Maharajji sagte: „Accha? Das ist sehr gut. Bring' sie her." Als ich kam, fragte er mich: „Willst du Ravi Das heiraten?" Der Devotee begann zu lachen.

Ich sagte: „Aber Maharajji, er ist wie mein Vater." Also sagte Maharajji: „Accha, sehr gut. Heirate nicht." und schickte mich wieder hinaus. Dann rief er Ravi Das und stellte ihm die gleiche Frage in bezug auf mich. Ravi Das' Antwort war: „Maharajji, ich will nur dich heiraten."

Maharajji fragte mich ständig, ob ich heiraten wolle. Und ich antwortete ständig, daß ich nur ihn heiraten wolle. Dann sagte er: „Aber wie willst du deine Verlangen befriedigen, wenn du mich heiratest?"

Wir hatten damals eine Redensart: „Nimm deine Bekanntschaft nicht mit zu Maharajji – er könnte euch verheiraten."

Ein alter Freund, den ich aus Amerika kannte, begleitete mich zu meinem ersten Darshan bei Maharajji. Als wir uns dem Tor näherten, wurde mein Freund ängstlich und sagte: „Ich kann nicht mit dir hineingehen. Wir müssen getrennt gehen. Er könnte uns verheiraten."

Als Maharajji die Heirat von J und K arrangierte, sagte er zu ihnen, daß eine Heirat nichts Feierliches sei. Heirat bedeute, mit den Füßen an die Welt gefesselt zu sein.

MAHARAJJI WAR NOCH auf einer anderen Ebene ein Familienvater, wovon allerdings die meisten seiner Devotees zu seinen Lebzeiten nichts wußten – und woran sie auch nicht glaubten, wenn sie davon hörten. Allem Anschein nach wurde er im Alter von acht Jahren verlobt, lief dann aber später von zu Hause weg, um ein Sadhu zu werden. Obgleich er nie nach Hause zurückkehrte, machte die Frau, mit der er im Kindesalter verlobt worden war, viel Tapasya und betete, er möge zurückkommen, damit sich ihr Leben als Frau erfüllen könne. Er kehrte auch zeitweilig zu ihr zurück und zeugte zwei Kinder mit ihr, blieb jedoch nie als Hausvater bei der Familie. Aber die Familie, in der es nun schon mehrere Enkelkinder gibt, berichtet, daß Maharajji sich immer um ihr materielles Wohlergehen gekümmert habe und immer gekommen sei, wenn es um die Erfüllung der rituellen Pflichten ging, die seine Rolle als Vater und Familienoberhaupt mit sich brachte. Für sie alle ist er in erster Linie ihr Guru.

Rameshwar Das

Berührt von der Gnade

IN INDIEN, WO es keine soziale Altersversorgung gibt, sind es die eigenen Söhne, die die Rolle einer Sozialversicherung spielen. Wenn ein Mann und eine Frau heiraten, zieht die Frau in das Haus ihres Ehemannes ein, so daß er bei seiner Familie bleibt. Daher kamen viele Leute zu Maharajji, die sich danach sehnten, ein Kind zu haben, und ganz besonders einen Sohn. Maharajji war bekannt für seine Fähigkeit, Unfruchtbare fruchtbar machen und das Geschlecht eines Kindes bestimmen zu können. In den meisten Fällen griff er nicht ein, doch hin und wieder gewährte er, was man als einen großen Segen betrachtete.

Als meine Frau und ich unsere Familie gründeten, hatten wir drei Töchter. Für mich war das ohne Bedeutung, aber meine Mutter war sehr auf einen Enkel aus. Maharajji sagte mir, daß ich einen Sohn haben würde. Ich sagte, daß ich mir gar keinen Sohn wünschte, und er sagte: „Du wünscht dir keinen Sohn, aber deine Mutter. Nun wirst du Söhne haben. Viele Söhne. Wenn du Söhne haben willst, wirst du sie bekommen. Wenn du es wünscht, wirst du Söhne über Söhne haben." Als meine Frau wieder schwanger war, ungefähr im siebten Monat, war Maharajji in Kainchi und sagte: „Nun, Siddhi Ma! Shiv Singh hat einen Sohn! Ein Sohn ist geboren." Aber er war noch nicht geboren.

Zwei Monate später kam unser Sohn zur Welt. Wir legten ihn Maharajji in den Schoß. „Maharajji, es ist deine Frucht."

Er segnete den Jungen und sagte: „Nun werdet ihr Söhne haben. In Gottes Reich gibt es keinen Mangel an Söhnen. Ihr werdet jetzt nur noch Söhne hervorbringen. Keine Töchter mehr. Söhne über Söhne."

Man mußte nicht unbedingt Glauben haben, um Gnade zu empfangen. Zu einem Touristen-Ehepaar, das aus dem östlichen Uttar-Pradesh nach Kainchi gekommen war, sagte Maharajji einmal: „Ihr habt drei Töchter. Ihr wollt einen Sohn. In Ordnung. Bringt mir zehn Säcke Mehl."

Der Mann sagte: „Maharajji, wie soll ich sie herbringen? Ich komme von weit her."

„Ich weiß, daß du von weit her kommst. Geh' nach Haldwani in diesen Laden, dort wird man sie dir beschaffen."

Der Mann ging in den Laden und ließ zehn Säcke Mehl nach Kainchi liefern. Anschließend hatte er gerade noch genug Geld, um die Heimreise bezahlen zu können. Später bekam das Ehepaar einen Sohn.

Ein Rechtsanwalt und seine Frau, die kinderlos geblieben waren, kamen zu Maharajji und baten ihn um Hilfe. Maharajji gab dem Mann eine Guajave-Frucht und sagte, er solle die Frucht seiner Frau geben, und dann würden sie Kinder haben. Der Mann dachte jedoch daran, daß die fünf Kinder seines Bruders fast wie seine eigenen Kinder waren. Warum mußte er eigentlich selbst Kinder haben? So legte er die Guajave-Frucht auf seinen Puja-Tisch. Einen Monat später – die Frucht war noch tadellos – schenkte er sie einem Freund, der ebenfalls keine Kinder hatte. Das Paar aß sie und hat jetzt drei Kinder.

Ein Mann, der keine Kinder hatte, kam zu Maharajji, und Maharajji sagte: „Grabe hier im Tempel einen Brunnen, dann wirst du Kinder haben." Und so geschah es auch. Ich traf den Sohn dieses Mannes, der jetzt selbst zwei Söhne hat. Maharajji hatte zu seinem Vater gesagt: „Du errichtest einen Brunnen, und dein Boot wird weiterschwimmen", was bedeutet, daß sich die Stammlinie der Familie fortsetzen würde.

Einmal wurde Maharajji von einem Chauffeur nach Nainital gefahren, denn er wollte dort einige Devotees besuchen. Als sie an eine sehr jähe Steigung gelangten, überlegte der Fahrer, ob er den Wagen bis zum äußersten beanspruchen sollte, um die Steigung zu bewältigen. Er wollte das Auto nicht ruinieren, aber da er Maharajji auf dem Beifahrersitz wußte, entschied er sich, es zu versuchen. Als sie ihr Ziel erreichten, sagte Maharajji: „Du hast keine Kinder."

„Nein, Maharajji."

„Wie lange bist du schon verheiratet?"

„Neunzehn Jahre."

„Hier, iß diesen Apfel. Du wirst ein Kind bekommen."

Zehn Monate später brachte seine Frau einen Sohn zur Welt. Der Fahrer sagte: „Für solch eine Kleinigkeit tat Maharajji etwas so großes."

DOCH MAHARAJJI GEWÄHRTE die Berührung seiner Gnade nicht nur um des Kindersegens willen. Seine Berührung heilte, bewirkte wirtschaftliches Gedeihen und auch spirituelles Wachstum.

Ein Verwandter von mir, ein eigentlich recht kräftiger Junge, war sehr krank geworden und wurde in ein Krankenhaus gebracht, und sein Zustand verschlechterte sich in einem Maße, daß die Ärzte die Hoffnung auf Erhaltung seines Lebens aufgaben. Als Maharajji in das Krankenzimmer kam, berührte er den Kopf des Jungen und blieb kurze Zeit bei ihm. Die Mitarbeiter und Patienten des Hospitals versammelten sich, um Maharajji's Darshan zu empfangen. Maharajji verteilte Prasad und brach dann nach Kainchi auf. Der Junge begann unverzüglich zu genesen. Es war für ihn wie eine zweite Geburt.

J's Bruder erzählte: „Wir sangen Kirtan und warteten darauf, daß J (er trank übermäßig viel) kommen und Streit mit Maharajji anfangen würde. Als er kam, stürzte er auf Maharajji zu, war aber nach der ersten Berührung Maharajji's wie verändert. Er hörte mit dem Trinken auf und hat seitdem keinen Alkohol mehr angerührt, und das ist schon einige Jahre her.

Frau P. sagte: „Ich hatte überhaupt nichts mit Gurus im Sinn und wollte nur hingehen und Fotos machen, aber als ich ankam, sah ich, daß die Tür verschlossen war. Etwas später riet mir jemand, einfach vor der Tür auf und ab zu gehen, Maharajji würde dann schon öffnen. Maharajji öffnete dann auch plötzlich die Tür und sagte: „Geh' weg!"

Ich erwiderte: „Nein, ich gehe nicht."

„Meine Güte, du bist eine sehr eigensinnige Frau. Was willst du?"

Ich sagte, daß ich ein Foto machen wolle. Er willigte ein, aber ich erwiderte: „Nein, du mußt herauskommen. Im Zimmer ist es zu dunkel."

Maharajji antwortete: „Das Foto wird klar und deutlich sein." Ich stritt mit ihm, und er widerholte: „Du bist sehr hartnäckig. Willst du eine Ärztin werden?"

Ich sagte: „Das hoffe ich nicht mal im Traum, denn ich bin nur eine mittelmäßige Studentin."

Da berührte Maharajji meinen Kopf und sprach irgendein Mantra. Kurz darauf wurde ich an der medizinischen Hochschule aufgenommen und erhielt dort höchste Anerkennungen.

Im Ashram hielt sich ein Mann auf, dessen Frau kurz zuvor gestorben war und mit dessen Geschäft es bergab ging. Maharajji rief den Unglücklichen zu sich und bat ihn, auf seiner Flöte zu spielen. Der Mann spielte „Raghupati Raghava Raja Ram". Maharajji saß still da, und Tränen liefen ihm über die Wangen. Dann ging er mit dem Mann allein in ein Zimmer, und als der Mann wieder herauskam, strahlte er vor Freude. Er sagte, daß Maharajji mit seinem Fuß seinen Kopf berührt habe. Maharajji trug einem Devotee auf, dem Mann etwas Geld zu geben und ihn nach Hause zu *schicken. Maharajji's Segnungen haben den Mann und seine Familie seither mit allem Notwendigen versehen.*

1968 kündigte Maharajji eines Tages an, daß wir zu neunt einen Ausflug mit einem Landrover machen würden. Nachdem wir an einen Obstgarten mit Apfelbäumen Halt gemacht hatten, stiegen wir höher in die Berge hinauf, wo sich eine Herberge der Forstbehörde befand. Die Gehilfen hatten uns offensichtlich erwartet und freuten sich über Maharajji's Ankunft. Maharajji ging sofort in das Haus, das anscheinend aus einem einzigen großen Raum bestand, und Guradatt Sharma begleitete ihn. Wir anderen saßen draußen auf dem Rasen, und dann wurde ich von Gurudatt hineingerufen. Ich rannte zu Maharajji hinein und kniete zu seinen Füßen nieder. Er saß auf einem Tucket, und nur Guradatt war noch bei ihm. Maharajji beugte sich vor und sah mich an, schloß für einen Moment die Augen und sagte: „Du bringst in Amerika viele Leute zum Lachen."

Ich dachte an den Stil meiner Vorträge, die sicherlich viel Humor enthielten, und erwiderte: „Ja, ich glaube schon."

„Du fütterst gerne Kinder."

(Hm. Eine merkwürdige Feststellung.) Ich koche gerne für andere und mag Kinder natürlich, deshalb sagte ich: „Ja, ich glaube schon."

Dann hob er seine Hand und klopfte mir dreimal auf die Stirn.

Das nächste, woran ich mich erinnere, ist, daß Gurudatt Sharma mich am Arm in das strahlende Sonnenlicht hinausführte. Wenige Minuten später quetschten wir uns alle wieder in den Landrover und fuhren zum Tempel zurück.

Was hatte das alles zu bedeuten? War es eine Initiation gewesen? Was war mit mir geschehen? Ich mußte an die Geschichte denken, in der Ramakrishna Vivekananda's Brust mit dem Fuß berührt und ihn in Samadhi versetzt, bis Vivekananda ausruft: „Aber was soll aus meiner Familie werden?" – denn sie war auf ihn angewiesen. Da nahm Ramakrishna seinen Fuß weg, und Vivekananda's normales Bewußtsein kehrte wieder zurück.

Gab es zwischen den beiden Begebenheiten eine Ähnlichkeit? Viele Monate später, als ich wieder in Amerika war, schrieb mir Hari Dass in einem Brief: „An jenem Tag warst du in einem sehr hohen Zustand. Als du aus der Tür tratst, liefen dir die Tränen über's Gesicht." Ich erinnere mich überhaupt nicht daran.

In den folgenden Jahren sprach ich mit vielen Devotees über diesen Vorfall, aber niemand konnte mir eine klare Antwort geben. Manche sagten, daß es ein Segen gewesen sei, andere wiesen auf Maharajji's Angewohnheit hin, wichtige Initiationen so zu verschleiern, daß es den Anschein hatte, als sei überhaupt nichts geschehen. Ein Devotee erzählte mir, daß der Guru durch eine Berührung die Kundalini-Energie im Devotee erwecken könne. Die Sache ist mir bis heute nicht klar. Damals hatte es scheinbar nur meine Verwirrung gesteigert – aber das war eben Maharajji's Art. (R.D.)

Ich hatte in Amerika als Lehrer gewirkt, fühlte aber, daß meine Lehren durch meine eigenen Unreinheiten getrübt waren – so bat ich Maharajji, als ich 1971 wieder bei ihm war, er möge mich rein genug machen, um ihm dienen und den Dharma mit den Menschen im Westen teilen zu können. Er gab mir einen Schlag auf den Kopf und sagte: „Du wirst es sein." Dies faßte ich als wirklichen Segen auf, und als solchen akzeptierte ich ihn. Aber einige Monate später – ich war immer-noch in Indien – merkte ich, daß meine Unreinheiten nach wie vor vorhanden waren und immer wieder von mir Besitz ergriffen. So bat ich Maharajji erneut, mich rein zu machen. Diesmal musterte er mich sorgfältig und sagte dann: „Ich sehe keine Unreinheiten."

Gut und schön, daß er dies sagte – letztlich sah er in allen Menschen Gott – aber ich war dadurch nicht befriedigt. Ich wollte spüren, *daß ich rein war. Jedenfalls ließ ich von meinen Klagen nicht ab. Dann wurde ich eines Tages nach hinten in ein Zimmer gerufen, das ich noch nie betreten hatte und in dem Maharajji schlief. Maharajji saß auf seinem Tucket, und auch S.L. Sah, ein hervorragender Kenner der Ramayana, der mir ein guter Freund und zuverlässiger Lehrer geworden war, war anwesend. Maharajji fragte mich nach meinen Wünschen, und ich sagte, daß ich lediglich rein genug sein wolle, um ihm dienen zu können. Daraufhin verschwand er unter seiner Decke, wo er seltsame Bewegungen vollführte und hierauf ein schnarchendes Geräusch von sich gab. Ich fühlte tiefen Frieden und Verwunderung. Dann kam er unter der Decke hervor, klopfte mir auf den Kopf und sagte: „Du wirst es sein. Später erklärte mir SL, daß Maharajji unter der Decke Mudras (bestimmte tantrische Gesten des Körpers, die spezifische Wirkungen erzielen) ausgeführt habe.*

Ich hörte, daß Maharajji kurz vor jenem Vorfall zu KK gesagt hatte: „Ich werde etwas für ihn tun." Vielleicht war es wieder eine von diesen heruntergespielten Initiationen gewesen. Niemand schien es zu wissen; Maharajji schwieg darüber; und ich fühlte mich immer noch unrein.

An meinem letzten Tag bei Maharajji sagte ich zu ihm: „Maharajji, du hast mir versprochen, daß ich für die Arbeit im Westen rein genug sein würde, und ich fühle, daß ich es nicht bin."

Maharajji schien an dieser Beobachtung nur geringes Interesse zu haben. Er gab mir eine Mango, die er in der Hand gehalten hatte, und sagte: „Hier, iß das."

Ich hatte oftmals von den Segnungen gehört, die Maharajji den Leuten manchmal in Form von Früchten gab. Bei der erstbesten Gelegenheit suchte ich die Toilette auf, um die Mango essen zu können, ohne sie mit jemandem teilen zu müssen. Ich überlegte, ob ich die Samen aufheben sollte, um weitere Mango-Segnungen zu erhalten, doch dieser Plan erschien mir ein wenig zu „klug", und ich ließ ihn fallen.

Sechs Jahre sind nun seitdem vergangen, und sehr, sehr langsam lösen sich die Unreinheiten ab. (R.D.)

Vishnu Hubmann

Krishna's Spiel

MAN MAG ÜBERRASCHT oder auch nicht weiter verwundert darüber sein, daß Maharajji's Beziehungen zu Männern von ganz anderer Art waren als seine Beziehungen zu Frauen. Mit den Männern stand er herum und schwatzte; er schimpfte sie aus und gab ihnen Ratschläge – für sie war er Freund, Vater und Wissender. Bei den Frauen aber schien er daneben häufig noch andere Rollen zu übernehmen, wie z.B. die Rolle Krishna's (eine der Formen Gottes im hinduistischen Pantheon), wobei er ihr Kind, Spielgefährte und Liebhaber war. Dieses Spiel löste, soweit es von Maharajji ausging, unter den Devotees natürlich einige Bestürzung und Verwirrung aus und gab denen, die ihm Mißtrauen oder Abneigung entgegenbrachten, Anlaß zur Kritik. Den weiblichen Devotees aber, die an diesem Spiel beteiligt waren, dienten Maharajji's Handlungen als Katalysator (Beschleuniger), der sie zu Gott katapultierte.

Mit Frauen

Einmal, als Maharajji ein Zimmer betrat, versteckten sich die Ma's hinter der Tür, so daß er sie nicht sehen konnte. Er sagte: „Wo sind sie? Wie konnten sie weggehen? Wie können sie mich verlassen? Sie können mich nicht verlassen. Wie soll ich zurechtkommen? Wie soll ich es ohne sie aushalten?" Er versuchte, sich eine Socke auszuziehen. Schließlich siegte das Mitleid der Frauen, und sie stürzten aus ihrem Versteck hervor.

Wenn Maharajji auf einer anderen Bewußtseinsebene gewesen war und wieder zurückkehrte, neckten ihn die Ma's wie einen Vati, der von der Arbeit kommt: „Was hast du uns mitgebracht, Maharajji?"

Einige Ma's gingen zum Darshan in den Tempel und fanden Maharajji schließlich hinter einem Stacheldrahtzaun, wo er mit einem Devotee saß. Maharajji sagte zu ihnen: „Oh, ihr Frauen meint, daß Baba nichts sei und sich immer nur seine Füße von Frauen reiben läßt – aber jetzt seht ihr, daß ihr nicht hinter den Zaun gelangen könnt." Der Devotee rieb Maharajji's Füße und begann, eine Strophe aus der Ramayana zu rezitieren. Eine der Ma's beantwortete seinen Gesang mit einem anderen Vers aus der Ramayana. Das gefiel Maharajji, und er bat die Frauen näherzukommen. Dann sagte die Ma: „Du bist um unsertwillen als Inkarnation in sterblicher Form in die Welt gekommen!"

Ein Mann sagte: „Meine Frau wollte einfach nur bei Maharajji sitzen, ohne mit ihm zu sprechen. Sie war zu schüchtern dazu."

R's Frau war kaum dazu zu bewegen, über Maharajji und über ihre Gefühle ihm gegenüber zu sprechen. Doch auf ihrem Gesicht lag ein zärtlicher Ausdruck, und sie begleitete die Unterhaltung mit ihren Augen und dem leichten Nicken ihres Kopfes. Auf die Frage, ob Maharajji ihr manchmal wie ihr eigenes Kind erschienen sei, lächelte sie nur und nickte, und ihr Blick strahlte besonders warm.

Manchmal saßen wir im Freien, und Maharajji zog meine Hand unter seine Decke und ließ mich seine Beine massieren, wobei er mich fast ganz unter die Decke zog. Ich liebte es, ihn zu berühren, war mir aber nicht sicher, wie weit ich dabei gehen konnte. Ich beschäftigte mich mit seinen Füßen und Waden, und er ergriff meinen Arm und zog meine Hand zu seinem Schenkel hoch. So massierte ich seine Oberschenkel ein wenig, ließ meine Hände dann aber wieder nach unten wandern, denn als ich mich umsah, sah ich alle Blicke auf mich gerichtet. Einer Inderin stockte dabei einmal fast der Atem, und ich geriet in große Verlegenheit. Ich begann wieder, seine Füße zu reiben. Da glitt seine Hand wieder nach unten, faßte meine Hand und zog sie wieder nach oben.

Dieses verwirrende Ritual vollzog er oft mit mir. Und wenn ich versuchte, eine Erklärung dafür zu finden, sah er mich schon nach dem ersten Gedanken an und rief: „Nahin!" worauf er in seiner Unterhaltung fortfuhr.

Eine Inderin, die Witwe war und keine Kinder hatte, kam zu Maharajji. Sie machte sich Sorgen, wer sich um sie kümmern werde. Maharajji sagte: „Ma, laß mich dein Kind sein." Sie fing an, ihn wie ein Kind zu behandeln, und er sagte: „Weißt du, Hariakhan Baba hat immer an den Brüsten der Frauen gesogen. Ich werde mich auf deinen Schoß setzen." Und er setzte sich auf ihren Schoß und war so leicht und so klein wie ein Kind. Er sog an ihren Brüsten, aus denen Milch floß, obwohl sie schon fünfundsechzig war. Es kam soviel Milch, daß man ein Glas hätte füllen können. Danach vermißte sie es nie mehr, keine Kinder zu haben.

Ich war Maharajji gegenüber sehr furchtsam und fühlte mich in seiner Nähe irgendwie unbeholfen, da ich immer genau das Richtige tun wollte und doch stets befürchtete nicht zu wissen, was das Richtige sei. In Kainchi rief er mich eines Tages in seinen Raum. (Es passierte natürlich immer an den Tagen, wo du es wirklich brauchtest.) Er ließ mich die Türen verriegeln. Er saß oben auf dem Tucket und ich unten auf dem Boden, und er beugte sich herunter, um mich zu umarmen. Auch ich streckte die Arme nach ihm aus, und er bedeutete mir, ich solle noch näher kommen. Er sagte: „Komm' näher, komm' näher, du bist noch nicht nah genug." Und er hob mich einfach auf sein Tucket hinauf und nahm mich in seine Arme. Ich war ganz von seinen Armen und von seiner Decke umschlossen. Seine Decke und sein ganzes Wesen hüllten mich vollständig ein. Er verschluckte mich ganz und gar! Ich schmolz dahin – all meine Ängste, all dies dumme Zeug löste sich auf im Ozean Maharajji's. Ich war außerhalb meines Körpers – vollständig eingetaucht. So beantwortete er all meine Fragen: Durch eine einzige Umarmung!

Ich kniete vor Maharajji, als er meinen Sari ergriff und daran zu ziehen begann. Dann hielt er meine Brüste und sagte: „Ma, Ma." Ich hatte das Gefühl, als erlebte ich zum ersten Mal eine intime Handlung frei von Lust.

Es gibt Geschichten von Gurus, die mit Frauen allerhand anstellen. Aber um Maharajji herum war irgendwie eine solche Reinheit zu spüren, daß die Leute mir alle möglichen Geschichten über ihn erzählen konnten, ohne daß mein absolutes Vertrauen zu ihm auch nur im Geringsten erschüttert wurde. Es war völlig klar, daß er nichts brauchte – er hatte keine eigenen Verlangen.

Ich glaube, daß er mit solchen Frauen etwas machte, die im sexuellen Bereich nicht ausgeglichen waren. Rückblickend sieht es so aus, als hätte es eine ganz direkte Funktion bei ihnen erfüllt.

राम

Wir saßen singend vor Maharajji, und ich massierte seinen Arm, als mir plötzlich ein sexueller Gedanke in bezug auf ihn in den Sinn kam. Ich geriet in Verlegenheit, denn er sah mir in die Augen. Ich ließ sofort seinen Arm los und fing an, mit dem Finger das Hindi-Zeichen für „Ram" auf meinen Arm zu schreiben – immer und immer wieder – ohne dabei meine Augen von ihm abzuwenden. Da verschwand der Gedanke. In diesem Moment hob Maharajji seinen Arm und zog sanft an dem Nasenring, den ich damals trug. Er drehte meinen Kopf ein wenig und zeigte den Ring einem neben mir sitzenden Inder. „Schau", sagte er mit süßer Stimme, „sie ist sehr gut."

राम

Als er mich zum ersten Mal mit in seinen Raum nahm, saß ich bei ihm auf dem Tucket, und er benahm sich wie ein siebzehnjähriger Knabe, der mich verführen will. Ich kam mir vor, als sei ich fünfzehn und noch unschuldig. Er fing an mich zu streicheln, und es war so bezaubernd, so rein. Für einige Augenblicke ließ ich mich mitreißen – dann begann es in mir Alarm zu schlagen: „Halt! Er ist mein Guru. So etwas tut man nicht mit seinem Guru!" Ich rutschte von ihm weg. Maharajji legte den Kopf auf die Seite, sah mich zärtlich an und zog fragend seine Augenbrauen hoch. Er sagte kein Wort, aber sein ganzes Wesen drückte die Frage aus: „Hast du mich nicht gern?"

Aber sobald dieses Darshan vorüber war, wurde ich so krank, daß ich am Abend das Gefühl hatte, mein ganzes Inneres erbrochen und ausgeschissen zu haben. Ich mußte aus dem Ashram getragen werden. Dabei hielten wir vor Maharajji's Raum, damit ich Pranam vor ihm machen konnte. Ich kniete vor dem Tucket nieder und beugte meinen Kopf zu seinen Füßen hinunter – und er trat gegen meinen Kopf und sagte: „Schafft sie hinaus!"

Während der nächsten drei Tage konnte ich kein Glied rühren, aber am vierten Tag fühlte ich mich wieder vollkommen wohl. Und ich hatte viele meiner Reaktionen auf dieses Darshan verarbeitet: Empörung, Verwirrung und so weiter.

So war es beim ersten Mal, und es sollten dann zwei Jahre werden, die ich dort blieb. Während des letzten Monats war ich jeden Tag bei ihm in seinem Zimmer. Das Einvernehmen zwischen uns wurde immer tiefer. In einer gewissen Weise schien er mich in eine Mutter zu verwandeln, und er half mir zu verstehen, daß Sex in Ordnung ist. Manchmal berührte er mich nur an den Brüsten und zwischen den Beinen und sagte: „Das ist mein, das ist mein, das ist mein. Alles ist mein. Du bist mein." Ihr könnt das nach Belieben interpretieren, aber als diese Darshans zuende gingen, war es, als sei er mein Kind. Manchmal hatte ich das Gefühl, ein kleines Baby zu säugen. Obwohl sich seine physische Gestalt nicht änderte, schien er in meinen Armen sehr klein zu werden. Es war eine wundervolle Transformation.

Maharajji hatte mich in den kleinen Raum in Kainchi gerufen und bat mich, mich zu ihm auf das Tucket zu setzen. Dann nannte er mich „Ma, Ma" und sagte halb in Englisch, halb in Hindi: „Meri Mother, meri Mother." Währenddessen schien es, als schrumpfe sein Körper vor meinen Augen zur Größe eines in Windeln gewickelten Babies. Ich hielt ihn in meinen Armen und wiegte ihn wie ein Baby hin und her.

Ich saß auf dem Boden und sah Maharajji an, und er saß auf seinem Tucket und erwiderte meinen Blick, und dann fing er an, auf eine Weise zu mir zu sprechen, daß ich jedes seiner Worte genau verstehen konnte. Dann klopfte er auf das Tucket, weil er wollte, daß ich mich zu ihm setzte. Und ich überlegte, wohin ich mich setzen sollte. Wie mußte man sich wohl zu ihm auf das Tucket setzen? Er klopfte vor sich auf das Tucket, und ich rutschte ein Stück näher. Dann entschied ich mich aber, aufs Ganze zu gehen, und setzte mich mit gekreuzten Beinen genau vor ihn hin. Ich verstand alles, was er sagte, aber sobald mein Verstand sich einschaltete, verstand ich natürlich überhaupt nichts mehr.

Dann küßte er meine Handflächen, ergriff mich, zog mich an sich und umarmte mich. Die berühmte Umarmung. Dann war es, als ob ich durch seine Augen sah. Ich konnte alles im Zimmer sehen, auch alles, was hinter mir war. Ich schien in ihm zu sitzen, völlig in ihn eingetaucht. Ich weiß nicht, wie lange wir so saßen.

Maharajji war das einzige Wesen, das ich jemals getroffen habe, das alles Erdenkliche zu tun schien, um dich zu befreien. Es war nicht so, als habe er ein Image aufrechtzuerhalten; seine Lehren waren jenseits aller Form oder Struktur. Alle anderen Lehrer sind entweder Hindus oder Buddhisten oder irgendetwas anderes, aber Maharajji war nichts davon.

Kurz bevor Maharajji seinen Körper verließ, kam eine alte Frau mit ihren Kindern und Enkeln in den Tempel. Sie legte ihre Hand auf Maharajji's Kopf und gab ihm den Segen für ein sehr langes Leben. Zweimal sagte sie in Sanskrit: „Mögest du mit den ungezählten Jahren eines langen Lebens gesegnet sein."

Maharajji weinte. „Habt ihr gehört, was sie gesagt hat – habt ihr gehört, was sie gesagt hat?" Er freute sich wie ein Kind.

Mit Männern

Maharajji sprach mit den männlichen Devotees oft über Frauen. Aus all seinen gegensätzlichen Aussagen schien sich eine sehr subtile Lehre zu formen.

Eine der kosmischen Fragen, die er mir ganz aus heiterem Himmel stellte, war: „Was ist eine Frau?"

CHRISTUS UND HANUMAN SAHEN ALLE FRAUEN ALS DIE MUTTER AN. DU MUSST DIE MUTTER VERSTEHEN, UM GOTT ERKENNEN ZU KÖNNEN.

Anläßlich der Errichtung einer Mädchenschule sagte Maharajji: „Gebt den Mädchen eine Erziehung, und sie werden die Gesellschaft erziehen."

Auf der einen Seite sagte er:

BETRACHTET ALLE FRAUEN ALS MÜTTER, DIENT IHNEN WIE EURER MUTTER. WENN IHR DIE GANZE WELT ALS DIE MUTTER ANSEHT, FÄLLT DAS EGO VON EUCH AB.

EINE LAUTERE FRAU IST BESSER ALS HUNDERT YOGIS. FRAUEN SIND OFFENER FÜR DIE LIEBE ZU GOTT.

ES IST NOTWENDIG, BRAHMACHARYA (ENTHALTSAM) ZU SEIN, ABER DIES IST AUCH IM ZUSAMMENLEBEN MIT EINER FRAU MÖGLICH. EINE REINE SATI *(EHEFRAU) KANN DICH IN WINDESEILE ZU GOTT FÜHREN.*

Andererseits sagte er aber auch:

FRAUEN UND GELD SIND HINDERNISSE AUF DEM WEG ZU GOTT.

EINE FRAU IST EINE SCHLANGE; ES IST BESSER, DU BERÜHRST SIE GAR NICHT ERST.

VIELLEICHT WAR ES auch eine Frage der „passenden Schuhgröße" . . .

Ein Devotee äußerte einmal, daß ihn die Anwesenheit so vieler attraktiver Frauen in Verlegenheit bringe, worauf Maharajji sagte: „Dein Sehvermögen sollte ungetrübt sein."

Ein Devotee geriet in Verlegenheit, als Maharajji ihn in seinem Zimmer in der Universität besuchte und einen Pin-Up-Kalender an der Wand entdeckte. Maharajji fragte, wer die Frau sei, und der Devotee sagte: „Niemand." Er wollte das Bild zur Wand drehen. Aber Maharajji hielt ihn davon ab und sagte: „Sie ist eine Ma. Entehre sie nicht."

Während der ganzen Zeit, die ich in Indien war, hatte ich kaum einen sexuellen Gedanken. Es war nicht so, daß ich solche Gedanken unterdrückte; sie waren damals einfach nicht relevant. Wenn wir ins Hotel zurückgingen, verbrachte ich nur wenig Zeit mit anderen Leuten. Ich nahm Frauen gar nicht als Frauen wahr, wenn es manchen Männern da vielleicht auch anders ging.

Ich kann mich nicht erinnern, daß Maharajji Männer auf dieselbe Art lehrte wie Frauen. Ich kann mich an keinerlei direkte sexuelle Lehren erinnern. Er sprach viel über Frauen und Geld; und er sprach davon, daß die Lüsternheit ein Gift sei, daß sie eines der schädlichsten Gifte für Yogis sei.

Als ich eine Affäre mit einem Mann hatte, der mein Reisegefährte war, setzte Maharajji ihr mittendrin ein schnelles Ende. Als wir ihn danach zum ersten Mal wiedersahen, sagte er, wir sollten brahmacharya sein.

Als ich Hindi sprechen konnte, plauderten wir oft über dieses und jenes – sozusagen „von Mann zu Mann". Oft ließ er sich von mir fotografieren. Doch manchmal beugte er sich einfach zu mir hinunter und zog mich zu sich hinauf und in sich hinein, in die Kosmische Umarmung.

Eines Morgens, nachdem ich mit jemandem körperlich intim gewesen war, waren wir bei Maharajji. Ich hatte nicht erwartet, so schnell mit ihm zusammenzutreffen, und hatte hinsichtlich der unmittelbaren Aufeinanderfolge dieser beiden Geschehnisse große Schuldgefühle. Maharajji deutete auf diese andere Person und sagte zu mir: „Diesem Menschen erteilst du deine besten Lehren." Dann sagte er, wir sollten brahmacharya sein, und wandte sich anderen Themen zu. Ich saß ratlos da. (R.D.)

Frauen und Männer schliefen in allen Tempeln voneinander getrennt, verheiratete Paare ausgenommen. Eines Abends schickte Maharajji ein Ehepaar sowie einen einzelnen Mann und eine Frau zum Übernachten in eine zweizimmrige Herberge der Forstbehörde, die wir zuweilen benutzten. Ich nahm an, daß die Westler die Tempel-Sitten würdigen und die beiden Männer und Frauen sich jeweils einen Raum teilen würden. (Ich fühlte mich damals für das Betragen der Westler sehr verantwortlich.) Am nächsten Morgen stellte ich fest, daß sich jeweils ein Mann und eine Frau ein Zimmer geteilt hatten. Ich ärgerte mich über die Vier und hielt ihnen vor, daß sie kein Gefühl für diese Kultur hätten. Gleich darauf wurden wir alle zu Maharajji gerufen, der sich erkundigte, wie alle geschlafen hätten. Dann wandte er sich den Vieren zu und fragte, wer in welchem Raum geschlafen habe. Sie erzählten es ihm, und er sagte nur: „Sehr gut."

Mehrmals wiederholte Maharajji: „Ram Dass sollte Frauen nicht berühren. Frauen sind für Ram Dass wie Schlangen." Anscheinend wußte er sehr wohl, daß ich beispielsweise nicht alle Frauen als die Göttliche Mutter erkennen konnte; offen gesagt hatte mich meine Furcht vor Frauen dazu bewegt, eher die Beziehung zu Männern zu suchen. Seine Mahnung nutzte mir also wenig.

Doch seine nachdrücklichste Weisung, die er stets aufs neue mit erhobenem Zeigefinger wiederholte, war: „Ram Dass, kanchankamini (Gold und Frauen)." Jedesmal wenn Maharajji diesen Satz aussprach – der oft in der Literatur oder von anderen Heiligen wie z.B. Ramakrishna gebraucht wird, um die Menschen vor den Fallen der Verhaftung an Sex und Geld zu warnen – führte ich mir abermals vor Augen, wo ich selbst noch an diesen Verlangen haftete. Wenn diese Verlangen auch tief, tief in mir steckten, lagen sie doch unzweifelhaft auf Kollisionskurs mit dem Verlangen nach Erleuchtung und mußten früher oder später das Feld räumen. Aber es ging (geht?) mir wahrscheinlich wie dem Abt eines Klosters, der betete: „Gott, befreie mich vom Verlangen, auf daß ich so sein kann wie die Eremiten der Wüste – aber noch nicht jetzt." Ein wenig wollte ich mit Sex und Geld noch spielen.

Aber Maharajji gab nicht nach. Oft ließ er mich während eines Tages viele Male zu sich rufen. Jedesmal kniete ich vor Maharajji nieder, und er sah mir fest in die Augen und intonierte sein „kanchankamini" und schickte mich wieder weg. Fast klang es so, als wolle er mich vor einer ganz bestimmten Sache warnen, aber ich interpretierte es damals als allgemeine Ermahnung, mich in dieser Sache weiterhin zu bemühen. Auf unterschiedliche Weise versuchte ich mich von den Fesseln der Lust zu befreien. In verschiedenen Ritualen opferte ich die Lust dem Feuer und bat Gott mittels einer Vielzahl von religiösen Metaphern, diese Verhaftung von mir zu nehmen. Aber anscheinend war ich nicht dazu bereit, frei zu sein, denn die Verhaftung an diesem Verlangen blieb bestehen.

1974 traf ich eine spirituelle Lehrerin, die mir erklärte, daß sie (astral) von Maharajji gesandt sei, um mir bei meiner inneren Arbeit zu helfen. Den Hauptteil unserer gemeinsamen Arbeit bildeten schließlich sexuelle tantrische Praktiken. Sie erwiesen sich als hilfreich für das Lockern der Fesseln der Verhaftung an der Begierde, um das ich gerungen hatte.

Im Verlauf unserer Arbeit schien es ihr manchmal schwer zu fallen, in ihrem Körper zu bleiben. Ihr Unterbewußtsein entschwebte immer wieder. Da man mich darauf hingewiesen hatte, daß das edle Metall des Goldes ihr das „Untenbleiben" erleichtern würde, entschied ich mich, ihr einen Armreif und einen Ring aus Gold zu kaufen. Es war dann im Laden des Juweliers, wo ich mich an Maharajji's beständige Warnung vor „Frauen und Gold" erinnerte. Bald darauf fühlte ich, daß sich meine Furcht vor Frauen durch diese Beziehung zum großen Teil aufgelöst hatte, wodurch sich auch meine Verhaftung an sexuellen Verlangen lockern konnte. Ich konnte von jenen Lehren ablassen und meine spirituelle Reise fortsetzen. Ich spürte, daß Maharajji's Gnade mich zu dieser Frau geführt hatte, und daß es auch seine Gnade war, daß ich sie wieder verließ. (R.D.)

Maharajji besuchte uns einmal zu einer Zeit, als ein Bildhauer bei uns wohnte. Der ganze Wohnraum war mit großen Skulpturen und Akt-Zeichnungen ausgefüllt. Da ich befürchtete, Maharajji könne etwas dagegen haben, wollte ich ihn schnell in den Schlafraum führen. Doch er setzte sich auf das Sofa, sah sich um und bewunderte alles. Er sagte: „Wundervoll! Das ist gut." Er fing an, wie ein Kunstkenner zu reden und zerstreute meine Befangenheit ganz und gar, so daß ich überhaupt nicht mehr an all die Nacktheit dachte. Er bewunderte und würdigte die Kunstwerke und wollte alles mögliche wissen: „Woher kommt dieses Holz? Wie ist deine Arbeitsweise? Zu welchen Zeiten arbeitest du daran?" und so weiter. Maharajji konnte sich in jede Situation einfühlen.

SEXUELLE ENERGIE IST DIE KRAFT, AUS DER GOTT ERSCHAFFEN WIRD. WENN DU DIESE ENERGIE EMPORSTEIGEN LÄSST, KANNST DU BRAHM SPÜREN UND IHM BEGEGNEN.

Rameshwar Das

Bring' ihn nach Delhi

DIE ÜBERAUS SUBTILE Beziehung zwischen Guru und Devotee ist weitgehend abhängig vom Glauben. Je tiefer der Glaube des Devotees an den Guru und das Vertrauen zu ihm sind, desto eher werden durch den Guru spirituelle Qualitäten im Devotee erweckt.

In der spirituellen Literatur ist davon die Rede, daß wahre Selbstaufgabe in Wirklichkeit keine Selbstaufgabe ist. Dies bedeutet, daß man sich – durch Glaube und Vertrauen – einer Methode wie dem Guru nur dann öffnet, wenn dieser Glaube mit der Wahrheit in den Tiefen des eigenen Wesens im Einklang steht. Dann besteht eine Bereitschaft für diese Öffnung. Wenn man nach wie vor nur im Intellekt und im Gefühl verwurzelt ist, ist jeder Akt der Selbstaufgabe nur wieder auf das Ego bezogen und kann auf der Grundlage solcher Fehleinschätzung zu erschreckenden Konsequenzen führen. So kann man nicht *wählen*, ob man sich dem Guru übergibt oder nicht. Wenn sich aber Devotee und Guru in den Tiefen ihres Seins begegnet sind, dann ist solche Selbstaufgabe tatsächlich nicht Aufgabe an eine andere Person, sondern vielmehr Aufgabe an die eigene Gott-Natur.

In Bezug auf die Selbstaufgabe gibt es eine Geschichte, die von Maharajji's Devotees erzählt wurde und von dem Heiligen Sombari Maharaj handelt, der zu einer früheren Zeit gelebt hatte und von Maharajji sehr verehrt wurde.

Es heißt, daß Sombari Maharaj einem seiner Devotees zwei Kartoffeln gab und ihm auftrug, sie beide zu essen. Seine Weisung war sehr eindringlich. Der Mann ging hinunter zum Fluß und begann, eine der Kartoffeln zu essen. Da kam ein sehr armer alter Mann vorbei und sagte: „Du hast Nahrung und ich habe keine." Er bat ihn um die andere Kartoffel. Der Devotee konnte ihm diese Bitte nicht abschlagen und schenkte ihm die zweite Kartoffel. Als er zurückkehrte, schalt ihn Sombari Maharaj heftig, weil er die Anweisung nicht befolgt hatte. Seine Schimpfpredigt endete mit den Worten: „So war es nicht dein *bhagya* (mehr als Glück, wohl eher Bestimmung), die zweite Kartoffel zu essen." Später war der Mann in der Welt sehr erfolgreich, aber in den entscheidenden spirituellen Bestrebungen seines Lebens blieb ihm der Erfolg versagt – denn dies wäre die *zweite* Kartoffel gewesen.

Solch eine Geschichte, in der die Barmherzigkeit scheinbar der Selbstaufgabe an den Guru entgegengestellt wird, ist gewiß eine harte Lehre. Letztlich müssen wir aber lernen, die bewußte Barmherzigkeit zu opfern, um die Barmherzigkeit selbst zu *werden.*

Manche der Geschichten, die vom totalen Glauben und der sich daraus ergebenden Selbstaufgabe der indischen Devotees handeln, erwecken wahrhaftig Ehrfurcht, und gleiches gilt für die Fälle, wo ihr Glaube versagte. Maharajji machte es keinem von uns Devotees leicht, denn er streute fortwährend Samen des Zweifels aus, um jedwedem unsicheren Glauben, der sich in uns hätte entwickeln können, das Wasser abzugraben. Und doch beobachteten wir, wie sich unsere Zweifel in einem immer tieferen Vertrauen auflösten. Er schien uns zu der Erkenntnis zu führen, die einmal von Ramana Maharshi zum Ausdruck gebracht wurde: „Gott, Guru und Selbst sind Eins." Und so erkannten wir, daß wir durch unser Vertrauen zu Maharajji und das Sich-Ihm-Öffnen einzig in einen tieferen Bereich unseres eigenen Wesens und zu einem tieferen Glauben an uns selbst geführt wurden.

Maharajji Streut Samen des Zweifels aus

Ich erinnere mich, wie ich einen „neuen" Westler zu Maharajji brachte, den ich mochte und bei dem ich mir wünschte, daß er von Maharajji beeindruckt war – das heißt, ich wollte, daß Maharajji ein paar von seinen „Tricks" vorführte. Maharajji sah ihn an und fragte: „Du kommst aus Kanada?"

„Nein, Maharajji, ich komme aus den Vereinigten Staaten."

Maharajji nickte, als habe er ihn nun richtig eingeordnet, und sagte: „Du hast drei Schwestern."

„Nein, Maharajji, ich bin ein Einzelkind."

Die Sache wurde mir immer unangenehmner. Aber Maharajji fuhr damit fort, erkundigte sich mit völlig falschen Fragen nach seiner Reise und seiner Arbeit und entließ uns anschließend. Als der Westler ging, sah er mich mit einem Anflug von

Mitleid an und sagte: „Du hast bestimmt einen sehr netten Guru." Er ließ sich nie wieder blicken. (R.D.)

Ende 1972 waren wir in Delhi im Haus des Oberaufsehers der Forstbehörde, einem treuen Devotee Maharajji's. Viele Leute kamen und gingen, unter ihnen eine Frau mit leicht hochmütiger Miene. Als sie eintraf, machte sie Pranam vor Maharajji und sagte dann: „Du erinnerst dich bestimmt an mich – wir haben uns in dem-und-dem Haus getroffen."

Maharajji: „Eh (was)?" Er blickte verwirrt drein.

Die Frau: „Oh, Maharajji, du hast das-und-das gesagt. Du mußt dich doch erinnern."

Maharajji: „Kya (Was)?"

Die Frau war verstimmt, da sie einflußreiche Freunde mitgebracht hatte und diese ganz offensichtlich beeindrucken wollte. Schließlich brach sie mit ihrer Gesellschaft wieder auf. Maharajji setzte sich sofort auf und erzählte uns von dem Vater der Frau, von ihrem Großvater, ihren ehelichen Verhältnissen – ihren ganzen Lebenslauf.

Maharajji sagte zu einem neunzehnjährigen Jungen, der mit seiner Familie gekommen war: „Du hast versagt, du hast versagt."

„Nein, Maharajji! Ich habe nicht versagt! Ich habe eine Zwei bekommen."

„Du hast versagt. Glaubst du, daß eine Zwei gut ist?"

Dann fügte Maharajji hinzu: „Nein, du hast nicht versagt, du hast eine Eins bekommen, aber du verdienst sie nicht. Du versagst, weil du zu oft mit deinem Vater und deiner Mutter streitest anstatt zu studieren. Du hast eine Eins, aber du verdienst sie nicht. Von jetzt an mußt du studieren."

Maharajji war sehr grimmig. Frau Soni, die mit dieser Familie befreundet war, war verlegen, denn sie wußte, daß die Noten bereits in der Zeitung standen und der Junge eine Zwei bekommen hatte, und daß es die endgültigen Resultate waren. Die Verlegenheit darüber, daß dein Guru (scheinbar) einen Fehler macht, gleicht einer Folter. Die Familie fand Maharajji sehr nett, aber der Junge war ihm gegenüber recht herablassend. Herr Soni ließ den Jungen und seine Eltern von einem Fahrer nach Hause bringen, und als dieser zurückkehrte, überbrachte er die Nachricht, daß das Unmögliche geschehen war: Vier Examensarbeiten des Jungen waren nochmals überprüft und höhergestuft worden – er bekam eine Eins.

Maharajji sagte einmal zu mir: „Eine sehr bewußte Frau, die dich ins Herz geschlossen hat, kommt nach Indien." Ich dachte darüber nach und war irritiert, denn die einzige bewußte Frau, die ich kannte und die mich liebte, war Caroline – mit ihr hatte ich zusammengelebt, bevor ich nach Indien gekommen war. Sie plante eine solche Reise bestimmt nicht. Sonst kam niemand in Frage. Was konnte das bedeuten? Konnte sich Maharajji irren? Hatte er einfach einen Fehler gemacht? Die Sache klärte sich erst 1970 auf, als Caroline zugab, 1968 zu der bewußten Zeit tatsächlich nach Indien gereist zu sein. Sie hatte die Architektur verschiedener Tempelbauten studieren wollen, aber sie wollte mich nicht stören. (R.D.)

1971, bei meinem zweiten Besuch in Indien, hatte ich Maharajji in Allahabad getroffen. Nach ein paar Tagen schickte er uns weiter nach Delhi. Als wir gingen, sagte Maharajji ganz ruhig zu mir: „Wir werden uns in Vrindaban treffen." Den Zeitpunkt nannte er nicht, und ich fragte auch nicht danach. Wenn er sagte, daß wir uns in Vrindaban treffen würden, dann würden wir uns eben in Vrindaban treffen.

Wir blieben etwa eine Woche in Delhi und entschieden uns dann, eine Pilgerfahrt zu den Shiva-Tempeln im Süden zu unternehmen. Die Route führte durch Vrindaban, wo wir Maharajji dann besuchen und seinen Segen empfangen konnten.

Wir verließen Delhi, blieben die Nacht über in Mathura und richteten uns darauf ein, Maharajji am nächsten Tag im Tempel zu treffen. Mit vielen Früchten und Blumen trafen wir am frühen Morgen im Tempel ein. Der Pujari erklärte uns, daß Maharajji nicht da sei und daß es ungewiß sei, wann er kommen würde. Obwohl ich wußte, daß Maharajji für seine Unberechenbarkeit bekannt war, war ich enttäuscht, denn er hatte gesagt: „Wir werden uns in Vrindaban treffen." Und wenn wir irgendwann im April aus dem Süden zurückkehren würden, war Maharajji aller Wahrscheinlichkeit nach bereits oben in den Bergen, da es in der Ebene, wo Vrindaban lag, zu dieser Zeit schon unangenehm heiß war. Wie konnte er es nur gemeint haben?

Ich saß an diesem Vormittag im Tempel und lauschte einer alten Frau, die ununterbrochen „Hare Krishna, Hare Rama" chantete, was dort von früh bis spät zu hören war. Ein kleiner Vogel flog über mich hinweg, ließ ein Stück Stroh fallen, das auf meinem Schoß landete. Vielleicht war es Maharajji, der mir etwas geschenkt hatte. Oder ich klammerte mich wieder einmal nur an einen Strohhalm.

Nachdem wir die Früchte und Blumen der Murti Hanuman's dargereicht hatten, setzten wir unseren Weg fort und schlugen am Ende der Pilgerfahrt die Richtung nach Norden ein. Unterwegs gab es ein großes Hin und Her, welcher Route wir folgen sollten: Sollten wir geradewegs in die Berge hinauf nach Nainital fahren oder den Umweg über Vrindaban machen, was uns einen zusätzlichen Tag kosten würde? Es war schon Mitte April, und höchstwahrscheinlich war Maharajji schon in den Bergen. Und außerdem hatte er gesagt, daß wir uns in Vrindaban treffen würden, und die Enttäuschung, ihn auf unserem Weg nach Süden dort nicht angetroffen zu ha-

ben, saß mir immernoch in den Knochen. Ich war dafür, ohne Umwege in die Berge zu fahren. Aber ich wurde überstimmt, und so fuhren wir schließlich nach Vrindaban weiter.

Wieder verbrachten wir die Nacht in Mathura und wollten am nächsten Morgen Früchte und Blumen in den Tempel bringen – diesmal allerdings in etwas geringerer Menge, da wir kaum mit Maharajji's Anwesenheit rechneten. Wir trödelten auf dem Markt herum und erfrischten uns mit frisch gepreßten Obstsäften, bis wir um halb neun schließlich auf den Tempel zusteuerten. Er lag bei unserer Ankunft verlassen da. Wir parkten vor dem Haupttor, gingen hinein und trafen auf den Pujari. Nachdem wir Pranam vor ihm gemacht hatten, fragten wir ihn, ob Maharajji da sei.

„Oh nein", antwortete er. „Maharajji ist seit Wochen nicht hier gewesen. Er ist jetzt wahrscheinlich oben in den Bergen. Er ist nicht hier." Unsere Herzen rutschten alle ein Stück tiefer, aber wir brachten Hanuman die Früchte und Blumen dar, und nach höchstens fünf Minuten Aufenthalt im Tempel hasteten wir zurück zum Wagen. Wir hofften, Nainital ohne Zwischenstop noch bis zum Abend erreichen zu können. Wir hatten die Autotüren kaum geschlossen, als ein kleiner Fiat Sedan die Straße hinuntergerast kam und neben uns stoppte. Der Fahrer kam uns irgendwie bekannt vor, und neben ihm saß Maharajji, der aus dem Auto stieg und in den Tempel spazierte, ohne Notiz von uns zu nehmen.

Wir rannten hinüber zum Auto und entdeckten auf dem Rücksitz Gurudatt Sharma, der Maharajji auf seinen Fahrten häufig begleitete. Obwohl Sharma-ji gewöhnlich freundlich ist, ist er in Bezug auf Maharajji's Angelegenheiten sehr wortkarg. Doch wir konnten ihm entlocken, daß sie am vergangenen Abend noch in einer weit entfernten Stadt gewesen waren. Um 2 Uhr morgens hatte Maharajji ihn und den Fahrer geweckt und gesagt: „Kommt, wir müssen uns beeilen. Wir müssen nach Vrindaban." Sie waren die ganze Nacht gefahren und kamen um 7 Uhr in Agra an. Maharajji sagte: „Wir haben noch etwas Zeit. Wir können Den-und-den besuchen." Nach diesem kurzen Besuch drängte Maharajji zur Weiterfahrt nach Vrindaban. Schließlich hatte er gesagt, daß wir uns in Vrindaban treffen würden. (R. D.)

DER GLAUBE DER DEVOTEES

Ich gehe zu keinem anderen Heiligen, seit ich Maharajji kenne. Ich brauche niemanden.

Wenn du an Maharajji denkst, kann dir nichts Schlimmes passieren. Wenn du ihn vergißt, magst du Angst verspüren.

Maharajji war mit einem Fahrer unterwegs, und das Auto näherte sich einer Brücke. Von der anderen Seite kamen Ochsenkarren, die mit Zuckerrohr beladen waren und die ganze Brücke blockierten. Der Fahrer bremste, aber Maharajji sagte: „Warum bremst du?"

Der Fahrer erwiderte: „Aber Maharajji, da komme ich doch nicht durch."

Maharajji sagte zu ihm: „Fahr weiter!" Der Fahrer protestierte, und Maharajji wiederholte: „Schließ' die Augen und fahr'!" Der Fahrer schloß die Augen und trat auf das Gaspedal, und als er sie wieder öffnete, waren sie auf der anderen Seite der Brücke.

Wer auch immer in seine Nähe kam, dem schenkte er seine Gnade. Wenn dein Glaube rein war, tat er, was immer für dich nötig war.

Er war es, der mir den Glauben aufzwang, und nicht ich, der ihn erwarb.

Shiv Singh wollte eines Nachmittags von Kainchi aus nach Hause fahren, aber Maharajji sagte, er solle bleiben. Auch am nächsten Tag ließ er ihn nicht fort, und ebensowenig am dritten Tag. „Was soll ich tun, Dada?" fragte Shiv Singh. „Ich will einen Obstgarten mit Apfelbäumen erwerben, und der Vertrag ist noch nicht unterzeichnet. Es gibt viele Konkurrenten, und es geht um ein Lakh Rupies. Wenn ich nicht erscheine, wird ein anderer den Obstgarten bekommen." Fünf oder sechs Tage hielt Maharajji ihn in Kainchi fest. Shiv Singh wandte sich wieder an Dada: „Nun ist die Frist abgelaufen." Aber er hatte nicht den Mut, es Maharajji zu sagen.

Schließlich schalt Maharajji ihn aus: „So lange warst du von Zuhause weg. Fahr' jetzt, es wartet Arbeit auf dich." Er tat so, als sei Shiv Singh ein Faulenzer. Shiv Singh brach auf und kehrte nach vier Tagen freudestrahlend zurück. Es hatte in der Zwischenzeit einen Hagelsturm gegeben, und die Beschädigungen im Obstgarten hatten seinen Preis um die Hälfte herabgedrückt, und Shiv Singh hatte ihn gekauft.

Wenn du irgendetwas brauchst, bitte nicht die Menschen um Hilfe; richte die Bitte an Maharajji. Maharajji wird alles tun.

WENN DU GENUG GLAUBEN HAST, KANNST DU GELD UND BESITZTÜMER AUFGEBEN.

Meine Schwägerin, die mit der Eisenbahn zu uns unterwegs war, erzählte einer neben ihr sitzenden Frau von Maharajji. Eine andere Frau aus dem Süden Indiens, die dabei zuhörte, geriet durch die Erzählung in große Aufregung und bestand darauf, meine Schwägerin zu begleiten und Maharajji zu treffen. Sie hatte etwas Geheimnisvolles an sich und gehörte der gehobenen Gesellschaft an. Sie benahm sich, als gehöre sie zu unserer Familie, und ging sogar in das Zimmer meiner Frau, um ihre besten Saris zu nehmen und an andere Frauen zu verschenken. Sie blieb eine Woche bei uns, und da Maharajji noch immer nicht erschienen war, fuhr sie nach Kainchi. Als Maharajji dann schließlich zu uns kam, war sie bei ihm. Alle Devotees aus Nainital und Lucknow, bei denen sie zu Besuch gewesen war, beklagten sich, daß sie einfach bei ihnen hereinspaziert sei und ihre Wertsachen verschenkt habe. Maharajji fragte mich, warum ich ihr erlaubt hätte, in meinem Haus zu wohnen. Ich sagte, daß er selbst sie geschickt hätte. Wen immer Maharajji zu uns schickt, der ist in meinem Haus willkommen – ich kann Maharajji's Gäste nicht abweisen. Maharajji stritt ab, daß er sie geschickt habe. Ich entgegnete: „Wie hätte sie ohne dein Wissen zu uns kommen können?" (Wie hätte das zugehen sollen? Maharajji weiß alles, es ist sein Haus. Natürlich hatte er sie geschickt!)

Und ohne mir zu widersprechen, konterte dieser Maharajji: „Aber sie hat eure wertvollen Sachen verschenkt!"

Ich erwiderte: „So wertvoll und so notwendig können sie nicht gewesen sein, daß wir darauf nicht hätten verzichten können. Es müssen unnütze Dinge gewesen sein, sonst würden wir sie noch besitzen – ist es nicht so?" Maharajji schwieg. Was konnte er auch sagen? Die anderen Devotees waren überrascht über Maharajji's Eingeständnis, von all diesen Dingen zu wissen und für sie verantwortlich zu sein.

In meinem Büro wurde einmal ein Fachbereichs-Examen abgehalten. Ich war dreiundvierzig Jahre alt und fühlte mich schon zu alt für solche Prüfungen, und ich wollte vor den Augen meiner Familie nicht versagen. Bei der ersten Arbeit war ich nur mit halbem Herzen dabei und verdarb sie. Maharajji war nicht da. Als ich vom Examen zurückkehrte, stand Siddhi Ma auf der Veranda von Dada's Haus, und ich wußte, daß Maharajji gekommen war. Ich ging zu ihm hinein und legte ihm Federhalter und Bleistift zu Füßen. Maharajji sagte: „Nimmst du an der Prüfung teil?"

„Ja."

„Du wirst sie bestehen." Kurz vor der zweiten Examensarbeit war Maharajji mit Hubba auf dem Dach. Ich stieg hinauf und erzählte ihnen, daß ich mich an der zweiten Prüfung beteiligen würde. Ich weinte. „Warum weinst du?" fragte Maharajji.

„Ich habe Angst davor durchzufallen."

Maharajji ließ uns niedersitzen und sagte: „Du wirst bestehen."

Und Hubba sagte: „Geh' hin. Hab' Glauben."

Aber die Prüfung bestand aus fünf Fragen, von denen ich viereinhalb falsch beantwortete. Nach der dritten Prüfung sah ich Maharajji wieder. Er fragte mich, wie ich zurechtgekommen sei. „Es ging großartig", log ich und dachte: „Wie ist es nur möglich, daß ich ihn anlügen kann?" Drei Monate später lagen die Ergebnisse vor, und ich hatte bestanden.

Ein Mann hatte am Auge einen Abszeß, der selbst durch eine Operation nicht entfernt werden konnte. Doch später erzählte er Maharajji: „Als ich den Chandipath (ein Buch mit Mantras über die Mutter) las, heilte das Auge von selbst."

Maharajji stellte sich skeptisch und sagte zu den Ma's und zu den anderen: „Glaubt ihr, daß er einfach den Chandipath gelesen hat und sein Auge dann heilte? Glaubt ihr das? Ist das möglich? Konnte das geschehen? Ma, was hältst du davon?"

In all den Jahren hat mich Maharajji immer wieder gelehrt, darauf zu vertrauen, daß er mich mittels meines eigenen Herzens führen wird. Ich brauche nur auf jenen höheren intuitiven Sinn zu hören. Dann spüre ich Maharajji am deutlichsten. Hier ist ein Beispiel dafür, wie er mir das beibrachte:

Unter den Sadhus in Vrindaban war ein gutaussehender junger Sadhu, der ein wenig Englisch sprach und sich mit vielen westlichen Devotees angefreundet hatte. Er führte sie auf Pilgerfahrten rund um die Stadt, zeigte ihnen versteckte Tempel und außergewöhnliche heilige Stätten. Am Abend gingen die Westler manchmal zu ihm, um mit ihm zu chanten. Auch ich wurde hin und wieder dazu eingeladen, aber ich hatte nicht das Bedürfnis danach; es genügte mir, jeden Tag einfach in Maharajji's Nähe zu sein. In der übrigen Zeit begnügte ich mich damit, umherzuwandern, an ihn zu denken und mir die Ereignisse des täglichen Darshans durch den Kopf gehen zu lassen.

Aber dieser junge Sadhu ließ nicht davon ab, mich immer wieder zu diesen Zusammenkünften einzuladen, und ich lehnte immer wieder ab. Eines Abends kam ein Westler und brachte mir einen Blatt-Teller mit Essen, das mir der Sadhu geschickt hatte. Diese Aufmerksamkeit wurde mir unangenehm. Ich mißtraute seinen Motiven, und gleichzeitig mißtraute ich meinen eigenen Motiven für dieses Mißtrauen. Vielleicht sah ich ihn innerlich nur als Konkurrenten.

Bald darauf wurden wir alle nach Allahabad geschickt, einer ungefähr dreihundert Kilometer entfernten Stadt. Wir waren im Haus eines Devotees untergebracht und gingen jeden Tag zu Maharajji, der eine Meile weiter in Dada's Haus wohnte.

Einmal trafen wir dort zu dritt in einer Rikscha ein. Ein Zaun mit einem Tor umgab das Haus, und außerhalb des Zaunes stand ein einzelner Baum, und unter diesem Baum saß der junge Sadhu aus Vrindaban. Die beiden anderen Westler, die ihn mochten, sprangen aus der Rikscha, rannten zu ihm hin und machten Pranam vor ihm. Ich bezahlte die Rikscha und ging auf das Tor zu. Da erhob sich der Sadhu, und wir verbeugten uns voreinander. Ich fragte mich, warum er draußen vor dem Tor saß. Wenn er gekommen war, um Maharajji zu sehen, warum war er dann nicht bei den anderen im Haus? Gehörte er vielleicht einer Sekte an, deren Mitglieder kein Haus betreten durften? Oder bedurfte er einer Einladung? Sollte ich ihn etwa hineinbitten, nachdem er nun hier gewartet hatte? Ich konnte ja nicht hineingehen und ihn einfach ignorieren. Dennoch hielt mich etwas in meinem Herzen davon ab, ihn einzuladen – es war dasselbe Unbehagen, das ich schon in Vrindaban ihm gegenüber empfunden hatte. Meine Zweifel an seiner Reinheit machten es mir unmöglich, ihn mit zu Maharajji zu nehmen.

Wir standen einander gegenüber, und ich war durch meine Unentschlossenheit wie gelähmt. Plötzlich kam ein Inder aus dem Haus, hieß den Sadhu freudig und mit großem Respekt willkommen und führte ihn hinein. Daraus schloß ich sofort, daß dieser Sadhu tatsächlich rein war und meine Zurückhaltung nur auf meiner eigenen Unreinheit gründete. So schlich ich ins Haus, setzte mich in den vorderen Raum und stimmte lustlos in den Gesang der anderen ein. Der Sadhu war nirgends zu sehen. Kurz darauf bemerkte ich ihn unter den Singenden, dann aber blieb er verschwunden. Schuldgefühle lasteten auf meinem Herzen, denn ich hatte mir von meinem eigenen Konkurrenzdenken vorgaukeln lassen, es sei die Widerspiegelung der Unreinheit eines anderen.

Dann wurde ich nach hinten in die Küche zu Maharajji gerufen, der von indischen Devotees umringt war. Ich fiel zu seinen Füßen nieder, und er gab mir einen Schlag auf den Kopf und sagte zu den Indern: „Ram Dass kann gut sprechen, er ist ein guter Redner, aber von Menschen versteht er nichts." Man übersetzte seine Worte, und mir wurde klar, daß Maharajji nicht bereit war, die Szene draußen vor dem Tor unter den Teppich zu kehren. Ich konnte ihm nur zustimmen und mich nur noch mehr in meinen Gefühlen von Schuld und Unreinheit wälzen. Immer wieder repetierte Maharajji seine Äußerung, daß ich ungeachtet meiner Redegabe keine Menschenkenntnis besäße. Alle pflichteten ihm bei und sahen mich mitleidig und liebevoll an. Und immer wieder gab ich ihnen von ganzem Herzen recht. Endlich, als Maharajji alles aus dieser Situation herausgeholt hatte, sagte er: „Ja, er versteht nichts von Menschen. Er hätte den Sadhu hereingeführt. Und dieser Mann ist nicht rein – er will etwas von seinen Devotees haben." Und mit diesen Worten gab er mir einen heftigen Schlag auf den Kopf und lachte vergnügt. In meinem Kopf drehte sich alles, und durch die Wolken des Zwiespalts, der Schuld und des Selbstmitleids brach plötzlich die Sonne des Verständnisses. Auf seine unnachahmliche Weise hatte mich Maharajji wissen lassen, daß ich mich diesmal nicht geirrt hatte. Er hatte mich gelehrt, meinem Herzen zu vertrauen. (R. D.)

Die Selbstaufgabe der Devotees

Maharajji zitierte häufig eine Stelle aus der Ramayana, wo Ram zu einem Devotee sagt: „Freund, warum sorgst du dich? Übergib vermöge meiner Kraft alle Gedanken mir, und alles Notwendige wird sich von selbst ergeben." Er gebrauchte dieses Zitat an dem Tag, an dem er zum letzten Mal in Nainital war.

Ein einflußreicher Mann besuchte Maharajji, sah aber ständig auf die Uhr, da er eine Verabredung mit einem Finanzminister hatte. Maharajji hielt ihn immer länger hin, und der Mann wurde immer nervöser. Endlich, in allerletzter Sekunde, entließ ihn Maharajji, und der Mann eilte fort – um zu erfahren, daß das Treffen verschoben worden war.

Wenn Maharajji sieben oder acht Tage bei mir blieb, waren gewöhnlich auch andere Devotees im Haus, aber an diesem Abend waren wir ganz allein. Es war Mitternacht, und ich war müde, aber Maharajji wollte sich immernoch unterhalten, und so massierte ich seine Füße. Dann begann er zu schnarchen. Ich glaubte, er sei eingeschlafen, und wollte zu Bett gehen. Ich erhob mich leise, aber mitten im Schnarchen sagte er: „Suraj, wohin gehst du?" So setzte ich mich wieder hin. Dies wiederholte sich immer wieder. Schließlich entschied ich mich, auf den Schlaf zu verzichten und die ganze Nacht aufzubleiben. In diesem Moment sagte Maharajji: „Suraj, geh' schlafen."

Ich hatte mir einmal vorgenommen, alles zu tun, was Maharajji zu mir sagte – seinem Wort augenblicklich zu gehorchen! Es sollte mein Sadhana sein. Ich wohnte damals jenseits von Kainchi auf einem Hügel. Da ich für den Weg in das kleine Dorf zwanzig Minuten brauchte, mußte ich das Darshan immer rechtzeitig genug verlassen, um noch vor Anbruch der Dunkelheit zu Hause zu sein, denn dann kamen die Schlangen heraus. Einmal saßen wir alle um Maharajji herum, und es war ein wundervolles, liebliches Darshan. Der Bus war noch nicht da. Maharajji sah mich an und sagte: „Jao." Ich hatte mir ja selbst strikten Gehorsam auferlegt – aber es war noch hell, alle anderen waren noch da, und er sagte, ich solle mich sofort auf den Weg machen. Ich beeilte mich bei meinem Aufbruch an diesem Nachmittag nicht gerade, und er beobachtete mein Widerstreben mit humorvollem Zwinkern.

Als wir in Dada's Haus waren, schickte uns Maharajji alle an verschiedene Orte. Vor mir saß Vishwambar, mit dem zusammen ich oft gereist war, auch schon bevor wir nach Indien kamen. Maharajji trug Vishwambar auf, nach Benares zu fahren. Ich wollte nicht dorthin, sondern lieber für eine Weile allein sein. Als ich an der Reihe war, sagte Maharajji: „Fahr' nach Benares."

Ich sagte: „Kann ich nicht lieber nach Ayodhya fahren?"

Er sagte: „Nein, fahr' nach Benares." Ich war so albern zu glauben, daß ich dennoch nach Ayodhya fahren konnte, obwohl er ausdrücklich Nein gesagt hatte. Ich ging zum Bahnhof und kaufte eine Fahrkarte für den Faizabad-Express, der nach Ayodhya fährt. Ich rechnete mir aus, daß ich ja über Ayodhya nach Benares fahren konnte, wodurch die Strecke nur in eine Art Dreieck auslief. Der Zug sollte um drei Uhr nachmittags auf Gleis 10 einlaufen. Ich hatte eine Fahrkarte gekauft und wartete schon eine ganze Weile auf dem Bahnsteig, aber als um vier Uhr noch immer kein Zug gekommen war, entschied ich mich, jemanden zu fragen. Der Schaffner sagte, daß der Faizabad-Express ausnahmsweise auf Gleis 8 eingelaufen sei; man hatte es in Hindi ausgerufen, aber ich hatte es natürlich nicht verstanden und dadurch den Zug verpaßt.

Als ich dastand und überlegte, was ich tun sollte, fuhr hinter mir ein Zug ein. Ich drehte mich um und las an den Waggons das Schild „Benares Express". Also fuhr ich nach Benares. Benares ist ganz schön groß, und es gibt eine Menge Hotels, aber ich suchte eine der billigeren Unterkünfte auf, die mir ein Freund empfohlen hatte. Ich trug mich ein und setzte mich in mein Zimmer. Da hörte ich jemanden den Chalisa (Hymne an Hanuman) singen. Es war Vishwambar. So ergab ich mich, und wir verbrachten eine Woche zusammen, in der wir uns sehr nahe waren.

In Delhi nahmen wir an einer Party im Haus der Sonis teil, die alte Devotees von Maharajji waren. Herr Soni war der Leiter der indischen Forstbehörde, und so waren nicht nur Devotees, sondern auch Leute aus der Regierung sowie deren Familienangehörige anwesend. Es war eine Cocktail-Party alten Stils, und Frau Soni trug ein Tablett mit Appetitbroten umher. Als sie zu mir kam, sagte sie: „Ich hatte letzte Nacht einen Traum, und ich wachte auf und wußte, daß ich dir etwas von Maharajji ausrichten soll."

„Ja?"

Sie sah mich mit ihren wunderschönen dunklen Augen an und sagte – in einer Art und in einem Tonfall, der ganz und gar nicht zu einer Cocktail-Party paßte – sehr eindringlich: „Du weißt, daß Maharajji völlige Selbstaufgabe verlangt." Einen Augenblick später, wie aus einem Traum erwachend, sagte sie mit süßer Stimme: „Möchtest du eines dieser Brote? Sie sind ausgezeichnet." Und sie ging weiter. (R. D.)

Wir waren oben in den Bergen und besuchten Maharajji jeden Tag in Kainchi. Der acht Jahre alte VW-Bus tat brav seinen Dienst, indem er die westlichen Devotees jeden Morgen hinunter nach Kainchi brachte und abends wieder den Berg hinauf. Bald waren es zu viele Leute für den VW, und einige mußten den öffentlichen Bus nehmen, aber es waren immernoch zwanzig Leute, die es schafften, sich in den VW zu zwängen oder oben auf dem Gepäckträger mitzufahren; und – wie VW's nun mal sind – er lächelte tapfer und tat sein Bestes. Eines Tages jedoch, dicht vor Bhowali, blieb der VW stehen und weigerte sich, wieder anzuspringen. So ließen wir ihn stehen und erzählten Maharajji am nächsten Tag davon. Und er sagte: „Bringt ihn nach Delhi." Ausgerechnet in das über 300 Kilometer entfernte Delhi? Das erschien mir absurd. Konnte ihn nicht jemand an Ort und Stelle reparieren? Aber er wiederholte nur: „Bringt ihn nach Delhi."

Als ich abends wieder in Nainital war, sprach ich mit der Sah-Familie, der das Hotel gehörte. Sie kannten einen Mechaniker, und ich arrangierte es, daß er den Wagen einmal inspizierte. Er sah ihn sich am nächsten Tag an, konnte ihn aber nicht in Gang setzen. Wieder erzählte ich Maharajji davon, und wieder sagte er: „Bring' ihn nach Delhi." Ich brachte vor, daß es 50 Kilometer weiter in Almora ein deutsches Wirtschafts-Projekt gebe, wo man VW's benutze und einen Service-Techniker habe. Vielleicht ließ Maharajji sich umstimmen. Er sagte: „Bring' ihn nach Delhi."

Ich schrieb an Bekannte in Almora und bat sie, sich mit der deutschen Reparaturwerkstatt in Verbindung zu setzen. Nach zwei Wochen und etlichen Briefen stand es fest, daß der Mechaniker um keinen Preis zu bewegen war, nach Bhowali zu kommen. Man wollte sich den Bus noch nicht einmal ansehen, wenn ich ihn nach Almora brachte. All dies erzählte ich Maharajji, und man kann sich seine Antwort vorstellen: „Bring' ihn nach Delhi."

Also holte ich wieder den Mechaniker aus Nainital, und er sah zum zweiten Mal nach. Diesmal brachte er den Motor in Gang und fuhr den Wagen hinauf nach Nainital, aber am Stadtrand war es aus, und der Motor sprang nicht wieder an. Begeistert meldete ich Maharajji den Fortschritt, aber seine Instruktion blieb dieselbe.

Seit dem Zusammenbruch des Wagens waren nun mehr als vier Wochen vergangen, und es unterlag keinem Zweifel, daß der Mechaniker aus Nainital ihn einfach nicht reparieren konnte. Da man sonst nichts machen konnte, blieb mir nichts anderes übrig als „ihn nach Delhi zu bringen". Ein Lastwagen wurde gemietet, komplett mit Sikh-Fahrern, und der VW-Bus wurde aufgeladen. Dann brach man mit Krishna Das als Begleiter nach Delhi auf. Es war haarsträubend, was Krishna Das von der Fahrt erzählte – die Fahrer zechten, der VW-Bus wurde von einem Lastwagen auf den anderen umgeladen und so weiter – aber schließlich gelangte er in die Werkstatt in Delhi. Der VW wurde vom Lastwagen gerollt und der Mechaniker kam herbei. Er öffnete die Motorklappe, sah hinein, verband zwei Kabel miteinander, und der Motor sprang an und lief ausgezeichnet.

Wenn es mir fortan wieder einmal an der Fähigkeit zur Selbstaufgabe mangelte, hieß es nur noch: „Bring' ihn nach Delhi." (R.D.)

DIE UNFÄHIGKEIT, SICH ERGEBEN ZU KÖNNEN

GENAU WIE MAN einem Kind sagt, daß es etwas Bestimmtes nicht tun soll, auch wenn die Folgen seiner Handlung nur allzu deutlich erkennbar sind, so warnte und instruierte Maharajji die Leute in allen möglichen Fällen. Aber wie ein Kind auf der Ausführung der Handlung besteht und man zusieht, wie sich die unvermeidlichen Folgen einstellen, so ignorierten Maharajji's Devotees seine Worte oftmals, und Maharajji sah zu... und ließ sie gewähren. Hin und wieder sagte er: „Ich hatte dich gewarnt."

Einmal hielt Maharajji einem Mann, der nur einen Freund im Tempel besuchte, eine Standpauke und sagte zu ihm, er solle sich etwas zu essen mitnehmen und sofort mit seinem Lastwagen nach Hause fahren. Der Mann fühlte sich verletzt und glaubte, Maharajji habe ihn beleidigen wollen. Es war schon spät, und er legte sich außerhalb des Tempels zum Schlafen in seinen Lastwagen. Als er nach Hause kam, stellte er fest, daß sein Haus während der Nacht ausgeraubt worden war.

Als sich Maharajji mit einer Schar von Devotees einen Monat lang in der heiligen Stadt Chitrakut aufhielt, führte er sie eines Tages zu der Hütte eines Sadhus, der sich von winzigen Mengen einer seltenen Urwald-Wurzel ernährte. Er nahm niemals andere Nahrung zu sich. Maharajji bat den Sadhu um ein Stück von der Wurzel, und der Sadhu hielt ihm ein kleines Stück hin. Maharajji rief: „Sei nicht so geizig. Gib mehr. Ich weiß, daß du mehr hast." Der Sadhu gab ihm zwei große Stücke der kostbaren Wurzel. Maharajji brach sie in viele kleine Brocken auseinander, die er an die Devotees verteilte – einen ausgenommen. Maharajji sagte, daß ihm die Wurzel sehr schaden würde. Der Devotee wollte aber unbedingt wenigstens ein kleines Stück davon haben – es war ja jetzt Maharajji's Prasad – so ließ sich Maharajji erweichen und gab ihm ein Stück.

An diesem Abend sangen Maharajji und seine Devotees Kirtan – „Sri Ram Jai Ram, Jai Jai Ram." Maharajji sang am lautesten. Dem Devotee, den er vor der Wurzel gewarnt hatte, wurde sehr übel. Er stand auf und ging in sein Zimmer. Nach kurzer Zeit kam Maharajji zu ihm, half ihm auf und brachte ihn zum Kirtan zurück. Wieder wurde ihm übel, und er suchte sein Zimmer auf. Maharajji holte ihn zum zweiten Mal zurück. Der Kirtan setzte sich bis in die frühen Morgenstunden fort.

Die meisten Devotees waren eingeschlafen, nur Maharajji sang noch weiter. Er ließ es schließlich zu, daß der kranke Devotee in sein Zimmer ging und einschlief. Als er erwachte, saß Maharajji neben seinem Bett. „Geht es dir wieder gut? Ich habe dir gesagt, daß du die Wurzel nicht essen sollst. Als ich krank war, hast du die ganze Nacht geschlafen – als du krank warst, bin ich die ganze Nacht aufgeblieben und habe gebetet."

Eines späten Abends auf dem Kumbha Mela in Allahabad befand sich Maharajji in seinem Zelt und gab Darshan. Der folgende Tag war für das Bad im Sangam der günstigste Zeitpunkt innerhalb einer Spanne von zehn Jahren. Ein Polizeibeamter, Maharajji's Devotee, war damit betraut worden, für die Sicherheit und Überwachung der Millionen von Menschen zu sorgen. In dieser Nacht war er bei Maharajji, als dieser plötzlich aufstand und sagte: „Wir wollen gehen." Sie fuhren Maharajji zum Bahnhof und warteten auf einen Zug in Richtung Westen. Der Polizeibeamte und die anderen versuchten Maharajji zu überreden, an diesem wichtigen Tag auf dem Mela zu bleiben. Doch Maharajji weigerte sich und mahnte sie, am folgenden Tag sehr vorsichtig zu sein, denn es werde sich eine Katastrophe ereignen.

Als Maharajji fort war, gingen die Leute zurück, ohne seine Worte ernst zu nehmen. Um vier Uhr morgens strömten Tausende von Menschen am Sangam zusammen, um zu diesem besonderen Zeitpunkt ihr Bad zu nehmen. Eine Prozession von Naga Babas (nackten Sadhus) bewegte sich in die Fluten, als die Masse der Menschen von hinten nachzudrängen begann und diejenigen in den vordersten Reihen wegen der Prozession nicht weiterkonnten. Viele wurden in diesem Massenansturm getötet oder verletzt.

In Lucknow lud Maharajji einige Devotees dazu ein, ihn auf einem Besuch in einem anderen Stadtteil zu begleiten. Er empfahl, den Weg zu Fuß zurückzulegen, und man brach sofort auf; aber an der ersten Ecke sahen die Devotees ein Pferd und einen Wagen stehen, und sie schlugen vor, ihn zu benutzen. Maharajji weigerte sich und sagte: „Ich werde mich nicht auf den Wagen setzen." Doch die Devotees gaben nicht nach und wandten ein, daß es ein weiter Weg sei und kein anderes Transportmittel zur Verfügung stehe. Maharajji ließ sich erweichen und setzte sich rückwärts auf den hinteren Sitz; der Pferdelenker und die beiden Devotees nahmen auf dem Vordersitz Platz.

Kaum sollte sich das Pferd in Bewegung setzen, als es sich auf die Hinterbeine stellte und dadurch den vorderen Teil des Wagens emporriß. Da Maharajji hinten saß, konnte er leicht zu Boden gleiten. Das Pferd bäumte sich fortwährend auf, schlug aus, warf den Wagen dabei fast um und terrorisierte die Fahrgäste auf dem

Vordersitz. Maharajji rief ihnen zu: „Ich habe euch gesagt, daß wir uns nicht auf diesen Tonga setzen sollten. Ihr wolltet aufsteigen. Wollt ihr jetzt etwa wieder absteigen?"

Ich hatte das Glück, Maharajji im Juni 1963 in Ganj zu begegnen. Auf seine Fragen erzählte ich ihm, daß ich aus Rishikesh kam und auf dem Weg nach Vrindaban war. Dann sagte er: „Dein Gurudev (Guru) führt sich wahrhaftig auf, als wäre er der Herr von Vrindaban selbst. Aber damit wird es bald ein Ende haben. Du hältst deinen Guru für den Herrn selbst, nicht wahr? Fahr' jetzt zurück." Er beschaffte mir Geld für die Reise, aber ich verstand das alles nicht. Erst nach Tagen las ich in einer englischen Zeitung, daß mein Guru erkrankt war. Ich eilte sofort zurück nach Rishikesh, und am vierzehnten Tag nach meiner Ankunft ging Gurudev in den mahasamadhi ein (er starb). Später hatte ich Gelegenheit, Maharajji wiederzusehen, und er fragte mich, ob ich rechtzeitig in den Ashram zurückgekehrt sei. Und ich bejahte voller Dankbarkeit.

HR, dessen Augen am Grauen Star erkrankt waren, suchte Ananda Mayee Ma auf, die zu ihm sagte, er solle nach Aligarh fahren, um sich einer Augenoperation zu unterziehen. Als er aber in Lucknow auf Maharajji traf, erhielt er von ihm die Weisung, nach Sitapur zu gehen und sich dort operieren zu lassen. HR folgte Ma's Ratschlag, wurde operiert und verlor die Sehkraft auf beiden Augen. Daraufhin kam er zu Maharajji zurück, der zu ihm sagte: „Warum bist du nach Aligarh gefahren, als ich dich nach Sitapur geschickt habe?"

Vor meiner Hochzeit ging ich zu Maharajji, und er fragte mich, wie ich dort hinkommen wolle. Ich sagte, daß ich den Bus nehmen würde, aber er entgegnete: „Nein, nimm den Zug." Aber da schon alles geplant war und ich die Hochzeits-Party nicht versäumen wollte, war ich halsstarrig und weigerte mich. Er bat mich, eine andere Route zu wählen, über Nacht zu bleiben und ihm genau zu sagen, zu welcher Uhrzeit ich am Morgen aufbrechen würde. Ich machte es so, wie er vorgeschlagen hatte, hielt aber an der Busfahrt fest. Auf der Fahrt kippte der Bus um und überschlug sich zweimal über die Seite, und obwohl große Metallkoffer umherflogen, wurde niemand verletzt. Wir mußten alle durch das Fenster des Fahrers hinausklettern. Als wir zurückkehrten, schickte uns Maharajji einen Jeep und hieß uns willkommen.

Ein Devotee sagte: „Es ist nicht einfach, in der Gegenwart eines Heiligen zu sein. Wenn du nicht auf ihn hörst, wirst du dir bestimmt Schaden zufügen."

Als ich eines Tages bei Maharajji war, wurde ihm berichtet, daß jemand in seinem Namen Geld für eine Schule gesammelt hatte. Unlautere Beweggründe waren dabei im Spiel, und man hatte Maharajji nicht um Erlaubnis gefragt. Seine Reaktion prägte sich unauslöschlich in mein Bewußtsein und hat seitdem oftmals Erscheinungen und Alpträume in mir hervorgerufen. Er sagte: „Ich werde ihm nichts tun. Aber dafür, was er getan hat, wird er für Äonen im Universum umherwirbeln."

Ein Mann, der Maharajji gedient hatte, war überheblich geworden und demütigte einige von Maharajji's Devotees. Maharajji war so zornig, daß er nur ergrimmt dasaß und knurrende Geräusche wie von einem Affen von sich gab. Er rief den Mann in sein „Büro", und das nächste, was die Leute sahen, war, wie dieser große Mann durch die Tür geflogen kam und anderthalb Meter weiter auf einem Stein landete. Der Devotee erschien an diesem Tag nicht zur Arti. Als Maharajji am nächsten Tag draußen auf der Straße stand, fuhr der Mann mit seiner Frau in einem Auto an ihm vorüber. Sie machten Pranam, aber Maharajji sah nicht hin. Er soll traurig gesagt haben: „Er wird nie mehr zu mir zurückkehren." Später fing der Mann an zu trinken.

Ein Jäger hatte sich vor seinen Freunden über Maharajji lustig gemacht und gesagt, er könne dem Baba Fleisch verschaffen, obwohl er wußte, daß Maharajji Vegetarier war. Später, als die Freunde des Jägers Maharajji's Devotees waren, wollte auch der Jäger Maharajji besuchen. Doch fünf Jahre lang gelang es ihm nicht, zur rechten Zeit am rechten Ort zu sein, obwohl seine Frau und seine Kinder Darshan empfangen hatten. Endlich legte eine Ma, die immer in Maharajji's Nähe war, ein gutes Wort für ihn ein, und Maharajji sagte: „In Ordnung." Da gelang es dem Jäger, Maharajji zu finden.

Vor vielen Jahren wurde ein Baba auf dem alljährlich in Neeb Karori stattfindenden Mela zornig auf Maharajji und verfluchte ihn. Maharajji hatte ihn übertroffen, indem er einen unaufhörlichen Strom von Milch aus einem Lota fließen ließ. Der Fluch des Baba hatte zur Folge, daß das Dorf im folgenden Jahr von einem Wirbelsturm heimgesucht wurde, und auch in jedem Jahr danach gab es einen großen

Sturm. Aber die Dorfbewohner wußten, daß ihnen nichts zustoßen konnte, wenn sie Maharajji's Namen anriefen. Es heißt, daß Maharajji den Baba verflucht habe: „Gott wird dich strafen und deine Zunge in Stücke schneiden." Wenige Jahre später wurde dieser Baba in Farrukhabad mit zerschnittener Zunge tot aufgefunden.

In Neeb Karori kam eines Tages ein Mann zu Maharajji und klagte, daß er keinen Sohn habe. Er versprach, einen Tempel bauen und einen Brunnen graben zu lassen, und Maharajji versicherte ihm, daß Gottes Segen auf ihm ruhe. Nachdem ihm ein Sohn geboren war, kümmerte der Mann sich nicht um sein Versprechen. Maharajji bemerkte dazu: „Was habe ich mit dieser Sache zu tun?" Bald darauf brannte das Haus des Mannes bis zum Erdboden nieder, und all seine Habe und sein Geld wurden vernichtet.

Ein alter Mann aus einer Stadt, in der sich Maharajji einmal aufgehalten hatte, war erblindet. Man bat Maharajji um eine Heilung, und Maharajji sagte: „Samarth Guru Ram Das heilte die Blindheit seiner Mutter, aber solche Heiligen gibt es nicht mehr." Dann bat Maharajji um einen Granatapfel, ließ ihn auspressen und trank den Saft. Er bedeckte sein Gesicht mit einer Decke, aber man sah, daß dahinter Blut aus seinen Augen floß. Maharajji sagte zu dem Blinden, daß er, wenn Gott ihm sein Augenlicht wiedergäbe, seinen Beruf aufgeben und sein Leben spirituellen Zielen weihen solle. Kurz darauf war die Sehkraft des Mannes wiederhergestellt.

Der Arzt untersuchte seine Augen und sagte: „Das ist unmöglich! Wer hat das fertiggebracht?" Man erzählte ihm, daß es Maharajji gewesen sei, und der Arzt eilte zum Bahnhof, um ihn einzuholen. Maharajji hatte den Zug schon bestiegen, und der Arzt folgte ihm und machte Pranam. Maharajji wiederholte ständig: „Das ist der Arzt, der die Augen des Mannes geheilt hat. Er ist ein sehr guter Arzt, ein sehr guter Arzt." Doch nach drei oder vier Monaten konnte der alte Mann nicht länger widerstehen und nahm seine alte Arbeit wieder auf, und fast augenblicklich verlor er sein Sehvermögen wieder.

Eine große Anzahl von Westlern war in einem leeren Haus untergebracht worden, das einem der indischen Devotees gehörte. Wir füllten mit unseren Körpern jeden Quadratmeter aus. Jeden Tag machten wir uns auf den Weg zu Maharajji, der in Dada's Haus wohnte, blieben eine Weile und wurden überreichlich mit Nahrung, Süßigkeiten und sehr viel Tee versorgt. Dann aber empfing uns Maharajji nicht mehr. Wir kamen jeden Tag und erhielten zu essen, aber ohne Maharajji's Darshan hatte alles seinen Reiz verloren. Mir selbst machte das nicht so viel aus, wenn ich es auch liebte, bei ihm zu sein – aber da waren viele Westler, die gerade erst eingetrof-

fen waren, und einige von ihnen hatten Maharajji noch kein einziges Mal gesehen. Tag für Tag warteten sie und folgten uns von Haus zu Haus, aber ich konnte sehen, daß sie dieses Spiels bald müde werden und wieder abreisen würden. Es gab jedoch nichts, was ich tun konnte.

Eines Tages ließ mich Maharajji dann in sein Zimmer rufen und sagte: „Oberbefehlshaber Ram Dass, bring' morgen niemanden vor sechs Uhr abends hierher." Ich hatte also meinen Befehl, und als wir wieder in unserem Quartier waren, kündigte ich an, daß wir am nächsten Tag nicht vor sechs Uhr zu Maharajji gehen würden. Alle neuen Leute und die meisten der alten Devotees trafen dann auch laut Order pünktlich in Dada's Haus ein. Wir stellten fest, daß ein paar von den alten Devotees meine Anweisung ignoriert hatten und schon seit vier Uhr da waren. Man hatte sie bewirtet – aber was noch wichtiger war: Sie waren lange mit Maharajji zusammengewesen. Und wir, die wir pünktlich gekommen waren, erhielten zwar auch zu essen, durften aber nicht zu Maharajji.

Spät am Abend wurde ich wieder zu Maharajji gerufen. Diesmal schien er ärgerlich auf mich zu sein und sagte: „Ram Dass, ein paar Leute sind heute um vier gekommen. Ich will, daß morgen niemand vor sechs Uhr kommt." Wieder gab ich nach der Rückkehr in unser Quartier seinen Wunsch bekannt und sprach besonders nachdrücklich mit den Leuten, die nicht auf mich gehört hatten.

Am nächsten Tag war es noch schlimmer. Nicht nur die „Bösewichte" vom Vortag marschierten um vier Uhr los; die Meuterei hatte um sich gegriffen, und weitere alte Devotees schlossen sich ihnen an. Mit dem Rest der alten Devotees, die noch zu mir hielten, und den neuen Devotees, die noch der Meinung waren, meine Anweisungen befolgen zu müssen, fand ich mich um Sechs bei Dada ein. Und wieder standen wir der gleichen Situation gegenüber. Die Gruppe, die um Vier losgegangen war, hatte ein langes Darshan bei Maharajji gehabt, und wir gingen leer aus. Ich wurde ärgerlich.

Für den folgenden Tag gab es keine neue Weisung, und wir kamen alle zu früherer Stunde, saßen aber nur singend im Wohnraum, während sich Maharajji mit den indischen Devotees in der Küche aufhielt. Nach einer Weile kam die Nachricht, daß Maharajji die Frauen zu sich lassen wolle, und sie eilten alle hinaus, um sein Darshan zu empfangen. Nachdem wir eine Weile weitergesungen hatten, hieß es, daß die Hälfte der Männer zum Darshan kommen solle. Natürlich wollten alle gehen, aber die Bescheidenen und Rechtschaffenen sowie einige der neueren Leute blieben mit mir zurück, um lustlos weiterzusingen. Dabei lauschten wir neidisch dem Gelächter und der Unterhaltung im Nebenzimmer. Dann hörten wir, daß Maharajji an diesem Abend niemanden weiter empfangen wolle. Und ich geriet über diese Willkür in Zorn. Daß einige der neuen Devotees, die so geduldig gewartet hatten, kein Darshan empfangen sollten, erschien mir mehr als ungerecht, und ich suchte Dada auf, um meinen Unmut auszudrücken. Mein Ärger war unverhüllt, und Dada sagte: „Ich glaube, das sagst du Maharajji besser selbst."

„Das werde ich auch", sagte ich.

Dada ging in Maharajji's Zimmer, und kurz darauf wurde ich hineingerufen. Außer uns dreien war niemand da. Maharajji sah mich an und sagte: „Kya?"

Mir war natürlich klar, daß er wußte, was in mir vorging, und ich war nicht für Spiele aufgelegt, also sagte ich: „Maharajji, du kennst mein Herz."

Aber er wollte durchaus nicht auf meine Erklärung verzichten und wiederholte nur: „Kya?"

Ich sagte: „Maharajji, du bist nicht gerecht." Ich erzählte ihm von den neuen Devotees, die ihn nicht sehen durften. Als ich meine Erklärung beendet hatte, ließ ich mich vor ihm nieder und wartete. Ich wartete auf seine Erklärung, von der ich glaubte, daß er sie mir schuldig war. Er hatte ja schließlich die Regeln meines „Leitfadens für Guru's" verletzt!

Er sah mich fragend an und warf Dada einen verwunderten Blick zu. Dann beugte er sich vor, zog an meinem Bart und sagte: „Ah, Ram Dass ist zornig." Das war alles. Und dann sah er mir tief in die Augen, und unsere Blicke begegneten sich eine Zeitlang.

In diesen Momenten erkannte ich klar meine mißliche Lage. Maharajji hatte nicht „vernünftig" oder wenigstens „gerecht" gehandelt, und er entschuldigte sich auch nicht dafür. Ich hatte die Wahl. Ich konnte aufstehen, das Zimmer verlassen und von ihm fortgehen. Meine Rechtschaffenheit hätte ich dann nicht verloren – aber meinen Guru. Oder ich übergab mich seiner Unvernunft und Unbilligkeit und gestand mir ein, daß er der Wissende war und nicht ich. Ich beugte mich nieder, berührte seine Füße mit meiner Stirn und ergab mich von neuem. (R.D.)

VISA KARMA

BEI DEN WESTLERN drehte sich das „Spiel" mit Maharajji häufig um das Problem der Visa und Aufenthaltsbewilligungen. Als Gäste in einem Land, das bereits die Bürde von Millionen hungernden Menschen zu tragen hat, waren wir als unbemittelte, spirituelle Sucher nicht gerade die begehrenswertesten Touristen. So brachten wir alle drei Monate beträchtliche Zeit in entlegenen Dörfern und Städten zu, um freundliche Beamte der Einwanderungsbehörde aufzuspüren, die unsere Visa zu verlängern bereit waren.

Maharajji war ein Hort letzter Zuflucht; er schickte uns, wenn es hart auf hart kam, möglicherweise zu irgendeinem Devotee, vielleicht einem Polizeichef in irgendeiner Stadt oder einem Staatsminister in Delhi, und mysteriöserweise lag dann umgehend die Verlängerung des Visums vor . . . . für gewöhnlich jedenfalls. Doch manchmal schickte Maharajji einen Devotee hierhin und dorthin, und nichts schien zu klappen. So schien Maharajji nicht das geringste ausrichten zu können, wenn die Visa-Behörde eisernen Widerstand leistete. Dann wurde der Devotee auf ein Schiff nach Amerika verfrachtet oder er wich nach Nepal aus, um zu einem späteren Zeitpunkt nach Indien zurückzukehren.

Der Visa-Tanz schien die Zweifel und die Verwirrung über das Kräfteverhältnis zwischen weltlichen und spirituellen Königen noch zu vergrößern. Die meisten von uns aber sahen darin nur wieder Maharajji's Spiel mit unserer Verhaftung, nur wieder eine Situation, in der wir lernen mußten, uns zu ergeben.

Als ich ihn fragte, was ich tun solle, um ein Visum zu erhalten, sagte er zuerst, ich solle nach Kanpur gehen. Dann sagte er: „Nein, geh' nicht nach Kanpur. Geh nach Mathura. Nein, geh nach Lucknow." Innerhalb von zwei Minuten hatte er drei verschiedene Orte genannt. Dann sagte er: „Es spielt keine Rolle, wo du hingehst, denn sie werden dich sowieso ausweisen" – und das war dann natürlich auch der Fall.

Ich hatte einmal ein Problem mit meinem Visum und setzte Maharajji damit zu. Er war im „Büro", und Dada und ich sprachen durch das Fenster mit ihm. Ich fragte immer wieder: „Wo soll ich mich hinwenden? Es ist schon abgelaufen. Wohin soll ich gehen? Was soll ich tun?" Maharajji wollte nichts sagen und stützte, während ich ihn bedrängte, nur den Kopf in die Hände. Dada konnte sehen, was vor sich ging, und flüsterte mir zu: „Hör' jetzt auf. Geh' hier weg, sonst schickt er dich vielleicht nach Amerika zurück. Geh' vom Fenster weg."
Später erledigte sich natürlich alles – ganz wie in den Wunder-Geschichten, wo man am letzten Gültigkeitstag des Visums gerade noch den Zug erwischt, um im Visa-Büro zu erfahren, daß es unmöglich verlängert werden kann, und wo man in Tränen ausbricht und der Beamte sagt: „Aber eine Möglichkeit gibt es noch." Zwei Jahre blieb ich in Indien. „Warte beim Handeln den richtigen Zeitpunkt ab", sagt das Tao Te King.

Als ich zu Maharajji kam, hatte ich meine Aufenthaltserlaubnis schon um drei Monate überschritten. Aber die Dinge waren einfach im Fluß. Ich hatte überhaupt keine Probleme mit der Visa-Behörde.

Es war wieder an der Zeit, die Betriebserlaubnis für den VW-Bus um weitere sechs Monate verlängern zu lassen. Die erste Halbjahres-Genehmigung, die ich im vergangenen Frühling eingeholt hatte, hatte mich anderthalb Wochen Kampf und Hunderte von Dollar gekostet. Nun hatte der VW genug, und ich ebenfalls, und ich wollte ihn einfach der indischen Regierung schenken. Aber davon wollte Maharajji nichts hören. Er stieß mich mit der Nase in meine materiellen Verhaftungen, indem er darauf bestand, die Zulassung verlängern zu lassen. So fand ich mich in einer neuen Schlacht mit der Finanzbehörde wieder, um ein Auto behalten zu können, das ich überhaupt nicht haben wollte. Und meine Erklärungen, ich würde auf Geheiß mei-

nes Gurus handeln, entlockte meinen Zuhörern kaum mehr als ein mildes Lächeln. Die Zulassungsverlängerung, die man normalerweise in wenigen Tagen erhalten konnte, zog sich fast über drei Wochen hin. Nicht weniger als dreiundzwanzig Unterschriften waren dafür nötig, und als letzter mußte der Finanzminister selbst unterschreiben. Es war also die persönliche Unterschrift eines Mitglieds aus dem Kabinett des Premierministers erforderlich, um einen zerbeulten 64'er VW-Bus weitere sechs Monate fahren zu dürfen. Dazu kamen natürlich noch die Gebühren, die allein schon den Wert des Wagens aufwogen.

Während der ersten paar Tage versuchte ich mit den Mitteln der kühlen Überlegung, der Entschlossenheit und des „gerechten Zorns", das System zum Ausspukken der Zulassungsverlängerung zu bewegen. Aber es funktionierte nicht. Nachdem ich es aufgegeben hatte und mit einem wütenden „Behandelt man so die Gäste in Ihrem Land?" aus einem Büro gestürmt war, ging ich zurück ins Hotel und erkannte, daß ich mir durch meine Aufgebrachtheit einen Minuspunkt eingehandelt hatte, denn an diesem Büro führte kein Weg vorbei. So mußte ich am nächsten Tag wieder hingehen und mich entschuldigen.

Und so schleppte es sich dahin. Einmal war die für die Unterschrift notwendige Person tagelang auf einer Verwandten-Hochzeit, ein anderes Mal war das Antragsformular verlegt worden, oder ich mußte zwei voneinander unabhängige Gutachten über den Wert des Wagens beschaffen . . . Das tägliche Aufsuchen der Amtsstuben war unvermeidlich, andernfalls hätte sich das Antragsformular in den Eingeweiden dieses riesigen bürokratischen Ungeheuers verloren, die ohnehin schon völlig verstopft waren mit Akten und Papieren, die sich vom Boden bis zur Decke drohend aufstapelten. Es gab kein Entrinnen aus Delhi.

Welch eine Lektion in Sachen Besitztümer! Wie nützlich das Auto auch sein mochte, es war gewiß all dies . . . „car-ma (car = Auto)" nicht wert. Fast konnte ich hören, wie Maharajji über meinen zusammengefallenen „Turm aus Bauklötzen" lachte.

Aus all dem erwuchs jedoch unerwartet eine interessante Lehre. Während wir auf die Zulassung für den Wagen warteten, wohnten wir in einem reizenden, verfallenen, zumeist von Hippies bewohnten Hotel. Anfangs lebten wir aus unseren Rucksäcken heraus, da wir täglich damit rechneten, Delhi wieder verlassen und an einen „heiligen Ort" zurückkehren zu können. Aber als über dieser ärgerlichen Geschichte ein Tag nach dem anderen verstrich, begannen wir uns häuslich einzurichten. Mehr und mehr Westler, die in Delhi Zwischenstation machten, fanden den Weg in unser Zimmer, bis sich jeden Tag ein Satsang von dreißig und mehr Leuten versammelte, in dem gechantet, meditiert und über den Geist gesprochen wurde. Die Leute brachten indische Bettdecken zum Behängen der Wände, Bilder und Früchte mit. Die Frau des Hotelbesitzers bereitete sogar Ghee für unsere Puja-Lampen zu. Schließlich waren wir so sehr in den Geist enthoben, daß es gar nicht von Belang war, ob wir Delhi wieder verließen oder nicht. Und an diesem Punkt wurde die Akte über meinen Visa-Antrag geschlossen, die Zulassung für den Wagen lag auf dem Tisch, und es stand uns frei, nach Vrindaban aufzubrechen. (R.D.)

Pyari Lal Sah

Sadhana

MAHARAJJI BEGANN seine spirituelle Arbeit schon in sehr jungen Jahren. Er erzählte einem Devotee, daß er im Alter von sieben oder acht Jahren die Schule schwänzte, um in den Dschungel zu gehen und Tapasya zu verrichten. Bruchstückhafte Informationen deuten darauf hin, daß er in einer Familie geboren wurde, die Land besaß und in einem Steinhaus lebte, daß er aber die häusliche Geborgenheit sehr bald verließ, um als Sadhu umherzuwandern.

In diesen Jahren trug er auf seinen Wanderungen nichts weiter als eine Dhoti, und als Eßnapf und Wassergefäß diente ihm der Boden eines zerbrochenen Tonkruges, den er wie eine Kappe auf seinem Kopf trug. Man nannte ihn zu jener Zeit den „Handi Walla Baba (den Baba mit dem zerbrochenen Tonkrug)".

Eine bestimmte Zeitspanne verlebte er in der Nähe von Aligarh und Manpuri, wo er spirituelle Praktiken ausführte, bei denen er zeitweise in einem Wasserbecken saß. Die Einheimischen kannten ihn jetzt als den „Tikonia Walla Baba („Tikonia" ist ein dreieckig geformtes Wasserbecken). Vermutlich hielt er sich damals zuweilen schon in der Stadt Neeb Karori auf (durch die er später den Namen erhielt, unter dem wir ihn kannten). Dort lebte er für einige Zeit in verschiedenen unterirdischen Höhlen, die er in der heißen Jahreszeit manchmal verließ, um inmitten eines Kreises aus Feuern in der heißen Sonne zu sitzen.

Erst in den 30er Jahren erschien er regelmäßig in den Dörfern der Ausläufer des Himalaya und des nördlichen Flachlandes. Anfänglich spielte er nur mit den Kindern und verschwand dann wieder in den Wäldern. Später ließ er es zu, daß ihn die indischen Familienväter mit in ihre Häuser nahmen und ihm zu essen gaben. Sie erkannten rasch eine außergewöhnliche Persönlichkeit in ihm und schlossen sich ihm um seiner geistigen Fähigkeiten und heilenden Kräfte willen an.

Oft sah man ihn Tempel aufsuchen, die der Gottheit Hanuman geweiht waren; später erbauten seine Devotees viele solcher Tempel auf seine Anregung hin. Er schien sich auf einer ununterbrochenen religiösen Pilgerreise zu befinden und bewegte auch andere dazu, die über Indien verstreuten Heiligtümer zu besuchen. Seine besonders enge Beziehung zu Ram und Hanuman spiegelte sich darin wider, daß er ihre Namen unablässig wiederholte und Geschichten von ihnen erzählte oder sich vorlesen ließ. Doch ungeachtet seiner Vorliebe für Ram und Hanuman ehrte er alle Aspekte Gottes und erkannte den wahren Geist in allen Formen der Anbetung wieder.

Zweifellos hatte er im Verlauf seines eigenen Sadhanas harte Entbehrungen auf sich genommen. Dennoch sagte er später, daß solche Praktiken nicht notwendig seien. Er ehrte diejenigen, die sich solchen Praktiken unterzogen, hielt seine Devotees jedoch meistenteils dazu an, die Menschen zu ernähren und ihnen zu dienen, dharmisch zu leben – und vor allem Gott zu lieben und an ihn zu denken.

MAHARAJJI'S VORSCHRIFTEN für den Sadhana waren jeweils auf den einzelnen Devotee zugeschnitten, an den sie gerichtet waren.

Ich fragte Brahmachari Baba einmal, ob Maharajji ihn Tapasya gelehrt habe, und nannte ihm Beispiele der Tapasya, wie sie Maharajji selbst ausgeführt haben soll, wie z.B. bis zum Hals in einem See oder in der sommerlichen Mittagshitze zwischen vier Feuern zu sitzen. Brahmachari Baba sagte sofort: „Nein. Er lehrte mich nur normale Dinge wie verschiedene Yoga-Asanas (Körperstellungen), Meditationen und Pranayam-Techniken." Als ich weiterfragte, fuhr er fort: „Maharajji sagte, ich solle maun *sein (schweigen). Ich schwieg drei Jahre lang. . . danach ließ mich Maharajji die Tapasya des Stehens üben – das bedeutet, daß ich nie sitzen oder liegen, sondern immer nur auf meinen Füßen stehen durfte. Auch dies machte ich drei Jahre lang. Ich verrichtete diese Tapasya in Bhumiadhar, bevor dort die Tempelanlage gebaut wurde. Ich hatte so eine komische Spezialvorrichtung, die meinen Körper beim Schlafen stützte. Wenn ich schlief, schwollen meine Beine dick an. Maharajji sagte auch, ich solle* phalahari *sein (kein Getreide essen, sondern nur Früchte und Gemüse). Dies machte ich ungefähr acht Jahre lang."*

Bevor ich Maharajji traf, war ich jahrelang auf der Suche, ging hierhin und dorthin und studierte dieses und jenes. Ich begann, nach strengen Yoga-Regeln zu leben – Brahmacharya, Aufstehen um 3 Uhr, kalte Bäder, Asanas und Dhyana. Als ich Maharajji traf, hatte ich gerade das Tee- und Kaffeetrinken aufgegeben. Allen wurde Tee angeboten, und ich wußte nicht, was ich tun sollte. Ich sagte nichts, nahm aber auch keine Tasse Tee an, und Maharajji lehnte sich zu mir herüber und sagte: „Willst du keinen Tee? Nimm dir Tee! Du solltest den Tee trinken. Er tut dir gut bei diesem Wetter! Nimm dir Tee!" So trank ich den Tee. Und mit dieser einen Tasse Tee waren alle strengen Regeln und Disziplinen wie weggespült! Sie erschienen bedeutungslos und überflüssig – als läge die wirkliche Arbeit jenseits dieser Dinge. Jetzt tue ich das, was sich von selbst ergibt.

Als ihn ein paar Devotees nach dem Hatha Yoga (eine physische Methode, um die Vereinigung mit Gott zu erreichen) fragten, sagte Maharajji zu ihnen: „Hatha Yoga ist gut, wenn du strikt brahmacharya bist. Andernfalls ist er gefährlich. Es ist der schwierigere Weg, um die Kundalini zu erwecken. Du kannst Kundalini durch Hingabe und durch das Ernähren anderer Menschen erwecken. Kundalini manifestiert sich nicht unbedingt in äußeren Symptomen, sie kann im Stillen erweckt werden." Zu einem anderen Devotee sagte er: „Wenn du auf dem Kopf stehen willst, dann iß Butter. Wenn du unreine Nahrung zu dir nimmst, mach' den Kopfstand nicht. Unreine Nahrung geht in den Geist und beeinflußt ihn."

Einige Westler, die von Rishikesh nach Kainchi gekommen waren, praktizierten die Lebensweise des Hatha Yoga mit aller Gründlichkeit – sie verschlangen Dhotis, zogen Schnüre durch die Nase und so weiter. Maharajji forderte sie auf, nicht so fanatisch zu sein, und sagte: „Ich habe das alles auch gemacht. Es ist nicht der Weg."

YOGA IST NICHTS. DU KANNST SO VIEL OHNE IHN ERREICHEN.

Maharajji sagte immer, daß Gleichmut in jeder Lebenslage dich auf den höheren Pfad führen wird. Er sprach von den Menschenessern, die dem linkshändigen Pfad folgen und das Menschenfleisch der Leichen von den Feuern der Ghats essen, und sagte, daß man sie nicht verdorben nennen könne, wenn sie sich wirklich auf Gott konzentrierten. Es möge physische Verdorbenheit geben, das Ausschlaggebende sei aber der geistige Zustand.

HATHA YOGA FUNKTIONIERT NICHT, WENN VERLANGEN BESTEHEN. NIEMAND KENNT HATHA YOGA HEUTE WIRKLICH. ER KANN MIT BÜCHERN NICHT FUNKTIONIEREN. FRÜHER FASTETE MAN DABEI UND GEBRAUCHTE KRÄUTER.

Eine westliche Devotee meinte, daß sie sanyas *(Entsagung) üben wolle, und Maharajji wies sie an, sich alles dafür Nötige zu beschaffen. Sie kaufte ein Gewand, ließ es orange färben, erwarb eine Mala, Sandelholz-Paste und einen Stein. Als sie vollständig ausgestattet war und sich emotional vorbereitet hatte, erwähnte Maharajji die Zeremonie mit keiner Silbe mehr.*

Ein Devotee, der vor Maharajji saß und in der Gita las, hielt im Lesen inne und bat Maharajji ihm zu sagen, welches die schnellste Methode sei, um Gott sehen zu können. Maharajji lachte und fragte den Mann, ob er schwimmen könne, und der Devotee bejahte. Maharajji fuhr fort, daß er in diesem Falle schwere Steine an seinen Armen und Beinen festbinden und dann in tiefes Wasser springen solle. „Dann wirst du Gott auf der Stelle sehen." Maharajji lachte. Dann wurde er ernst und fügte hinzu: „Arjuna sah Gott nie in dieser Weise. Ich habe Gott nie gesehen. Man kann ihn mit diesen beiden Augen nicht sehen. Erst nach vielen Jahren der Übung und harten Arbeit kannst du hoffen, ihn zu sehen."

WENN EIN MENSCH DEN PUNKT ERREICHT HAT, WO ER SECHS MONATE LANG IN MEDITATION SITZEN KANN, BRAUCHT ER KEINE NAHRUNG, KEINE LATRINE UND KEINEN SCHLAF. EIN EINZIGER TROPFEN AMRIT (NEKTAR), DER VOM SCHEITEL DES KOPFES IN DEN KÖRPER FLIESST, HÄLT IHN AM LEBEN. WENN DIESER KÖRPER VON EINEM TIGER GERISSEN WIRD, MACHT ES NICHTS AUS, ABER WENN DAS LEBEN ZUM KÖRPER ZURÜCKKEHRT, ENTSTEHEN SCHMERZEN.

Wir Westler gingen während des Tages unserem üblichen Zeitvertreib nach – Essen, Schlafen, Teetrinken, Schwatzen und Umherstreifen. Oft zählte Maharajji diese Beschäftigungen zum Spaß auf und meinte, das sei alles, wozu die westlichen Devotees taugen würden. Aber wir meditierten auch, studierten, sangen Kirtan und wuschen unsere Kleidung.

OBWOHL DIE MEISTEN von uns die Beziehung zu Maharajji als ihrem Guru als ihre primäre spirituelle Methode betrachteten, ließ Maharajji dies nur selten gelten. Er streute unaufhörlich Sand in unsere Augen.

Maharajji erzählte mir ständig, daß andere Leute meine Gurus seien. Anfangs nahm ich ihn ernst. Aber später sagte ich nur noch: „Maharajji, sie mögen upa-gurus *(Lehrer auf dem Weg) sein, aber mein* Sat Guru *(endgültiger Guru) bist du. Du bist mein Guru, ob es dir nun gefällt oder nicht." Er lachte nur. (R.D.)*

„Wie weiß ich, ob eine Person mein Guru ist?" fragte ein Devotee Maharajji. „Glaubst du, daß er (der Guru) dich in jeder Hinsicht spirituell erfüllen kann? Glaubst du, daß er dich von allen Wünschen, Verhaftungen und so weiter befreien kann? Glaubst du, daß er dich zur endgültigen Befreiung führen kann?"

AUF DIE FRAGE, wie er Maharajji kennengelernt habe, lächelte ein Devotee vergnügt und gab folgende Antwort:

Auf einem Mela traf ich einmal einen Mann aus Bengalen, der jedesmal, wenn er im Ganges badete, die Vision eines Baba's hatte, und der auf dem Mela nach diesem Baba suchte. „Er ist mein Guru", erzählte er mir. Er beschrieb mir den Baba, und ich zeigte ihm ein Bild von Maharajji. Der Bengali sagte: „Das ist er." Einige Zeit später, als Maharajji in der Stadt war, wurde ein Treffen zwischen den beiden arrangiert. Der Mann aus Bengalen kam zu Maharajji und fragte ihn, wann Maharajji und ich uns begegnet wären. Zuerst antwortete Maharajji ihm nicht. Endlich, nachdem der Mann seine Frage mehrmals wiederholt hatte, sagte Maharajji: „Wir sind schon seit unzähligen Leben zusammen." Später fragte mich Maharajji: „Habe ich das Richtige gesagt? Stimmt das etwa nicht?"

ES IST NICHT NOTWENDIG, DASS DU DEINEM GURU AUF DER PHYSISCHEN EBENE BEGEGNEST. DER GURU IST NICHT ETWAS ÄUSSERES.

*EIN GURU KANN ALLES MÖGLICHE SEIN.
ER KANN AUCH EIN WAHNSINNIGER ODER
IRGENDEIN GEWÖHNLICHER MENSCH SEIN.
WENN DU IHN EINMAL ALS GURU AKZEPTIERT HAST, IST ER DER HERR DER HERREN.*

Das erste Mal traf ich Maharajji, als einer seiner Schüler ihn zu uns brachte. Ich bat Maharajji um seinen Segen, da ich krank war, und ich sagte: „Ich werde dich zu meinem Guru machen!"

Maharajji erwiderte: „Aber ich bin nicht dein Guru. Du wirst durch Gottes Gnade gesund werden. Dein Meister ist ein anderer."

Am nächsten Tag fragte ich Maharajji, wer mein Guru sei, und fügte hinzu, daß ich mich davor fürchtete, ihm zu begegnen. Ich sagte zu ihm: „Wenn du mich gesund machen kannst, mußt du mein Meister sein."

Maharajji sagte: „Nein. Ich werde dich gesund machen. Bete nur zu Gott. Dein Meister ist ein anderer – Swami Sivananda." Ich ging nach Rishikesh und traf Sivananda. Ich erzählte ihm, was Maharajji gesagt hatte, und Sivananda nahm mich als Schüler an.

Es gab einen großen Mahatma, der dreißig Jahre lang in der Löwen-Position (auf den Knien, den Körper zurückgebogen, die Zunge herausgestreckt und den Blick der Augen gekreuzt) in einer Höhle gesessen hatte. Als ich ihn besuchte, erzählte ich ihm, daß Maharajji mein Guru sei. Er sagte, daß Maharajji ein großer Mahatma wäre, machte mir aber klar, daß Maharajji niemals Schüler annehme. Als ich Maharajji fragte, ob ein gewisser Sadhu sein Schüler sei, sagte Maharajji: „Wovon sprichst du? Das ist eine persönliche Angelegenheit. Es ist die eigene Sehnsucht, die dazu führt, daß man ein Siddha Mahatma wird."

Obwohl er nicht zugeben wollte, daß er unser Guru war, sagte er hin und wieder etwas, wodurch dies ziemlich offenkundig wurde. Einmal sagte er zu mir: „Verweile im ajna chakra *(Punkt zwischen den Augenbrauen) und denke nur an mich. (R.D.)*

MAHARAJJI SCHICKTE uns immer wieder auf bestimmte Pilgerschaften. Wir hatten oft den Eindruck, als schicke er uns einfach nur „weg", doch vielleicht war mehr damit verbunden. Im Leben der Amerikaner haben Pilgerfahrten zu heiligen Orten nie eine sehr große Rolle gespielt. Ein paar Christen und Juden haben Jerusalem besucht, und einige Anhänger des Islam haben Pilgerreisen nach Mekka unternommen. Viele von uns haben spirituelle Nahrung aus dem Besuch von Stätten wie dem Lincoln-Denkmal oder aus Reisen in die Berge und an den Ozean geschöpft, wenn wir diese Orte auch nicht als „heilige Orte" bezeichnen. In Indien haben Pilgerfahrten zu heiligen Tempeln und Stätten großer spiritueller Kraft immer eine bedeutende Rolle im kulturellen Leben gespielt. Für Menschen, die Familie haben und einer Arbeit nachgehen und deshalb nicht in spiritueller Zurückgezogenheit leben können, sind mildtätige Handlungen und Pilgerreisen die gebräuchlichste Form spiritueller Praxis. Und Maharajji regte solche Pilgerreisen durch sein Beispiel und durch seine Weisungen sehr an.

Als Maharajji mit Dada über das Mela-Gelände wanderte, sagte er: „Seit Jahrtausenden sind Heilige an diesen Ort gekommen. Faß' in den Staub, Dada, und berühre dein Haupt."

Wir waren mit Maharajji nach Chitrakut unterwegs. Als wir die Grenzen dieser heiligen Stadt erreichten, setzte sich Maharajji nieder, blickte sich um und sagte: „Dies ist der Ort, wo Ram und Sita gewandelt sind." Als er dann über die ausgedörrte Erde schritt, bohrte sich ein Dorn in seinen Fuß. Maharajji bückte sich, zog den Dorn heraus und sagte: „Wieviele Dornen müssen es gewesen sein, die sich in die Füße des Herrn gebohrt haben." Er sagte dies auf so gefühlvolle Weise, daß sich unsere Augen mit Tränen füllten. Es war nichts großartiges dabei, aber der Moment war so erfüllt, daß alle sehr tief bewegt waren. Später, als wir unsere Sinne wiedergefunden hatten, lachten wir über unsere Tränen und konnten überhaupt nicht mehr verstehen, was sie herbeigeführt hatte.

Maharajji sagte einmal zu einem Devotee, er solle daran denken, sich an heiligen Stätten seiner Schuhe zu entledigen, da sich so die Schwingungen eines Ortes durch die Füße nach oben übertragen könnten.

Bevor ich Maharajji begegnete, hatte ich eine Pilgerschaft zur Amarnath-Höhle in Kaschmir unternommen. In dieser Höhle befindet sich ein aus Eis gebildeter lingam *(phallisches Symbol Shiva's), dessen Größe sich entsprechend der Mondzyklen ändert. Die Höhle soll aus einem früheren* yuga *(Zeitalter) stammen und Hunderttausende von Jahren alt sein. Shiva und Parvati (seine Gemahlin) haben in ihr geweilt. Wir kamen an einem verregneten Tag dorthin, und ich hatte mich auf einer zweitägigen Kletterei zu Pferde so wundgeritten, daß ich in der Höhle überhaupt nichts empfinden konnte. Sehr viel später, als ich mit Maharajji über Pilgerfahrten sprach, sagte er zu mir:*

„Du warst in der Höhle von Amarnath?"
„Ja, Maharajji."
„Aber du hast ihre Bedeutung nicht verstanden."
„Nein, Maharajji."
„Du wirst sie verstehen." (R.D.)

Maharajji hielt sich mit den Ma's sowie einigen Devotees und Dienern elf Tage lang in der Herberge von Amarkantak auf. Jeden Morgen nach dem Frühstück machte man sich auf den Weg zu den verschiedenen heiligen Stätten der Umgebung – dem Tempel, den Orten Kapildhara, Dhud-dhara, Sonmuda und so weiter. Oft wanderten alle durch den Dschungel, und Maharajji führte sie zu einem alten Sadhu, der allein in einer Höhle lebte. Der Sadhu hatte einen weißen Bart, langes jetta (verfilztes Haar) und sehr lange Fingernägel. Er bereitete Rotis zu, fütterte Maharajji eigenhändig damit und gab ihm die frische Milch seiner Kuh zu trinken. Alle mußten auf Maharajji's Geheiß ein Bad im geweihten Wasserbecken von Narmada Mata nehmen. Er legte seine Kleidung ab, tauchte an der Hand eines Devotees dreimal im Wasser unter und rief, als er wieder auftauchte: „Es ist sehr kalt, sehr kalt!" Dann warf er sich gleich wieder seine Decke über.

MAHARAJJI GEBRAUCHTE Namen, um das tiefere Selbst in uns erwachen zu lassen. Wir waren nun nicht mehr länger Joan, Jeff, Danny und Barbara – wir waren das ganze hinduistische Pantheon.

Die Namensverleihung bei den westlichen Devotees spiegelte Maharajji's unterschiedliche Lila mit Männern und Frauen wieder. Während viele Männer aus dem Westen den Namen Das *(Diener) – wie Ram Dass, Krishna Das, Balaram Das – erhielten, wurde unseres Wissens keine einzige Frau* Dasi *genannt, was die weibliche Entsprechung ist. Nichts, was Maharajji tat, war ohne Bedeutung – wenn die Subtilität jener Unterscheidung auch schwer zu deuten ist.*

Die Frauen wurden ebenso häufig wie die Männer dazu angehalten, Werke des Dienens zu verrichten. Oft nannte Maharajji eine Frau einfach „Ma", ungeachtet des ihr verliehenen Namens. Wie alt wir auch waren und welchen Familienstand wir auch hatten, wir wurden alle zu Müttern – eine Rolle, die immer liebevolles Dienen umfaßt hat.

Doch vielleicht war es nicht dieser Aspekt, den er am meisten hervorheben wollte; vielleicht war es für uns am notwendigsten, uns selbst als Gottheiten zu sehen, als die Shakti, deren Dienst zuallererst ihrem Herrn gewidmet ist – nämlich Gott.

Ich befand mich gerade in einer Phase der Verwirrung, als ich eines Tages darüber klagte, daß Maharajji mich nicht beachtete und mir einfach keinen Namen gab.

Balaram war sehr aufgeregt und sagte: „Oh, frage ihn doch, frage ihn danach. Eine Menge Leute fragen ihn. Ich werde ihn für dich fragen. Das ist ein guter Grund, um zu ihm zu gehen, und ein guter Grund, um mit Maharajji zu sprechen." Obwohl ich eigentlich lieber warten wollte, bis er mir von selbst einen Namen gab, bat ich Balaram, einmal bei Maharajji vorzufühlen.

Gleich beim nächsten Darshan sagte Maharajji: „Sie will einen Namen." Ich war so verlegen, daß ich überhaupt keinen Namen mehr wollte – ich wollte nur weglaufen und mich verstecken. Dann gab mir Maharajji einen Namen, indem er sagte: „Rukmini!" Er sagte es sehr schroff, und ich nahm es ziemlich unbewegt auf. Da stimmte einfach etwas nicht. Ich spürte, daß er mir den Namen nicht von sich aus gegeben hatte, sondern daß er dazu gedrängt worden war. Ich war sehr verstört.

Ich sprach mit niemandem darüber und war für einige Tage sehr unglücklich. Maharajji spürte natürlich meine Verwirrung, rief mich in seinen Raum, sah mich an und sagte mit sehr sanfter Stimme: „Mira, Mira." Ich wäre am liebsten zerschmolzen. Der Name klang in mir wie eine Musik wider.

राम

Als er mir meinen Namen gab, empfand ich ihn wie eine Art Stachel. Es war an einem Tag, an dem ich voller Selbstmitleid war und mich im Satsang fehl am Platz fühlte. Er gab mir den Namen „Priya Das", geliebter Diener. Ich hatte immer das Gefühl, daß er zum großen Teil eine Antwort auf meinen damaligen geistigen Zustand war.

राम

Eines Tages schrieb Hari Dass auf seine Schiefertafel, daß Maharajji mir den Namen Ram Dass gegeben hätte. Ich fragte, ob das etwas Gutes sei. Er bejahte – es sei ein Name für Hanuman und bedeute „Diener Gottes". Seither habe ich stets gespürt, wie sehr dieser Name mich an meinen Weg erinnert – wie ich langsam in diesen Namen hineinwachse. (R.D.)

राम

Ich stand allein bei Hanuman, als Maharajji um die Ecke des Tempels kam. Er lehnte sich neben mir an das Geländer, sah mich an und sagte: „General Mahavir Singh", worauf er wieder verschwand. Ich war wie betäubt.

Wenige Tage später waren wir alle draußen auf der Straße, wo es heiß und staubig war. Er kam dazu und setzte sich auf die Erde. Also ließen wir uns ebenfalls nieder und machten unsere schöne saubere Kleidung ganz schmutzig, was einige von uns mit großer Besorgnis registrierten. Und mitten in der Unterhaltung drehte er sich um, sah mich an und fragte: „Wie heißt du?" „General Mahavir Singh", antwortete ich ziemlich einfältig. Er betrachtete mich, lehnte den Kopf zurück und lächelte. Dann sagte er: „Nahin! Ab se, Krishna (Nein! Von jetzt an Krishna)." Und nach einer kurzen Pause fügte er hinzu: „Krishna Das."

FÜR MAHARAJJI war es der königliche Weg, an Gott zu denken und Gottes Namen zu wiederholen. Gott war stets nicht weiter als einen Atemzug entfernt und zeigte sich wieder und wieder auf Maharajji's Lippen.

DER BESTE DIENST, DEN DU ERWEISEN KANNST,
IST, DEINE GEDANKEN AUF GOTT ZU RICHTEN.
VERGISS GOTT IN KEINER EINZIGEN MINUTE.

ES IST ALLES GOTTES WILLE, ABER MAYA
HINDERT DICH DARAN ZU WISSEN, DASS ES
ALLES GOTTES WILLE IST. ER GAB UNS AUGEN,
OHREN, NASE UND MUND. ABER ER GAB UNS
AUCH DIE WEISHEIT, SIE ZU GEBRAUCHEN, UM
ZU GOTT ZU GELANGEN.

SCHLIESSE GOTT IN DEINEM HERZEN EIN
WIE GELD IN EINEM TRESOR.

WER GOTT KENNT, KENNT ALLES.

RAM RAM RAM RAM RAM RAM RAM RAM RAM RAM RAM RAM

Ein Devotee fragte Maharajji, welches Mantra er benutzen solle. „Der Verstand vermag sich nicht zu konzentrieren. Benutze irgendein Mantra – benutze es, benutze es", wiederholte Maharajji.

Maharajji lehrte mich, wie einfach und machtvoll ein Mantra ist, indem er mich in eine Situation versetzte und mich dann mit dem Namen Gottes wieder aus ihr befreite. Um mir diese Lehre einzuprägen, wiederholte er sie dreimal. Eines Morgens zum Beispiel, als ich vor ihm saß und seine Füße massierte, stürzte ich plötzlich in eine tiefe Depression und Gewissensangst. Es kam so unerwartet, daß ich wie gelähmt war und weder nach ihrer Ursache fragte noch den Versuch machte, sie zu transzendieren. Dann hörte ich in meinem Innern eine Stimme, die leise den Namen Gottes wiederholte, als sei es die Stimme eines anderen. In meiner Verzweiflung stieg ich darauf ein, und überraschenderweise löste sich die Depression auf. Alles war wie vorher. Ich saß still da und massierte seine Füße.

Dann wurde ich noch einmal in einen Zustand seelischer Qual geworfen, der mich abermals völlig überwältigte. Als dann wieder die Stimme im Innern anfing, Gottes Namen zu wiederholen, stimmte ich mit ein, und die Depression verflüchtigte sich. Ich wollte schon innerlich über dieses seltsame Ereignis lachen, als ich mich schon wieder in höchster Not befand. Doch diesmal griff ich sofort nach dem Mantra. Ich identifizierte mich nicht mehr mit dem Geisteszustand, denn er war wie eine vorüberziehende Wolke. Während ich das Mantra wie vor meinem inneren Ohr wiederholte, blickte ich auf zu Maharajji. Er lächelte und zwinkerte mir zu. Dieselbe stumme Lehrmethode wandte Maharajji an, um mir zu zeigen, wie man sich nicht mit sexuellen Gedanken identifiziert.

राम

Ungefähr um zehn Uhr Vormittags kam ein Mann zu mir nach Hause und sagte, daß Maharajji am Ganges sei und mich sehen wolle. Ich machte mich zusammen mit einem Jungen sofort auf, um ihn ausfindig zu machen. Am Ganges berichteten einige Devotees, daß Maharajji einen Spaziergang zum Sangam gemacht habe und schon zwei Stunden fort sei – zu lange für die kurze Strecke. Sie waren der Meinung, er müsse zu meinem Haus zurückgekehrt sein. Ich sagte: „Nein. Er ließ mich herrufen. Er muß hier sein." Etwas später bettelte der Junge, daß wir nicht länger warten und zurückgehen sollten, aber ich wollte davon nichts wissen. Als mir der Junge schließlich keine Ruhe mehr ließ, sah ich mich in einer Zwickmühle, denn ich konnte nun nicht mehr weitersuchen und auch nicht umkehren. Der Junge wollte zurück, und Maharajji erwartete mich irgendwo. Hilflos stand ich da.

Da rief der Junge aus: „Dort ist er!" Und da saß Maharajji nicht weit vom Ufer mit zwei Männern in einem Boot. Das Boot legte an, und Maharajji stieg aus und fragte mich, was alles passiert sei. Dann gingen wir zu den anderen Devotees. Maharajji schickte sie alle weg. Abermals wollte er die Geschichte in allen Einzelheiten von mir hören – wie die Nachricht bei mir eintraf, wie wir zum Ganges kamen und suchend umherirrten, wie der Junge mir in den Ohren lag – aber diesmal wollte Maharajji unbedingt von mir erfahren, was mir im Augenblick des Dilemmas mit dem Jungen durch den Kopf gegangen war. Ich erwiderte: „Wieso, ich fing an zu sagen Ram, Ram . . .“

Augenblicklich beugte sich Maharajji vor und flüsterte mir ins Ohr: „Nimm einfach Ram's Namen, und alles, was du willst, wird sich erfüllen.“ Er hatte diese ganze Situation herbeigeführt, um mich das zu lehren!

Bis spät in die Nacht saß ich in der Meditation und wiederholte den Namen Ram's. Eines Morgens beim Darshan verteilte Maharajji Prasad. Ich hatte schon so lange keinen Prasad mehr erhalten, daß ich überhaupt nicht daran dachte, welchen zu bekommen. Jemand teilte ihn aus und warf mir etwas davon in den Schoß, und Maharajji sagte: „Gib ihr mehr, gib ihr mehr. Sie soll mehr bekommen, denn sie sagt Ram, sie sagt Ram. Sie hat den Namen Ram's angenommen.“ Ich war so glücklich, weil er es wußte! Er wußte alles!

Als ich achtzehn war, bat ich ihn, mir ein Mantra zu geben. Er sagte: „Was! Ich weiß überhaupt nichts über diese Mantras. Ich kenne nur Ram.“ Dann gab ich ihm ein Foto von sich selbst, und er schrieb über die ganze Rückseite „Ram“. Solche persönlichen Dinge waren etwas ganz besonderes. Schau! Ich trage es die ganze Zeit bei mir.

Zuerst gab er meiner Frau und meinen Kindern Mantras. Als er mir auch ein Mantra gab, dachte ich im Stillen, daß ich es nicht annehmen würde, weil ich mich für so etwas nicht eigne – zu viel Sünde ist in mir.

Ich besaß ein Hemd, auf dessen Kragen Sihu rundherum mit purpurrotem Faden RAM RAM RAM gestickt hatte. Ich saß allein vor dem Tucket, und Maharajji kam mitten am Nachmittag heraus. Er sah das Hemd und nahm es in die Hände. „Seht euch das an!“ sagte er zu ein paar Indern, die zum Darshan gekommen waren. „Seht, was auf seinem Hemd steht! Da steht RAM RAM RAM RAM RAM RAM RAM.“ Dann tadelte er die Inder: „Indien tut ihm wirklich gut! Warum mögt ihr Indien nicht? Seht, wie gut es für ihn ist! Da steht RAM RAM RAM RAM RAM. Er ist den ganzen Weg von Amerika herübergekommen! Da steht RAM RAM RAM RAM RAM. Warum mögt ihr Indien nicht?“

Ich muß erzählen, wie Maharajji in Kainchi zu Naima und mir sagte, wir sollten nach hinten gehen, wo ein paar junge Naga Babas saßen – und Dunda Pranam vor ihnen machen. Wir trugen damals beide besondere Ram Tilaks auf der Stirn. Hinten waren fünf Sadhus, die um ein Feuer hockten und eine Chillum rauchten. Um sie her war alles verqualmt, und ihre nackten Körper – sie trugen nur langotis *(Lendentücher) – waren mit Asche eingerieben. Sie nahmen kaum Notiz von uns, auch nicht, als ich Dunda Pranam machte. Sie unterhielten sich darüber, daß man nichts weiter brauche als den Namen Ram's, um keine Schwierigkeiten in diesem Leben zu haben. Als Beispiel nannte einer von ihnen einen Sprung ins eiskalte Wasser des Ganges, oben in Gangotri. Man müsse sich nur Ram's Namen anvertrauen, dann sei es überhaupt nicht schwer. Alle Babas trugen denselben Tilak, den ich auch trug.*

Maharajji schickte einen Baba auf den Markt von Vrindaban, um Malas zu kaufen. Anschließend schimpfte dieser Baba auf einen Devotee und sagte: „Du bist sehr eingebildet. Ich habe Malas gekauft, und nun denkst du gleich, daß Maharajji dir eine umhängen wird." Dann sagte Maharajji zu diesem Devotee: „Nimm ein Bad und mach' Puja." Danach plazierte Maharajji eigenhändig einen Tilak und Reiskörner auf der Stirn des Devotees und legte ihm eine Mala um den Hals. Der Devotee sagte: „Maharajji, jetzt mußt du mir ein Mantra geben." Maharajji tat es.

Eine Ma war in ihrer Jugend Ananda Mayee Ma ergeben gewesen. Später traf sie dann Maharajji und fühlte sich immer mehr zu ihm hingezogen, aber sie war darüber verwirrt, wer eigentlich ihr Guru war. Maharajji kam in einem Traum zu ihr und gab ihr ein Mantra. Sie lag im Bett und mußte aufstehen, um es aufzuschreiben. Er sagte: „Es ist ein Mantra von Ma." Später bestätigte Ananda Mayee Ma, daß es das richtige Mantra war.

Annapurna hatte den Wunsch, von Maharajji in ein Mantra eingeweiht zu werden. Maharajji arrangierte eine ganze Zeremonie und weihte sie in aller Form ein. Sie bekam ein Mantra, eine Mala – alles, was dazugehörte.

Nachdem Maharajji seinen Körper verlassen hatte, hatte eine Devotee drei Träume. Im ersten gab Maharajji ihr ein Mantra. Im zweiten Traum trug er ihr auf, das Mantra mit OM (der kosmischen Silbe) bei jedem Einatmen zu gebrauchen. Im dritten Traum, nach dem Juni-Fest, sagte er, daß sie sehr hart gearbeitet habe und mehr getan habe als notwendig gewesen sei.

Maharajji verbrachte während der letzten beiden Jahre sehr viel Zeit in seinem Raum. Er wollte immer nur Gottes Namen hören – in sich selbst und draußen. Wir waren oft mit ihm in diesem Raum zusammen. Alle waren der Meinung, daß wir uns dort großartig unterhielten, aber in Wirklichkeit war er meistens still, hielt die Augen geschlossen und hörte den Westlern zu, die draußen Kirtan sangen. Hin und wieder öffnete er die Augen und blickte in die Runde. „Gibt es etwas zu sagen? Habt ihr irgendwelche Fragen?" fragte er uns. Dann ließ er sich wieder auf diese andere Ebene tragen.

Als 1973 Krishna's Geburtstag gefeiert wurde, fasteten alle Westler und sangen Kirtan. Um Mitternacht führten sie Arti für Maharajji auf. Durch das geschlossene Fenster bedeutete er ihnen immer wieder, sie sollten weggehen. Sie blieben aber und sangen ihren lieblichen Kirtan. Endlich öffnete er das Fenster, und Tränen strömten über sein Gesicht. Still saß er da und lauschte dem Gesang sehr lange. Es begann zu regnen, als lasse Gott Blumen auf die Erde fallen – ein sehr glückverheißendes Zeichen.

DIE MENSCHEN GREIFEN EILIG NACH EINER CHAPATTI, ABER ZÖGERND NACH DEM NAMEN GOTTES.

Maharajji ließ einen Pundit einen Monat lang täglich die Shrimad Bhagavatam (eines der großen heiligen Bücher) im Tempel vorsingen. Ich konnte nicht verstehen, was er sang, aber ich spürte die Hingabe des Pundits im Herzen. Hin und wieder fügte er ein paar Refrains des Hare Krishna Mantras in die Geschichte ein. Maharajji fragte mich: „Was sagte er?"

„Maharajji, er sagt Hare Krishna, Hare Rama."

„Ah!" Maharajji war entzückt. „Ram Dass hat die Essenz wahrgenommen." (R.D.)

Ein Swami hatte mir auf einer gemeinsamen Reise durch Südindien Mantra diksha *(Einweihung) in ein sehr wirksames Shiva Mantra gegeben, von dem er sagte, es würde mir großen Reichtum und große Macht verleihen. Ich war fasziniert und arbeitete Tag und Nacht mit dem Mantra, viele Wochen lang. Eine der Folgen war, daß ich außerhalb meines Körpers zu reisen begann. Fünf Jahre zuvor hatte mich Maharajji gefragt, ob ich fliegen wolle, und er hatte vorausgesagt, daß ich fliegen* würde, *und nun machte ich diese Erfahrung tatsächlich. Manchmal wurde ich während der Arbeit mit dem Mantra aus meinem Körper heraus auf eine andere Ebene geführt, wo ich den Swami wiedertraf. Nachdem das über einen Monat so weitergegangen war, saß ich in einer Höhle in Surat und meditierte. Doch ich konnte mit dem Mantra nicht mehr aufhören. Abermals wurde ich aus meinem Körper getragen, aber diesmal wurde ich auf der astralen Ebene in einen Raum geführt, in dem Maharajji saß.*

Ich war freudetrunken und stürzte zu seinen Füßen nieder. Er saß auf seinem Tucket, in eine Decke gehüllt. Dann zog er die Decke höher und bedeckte sein Gesicht, und ich hörte ihn dreimal pusten, als würde er Kerzen ausblasen. Bei jedem Blasen fühlte ich gleichzeitig, wie sich mein Körper wie ein Autoschlauch an der Tankstellen-Luftpumpe aufblähte. Nach dem dritten Pusten verschwand die ganze Szene, und ich fand mich in der Höhle wieder . . . doch das Mantra war nicht mehr da. Es war nicht so, daß ich mich nicht mehr daran erinnern konnte – es hatte einfach seine unwiderstehliche Anziehungskraft verloren. Es hatte keine Gewalt mehr über mich; ich hatte nicht länger den Wunsch, es zu wiederholen. Maharajji hatte es weggenommen. (R.D.)

Eine Devotee arbeitete von Kindheit an mit einem Mantra. Fünfzehn Tage bevor Maharajji seinen Körper verließ, rief er sie zu sich und sagte: „Hier ist ein neues Mantra. Nimm das jetzt."

„Maharajji, wie soll ich mich denn jetzt noch umstellen?"

Er sagte: „Berühre meine Füße." Seitdem hat sie nur mit diesem neuen Mantra gearbeitet.

1968, als ich im Begriff war, nach Amerika zurückzukehren, schenkte mir Hari Dass seine Mala, die er jahrelang benutzt hatte. Die großen Perlen waren aus dem Stengel der heiligen Tulsi-Pflanze gefertigt und durch die ständige Handhabung dunkel geworden. Er erzählte mir, daß Maharajji ihm die Perlen vor vielen Jahren gegeben hatte. Oh, wie ich diese Perlen schätzte! Ich trug sie jeden Tag, schlief mit ihnen und ließ mich von ihnen ständig an das Shri Ram Mantra erinnern, das bisweilen die Rolle eines Versorgungsschlauchs spielte, der mich mit dem lebensnotwendigen spirituellen Sauerstoff verband.

Als ich dann 1971 wieder in Indien war, gingen wir eines Abends zusammen hinauf zum Hanuman Garh-Tempel, der etwa anderthalb Kilometer von Nainital entfernt liegt und uns während unseres Besuchs in Kainchi als Herberge diente. Wir hatten verschiedene Trommeln und Zimbeln dabei und chanteten beim Gehen. Ich spielte ein Paar Zimbeln, und anscheinend verfing sich die Schnur der Mala in den Zimbeln und zerriß. Es war Abend, und in der Dunkelheit bemerkte ich nicht, wie eine Perle nach der anderen auf den Wegesrand fiel. Als ich endlich darauf aufmerksam wurde, fehlten an der heiligen Zahl von einhundertacht Perlen mindestens zwanzig. Ich war tief betrübt und suchte am nächsten Tag den ganzen Weg ab, ohne eine einzige Perle wiederzufinden.

Ich hatte Perlen dieser Größe vorher nie gesehen, und ich wußte nicht, wie ich den Verlust ersetzen sollte. So fragte ich Maharajji. Zuerst stritt er ab, Hari Dass diese Perlen überhaupt gegeben zu haben, wenn ich ihm auch nicht glaubte; dann sagte er, daß diese Perlen ohnehin wertlos seien. Er sagte, ich könne die richtigen Perlen von Sita Ram Baba in Ayodhya bekommen.

In Allahabad hatte mir Maharajji viele Monate vorher aufgetragen, einen heiligen Mann namens Sita Ram Baba zu besuchen, von dem ich aber noch nie gehört hatte. Anscheinend war es das Vorspiel für diesen Augenblick gewesen.

Ich hatte Ayodhya, Ram's königliche Residenz, noch nie besucht, und der Gedanke, dort auf Geheiß des Gurus „besondere" Perlen bei einem „besonderen" Baba zu besorgen, konnte einen spirituellen Materialisten (wie mich) nur erfreuen.

Schon vierundzwanzig Stunden später saß ich in einem Zug nach Ayodhya.

Die erste Aufgabe nach meiner Ankunft war, den richtigen Sita Ram Baba zu finden. Maharajji hatte gesagt, er sei alt, also konnte es nicht allzu schwierig sein. Aber als ich im Tonga durch die Straßen kutschiert wurde, hatte ich es mit meinem schlechten Hindi nicht leicht. Nach einigen Stunden wurde ich zu einem Haus geschickt, das eine kurze Strecke außerhalb der Stadt lag. Ein junger Mann stand am Tor und sagte, daß Sita Ram Baba sein Onkel sei. Er ruhe sich aber gerade aus, ich solle doch später wiederkommen. Aber genau wie Hanuman ließ ich mich nicht abschrecken und sagte, daß ich mich draußen hinsetzen würde, bis er mich empfangen könne. Die große Hitze im Freien war sehr unangenehm, aber mein Entschluß stand fest.

Offenbar erzählte der Junge dies seinem Onkel, denn nach wenigen Minuten wurde ich hineingeführt. Sita Ram lag in einer Hängematte und war tatsächlich sehr alt. Sein Neffe sagte, daß er einhundertachtundzwanzig Jahre alt sei – und er sah auch tatsächlich danach aus. Seine Haut war wie Pergament, seine Hände skelettartig, und seine Stimme war nurmehr ein Flüstern. Ja, er kenne Maharajji, und ich könne gegen Sonnenuntergang wiederkommen. Ich war enttäuscht, denn ich wollte ja nur die Perlen haben und dann gleich wieder zu Maharajji zurückkehren, und es sah fast so aus, als sei Sita Ram zu alt und zu schwach, um mir irgendwie helfen zu können – aber mir blieb nicht anderes übrig als zu warten.

Ich verließ das Haus und entschied mich zu einem Besuch der berühmten Hanuman Murti in Ayodhya. Aber als sich der Tonga in Bewegung setzte und etwa fünfzig Meter zurückgelegt hatte, drehte ich mich um und sah Sita Ram buchstäblich hinter dem Tonga hinterherrennen. Er sprang auf und sagte, daß wir die Perlen sofort besorgen würden. Ich war erfreut und gleichzeitig besorgt, daß die Fahrt den alten Mann überanstrengen würde. Nun aber, da er auf den Beinen war, machte er einen vitaleren und lebhafteren Eindruck als zuvor.

Die nächste Enttäuschung kam, als wir den Laden erreichten, wo sich die Perlen befinden sollten. Er war geschlossen. Sita Ram meinte, uns bliebe nichts anderes übrig als abends wiederzukommen, also machten wir uns auf den Rückweg zu seinem Haus. Aber hundert Meter weiter trafen wir auf den Ladenbesitzer, und Sita Ram überredete ihn, mit uns zum Laden zurückzukehren. Sobald wir im Laden waren, glaubte ich mich dem Ziel nahe. Der Ladenbesitzer zeigte Sita Ram verschiedene Malas, die dieser jedoch alle – obwohl ich sie wunderschön fand – zurückwies, da es nicht „die Richtigen" seien. Dann sprach er ausführlich mit dem Mann, dessen Miene sich plötzlich aufhellte. Er ging zu einem Schreibtisch, der in einer unbenutzten und staubigen Ecke stand, und öffnete eine winzige Schublade. Ich war furchtbar gespannt, denn es ging alles genauso zu, wie es nach all den okkultistischen Büchern bei solchen Dingen zuzugehen hatte.

Doch die Perlen, die er aus der Schublade zog, sahen billig aus, waren in grellem Orange oder Grün bemalt und mit groben Schnitzereien der Sanskrit-Symbole für Sita und Ram verziert. Ich hatte solche billigen Ketten schon oft gesehen und war stets von ihnen abgestoßen worden. Aber Sita Ram sagte, daß dies „die Perlen" seien, und so kaufte ich drei Ketten zu je fünfzig Cents und lächelte tapfer. Dann brachte ich Sita Ram nach Hause, dankte ihm, erwischte den Nachmittags-Zug und saß am nächsten Morgen wieder zu Füßen Maharajji's.

Maharajji fragte nach den Perlen, und ich legte sie vor ihn hin. Er sagte nur: „Das sind nicht die Perlen. Ich werde sie dir selbst besorgen müssen." Aber er hat es nie getan. (R.D.)

RITUALE HABEN IN Indien immer eine große Rolle gespielt, um mit dem Spirituellen in Verbindung zu bleiben. Doch allzuoft geschieht es, daß diese Rituale gerade den Geist ersticken, den sie bewahren sollen. Für Maharajji waren Rituale etwas, das man ehren sollte, ohne dabei die rechte Perspektive zu verlieren.

In Maharajji's Anwesenheit sollte in Kainchi eine Feuerzeremonie abgehalten werden. Ich wollte einmal der ganzen neuntägigen Feier beiwohnen und dabei prüfen, ob ich meine bisherige (hauptsächlich negative) Einstellung zu Ritualen revidieren und mein Herz diesem Prozeß öffnen konnte. Denn wenn Maharajji so etwas anregte, mußte es einen guten Grund dafür geben.

Die Hauptbeteiligten an der Zeremonie waren zwei brahmanische Priester und zwei Laien, die alte Devotees von Maharajji und Familienväter waren. Langsam verstrichen die Tage. Es war heiß am Feuer, und die ständigen Wiederholungen, die Hitze, die Erschöpfung, die Intensität und die starke visuelle Wirkung des Ganzen führten dazu, daß ich mich emotional immer weiter öffnete, bis ich das Gefühl hatte, die ganze Szene sei ein Raumschiff, das uns höher und höher trug.

Während der ersten sechs Tage nahm Maharajji an der Zeremonie nicht teil, wurde aber ständig über ihren Fortgang informiert. Am siebten Tag, als das Ritual für mich wahrhaftig zu einem eigenen Leben erwacht war und mich mehr und mehr zu fesseln begann, schrie Maharajji von der anderen Seite des Geländes etwas zu uns herüber. In einem ungewöhnlich schroffen Ton rief er offenbar nach einem der beiden Hausväter, der für das Ritual eine wichtige Rolle spielte. Die vier Männer hatten fast sieben volle Tage ohne Pause durchgehalten, und nun unterbrach Maharajji den ganzen Prozeß. Ohne auch nur einen Moment zu zögern, stand der Mann auf und ging zu Maharajji hinüber. Mit meiner Konzentration war es vorbei, und ich folgte ihm, um zu erfahren, warum Maharajji ihn aus der Zeremonie weggerufen hatte. Ich sah, daß der Mann Puris und Kartoffeln als Prasad an die einheimischen Kinder verteilte, die jeden Tag zur Speisung in den Tempel kamen. Da waren Dutzende anderer Devotees, die dies hätten tun können, aber Maharajji hatte diesen Mann gewählt.

Später, als ich noch immer verwirrt und ein wenig ärgerlich auf Maharajji war, weil er das, was für mich zu einer heiligen Zeremonie geworden war, abgebrochen hatte, sprach ich mit dem Mann, den er gerufen hatte. Er sagte nur: „Maharajji ist jenseits aller Rituale." (R.D.)

राम

Wir nahmen an einem yagna *(Feuerzeremonie) teil, obwohl uns die direkte Verbindung zu Maharajji lieber war als all diese Rituale – sein Darshan ist die größte Puja. Aber er sagte immer: „Mach' mit, du Teufel, Bösewicht, Schmarotzer!" Und wenn er wirklich etwas von uns wollte, dann hatten wir auch keine inneren Widerstände dagegen. Er fragte einen Devotee, ob er sich der Puja anschließen wolle, aber der Mann meinte, er wolle lieber fernbleiben. Maharajji sagte: „Du bist ein knauseriger Bursche. Da sitzen all die Pundits, und du glaubst, daß du ihnen Geld geben mußt. Nein! Ich werde ihnen Geld geben." Der Mann nahm sich das zu Herzen, und am nächsten Morgen nahm er an dem Yagna teil. Man brachte dem Feuer Opfer dar und sang dabei: „Swaha! Swaha!" „Hap!" rief Maharajji. Was soll ihnen dieses Swaha,*

Swaha bringen? Geht hinaus und verteilt das Essen! Was hat es für einen Sinn, Dinge ins Feuer zu werfen?"

Er war immer sehr rücksichtsvoll mit allen. Er forderte nie jemanden dazu auf, Puja oder Rituale zu verrichten, aber wenn man an deren Ausübung gewöhnt war, bestärkte Maharajji einen darin. Ich machte regelmäßig am Morgen ein wenig Puja, aber wenn Maharajji zu Besuch kam, war es meine Puja, ihm zu dienen. Doch jeden Morgen verließ Maharajji das Haus, um andere Devotees zu besuchen oder spazieren zu gehen, damit ich Zeit für meine Puja hatte.

Am Shivaratri-Tag (Tag zu Ehren Shiva's) fastete ich immer von der ersten bis zur letzten Stunde, trank auch nichts und schlief nicht. Ich blieb die ganze Zeit wach und machte Puja vor Shiva. Einmal kam Maharajji einen Tag vor Shivaratri unverhofft nach Nainital, und wir saßen zuletzt alle im Haus eines Devotees, der für Maharajji's Besuch besondere Speisen vorbereitet hatte. Maharajji forderte alle zum Essen auf, und auf seine Frage, warum ich nicht essen wolle, erwiderte ich, daß es ein Fastentag sei. Er sagte: „Wieso fasten? Mach' schon! Iß!" Ich sagte, daß ich nur mit seiner Erlaubnis essen würde. Er sagte: „Ja! Iß!", und ich nahm Nahrung von ihm an. Er sagte: „Mach' jetzt deine Puja." Ich wollte aufstehen und bat um seinen Segen, aber er erwiderte: „Nein, mach' es hier – hier, vor meinen Augen." Ich begann mit meiner Puja.

Leute kamen und gingen, und Maharajji saß da und unterhielt sich. Drei oder vier Leute, die diese Gebete noch nie rezitiert hatten, waren so davon angetan, daß sie in die Rezitation mit einstimmten. Maharajji sah mich an und sagte: „Oh, du machst dich nur wichtig. Wozu ist das Fasten und all diese Rituale gut? Der Herr ist in dir. Du kannst dich auf ihn nicht besinnen, solange seine Gnade ausbleibt. Wenn du seine Gnade hast, hast du alles. Denke immer an ihn und versuche, ihn zu erreichen. Und wenn seine Gnade zu dir kommt . . ." Dann saß er für zweieinhalb Stunden still da. Die Atmosphäre war wie aufgeladen. In all den Jahren war dieser Tag von großer Wichtigkeit für mich gewesen, und ich hatte gefastet, gebetet und so weiter – und nun hatte er all das verhindert.

Bei anderen Gelegenheiten erlaubte er mir nicht, meine Puja zu verrichten. Ich sagte zu ihm, daß ich damit aufhören würde, wenn er es mir nicht erlaube, daß ich aber auch nicht essen würde, solange ich meine Puja nicht beendet habe. Da rief er: „Mach' die Tür zu, du Bösewicht! Beende deine Puja! Was soll diese Puja, mit der du den Herrn belästigst? Beten und fasten? Kannst du nicht eine Sekunde lang an den Herrn denken? Wofür ist diese Puja nütze? Ich begreife es nicht!'"

Jeden Morgen und jeden Abend wurden im Tempel Rituale vollzogen, bei denen eine rote Paste und Reiskörner verwendet wurden. Nach der Zeremonie plazierte der Pujari ein wenig Paste und ein paar Reiskörner auf der Stirnmitte jeder anwesenden Person. Der Höhepunkt jeder Zeremonie bestand für den alten Priester darin, den Tilak auf Maharajji's Stirn zu setzen. Maharajji unterbrach bei diesem Vorgang sein Gespräch mit den Leuten natürlich nicht, und wenn der alte Pujari die Paste mit großer Konzentration und ernster Miene auftrug, geschah es regelmäßig, daß Maharajji seinen Kopf drehte, um sich einer anderen Person zuzuwenden, wobei die Paste einen roten Streifen auf seiner Stirn hinterließ. Der Pujari konnte Maharajji einfach nicht dazu bewegen, bei diesem Ritual stillzusitzen.

EBENSO BEDEUTSAM wie die Feuer-Zeremonie sind die rituellen Bäder im heiligen Ganges. Selbst sie wurden von Maharajji vereitelt.

Zwei alte Männer waren auf dem Mela unterwegs zum Ganges. Zu dieser Zeit im Ganges zu baden, wird als eine sehr heilige Handlung angesehen. Maharajji reklamierte: „Nein, nehmt euer Bad hier. Der Ganges ist überall."

Ein Devotee war auf dem Weg zum Ganges, um sein rituelles Bad zu verrichten, als er mit Maharajji zusammentraf. Maharajji schickte ihn ohne sein Bad zurück und sagte: „Den Menschen zu dienen ist besser, als ein rituelles Bad im Ganges zu nehmen."

OFT ZITIERTE MAHARAJJI: „ALLES HANDELN IST GEBET. ALLE BÄUME STILLEN DAS VERLANGEN. ALLES WASSER IST DER GANGES, ALLES LAND IST VARANASI (EIN ANDERER NAME FÜR BENARES). LIEBE ALLES."

DIE LEKTIONEN, die Maharajji im Hinblick auf Rituale erteilte, waren wie so viele seiner Lehren durchsetzt von jenem Paradox, dem der rationale Geist nicht mehr folgen kann. Es schien ihm daran gelegen zu sein, daß die Rituale korrekt vollzogen wurden, auf der anderen Seite verstieß er selbst gegen alle Regeln. Ein Devotee drückte es jedoch so aus: „Wenn es Arbeit gab, schob er die Rituale beiseite, und sobald die Arbeit erledigt war, schickte er dich zur Puja." Vielleicht brach er, wie er es beim Abbruch jener Feuer-Zeremonie getan hatte, die Regeln auch deshalb, weil er den Leuten zeigen wollte, daß es in Wirklichkeit nicht um das Ritual, sondern um den Geist ging: Vollziehe das Ritual, um dich einzustimmen, aber laß dich nicht von ihm vereinnahmen.

Zwei alte Männer, die Familienväter gewesen waren und ihre Pflichten erfüllt hatten, waren sanyas *geworden und hatten sich auf Wanderschaft begeben. Sie brachten viele Monate im Tempel von Kainchi zu, und Maharajji ließ sie jeden Morgen mehrere Stunden lang das „Sita Ram" singen. Als die Zeit zum Aufbruch für sie gekommen war, rief Maharajji die beiden zu sich und schrie sie scheinbar voller Wut an, sie hätten während der Arti vor den Murtis auf einer eisernen Pfanne den Takt geschlagen. (Nach den Schriften soll Eisen in den Tempeln nicht verwendet werden.) Maharajji warf ihnen vor, daß sie sich nicht richtig zu benehmen wüßten und er sie deshalb hinauswerfen müsse. Als sie sich zum Gehen wandten, verzog Maharajji sein Gesicht zu einem Grinsen und sang mit hoher Fistelstimme: „Ihr habt den Gong geschlagen, und ich warf euch hinaus."*

Ein Mann brachte sein Baby zu Maharajji, um es von ihm segnen zu lassen, doch Maharajji tat nichts weiter, als den Kopf des Kindes zu tätscheln. Der Mann war verärgert und sagte, daß Maharajji die richtige Segnungs-Zeremonie vollziehen solle. Maharajji entgegnete scharf, daß er die Zeremonie nicht kenne, daß er das Kind gesegnet habe, und wenn der Mann die richtige Zeremonie wolle, dann müsse er zu jemandem gehen, der sie kenne.

Die Westler hatten Vorbereitungen getroffen, um eine große Puja vor Maharajji abzuhalten, und beabsichtigten, seine Füße in all den vorgeschriebenen Ingredienzien zu baden, um Amrit zu erhalten. Sie hatten die Aufgaben unter sich verteilt und waren eifrig bei der Sache. Als Maharajji herauskam, trug er Socken. Er ließ sie die Zeremonie mit seinem Zeigefinger zelebrieren.

Als Maharajji's Tempel in Vrindaban fertiggestellt war, bestimmte er B zum Pujari. Der Junge war kein Brahmane (wie es bei Priestern gewöhnlich der Fall ist) und wußte nicht über Pujas und Rituale. Maharajji rief einen Pundit und trug ihm auf, dem Jungen die Gebete beizubringen. Dann schickte Maharajji ihn auf den Basar, wo er geweihten Zwirn und Tulsi-Perlen kaufen sollte. Maharajji legte ihm die Perlen um und sagte, er solle die Puja vor Hanuman verrichten und sei nun ein pukka pujari *(ein Priester obersten Ranges) geworden.*

Eines Tages war Maharajji unterwegs, und J, der Baumeister des Tempels, ging zu B und fragte ihn nach seiner Kaste, seinen Sanskrit-Kenntnissen und so weiter. B erwiderte, daß er kein Brahmin, sondern ein Thakur *(eine untere Hindukaste) sei. J war sprachlos, aber in diesem Moment erschien Maharajji und rief ihn von dem Jungen weg. J beschwerte sich bei Maharajji, und darauf folgte in der großen Halle eine Diskussion zwischen den beiden, der viele Leute zuhörten. Dann fragte Maharajji B, ob er Sanskrit beherrsche und die Bhagavad Gita lesen könne. B verneinte, und Maharajji entgegnete: „Lüge nicht." Er erzählte J, daß B alle achtzehn Abschnitte der Gita auswendig kenne. J bat darum, den elften und zwölften Abschnitt hören zu können. Maharajji warf B seine Decke über und schlug ihm ein paar Mal auf den Kopf. Da begann B, in bestem Sanskrit aus der Gita vorzusingen, und alle Brahmins waren beeindruckt. J fiel nieder und warf sich Maharajji zu Füßen. B blieb anderthalb Jahre Pujari. Er rezitierte die Gita zwar nie wieder – aber wenn er eine Puja durchführte, war er in einer solchen Harmonie mit Gott, daß alle von tiefem Frieden erfüllt wurden.*

ALS BESCHIRMER des Dharma bewahrte Maharajji seine Devotees nicht nur davor, sich in Ritualen zu verlieren, sondern er deckte auch sehr schnell spirituelle Täuschungen und Betrügereien sowie spirituellen Materialismus auf, wenn er solchem begegnete.

Auf einem Mela ging Maharajji mit einem Devotee an einem Sadhu vorbei, der in tiefer Meditation zu sitzen schien und ein Lota neben sich stehen hatte. Maharajji sagte: „Er ist ein Betrüger." Er forderte einen Jungen auf, dem Sadhu den Lota zu stehlen. Sobald der Junge den Lota in der Hand hatte, brach der Sadhu die Meditation ab und sprang auf. Maharajji schrie dem Jungen zu: „Laß ihn fallen, laß ihn fallen, sonst schlägt er dich."

„Komm mit", sagte Maharajji zu einem Devotee, „ich werde dir einen sehr großen Mahatma zeigen." Ironisch fügte er hinzu: „Du wirst das Darshan eines sehr großen Heiligen empfangen." Maharajji und der Devotee fuhren mit dem Auto zum Ashram dieses Babas, und Maharajji führte den Devotee zu einem jungen Mann, der in gelbseidene Gewänder gekleidet war und eine Zigarette rauchte. Als er Maharajji erblickte, warf er die Zigarette fort und machte Pranam vor ihm. Sie setzten sich hin, und der Sadhu ging in sein Zimmer und kam mit einer sehr wertvollen Decke wieder heraus. (Maharajji trug eine alte, sehr einfache Decke.) Er nahm Maharajji seine Decke ab und legte ihm die neue um.

„Was ist das?" fragte Maharajji.

„Es ist eine neue Decke, eine sehr schöne und teure. Die Mutter eines Millionärs hat sie mir geschenkt. Ich habe sie für dich aufgehoben, Maharajji. Hier ist sie. Es ist eine ganz vorzügliche Decke. Verschenke sie nicht weiter."

Im Handumdrehen war Maharajji aufgestanden. Er schüttelte die teure Decke ab und sagte: „Ein Sadhu bist du? Kann es Unterschiede zwischen Decken geben? Ist die eine gut und die andere schlecht? Eine Decke ist eine Decke."

Er hob seine alte Decke auf und sagte zu dem Devotee: „Komm, wir gehen. Er ist ein Sadhu und sieht Unterschiede in Decken. Was soll er dann erst in den Menschen sehen?" Maharajji ging zum Auto und murmelte: „Was soll das? Hap!" Sie stiegen ein und fuhren los. Maharajji war ganz anders als die gewöhnlichen Sadhus.

Ein Devotee erzählte von einigen unehrlichen Sadhus. Weinend sagte Maharajji: „Seht, was sie im Namen des Dharma getan haben."

DIE AUGEN EINES HEILIGEN SIND IMMER AUF DAS HÖCHSTE SELBST GERICHTET. SOBALD ER SEINER SELBST GEWAHR WIRD, IST DIE HEILIGKEIT VERLOREN.

Jemand lieh einem Sadhu zweitausend Rupies und erhielt sie nie zurück. Maharajji sagte: „Wenn du einem Heiligen Geld leihst, dann erwarte nicht, daß du es zurückbekommst."

MAHARAJJI ZITIERTE: „SO WIE DU WASSER FILTRIERST, SO SOLLTEST DU AUCH GURUS UNTERSCHEIDEN."

Bei V's Vetter hielt sich ein großer Sadhu aus Lucknow auf, dem man nachsagte, er sei sehr klug und könne die Zukunft aus der Hand herauslesen. Der Sadhu besah sich V's Hand und prophezeite ihm erfreuliche Dinge, aber auch ein kurzes Leben – er könne nicht älter werden als sechzig Jahre. V war darüber sehr betrübt. Später fragte ihn Maharajji, was geschehen sei, und sagte: „Lüge nicht, sage es mir. Du glaubst, daß du nicht älter als fünfundsechzig Jahre wirst. Nein, nein. Ich werde es dir sagen – du wirst mindestens fünfundachzig. Wenn Sadhus zu dir kommen, dann erweise ihnen großen Respekt und gib ihnen zu essen, wenn du kannst. Aber laß dich nicht zu sehr mit ihnen ein."

Maharajji sprach von einem Gefährten aus den frühen Tagen: „Er war auf einer so hohen Stufe, und doch war seine Maya so stark."

Der Polizeichef von Kanpur erschien eines Tages mit einem Haftbefehl für einen Baba, der Maharajji sehr mochte und dem man vorwarf, er sei aus der Armee desertiert und habe in Kanpur illegale Geschäfte betrieben. Maharajji forderte den Polizeichef auf, den Befehl nicht zu vollstrecken. Schließlich sei der Mann jetzt ein Sadhu und solle für die Desertion nicht länger zur Verantwortung gezogen werden.

Später schalt Maharajji den Baba aus: „Was treibst du da? Du gibst vor, du wärst ein Sadhu, und machst trotzdem noch diese Geschäfte. Hör' auf damit."

Der Baba verließ Kanpur und begab sich nach Nainital, wohin Maharajji ebenfalls fuhr. Durch seine imposante Gestalt und seine schöne, melodische Stimme versammelte der Baba viele Anhänger um sich, von denen er eine große Menge Geld einsammelte. Maharajji rief den Baba zu sich, tadelte ihn und forderte ihn auf, von diesen Dingen abzulassen und sich aus dem Staub zu machen. Aber der Sadhu fuhr damit fort, sich Geld und Macht auf geschickte Weise zunutze zu machen. Er heiratete zweimal und ließ beide Frauen mit Kindern im Stich. Vor dieser Zeit war Maharajji freundlich und wohlwollend ihm gegenüber gewesen und hatte sich immer nach seinem „Swami" erkundigt. Nun aber tadelte er ihn scharf für sein haltloses Treiben, und der Baba brach mit Maharajji. Er kehrte nie zurück.

Auf einer Reise im Süden kamen Maharajji und SM zu einem Ashram, und Maharajji trat durch ein Tor, wo er unter einem Baum eine Krishna-Murti erblickte, die sehr vernachlässigt aussah. Er sagte: „Bleib' ruhig hier, aber ich gehe wieder.

Eine Murti ist dasselbe wie der lebendige Gott, und so muß man auch mit ihr umgehen – ich möchte nicht an einem Ort sein, wo jemand glaubt, er sei höher als Gott."

DA ES RINGSUMHER so viel spirituellen Betrug gab, war Maharajji erfreut und ehrfurchtsvoll, wenn er Menschen lauteren Geistes fand.

Ein Devotee erzählte, daß Maharajji den Jeep immer halten ließ, wenn sie an einem Tempel vorbeikamen, um Pranam zu machen, und daß er bei jedem Sadhu, an dem sie vorüberfuhren, seine Hände unter der Decke aneinanderlegte.

राम

Ich wollte einige Swamis, von denen einer ein berühmter Sänger war, mit in Maharajji's Darshan nach Vrindaban nehmen. Bevor ich sie vorstellen konnte, sagte Maharajji: „Ich kenne sie. Ruf' sie her. Sie sollen Tee bekommen. Er will Bhajan singen." Ich hatte Maharajji nie von diesem berühmten südindischen Sänger erzählt, der von fünf Frauen aus dem Süden begleitet wurde. Maharajji ließ Tee kommen, nahm mich dann allein mit in seinen Raum und sagte: „Er ist sehr gut. Ob es ihm etwas ausmacht, für mich zu singen? Sein Gesang würde mir große Freude machen. Würde es ihn stören, Kirtan zu singen?"

Ich erwiderte: „Baba, was sollte ihn denn stören, wenn er bei dir ist?"

Maharajji ging hinaus und bat den Swami zu singen. Der Swami sang einige Bhajans über Rada *(Krishna's Geliebte und Devotee) und Krishna. Er spürte eine starke Verbindung zu Maharajji. „Du wirst jetzt müde sein." sagte Maharajji. „Ihr werdet* sambar *und* rasam *(Gerichte des Südens) hier essen! Ma's! Wollt ihr das Essen machen?" Maharajji lachte. Die Frauen konnten kein Hindi verstehen. „Heraus mit der Sprache! Sagt schon! Wollt ihr jeden Tag zum Essen herkommen? Es gibt jeden Tag Sambar und Rasam."*

Ich erklärte Maharajji, daß wir nicht im Ashram bleiben konnten, da wir herumfahren und die Tempel in Vrindaban besuchen wollten.

„Accha! Tut das – und kommt jeden Tag her und eßt Prasad hier!"

Wir besuchten Maharajji täglich, und jedesmal versuchte er, uns bis obenhin mit Prasad zu füllen. Besonders nahm er sich des Swamis an. Von ihm sagte er: „Er ist ein sehr guter Mahatma. Einem Heiligen dieser Art werdet ihr nicht noch einmal begegnen."

राम

Swami Sivananda galt als einer der großen Heiligen Indiens. Er hinterließ viele Schüler und einen großen Ashram in Rishikesh. Hin und wieder stattete Maharajji dem Ashram einen unangekündigten Besuch ab, und jedesmal trug sich etwas zu, woran man sich im Ashram noch lange erinnerte. Manchmal bereitete das Oberhaupt des Ashrams das Essen für Maharajji selbst zu. Einmal ließ Maharajji einen Swami rufen, der sehr alt und geachtet war. Dieser Swami ehrte nur das Andenken an den großen Sivananda und wollte sich vor einem anderen noch nicht einmal verneigen. Als er sich Maharajji näherte, rief dieser: „Veda Vyas (ein großer historischer Heiliger Indiens)! Veda Vyas ist gekommen!" Da änderte sich die ganze Haltung des Swamis, und er machte vollen Dunda Pranam vor Maharajji. Auf irgendeine unergründliche Weise erkannten sie einander.

MAHARAJJI BRACHTE den großen Heiligen tiefste Ehrfurcht und Liebe entgegen. Wenn man das Vorrecht genoß, ihn von solchen Wesen sprechen zu hören, war es, als höre man ihn von den Mitgliedern einer vertrauten, liebenden Familie erzählen. Wenn er so sprach, sich erinnerte oder nachsann, gab schon die Färbung seiner Stimme einen Begriff von der Innigkeit dieser Beziehung. So sprach er zum Beispiel über Christus, Ramakrishna, Hariakhan Baba, Tailanga Swami, Shirdi Sai Baba, Ramana Maharshi, Nityananda, Ananda Mayee Ma, Sombari Maharaj, Deoria Baba und Sivananda, um nur einige zu nennen.

Jemand schenkte Maharajji ein Bild von Shirdi Sai Baba und legte es ihm zu Füßen. Maharajji setzte sich sofort auf und nahm das Bild in die Hand. „Dort gehört es nicht hin. Er war ein sehr guter Baba", sagte Maharajji und stellte das Bild neben seinen Kopf.

Es gab einen großen Heiligen namens Gangotri Baba, der auf den Schneefeldern von Gangotri im Himalaya lebte. Es war bekannt, daß Maharajji ihn zuweilen besuchte. Man kann nicht sagen, wer wessen Devotee war. Über einen gewissen Punkt hinaus ist das Verhalten von Heiligen nicht mehr erklärbar.

Einmal kam das Oberhaupt einer fünfhundert Jahre alten Gorakhnath-Sekte, die kurz nach der Zeit von Shankara gegründet worden war, nach Allahabad, um Maharajji einen Besuch abzustatten. Maharajji ließ Dada und die anderen seine

Füße berühren. Der Mann war sehr bescheiden und sagte: „Ich trete hier vor den Heiligen der Heiligen, und du nennst mich heilig."

Maharajji sagte einmal: „Ich ging einmal an Ramana Maharshi vorbei. Er stand auf und wollte mir folgen, aber ich rannte weg."

Maharajji sagte, ich solle nicht allein auf den Kumbha Mela gehen. Ich ging neben ihm und hielt mich an seiner Decke fest, um ihn nicht zu verlieren. Ein zerlumpter Mann kam auf Maharajji zu und umarmte ihn sehr freundschaftlich. Sie fingen an, Arm in Arm miteinander zu tanzen und „lillyri" zu singen. So ging es ungefähr zwei Minuten. Es war das einzige Mal, daß ich Maharajji tanzen sah. Ich versuchte, die Füße des Mannes zu berühren, denn ich hatte gehört, daß Hanuman und andere große Rishis am Mela teilnahmen, aber ich konnte es nicht. Es war ein solcher Taumel der Freude, daß es mir nicht gelang. Dann verschwand der Mann. Ich habe es immer bedauert, mich nicht dazu gezwungen zu haben, ihn zu berühren.

Maharajji hatte den Behariji-Tempel durchquert, hatte ihn durch den hinteren Ausgang verlassen und war in ein Haus gegangen, wo er um Nahrung bat. Auf der Straße schrie jemand: „Ein Roti!", und Maharajji rief ihn hinein. Es war ein Sadhu, der jeden Tag nur um zwei Rotis bettelte. Maharajji fragte ihn: „Wo ist dein Roti?" Er nahm es und aß. Maharajji sagte, daß der Mann ein Iraker sei, der vor vierzig Jahren nach Vrindaban gekommen sei, aber den anwesenden Devotees kam es so vor, als sei der Mann nicht von dieser Welt.

Einmal kam ein Sadhu in den Tempel, der einen Dreizack trug und ganz mit Asche bedeckt war (wie es bezeichnend für Shiva ist). Maharajji rannte geradewegs auf ihn zu und verneigte sich, und der Mann verschwand.

Ein anderes Mal kam spät in der Nacht ein Mann an das Tempeltor und bat um eine Laterne. Dada holte ihm die Laterne, da sein Auto eine Panne hatte, und dann kam der Mann wieder und brachte die Laterne zurück. Am nächsten Tag fragte

Maharajji: „Habt ihr ihn in den Tempel gebeten und ihm zu essen angeboten?" Dada verneinte. „Du Dummkopf", sagte Maharajji. „Weißt du nicht, wer das war? Es war Sombari Maharaj (ein schon vor langer Zeit verstorbener Heiliger)."

KK arbeitete auf dem Bhandara sehr schwer. Maharajji erzählte ihm später, daß er dort das Darshan von Sombari Maharaj empfangen habe. KK ärgerte sich, weil er es nicht gemerkt hatte. Maharajji sagte: „Warum solltest du es wissen?" und KK's Ärger verflog wieder.

Maharajji machte sich mit einer der Ma's auf den Weg, um der Errichtung einer neuen Murti von Vaishnavi Devi beizuwohnen. Die Murti befand sich noch in der Transportkiste. Nur ihr Gesicht schaute daraus hervor. Maharajji sprach mit der Murti, und die Ma sah deutlich, wie die Murti blinzelte. Das ist die wahre Weihung.

Rabu war krank und hatte seine Stimme verloren. Maharajji sagte zu ihm, er solle vier Tage lang Devi puja *(Gebete an den weiblichen Aspekt Gottes) vor Durga machen. Als die letzte Zeile verklungen war, öffnete Maharajji sein Fenster und rief hinaus: „Ich habe es der Mutter (der Göttin Durga) gesagt, und nun wird alles gut mit dir werden."*

MAHARAJJI'S LIEBE zu Christus hatte etwas unirdisches an sich. Wenn Maharajji gefragt wurde: „Wer war Christus?", dann antwortete er:

ER WAR EINS MIT ALLEN WESEN, UND ER EMPFAND GROSSE LIEBE FÜR ALLE IN DER WELT. ER WAR EINS MIT GOTT.

DU MUSST DIE LEHREN CHRISTI AKZEPTIEREN UND IHNEN FOLGEN. CHRISTUS SAGTE: SEI WIE EIN KLEINES KIND – DENKE ODER SAGE NIEMALS ETWAS, DAS JEMAND ANDEREM SCHADEN KÖNNTE.

NIEMAND GLAUBT AN CHRISTUS, ABER ICH GLAUBE AN IHN.

ER WURDE GEKREUZIGT, DAMIT SICH SEIN GEIST IN DER GANZEN WELT AUSBREITEN KONNTE. ER OPFERTE SEINEN KÖRPER FÜR DEN DHARMA. ER IST NIE GESTORBEN. ER IST ATMAN (DIE SEELE), DER IN DEN HERZEN ALLER LEBT.

Man konnte nie wissen, was die Äußerung eines Devotees hervorrufen würde. Einmal kam ein Junge und fragte: „Maharajji, wurde Jesus wirklich zornig?"

Sobald Maharajji das Wort „Jesus" hörte, traten Tränen in seine Augen. Er setzte sich auf, als er die Frage hörte, stützte sich auf seinen Ellenbogen und pochte dreimal auf sein Herz, wobei ihm Tränen über die Wangen liefen. Für einen Moment herrschte völlige Stille. Maharajji hatte die Wirklichkeit Christi in uns allen wachgerufen. Er sagte: „Christus wurde niemals zornig. Als er gekreuzigt wurde, fühlte er nur Liebe. Christus war nie an etwas verhaftet, er gab sogar seinen eigenen Körper hin." Und nun weinten wir alle – wir hatten die ganze Passion Christi durchlebt. Und plötzlich richtete er sich auf und sagte: „Der Geist kann eine Million Meilen in einem Augenblinzeln zurücklegen – das sagte der Buddha."

राम

„Warum wurde Christus verleumdet?" wurde Maharajji gefragt.

„Es geht allen Heiligen so, aber sie sehen nur die Liebe in allen. Du solltest nichts Böses sagen oder hören oder sehen. Du solltest überall und in allen Liebe sehen. Sieh in allem das Gute."

राम

Maharajji besuchte einmal eine katholische Messe und empfing dort Prasad. Maharajji, T und BD waren am Morgen des Weihnachtstages in Lucknow und entschieden sich, zur Puja von Jesus zu gehen. Als sie zur Kirche kamen, ließ Maharajji BD als ersten hineingehen (da er ein Westler war). Maharajji war natürlich barfuß und trug seine Dhoti und eine Decke. BD kniete vor dem Taufstein mit dem heiligen Wasser nieder, und jemand sprenkelte Wasser auf seinen Kopf. T und Maharajji folgten diesem Beispiel. Sie nahmen an der Zeremonie teil, und als die Zeit des Abendmahls gekommen war, empfingen sie in ihren Händen das Sakrament.

राम

Ein Devotee fragte Maharajji einmal, wie Christus meditiert habe. Maharajji richtete sich auf und schloß eine Zeitlang seine Augen. Still saß er da, und Tränen flossen aus seinen Augen. Dann sagte Maharajji: „Er verlor sich im Ozean der Liebe."

MAHARAJJI EHRTE die Reinheit des Geistes, ungeachtet der jeweiligen Tradition oder spirituellen Route. Mit seiner oft wiederkehrenden Bemerkung „Sub Ek (Alles Eins)!" zog er uns immer wieder aus unserem Beschäftigtsein mit individuellen Unterschieden zurück. . .in einen Raum jenseits der Formen.

ALLE RELIGIONEN SIND DASSELBE. ALLE FÜHREN SIE ZU GOTT. JEDER IST GOTT... DASSELBE BLUT FLIESST IN UNS ALLEN, WIR HABEN DIESELBEN ARME, BEINE UND DASSELBE HERZ. SIEH KEINEN UNTERSCHIED, SIEH ALLES ALS DASSELBE AN.

DU MUSST SHIVA DURCH DIE LIEBE EHREN. RAM UND SHIVA SIND DASSELBE. RAM BETETE SHIVA AN UND SHIVA BETETE RAM AN, SIE SIND EINS. EINER.

ES IST EINE TÄUSCHUNG, LEHREN VON INDIVIDUELLEN UNTERSCHIEDEN UND VOM KARMA ABZULEITEN. SIEH ALLES ALS DASSELBE AN. DU KANNST GOTT NICHT ERKENNEN, WENN DU UNTERSCHIEDE SIEHST. LERNE ES, DIE LIEBE IM INNEREN ZU FINDEN.

Ein mohammedanischer Devotee lud Maharajji zu einem religiösen Fest in sein Haus ein. Seine ganze Familie und viele Freunde hatten sich versammelt, um Sufi-Lieder zu singen und Lesungen aus dem Koran zu hören. Viele mosleminische mullahs *(Priester) und Gelehrte nahmen an dieser Feier teil, vollzogen die Rituale und lasen aus den Schriften. Als Maharajji eintraf, geleitete ihn der Devotee zum Ehrenplatz, direkt vor den Gelehrten. Sie stellten sofort ihren Gesang ein und beschwerten sich beim Gastgeber. Sie sagten, sie könnten die Rituale in der Gegenwart eines Hindus nicht fortsetzen. Maharajji tadelte sie wegen ihrer Voreingenommenheit und Engstirnigkeit. Er führte Zitate über die Einheit aller Religionen aus dem Koran und aus den Schriften großer sufistischer Dichter-Heiligen an. Dann bat Maharajji um etwas Prasad und verteilte ihn zusammen mit Süßigkeiten und Geld an die Gelehrten. Wieder zufrieden, stimmten sie ihren Gesang wieder an. Maharajji begleitete sie viele Stunden lang und sang mit Ihnen: „La Il Aha El Il Allah Hu."*

ES IST DIE BESTE FORM, GOTT IN JEDER FORM ANZUBETEN.

DU MUSST JEDEN MENSCHEN AKZEPTIEREN UND IN IHM DEN HERRN SEHEN. ES GIBT FÜR EINEN HEILIGEN KEINE ANDERE NOTWENDIGKEIT.

JEDER MENSCH IST EINE SPIEGELUNG MEINES GESICHTS.

Hanuman

VON ALL DEN heiligen Büchern Indiens war die Ramayana mit Abstand Maharajji's liebstes. Und innerhalb der Ramayana fand er besonders großen Gefallen an dem Kapitel mit dem Titel „Sundarakand".

In Lucknow kam immer wieder ein alter Mann zu Maharajji, und stets bat ihn Maharajji, etwas aus der Ramayana vorzutragen. „Sing' diesen Teil! Sing den Teil, wo..." und so weiter. Der Mann sang, und Maharajji nahm seine Mahlzeit ein. Es war von ihm kein Schniefen oder so etwas zu hören, aber wie bei einem Kind liefen ihm Tränen über das Gesicht. Der Sundarakand war sein Lieblingskapitel.

Als in Kainchi aus der Ramayana vorgelesen wurde, öffnete er sein Fenster einen Spalt, um zuzuhören.

DER SUNDARAKAND erzählt von den Heldentaten Hanumans, eines ungemein bezaubernden, weisen, mächtigen und liebevollen Affen, dessen einzige Beschäftigung es war, Gott, der sich als Ram verkörperte, zu dienen. Maharajji wurde nie müde, den Abenteuern Ram's, wie sie in der Ramayana und in einem besonderen Gebet an Hanuman, dem Hanuman Chalisa, verzeichnet sind, zuzuhören und sie weiterzuerzählen.

Maharajji zitierte aus der Ramayana gerne Stellen wie diese: „Ich verneige mich vor Hanuman, dessen Lob nur von Ram gesungen werden kann. Die Geschichten von Ram sind so schön, daß die Vögel des Zweifels verscheucht werden."

Er liebte es, wenn die Westler den Hanuman Chalisa schon am frühen Morgen sangen. Er war dann sehr fröhlich, und mittendrin fing er an zu scherzen und alle zum Lachen zu bringen.

Schon seit den frühesten Jahren liebte er den Hanuman Chalisa sehr. Wenn es in jener Zeit geschah, daß sich viele Menschen um ihn her versammelten, forderte er alle auf, sich hinzusetzen und den Hanuman Chalisa zu rezitieren. Wenn sie dann alle voll damit beschäftigt waren, stand er auf und ging woanders hin.

WENN SOLCHE Geschichten in Maharajji's Gegenwart vorgetragen wurden, schienen sie sich mit ehrfurchtgebietender, lebendiger Wahrheit zu erfüllen.

Wenn wir den Hanuman Chalisa lasen, fiel uns gewöhnlich nichts besonderes auf. Manchmal sagte Maharajji: „Da steht, daß Hanumanji immer leben wird... daß er schon seit ewigen Zeiten lebt? Wie kann das sein?" Dann schwieg Maharajji und versetzte alle in einen nachdenklichen Zustand. Maharajji hauchte dem Gebet Leben ein.

Wir saßen mit Maharajji in Dada's Haus, und ein Devotee rezitierte die Ramayana. Tränen liefen Maharajji über die Wangen, und dann trat er in einen Samadhi-Zustand großer Seligkeit ein. Wir waren alle überwältigt von der Fülle dieses Augenblicks. Als die Lesung endete, erhob sich Dada plötzlich, führte Maharajji in das Nebenzimmer und schloß die Tür.

MAHARAJJI EHRTE nicht nur die Lebensgeschichte Hanumans, er ermutigte auch in all den Jahren Devotees dazu, vielerorts in Indien Tempel zu Ehren Hanumans zu errichten. Manche dieser Tempel sind klein und stehen auf den Grundstükken von Devotees, bei anderen handelt es sich um große öffentliche Bauten, die täglich von Hunderten besucht werden. Es ist unmöglich zu bestimmen, wie viele Tempel auf Maharajji's Anregung, wenn nicht sogar auf sein direktes Betreiben hin gebaut wurden. Es erscheint verwunderlich, daß er, der die Fallstricke des Rituals so genau kannte, in seinen späten Jahren so viel mit Tempeln zu tun hatte. Dennoch – in allem, was mit den Tempeln in Zusammenhang stand, vom ersten Entwurf angefangen, waren subtile Lehren enthalten. Der Bau jedes Tempels führte auf die eine oder andere Weise zu zahlreichen Dramen, bei denen es um Aspekte wie zum Beispiel den Land-Erwerb ging. Und diese Schwierigkeiten zogen viele Devotees in Prozesse hinein, die in jedem einzelnen Fall ihren eigenen elementaren Glauben an den Geist vertieften.

Der große Tempel in Nainital ist an einer Stelle erbaut, die vorher mit dichtem Urwald bewachsen und von wilden Tieren bewohnt war. Ein Teil dieser Region hatte als Begräbnisstätte für kleine Kinder (die nicht verbrannt werden) gedient. Einige Leute aus der Umgebung glaubten, daß Geister diesen Ort heimsuchen würden. Als Maharajji dort hinkam und andeutete, daß er an dieser Stelle einen Tempel errichten wolle, stieß er bei den örtlichen Behörden auf großen Widerstand. Niemand glaubte daran, daß jemals ein Hanuman-Tempel dort entstehen könne.

Maharajji lagerte einfach am Straßenrand. Jeden Tag liefen viele Devotees zu ihm hinaus, um bei ihm zu sein. Ganz allmählich veränderten sich die Schwingungen dieser Stätte. Einmal deutete er auf einen Maulesel-Stall, der das einzige Bauwerk im Umkreis war, und sagte: „Hier wird es einmal einen großen Tempel geben, und Menschen aus der ganzen Welt werden ihn besuchen." Alle lachten, weil es ihnen absurd erschien. Nach einiger Zeit ließ Maharajji dann von Hari Dass Baba eine kleine Murti von Hanuman herbeischaffen, die dieser selbst angefertigt hatte, und sie wurde ordentlich aufgestellt. Dies war der Beginn dessen, was sich heute als ausgedehnte Tempelanlage auf der Kuppe eines stattlichen Hügels erstreckt, in der Menschen von überallher zusammenkommen, um Darshan zu empfangen.

Der große Kainchi-Tempel steht an einem Fleck, der einem großen Heiligen aus jener Gegend, Sombari Maharaj, als Wohnstätte gedient hatte. Er lebte in einer Höhle, die im hinteren Teil des Tempels noch vorhanden ist und bei deren Betreten man stark die Kontinuität des Geistigen spürt.

Maharajji, Siddhi Ma und Jivanti Ma gingen einmal des Nachts zu jener Stelle, an der der Kainchi-Tempel später stehen sollte. Während die Ma's am Straßenrand standen, durchquerte Maharajji den Fluß und blieb vier oder fünf Stunden weg. Als er wiederkam, sagte er: „Ich höre den Klang hier. Wir werden einen Tempel bauen."

राम

Als Maharajji an einer besonders heiligen Stätte gefragt wurde, warum er dort keinen Tempel errichten wolle, antwortete er, daß es ihm nicht zukomme, dies zu tun. Es sei ein sehr, sehr altes Tempelgelände, und er wolle nicht die Schwingung stören, die sich dort bereits gebildet habe.

राम

Den Platz in unserer Stadt, wo jetzt der Tempel steht, suchten die Leute früher als Abort auf. Er war sehr verschmutzt. Maharajji kam, blies in eine Seemuschel-Schale, um den Platz zu reinigen, und blieb dort. Leute versammelten sich, säuberten die Stelle und bauten einen Tempel.

राम

Maharajji besuchte häufig den alten Hanuman-Tempel in Lucknow, der am Ufer des Gomati-Flusses liegt. Der Tempel war vor 1960 auf Maharajji's Wunsch von einem Devotee gebaut worden. Maharajji gab dort Darshan, und obwohl der Tempel berühmt wurde, wurde nie eine Puja oder ein Bhandara durchgeführt, um seine Eröffnung zu feiern. M fragte Maharajji einmal danach, und Maharajji erwiderte: „Nein, nein. Nicht in diesem Tempel. Wir werden einen größeren Tempel haben."

Als Maharajji eines Tages irgendwo hingefahren wurde, passierte man eine alte Brücke, die gerade durch eine große, neue Brücke ersetzt wurde. Maharajji deutete auf das Ufer, wo auch die Baustelle lag, und sagte: „Dort wird unser Tempel stehen!" Doch von irgendwelchen Unternehmungen sprach Maharajji nicht. Später, auf einer Fahrt nach Kanpur, rief er plötzlich: „Ein wundervoller Tempel ist in Lucknow entworfen worden."

Zwei Jahre später gab es einen Regierungswechsel, und ein alter Devotee wurde Minister für öffentliche Bauten. Er kam zu Maharajji und deutete an, daß der alte Tempel zu klein sei. Maharajji sagte: „Wenn du meinst." Wenige Tage später brachte der Mann ein genaues Modell des gegenwärtigen Tempels mit. Maharajji sagte: „Ja, bau' ihn."

Als die neue Brücke fertiggestellt war, wurde die alte aufgegeben. Zur selben Zeit begann der Fluß den alten Tempel zu überfluten. Die Regierung legte den Abriß nahe, aber Maharajji meinte, man solle einen Tempel nicht abreißen, sondern der Natur ihren Lauf lassen.

Zur Entschädigung kaufte die Regierung den Tempel für fünfunddreißigtausend Rupies. Maharajji fragte den Minister, wieviel der neue Tempel kosten würde, und der Minister sagte: „Fünfundachzigtausend Rupies." Er fragte Maharajji, woher die Restsumme kommen solle, und Maharajji erwiderte: „Dafür wird gesorgt sein!" Ein halbes Jahr später hatte die Regierung den größten Teil des Geldes beigesteuert, und der Besitzer der Baufirma bot die Zahlung des Restbetrags an. Das Gelände, auf dem der Tempel dann gebaut wurde, wurde ebenfalls vom Arbeitsminister zur Verfügung gestellt. Vor zwei Jahren trat die Gomati über die Ufer und riß die alte Tempelanlage zur Hälfte nieder.

DIE WICHTIGSTE Lehre dieser Tempel ist jedoch, daß jeder von ihnen eine Statue Hanumans enthält. Diese Statuen, die aus Stein oder Zement bestehen, wurden durch Gebet, Mantra und Chanten mit dem Geist Hanumans ausgestattet. Auf diese Weise waren sie zu Murtis geworden, und man behandelte sie so, als seien sie der wirkliche Hanuman.

Im Laufe der Jahre hielt sich Maharajji auf seinen Wanderungen immer häufiger in diesen Tempeln auf, und dies trug dazu bei, daß Hanuman und Maharajji in der gemeinschaftlichen Vorstellung immer stärker miteinander in Verbindung gebracht wurden. Diese Verbindung ging zurück auf die ältesten Geschichten über Maharajji, weit vor der Zeit der Errichtung dieser Tempel.

Die Frage, welcherart die Verbindung zwischen Maharajji und Hanuman eigentlich ist, geht den Devotees niemals aus dem Sinn. Er sprach ständig über Hanuman und gab vielen von uns einen Namen, der in Bezug zu Hanuman steht, jene Gottesnamen eingeschlossen, die mit dem Wort „das (Diener von)" verknüpft sind; und er unterwies viele auf dem Pfad des Dienens und der Hingabe, auf dem sie Hanuman immer näher kommen konnten.

Ein Mann fragte Maharajji: „Was kann ich für mein Sadhana tun?" Maharajji sagte: „Zerbrich dir darüber nicht den Kopf, wiederhole nur immer den Namen Ram, wie Hanuman es tat." Dieser Mann war ein alter Devotee, der jetzt in den Ruhestand getreten ist.

DIENE, WIE HANUMAN DIENTE.

MANCHE DEVOTEES erklären sich Maharajji's Ausrichtung auf Hanuman mit seiner Zugehörigkeit zu einer traditionellen devotionalen Sekte Indiens, in der die Beziehung zwischen Devotee und Gott als eine Beziehung zwischen Diener und

Meister angesehen wird – wobei Hanuman die vollkommene Verkörperung jener Form darstellt. Diese Sekte widmet ihre Hingabe dem Affen-Gott Hanuman, von dem es in der Ramayana heißt, daß er Gott (in der Form Ram's) mit einer völlig auf einen Punkt ausgerichteten Konzentration diente. Seine Heldentaten, in denen sich dieser hingebungsvolle Dienst widerspiegelt, führen ihn in eine solche Nähe zu Gott, daß man von ihm spricht als „Ram's selbsteigenem Atem".

Andere Devotees sehen die innige Vertrautheit, von der Maharajji's Umgang mit Hanuman oftmals zeugte, als Widerspiegelung einer Bindung zwischen den beiden, die die gewöhnlichen devotionalen Formen weit überstieg.

Es wird berichtet, daß Maharajji, als er in Neeb Karori weilte, direkt mit Hanuman sprach, als wäre dieser anwesend.

राम

Maharajji besuchte einen achthundert oder tausend Jahre alten Tempel in Aliganj/ Lucknow. Dort saß er oft sehr lange in der Nähe Hanumans, im Schatten eines gewaltigen Baumes.

राम

Die Bergkette, an der später der Hanuman Garh-Tempel lag, war bekannt dafür, daß sich dort hin und wieder ein tückischer Erdrutsch ereignete. Maharajji sagte zu K, daß dies aufhören werde, wenn Hanuman käme; er werde das Gebiet schützen. Seit der Tempel dort steht, hat es keinen Erdrutsch mehr gegeben.

राम

Maharajji lud einen berühmten Pundit ein, nach Kainchi zu kommen und die Shrimad Bhagavatam vorzutragen. Dieser Mann war es gewohnt, vor großen und empfänglichen Menschenmengen zu rezitieren, und er beklagte sich bei Maharajji darüber, daß er in Kainchi nur ein paar ungebildete Dorfbewohner als Zuhörer habe. Maharajji wies ihn sanft zurecht und sagte: „Sei unbesorgt. Hanumanji hört zu."

राम

Ein Waldbrand auf den Hügeln kam gefährlich nahe an den Tempel heran, machte jedoch genau an der Grenze des Geländes Halt. Maharajji sagte: „Das Affenheer hat uns beschützt. Es hat das Feuer gelöscht."

Bei der Einweihung der Hanuman-Murti in Kainchi ließ sich Maharajji fast den ganzen Tag nicht blicken. Am späten Nachmittag sagte er zu einigen Devotees: „Laßt uns zu Hanuman gehen und sein Darshan empfangen. Holt einen Kübel voll Milch. Wir werden ihm Milch geben." Viele Menschen versammelten sich außerhalb des Raumes, aber Maharajji hatte die Tür verschlossen und nur drei oder vier Devotees mit hineingenommen.

Einer der Devotees dachte: „Ich wollte schon immer sehen, wie eine Murti gefüttert wird."

Als er dies dachte, wandte sich Maharajji um und sagte: „Dreht euch alle zur Wand und schließt die Augen." Alle drehten sich um, aber die Neugier dieses einen Devotees war so groß, daß er seine Augen unbedingt zu öffnen gedachte. Im gleichen Moment sagte Maharajji: „Und wenn du die Augen öffnest, wirst du erblinden." Plötzlich fühlten alle, wie sich die Energie innerhalb des Raumes veränderte. Durch die geschlossenen Augenlider nahmen sie ein glänzendes Licht wahr und hörten das Geräusch des Trinkens. Als sie sich wieder umdrehen durften, sahen sie, daß der Kübel leer war. Eine kleine Milchpfütze war am Boden zu sehen, und etwas Milch tropfte von Hanumans Mund. Maharajji ließ sie die Milch vom Boden aufschöpfen und als Hanumans Prasad an die Draußenstehenden verteilen.

OFT ERZÄHLTE Maharajji die folgende Geschichte, von der manche Devotees glaubten, sie handele von ihm selbst:

In einem kleinen Dorf gab es einen winzigen Hanuman-Tempel, der nur von den Einheimischen aufgesucht wurde. Es besteht der Brauch, daß der Devotee ein paar Süßigkeiten mitbringt und sie der Murti darreicht, indem er sie dem Priester übergibt. Der Priester trägt sie in den Raum oder in die Nische, wo die Murti steht, und schließt hinter sich einen Vorhang. Dann reicht er der Murti die Süßigkeiten mit den entsprechenden Mantras dar. Gewöhnlich legt der Priester anschließend einige Süßigkeiten für die ärmeren Kinder des Dorfes beiseite. Den Rest bringt er dem Geber als Prasad zurück, und der Devotee nimmt sie als Hanumans Segen zu sich.

Es geschah, daß der alte Priester dieses Dorfes durch einen Krankheitsfall in seiner Familie weggerufen wurde. Für die Zeit seiner Abwesenheit vertraute er die Aufsicht über den Tempel einem Nachbarjungen an, der sich stets gerne im Tempel aufgehalten hatte. Bald kamen einige Devotees und brachten Süßigkeiten, und der Junge nahm sie, wie er es beim Priester gesehen hatte, und trug die hinter den Vorhang. Obwohl er noch nie bei Hanuman gewesen war, wenn der Vorhang geschlossen war, reichte er der Murti die Süßigkeiten dar. Aber Hanuman wollte sie nicht annehmen.

Der Junge war bestürzt und verlangte von Hanuman, er solle ein paar Süßigkeiten nehmen. Er ergriff sogar einen Stock und begann die Murti zu schlagen. Plötzlich verschwanden alle Süßigkeiten vom Teller. Der Junge kehrte zu den Devotees zurück und erklärte freudestrahlend, daß Hanuman ihr Opfer angenommen habe. Die Devotees, die es gewohnt waren, einen Teil ihrer Gabe zurückzuerhalten, meinten, der Junge wolle alle Naschereien für sich behalten, und jagten ihn unter Schlägen fort. Als der alte Priester zurückkehrte und von dem Vorfall unterrichtet wurde, sagte er: „Mein ganzes Leben habe ich gehofft, so rein zu werden, daß meine Opfergabe von Hanuman angenommen werden würde. Aber ich wurde es nie. Dieser Junge besaß diese Reinheit, und so wurde ihm der Segen zuteil."

Es war Maharajji's letzter Tag in Kainchi, und er blieb für zwei Minuten vor Hanuman stehen und faltete seine Hände. Er trug nur seine Dhoti. Es herrschte völlige Stille. Ein alter Devotee erzählte, es wäre erst das zweite Mal gewesen, daß er Maharajji dies jemals habe tun sehen. Zum ersten Mal hatte er dies bei der Einweihung der Murti erlebt.

FÜR DIE MEISTEN von uns ist jenes Band jedoch noch viel enger geknüpft, als es in diesen Geschichten zum Ausdruck kommt. Für uns *ist* Maharajji Hanuman.

Hanumans Eigenschaften werden in den verschiedenen Texten über ihn wie folgt beschrieben:

Ich verneige mich vor dem Sohn des Windgottes, dem geliebten Devotee Sri Rama's, dem Obersten der Affen, der Verkörperung aller Tugenden, dem Ersten unter den Weisen, einem Feuer, das vernichtend durch das Heer der Dämonen fährt, von einer Gestalt, glänzend wie ein Berg von Gold, einem Reich unermeßlicher Stärke. (Tulsidas, Sri Ramacharitamanasa)

Wer ist dieser Affe Hanuman? Rama ließ ihm in der Welt alle Freiheit. Er kennt Rama, und Rama kennt ihn. Überallhin kann Hanuman seinen Weg erzwingen, und überall kann er ausbrechen. Nichts kann ihn aufhalten, er ist wie der ungezähmte, brausende Wind. Hanuman kann jeden Tyrannen erspähen, er sieht auf Taten, nicht auf Worte, und er wird hingehen und ihn an seinem Barte packen. Masken und beredte Worte können ein völlig wildes Tier nicht irreführen . . . Hanuman wird deine Melodie der Schwermut nehmen und in einen ausgelassenen Tanz verwandeln. Groß ist seine Wachsamkeit . . . der Sohn des Windes. (Ramayana)

Hanuman ist kein Affe, sondern ein Gott in Gestalt eines Affen. Niemand kann ihm gleichkommen. Er ist tapfer und voller Güte, strahlend, den Sanftmütigen zugetan, stark und klug, und er kennt Zeit und Raum. (Tulsidas)

HANUMAN MUSS AN seine eigene Stärke erinnert werden, denn er hat kein Bewußtsein seiner selbst.

„Höre, o mächtiger Hanuman; was ist es, das dich schweigen läßt? Als ein Sohn des Windgottes, der du bist, besitzt du deines Vaters Stärke und bist eine Schatzkammer der Klugheit, Verschwiegenheit und spirituellen Weisheit. Welche Aufgabe in der Welt ist so schwierig, daß du sie nicht lösen könntest, liebes Kind? Der Dienst an Sri Rama ist es, um dessentwillen du auf die Erde gekommen bist." Als Hanuman diese Worte vernahm, wuchs er empor zur Größe eines Berges, und sein Körper erglänzte wie Gold, in einer Pracht, als sei er ein König unter den Bergen. (Tulsidas)

Du nahmst eine winzige Gestalt an, um dich Sita zu enthüllen – und wurdest dann unermeßlich und furchterregend, um Lanka niederzubrennen. (Hanuman Chalisa)

„Mein Sohn, sind denn aber all die Affen nicht Zwerge wie du, wohingegen die Dämonen mächtig sind und große Krieger? Ich hege in meinem Herzen ernste Zweifel, ob du wirst bestehen können", sagte Sita.

Als er dies hörte, enthüllte der Affe seine wirkliche Gestalt, riesig wie ein Berg aus Gold, furchterregend in der Schlacht, im Besitz gewaltiger Macht und voller Heldenmut. (Tulsidas)

Er betrat den Hain, aß die Früchte und begann, die Bäume niederzubrechen. Später sagte er zu Ravana: „Ich aß die Früchte, weil ich hungrig war, und brach die Zweige, wie es ein Affe gewohnt ist."

Ravana lachte und sagte sarkastisch: „Wir haben den weisesten Guru in diesem Affen gefunden." (Tulsidas)

SEIN HUNGER NACH Liebe ist unersättlich.

Sita, die Mutter des Universums, möchte Hanuman speisen, denn sie liebt ihn sehr. Hanuman beginnt zu essen. Und sie kocht immer mehr, und er ißt und ißt, bis die Vorratskammer leer ist. Sie borgt sich Nahrung und kocht noch mehr, aber er sagt nur immer: „Mehr, Mutter, mehr!" Schließlich bringt ihre Schwiegermutter Schalen mit gekochtem Essen, um ihr auszuhelfen, aber Hanuman weist es zurück, obwohl es ihm von Sita dargereicht wird. Mit seinem Scharfblick erkennt er den Unterschied und sagt: „Nein, Mutter, dies ist nicht von deiner Hand gekocht." (Volkserzählung)

Hanumans Augen füllten sich mit Tränen, als er sich der Tugenden des Herrn erinnerte. Seine Freude am Nektar der Geschichten des Herrn war ohne Ende. Sein einziges Verlangen war, ein Devotee Rama's bleiben zu dürfen. Immer wieder versuchte der Herr ihn aufzurichten, aber er war so in Liebe versunken, daß er sich nicht erheben wollte. Als Rama ihn fragte, was er denn wolle, antwortete Hanuman: „Laß mich nie ohne hingebungsvolle Liebe sein, die die Quelle höchster Seligkeit ist."

Ram erwiderte: „So sei es." (Tulsidas/Hanuman Chalisa)

Hanuman sagte zu Ram: „Die größte Tapferkeit eines Affen besteht darin, von Ast zu Ast zu springen. Daß ich es am Ende vermochte, den Ozean zu überspringen, die Goldstadt niederzubrennen, das Heer der Dämonen zu töten und den Asoka-Hain zu verwüsten, ist allein deiner Stärke zu verdanken; mir, mein Herr, gebührt dafür kein Verdienst." (Tulsidas)

Dann riß sich Hanuman mit seinen scharfen Fingernägeln die Brust auf und zog das Fleisch zurück. Und siehe, da war auf jedem Knochen in feinen, kleinen Buchstaben zu lesen ... Rama, Rama, Rama, ... und in seinem Herzen saßen Ram und Sita. (Tulsidas)

Hanuman, keine Freude bleibt denen versagt, über die du den Schirm deines Wohlwollens breitest; und die Arbeit der Welt, wie schwierig sie auch immer sei, geht leicht von der Hand. (Hanuman Chalisa)

राम

Wie ein Sturm verjagte Hanuman dann die trüben Gedanken, und wie durch ein Licht kam mit ihm der Mut. (William Buck)

राम

Zu mir, der im Meer des Verlassenseins zu ertrinken drohte, bist du gekommen als ein wahrhaftiges Schiff. (Tulsidas)

राम

Allein dein bloßer Anblick war es, o lieber Affe, der mich aller Sünden entband. (Tulsidas)

राम

„O Hanuman."

„Mein König." Hanuman kniete vor Rama nieder. Rama sagte: „Solange die Menschen von dir sprechen werden, wirst du auf der Erde leben. Niemand kann dir gleichkommen. Dein Herz ist treu, deine Arme sind stark, deine Tatkraft vermag alles. Du hast mir gewissenhaft gedient und Dinge für mich vollbracht, die nicht vollbracht werden konnten."

„Es bedeutet nichts", sagte Hanuman, „ich bin dein Freund, das ist alles." (Buck)

राम

Noch heute, hoch oben in den Pinienwäldern, lebt Hanuman. Wo auch immer Rama's Name erklingt, sein Ohr wird es vernehmen; unaufhörlich wird er seinen Abenteuern lauschen und seinen eigenen wahren Geschichten. Gib also acht. Er ist hier. (Buck)

WIE BEZEICHNEND ist dies alles für Maharajji . . . Maharajji, der Früchte um sich häuft und spielerisch mit ihnen wirft; dessen ungewöhnlich langarmiger Körper Form und Größe ändert, eben noch winzig wie ein Moskito und im nächsten Moment riesig wie ein Berg aus Gold; der ununterbrochen mit erstaunlicher Beweglichkeit und achtunggebietender Energie von Ort zu Ort zieht; der sich mit unerschöpflichem Erbarmen seiner Devotees annimmt; der seine eigenen außerordentlichen Kräfte nicht zu kennen oder einzugestehen scheint; der aber niemals seine völlige Liebe zu Ram vergißt.

Und so sehen es die Devotees . . .

Ich saß eines Tages mit Maharajji auf einer Mauer unweit des Kainchi-Tempels. Neben uns rezitierte ein Pundit vor einer Zuhörerschar aus der Ramayana, als ich plötzlich sehr unruhig wurde. Maharajji nahm mich bei der Hand und führte mich hinüber zum Shiva-Tempel, vor dem wir uns niedersetzten. Ich blickte auf Maharajji, aber was ich sah, war ein riesiger Affe. Das ist alles, was ich weiß. Andere erinnern sich, daß wir beide in diesem Moment verschwanden. Mehrere Stunden später kehrte Maharajji in den Tempel zurück und rief: „Wo ist Dada? Wo ist Dada?" Eine Suchaktion wurde gestartet, und man fand mich flußabwärts am Ufer, als ich gerade mein Bewußtsein wiedererlangte. Ich kann mich an nichts weiter erinnern.

राम

Maharajji sagt, daß alle Steine in Chitrakut wie kostbare Juwelen sind. SM sagte, jedoch: „Warum Steine sammeln, wenn man Maharajji hat?" Kurz nach dieser Unterhaltung war Maharajji im Tempel und ging zur Latrine. Anschließend half ihm SM dabei, seine Hände zu waschen. Als er wegging, hinterließen seine nassen Füße eine Spur auf den kleinen Kieseln am Boden. Sie sammelte sie auf und wickelte sie in ihren Sari. Als ihre Tochter kam, trug SM ihr auf, die Steine nach Hause zu bringen und dort zu verwahren. Einige Tage später kam sie nach Hause und öffnete die Schachtel mit den Steinen. Auf jedem einzelnen Stein war ein Abdruck von Hanuman zu sehen. Ihr Mann wollte ihr das nicht glauben, nahm ein Vergrößerungsglas zur Hand und – tatsächlich, die Abdrücke waren vorhanden. Später verschwand die Schachtel mitsamt den Steinen auf unerklärliche Weise.

राम

Eines Tages befand sich Maharajji in seinem Raum, während Dada in der Küche war. Maharajji rief: „Dada!", und als Dada in die Eingangshalle lief, sah er Maharajji ohne seine Decke vor der Tür stehen, und seine Dhoti hing hinten wie ein Schwanz herunter. Sein Körper war von gewaltiger Größe und füllte die ganze Halle aus. Dada fiel zu seinen Füßen nieder, und Maharajji ging zurück in seinen Raum.

राम

Einmal saßen viele Leute um Maharajji herum. Er schien sich in einem höheren Zustand zu befinden, und ein kleines Mädchen saß ihm zu Füßen. Plötzlich begann sie zu weinen. Man fragte sie nach dem Grund, und sie sagte: „Ich weiß nicht! Ich habe Ram und Sita dort in Maharajji's Brust gesehen." Dann beschrieb sie, welche Kleidungsstücke Sita trug und wie sie aussahen. Maharajji sagte nichts dazu.

राम

Der Anblick Maharajji's erhob manche Devotees in den Samadhi; andere baten ihn dann darum, er möge ihnen dasselbe widerfahren lassen. Einmal, als einige Devotees diese Bitte aussprachen, wurde Maharajji ärgerlich; doch später, als er badete, begann er sich am Rücken zu kratzen, und sie sahen Fell auf seinem Rücken und hörten ihn wie einen Affen knurren. Alle waren von Ekstase erfüllt.

राम

Wenn ein bestimmter Mann in Maharajji's Nähe kam, brauchte er nur einen Blick auf Maharajji zu werfen, um sofort in Ohnmacht zu fallen. Wenn man ihn wiederbelebt hatte, sagte er nur: „Ich sah nichts weiter als einen riesigen Affen."

राम

„Maharajji's Körper pulsierte mit Ram", sagte ein Devotee.

राम

Bei einer Gelegenheit sagte eine Frau zu ihrem Mann: „Ich höre im Nebenzimmer etwas." Ihr Schlafzimmer grenzte an den Raum, der für Maharajji freigehalten wurde, aber er war zu dieser Zeit nicht da. Sie gingen hinüber, um den Geräuschen auf den Grund zu gehen, und entdeckten auf der Wand bis hinauf zur Decke Spuren, die wie Maharajji's Fußabdrücke aussahen.

राम

SM sagte, daß sie einmal gesehen habe, wie auf jeder Körperzelle Maharajji's „Ram" geschrieben stand.

राम

Maharajji war wieder einmal in Haridwar und ließ sich vor der Tür eines Sanyasi häuslich nieder. Der Mann entwickelte eine Abneigung gegen Maharajji, aber es gelang ihm nicht, Maharajji zu verjagen. Eines Tages bereitete der Sadhu erlesene Naschereien zu, mit Rosinen, Mandeln und so weiter. Maharajji sah ihm zu und machte seine Bemerkungen. Der Sadhu sagte, er wolle sie mit niemandem teilen und Maharajji solle gehen, aber Maharajji wich nicht von der Stelle. Als die Süßigkeiten fertig waren, ging der Sadhu zum Ganges, um zu baden, und Maharajji blieb zurück und hütete das Haus. Als der Mann zurückkehrte, entdeckte er, daß die meisten Süßigkeiten fehlten. Maharajji sagte, daß sie so appetitlich ausgesehen hätten, daß er hätte davon kosten müssen, und sie seien so gut gewesen, daß er fast alle aufgegessen habe.

राम

Dada, der Professor für Nationalökonomie war, schilderte, wie er einmal bis spät in die Nacht Examenspapiere ordnete und dann zu Bett ging. Das Haus war sicher verschlossen, und Maharajji war Hunderte von Meilen entfernt. Als Dada am Morgen erwachte, entdeckte er, daß quer über das oberste Blatt die Worte राम राम राम (Ram, Ram, Ram) gekritzelt waren. Offenbar hatte Hanuman sein Spielchen mit ihm getrieben.

MANCHEN DEVOTEES passierte es nicht nur, daß sie Hanuman in Maharajji sahen – sie hörten ihn auch . . .

Vor Beginn einer Lesung aus der Ramayana fragte ein Vorleser, welchen Abschnitt er vortragen solle, und Maharajji sagte: „Lies den Teil, wo ich mit Vibhishan spreche." (Natürlich war es Hanuman, der mit Vibhishan sprach.)

राम

Mitten in einer Diskussion über den Kainchi-Tempel sagte Maharajji: „Glaubt ihr, daß ich dabei bin, Besitztümer zu sammeln und Grundbesitzer zu werden? Ich hänge nicht im geringsten an irgendwelchen Dingen. Ich könnte alles aufgeben, genau wie ich Lanka aufgab." (In der Ramayana brannte Hanuman Lanka nieder.)

राम

In Dada's Haus täuschte Maharajji einmal eine Krankheit vor und ließ die Türen seines Zimmers von außen verschließen. Später sah man ihn, wie er die Straße hinunterlief. Als man ihn fragte, wie er durch die verschlossenen Türen gekommen sei, sagte er: „Der Affe wurde so klein wie ein Moskito und flog zum Fenster hinaus."

राम

„Maharajji, du kannst alles. Du bist Hanuman."
„Ich bin nicht Hanuman. Ich kann nichts . . . ich bin alles. Ich kann alles tun, für jeden."

MAHARAJJI SAGTE: „WOHIN ICH AUCH SEHE, ÜBERALL SEHE ICH NUR RAM, UND DESHALB EHRE ICH ALLES."

ICH TUE NICHTS. GOTT TUT ALLES.

Hanuman, gewähre uns deine Gnade,
Göttlicher Guru
O, Sohn des Windes, Befreier vom Leiden,
Verkörperung der Segnungen,
wohne für immer in unseren Herzen.
– Hanuman Chalisa

Vishnu Hubmann

Jao!

Ich hatte in Amerika von ihm gehört und sparte mein Geld zusammen, um eine Pilgerschaft nach Indien machen und ihn sehen zu können. Bei meiner Ankunft im Tempel hatte ich Früchte dabei, denn jemand hatte mir gesagt, ich solle ihm als Opfergabe welche mitbringen. Ich wurde vom Türhüter hinten eingelassen, wo ich ihn in eine Decke gehüllt auf einem hölzernen Bett sitzen sah. Eine Menge Inder und Leute aus dem Westen saßen auf dem Boden um ihn herum. Ich war ein wenig nervös und ging an der einen Seite des Hofes entlang bis zum Bett, wo ich die Früchte niederlegte, während er in eine andere Richtung blickte. Ich verneigte mich so, wie ich es bei jemand anderem gesehen hatte, und als ich meinen Kopf wieder erhob, sah er mir direkt in die Augen. Alles blieb für eine Minute stehen. Dann sagte er: „Jao!"

Mein Hindi war dürftig, aber dieses Wort kannte ich! Ich hatte es gebraucht, um mich von den Bettlern zu befreien, die mich in Delhi umringt hatten. Es bedeutet „Hau ab!" oder Verschwinde!"

Ich war wie betäubt und empfand nacheinander Zweifel, Verlegenheit, Ärger und Schuldgefühle. Ich wußte nicht, ob ich lachen oder weinen sollte. Da kam ich den ganzen Weg von Amerika herüber, und das erste, was er zu mir sagte, war „Hau ab!" Aber dann dachte ich: „In Ordnung. Du mußt es ja wissen." Und er warf mir eine der Früchte wieder zu und sagte nochmal: „Jao!" Aber diemal war es in Ordnung, diesmal hörte ich etwas anderes. Es hieß nicht „Stör' mich nicht!", sondern „Alles ist in bester Ordnung. Ich liebe dich. Geh'!"

Jetzt weiß ich, daß überhaupt alles in diesen wenigen Minuten geschah. Er hatte alles getan, was nötig war; ich erhielt alles, was ich brauchte. Es war jedes Mal danach wundervoll, wenn ich bei ihm war, aber es war nur noch der Zuckerguß auf der Torte.

MAHARAJJI GEBRAUCHTE das Wort „jao" in unendlich vielen Variationen – sie reichten vom Brüllen (eingeleitet durch „Ap (du)!", wenn jemand widerspenstig war) bis zu einem zärtlichen „Jao, Ma . . .", bei dem er eine weibliche Devotee, die sich zu seinen Füßen verneigte, sanft tätschelte.

Wenn die Devotees tagsüber zu ihm kamen, gab er ihnen gewöhnlich ein Stück von einer Frucht oder ein paar Süßigkeiten, oder er stellte ihnen ein oder zwei Fragen, und dann jao'te er sie. Dann und wann im Verlauf des Tages durften manche auch bei ihm sitzenbleiben, während er Darshan gab. Es ist interessant, daß solch ein scheinbar abweisendes „geh' weg" so liebevoll klingen konnte, daß es die Bedeutung von „geh' hin und sei gesegnet" oder „geh' hin, du hast meine Gnade" oder „geh' mit meiner Liebe" erhielt.

Es gab auch noch andere Jao's im Ashram: Das Jao zu essen oder sich auszuruhen; das Jao, eine bestimmte Pflicht oder einen Dienst auszuführen; das Jao, das man hinausschieben konnte, wenn man eine gute Frage auf Lager hatte – oder sogar ignorieren, wenn irgendeine Ablenkung eintrat, z.B. beim Eintreffen neuer Besucher. Und es gab auch das Jao der Ungnade und Verbannung, infolge irgendeiner Missetat (oft gefolgt von einem Kichern, sobald der Übeltäter außer Hörweite war). In seiner alles umfassenden Natur war dieses Wort wie Zen, und es hatte, wenn es beim ersten Anblick eines im Ashram eintreffenden Devotees wie ein Donner aus heiterem Himmel brach, die totale Zen-Wirkung.

Jao konnte für den Augenblick oder für immer gelten – es konnte eine Nacht im nahegelegenen Nainital bedeuten oder das von den Westlern am meisten gefürchtete *maha-jao* (das große Jao), die Rückreise nach Amerika. Jao konnte sogar in Frage gestellt werden, wenn man sich auf dieses risikoreiche Spiel einlassen wollte. Der Streit um ein Jao konnte nämlich sowohl erfolgreich verlaufen als auch dazu führen, daß ein einwöchiges Jao mit einem Besuch im Heiligen Benares auf ein Murren hin in eine einmonatige Pilgerfahrt nach Rameshwarem an der Südspitze Indiens umgewandelt wurde. Nie bedeutete es einfach nur „Geh'!" – sondern immer „Geh' mit Liebe".

Wir saßen auf dem Hügel, der dem Ashram gegenüberliegt, und beobachteten mit einem Fernglas Maharajji, der auf dem Dach eines Gebäudes im hinteren Teil des Ashrams saß. Wir sahen, wie ein Inder, der zu Maharajji gelangen wollte, mit gesenktem Kopf die Treppe hinaufschlich und dann quer über das Dach auf Maharajji zustürzte. Obwohl über diese Entfernung hinweg nichts zu hören war, konnten wir das Jao deutlich sehen, und der Mann machte sofort kehrt und stieg wieder hinunter. „Uff, da geht er wieder!" Und wir saßen da oben, rauchten Dope und aßen Yoghurt und hatten Darshan durch's Fernglas. Als Maharajji herausbekam, daß er durch Ferngläser beobachtet wurde, blickte er selbst hindurch, und sie gefielen ihm.

Wir saßen bei Maharajji, und er schickte uns alle fort, und ich war die einzige Person, die aufstand und hinausging. Ich war ganz darauf trainiert, immer das zu tun, was der Lehrer sagte. Dann stand ich alleine draußen. Alle anderen waren drinnen, lachten und unterhielten sich mit ihm, als hätte er nie Jao gesagt. Chaitanya prahlte immer damit, wieviele Jao's er schon unbeschadet überstanden hatte, als wären es die Narben aus einer Schlacht. Für mich aber war es sehr schlimm, das Jao zu hören und nicht zu gehen. Dann versteckte ich mich hinter irgendetwas und wartete ab, ob er es wirklich so gemeint hatte. Später merkte ich, daß man manchmal, wenn er es sagte, genau wußte, daß er es auch so meinte; ein anderes Mal sagte er es, und es war ganz anders.

Einmal jao'te uns Maharajji alle für eine Woche nach Delhi, wo wir Krishnamurti hören sollten – oder „Ram-Murti", wie Maharajji ihn nannte. Ich wollte wirklich nicht mitgehen und versteckte mich deshalb, aber als ich um einen Pfeiler bog, lief ich Maharajji, der allein dort gestanden hatte, direkt in die Arme. Er sah mich an und begann laut aufzuschluchzen, wober sich sein ganzer Körper schüttelte: „Oh-ho-ho-ho . . ." Es sah aus, als sei er tief betrübt, und mit Krokodilstränen in den Augen wiederholte er immer wieder schluchzend: „Delhi, Delhi." Natürlich mußte ich laut auflachen und fuhr dann schließlich doch nach Delhi. Krishnamurti sagte dort unter anderem mit großer Seelenkraft: „Ich verabscheue alle Gurus!" Vollkommen!

Nach einer einmonatigen Pilgerreise durch das südliche Indien kamen wir in den frühen Morgenstunden nach Allahabad zurück und freuten uns darauf, wieder eine lange Zeit der Ruhe und Stille bei Maharajji verbringen zu können. Als ich morgens um halb sieben seinen Raum betrat, waren seine ersten Worte: „Ist dein Visum verlängert worden?"

„Ich weiß es nicht, Maharajji. Ich habe einen Antrag gestellt."

„Nein, es wurde nicht verlängert. Jao! Fahr' nach Delhi."

„Jetzt?" Ich konnte es nicht ganz fassen, daß er mich ohne jedes Willkommen schon wieder hinauswerfen wollte.

„Nimm den Zug nachher um halb zehn."

Sobald dieser unselige Umstand abgehandelt war, war Mahrajji die Güte selbst, rollte auf seinem Tucket hin und her, verteilte die Rudraksha-Perlen, die wir aus dem Rameshwarem-Tempel mitgebracht hatten, zupfte fröhlich an meinem Bart und tätschelte mich. Meine Versuche, ihn von der Geschichte in Delhi abzubrin-

gen, waren jedoch vergeblich, und so fand ich mich um halb zehn im Zugabteil wieder.

Maharajji hatte dafür gesorgt, daß ich in Delhi mit der Unterstützung eines unteren Regierungsangestellten rechnen konnte. Und so begann eine weitere Runde im Wirrwarr der bürokratischen Papiermühle. Meine Aussichten schienen sich zusehends zu verschlechtern. Schon im Frühherbst hatte ich mir oben in den Bergen mit Hilfe von KK die Visa-Verlängerung beschaffen wollen. Er hatte ein Gespräch mit dem Leiter des örtlichen Visa-Büros arrangiert. Diese Unterredung war schiefgegangen und erschwerte nun die Arbeit in Delhi. Maharajji waren diese Manöver mit KK, die sich mehr oder weniger hinter seinem Rücken abgespielt hatten, nicht verborgen geblieben, und er hatte mich unbarmherzig damit aufgezogen, daß KK ja nunmehr mein Ratgeber und Guru sei, und daß, wenn ich nicht versucht hätte, das Visum durch KK zu bekommen, alles bereits in bester Ordnung wäre.

Als der Februar zuende ging und die Situation hoffnungslos erschien, erinnerte ich mich plötzlich an den Februar des vergangenen Jahres, als ich während dieses Indien-Besuchs das erste Mal bei Maharajji gewesen war. „Wie lange willst du bleiben?" hatte er mich gefragt.

„Für immer."

„März?"

„Du meinst nächsten Monat?"

„Gut. März im nächsten Jahr."

Und jetzt, ein Jahr später Anfang März, erhielt ich trotz aller augenscheinlichen Bemühungen KK's und Maharajji's, mir zu helfen, von der Regierung die Aufforderung „Verlassen Sie Indien". Es bestand kein Zweifel: Maharajji benutzte die Regierung für seine „unsauberen Geschäfte".

Mir blieb nicht anderes übrig, als zu lachen und mich wieder einmal zu ergeben. Er hatte mir kein Schlupfloch gelassen.

Im Allgemeinen neige ich zum Weinen, wenn ich vor das Angesicht der Reinheit und des Dharma trete. Ich weiß nicht genau, warum das so ist, aber ich habe das Gefühl, einer solchen Reinheit nicht standhalten zu können. Ich weine auch, wenn ich übergroße Freude empfinde, oder, in seltenen Fällen, wenn ich sehr niedergeschlagen bin. Beim Abschiednehmen von Maharajji weinte ich in einem fort, und auch hier ist mir der Grund nicht ganz klar. Frau Soni sagte sehr teilnahmsvoll: „Weine nicht. Du kannst bestimmt wiederkommen – nicht wahr, Maharajji?"

Maharajji sagte: „Er kann in einem Jahr kommen . . . oder in sechs Monaten." Aber wenn ich überhaupt wegen irgendetwas weinte, dann nicht aus Traurigkeit, sondern eher vor Freude – denn Maharajji hatte mir eröffnet, daß es mein Dharma sei, den Menschen zu dienen. Meine Arbeit war klar. Und er schien mir sagen zu wollen, daß es Zeit war, darin voranzuschreiten.

Maharajji sagte mir an diesem Tag noch etwas anderes, an das ich mich erinnern kann. Das eine war: „Ich werde immer in Kommunion mit dir sein." Und das andere war: „Jao." (R.D.)

GEMÄSS DES INDIVIDUELLEN KARMAS MUSS EIN HEILIGER DIE LEUTE WIEDER WEGSCHIKKEN. DAS GESCHIEHT AUF UNTERSCHIEDLICHSTE WEISE. WENN DIE ZEIT DER VERBINDUNG ENDET, MUSS DIE TRENNUNG ERFOLGEN.

Schon nach einem Monat trat ich die Rückreise nach Amerika an, und ich empfand dabei nicht das geringste Bedauern. Ich war sehr glücklich darüber, wieder zu gehen. Maharajji konnte dir eine Art von Energie geben, die dir den Abschied wirklich leicht machte, so daß du sogar in regelrechter Ausgelassenheit von ihm fortgingst.

ICH SCHICKE DIE LEUTE WIEDER WEG, DENN DIE VERHAFTUNG STELLT SICH AUF BEIDEN SEITEN EIN.

ICH WERDE ES NICHT ZULASSEN, DASS EINER MEINER LEUTE MIR ENTFLIEHT.

Das große Entrinnen

DER TAG, DER Maharajji's letzter Tag in Kainchi sein sollte, war ausgefüllt mit Darshan, Kirtan und Gebeten. Indische und westliche Devotees waren versammelt. Maharajji erkundigte sich nach allen, die im Tempel oder irgendwo auswärts waren. Zweimal versetzte er einen seiner indischen Devotees in Samadhi und holte ihn anschließend wieder zurück, indem er ihm seine Decke über den Kopf warf. Zu den Versammelten sagte er: „Er ist euer Guru. Er ist jung, und ich bin alt. Er wird leben, und ich werde sterben!" Alle lachten. Dann ließ er die Westler einen Gesang für Hanuman anstimmen. Tränen standen in seinen Augen. Die indischen Frauen machten Arti vor ihm, und alle erhielten einen Tilak auf ihrer Stirn.

Dann stand er auf, um ein Bad zu nehmen, und deutete an, daß er für vier oder fünf Tage fortgehen werde. Als er aus seinem Zimmer kam, ging er zum Tempel, blieb vor der Murti Hanuman's stehen und legte schweigend die Hände zum Pranam aneinander. Nach zwei oder drei Minuten ging er weiter und blieb der Reihe nach auch vor allen anderen Murtis im Tempel stehen, um ihnen Ehre zu erweisen. Beim Überqueren der Brücke vor dem Tempel traf er auf einen alten Devotee, der Fotograf war. Maharajji gab ihm ein altes Foto und trug ihm auf, Kopien davon herzustellen und sie kostenlos zu verteilen. Er ordnete an, daß die tägliche Essensverteilung einzustellen sei und die Ma's nach Nainital gebracht werden sollten. Dann sagte er leise: „Heute werde ich für immer aus dem Zentralgefängnis entlassen." Als er zum Auto ging, das ihn zum Bahnhof bringen sollte, rutschte ihm seine Decke von den Schultern und fiel zu Boden. Ein Devotee wollte sie ihm wieder umlegen, aber Maharajji sagte: „Laß sie. Man darf an nichts haften." Man faltete sie zusammen und legte sie in das Auto.

Als er sich in den Wagen gesetzt hatte, traf eine alte Frau aus dem Nachbardorf Bhowali ein. Maharajji sagte: „Ma, ich habe auf dich gewartet." Er berührte ihren Kopf und sagte: „Ich gehe." Er war heiter und vergnügt.

Auch der Fahrer des Wagens war ein alter und treuer Devotee. Er berichtete, daß er während der Fahrt zum Bahnhof bemerkte, daß Maharajji's Füße überaus groß geworden waren. „Mir wurde bange", sagte er.

Maharajji sagte immer wieder zu ihm: „Was ist Bestimmung? Was wird geschehen? Wir wissen nicht einmal, was morgen geschieht." Sie waren viel zu früh am Bahnhof und saßen noch zwei Stunden im Auto. Maharajji zeigte auf einen herrlichen Regenbogen und sagte: „Sieh dir diese natürliche Schönheit an. Wie wundervoll ist Gottes Schöpfung – die Menschen können niemals so etwas Schönes erschaffen."

Man hatte für ihn und Ravi, einen jungen Devotee, Fahrkarten nach Agra gekauft. Während der Nacht im Zug schloß Maharajji die Augen kein einziges Mal, weckte den Devotee immer wieder auf und sagte: „Ich bin nicht müde, unterhalt' dich mit mir." Ravi bat ihn, die Milch zu trinken, die die Ma's ihnen in einer Thermosflasche mitgegeben hatten, aber die Milch war sauer geworden. „Schütte sie aus dem Fenster", sagte Maharajji. „Wirf die Thermosflasche auch hinaus." Ravi wollte nicht, aber Maharajji tat es selbst und sagte: „Wirf sie hinaus, ich werde sie nicht mehr brauchen." Er sprach während der Nacht von vielen Dingen und von vielen Leuten. Er sagte: „Ich bin nur für die Entfaltung des Dharma auf die Erde gekommen."

Als sie in Agra eintrafen, sprang Maharajji mit einem Satz aus dem Zug, während Ravi das Gepäck hinterherschleppte. Maharajji hüpfte leichtfüßig vom Bahnsteig, statt auf ihm entlang zu gehen, stieg über sechs Gleise hinweg und hopste auf den Haupt-Bahnsteig. Ravi holte ihn beim Fahrkarten-Kontrolleur ein, der Maharajji's Fahrkarte sehen wollte. Dann feilschte Maharajji mit verschiedenen Rikscha-Fahrern. Einer von ihnen verlangte drei Rupies (etwa fünfundsiebzig Pfennig), was Maharajji zuviel war. Endlich war ein Preis ausgehandelt und man fuhr los, und nur Maharajji wußte, wohin es ging. Unterwegs zeigte Maharajji auf ein Haus und sagte: „Ihr Sohn ist nach Amerika gegangen, und die Familie ist sehr traurig darüber. Die Söhne dienen ihren Vätern nicht mehr." Als sie das Haus erreichten, sagte er zu Ravi, er solle dem Rikscha-Fahrer die mit Ganges-Wasser gefüllte Milchkanne geben, die Maharajji immer bei sich getragen hatte. Wieder sagte er: „Sei an nichts verhaftet."

Maharajji blieb von sechs Uhr früh bis neun Uhr abends im Haus von S und verließ es nur für eine Stunde, um einen Herzspezialisten aufzusuchen (er hatte sich über Schmerzen in der Brust beklagt). Der Spezialist sagte, daß Maharajji's Herz in Ordnung sei und daß er nur ein wenig Ruhe brauche. Um neun Uhr machte er sich auf den Weg zum Bahnhof und bestieg einen Zug, der ihn in die Nähe von Kathgodam bringen sollte, zurück zum Fuß der Berge. Der junge Ravi und D, ein anderer Devotee, begleiteten ihn. Nach einer Weile bat er Ravi, sich in das Nachbarabteil zu setzen. Aber als Ravi hinüberging, hielten ihn die Leute dort für einen Dieb und zogen die Notbremse, worauf der Zug zum Stehen kam. Ravi wurde verhaftet und in den Polizei-Waggon gebracht, der zum Zug gehörte. Ravi überredete die Polizisten dazu, Maharajji am nächsten Bahnhof zu fragen, ob Ravi zu ihm gehöre. Maharajji war sehr liebevoll zu Ravi und sagte: „Wir steigen in Mathura aus, und ich rufe den DIG (den stellvertretenden Oberinspektor) und biege die Sache gerade." In Mathura, nicht weit von Agra, verließen sie den Zug. Einige Leute verneigten sich vor ihm. Er lehnte sich gegen das Latrinenhäuschen und setzte sich dann auf die Stufen vor dem Bahnhof. D machte sich auf die Suche nach einem Taxi, während R bei Maharajji wartete.

Maharajji legte sich dann auf die Stufen und begann heftig zu zucken. Seine Augen waren geschlossen, und sein Körper war kalt und schwitzte. D verabreichte ihm ein paar Tabletten, und Maharajji sagte: „Macht das Licht aus." Er bat um Wasser und wollte in das nahegelegene Vrindaban gebracht werden. Auf einer Bahre trug man ihn zum Taxi und legte ihn quer auf den Rücksitz. Während der Fahrt nach Vrindaban schien Maharajji die meiste Zeit bewußtlos zu sein; nur hin und wieder murmelte er Worte, die man nicht verstehen konnte. Man brachte ihn auf die Intensivstation des Hospitals. Dort gab der Arzt ihm Injektionen und befestigte eine Sauerstoffmaske auf seinem Gesicht. Das Pflegepersonal sagte, er befände sich in einem diabetischen Koma, der Puls sei aber gut. Maharajji erhob sich, zog sich die Sauerstoffmaske vom Gesicht, entfernte die Manschetten zum Messen des Blutdrucks von seinem Arm und sagte: ,,Bekar (nutzlos)." Maharajji bat um Gangeswasser. Da keines vorhanden war, brachte man ihm normales Wasser. Dann wiederholte er mehrere Male: „Yaya Jagadish Hare (Heil dem Herrn des Universums)", jedesmal mit schwächerer Stimme. Friede breitete sich auf seinem Gesicht aus, und jeder Ausdruck von Schmerz verschwand. Er war tot. Niemand im Raum hatte ihn erkannt. Der Arzt und das Pflegepersonal verließen den Raum. Ravi und D trugen Maharajji hinaus, legten den Körper in ein Taxi und brachten ihn in den Hanuman-Tempel. (Es war etwa ein Uhr fünfzehn am Morgen des elften September.)

HC erzählte, daß er im September 1973, kurz vor Maharajji's Mahasamadhi, großes Verlangen und große Sehnsucht danach hatte, Maharajji zu sehen. Er fuhr mit seiner Frau nach Kainchi, zwei Tage vor Maharajji's Abreise. ,,Es war keineswegs merkwürdig oder ein Wunder", meinte er in Bezug auf dieses zeitliche Zusammentreffen. Er sagte, daß aber tiefe Gedanken in ihm ausgelöst worden seien, sobald er eintraf. Die Erfahrung sei im höchsten Maße außergewöhnlich gewesen.

Während dieses Besuches ließ Maharajji in seinen Worten erahnen, daß er fortgehen würde, denn er sagte: ,,Frage, was immer du willst – dann werde ich gehen." HC sagte, daß sich alles, was ihm im Kopf herumging, auflöste und verflüchtigte. Er sagte nichts, und auch verstand er die Andeutung nicht.

Oh, Maharajji erzählte uns allen, daß er diese Welt verlassen würde. Einmal sagte er, wenn er fortgehen werde, dann werde er uns lachend zurücklassen. Zu Siddhi Ma sagte er, daß sie weinen werde, wenn er sie verließe. Als Siddhi Ma dies hörte, brach sie in Tränen aus. Aber Maharajji sagte, sie solle ohne Sorge sein – niemand dürfe ihr ein Leid zufügen, und seine Liebe werde aus ihr erstrahlen.

Ein Freund von HC sagte, daß Maharajji auch ihm gegenüber eine klare Andeutung seines bevorstehenden Mahasamadhis gemacht habe. Maharajji sagte zu dem Mann: „Was kann ich tun, wenn Gott mich zurückruft?"

D ist der Meinung, daß Maharajji während der letzten beiden Jahre fast ununterbrochen im tiefen Samadhi gewesen sei und die Welt völlig vergessen habe. Die Funktion des Sprechens und des Umgangs mit den Leuten seien automatisch weitergelaufen, während Maharajji schon nicht mehr in dieser Welt gewesen sei. Er vergaß sogar das körperliche Bedürfnis des Urinierens und ließ den ganzen Tag darüber verstreichen. Dann wurde er endlich daran erinnert und eilte los, wobei er den Urin manchmal schon nicht mehr halten konnte. Seine Dhoti und seine Decke waren nicht mehr richtig zusammengebunden. Früher hatten sie stets sehr fest und ordentlich gesessen.

Es war der Sonnabend, bevor er fortging, und er sagte zu mir: „Dies ist die Ebene der Geister. Jeder muß sterben. Die Leute weinen aus lauter Selbstliebe. Sogar die sterbende Person weint um ihre Familie. Es bedeutet nichts, es ist Torheit."

Frau S machte sich große Sorgen um Maharajji's Herz, und B nahm Maharajji deshalb zur Seite, um ihn danach zu fragen. Als die beiden allein im Auto saßen, ließ B den Vergaser mit Benzin vollaufen und sagte: „Maharajji, der Motor hat zuviel Benzin bekommen, und das wird dich eins deiner Wunder kosten – oder ich stelle dir eine Frage, und wenn du sie offen beantwortest, startet der Wagen vielleicht. Bist du wirklich krank?"

„Nein, ich bin es nicht."

Dann sagte B: „Tu' mir einen Gefallen. Wenn du es bist, sagst du es mir dann?" Maharajji legte seine Hand auf B's Kopf.

Genau einen Monat bevor Maharajji seinen Körper verließ, sagte er zu einigen Devotees: „Mein Herz setzte letzte Nacht aus." Er sagte es zweimal, aber irgendjemand kicherte, was B ärgerte, so daß er der Sache nicht nachging. Dann sagte es Maharajji ein drittes Mal, aber es herrschte um ihn herum eine solche Betriebsamkeit, daß B nicht mit Maharajji darüber sprechen konnte. Dann mußte B eine Reise nach Europa antreten. Wenige Tage bevor Maharajji seinen Körper verließ, kehrte B zurück. Er wollte zum Darshan gehen, als ihm einfiel, daß er einem Mann versprochen hatte, ihm bei etwas zu helfen, und er sagte sich, wenn Maharajji Tausenden dienen könne, dann könne er selbst wohl dieser einen Person einen Dienst erweisen. Er begab sich zu diesem Mann und half ihm, anstatt zum Darshan zu gehen, und so sah er Maharajji vor dem Mahasamadhi nicht mehr.

राम

Am letzten Tag erlaubte Maharajji allen, seine Füße zu waschen und von dem verbleibenden Wasser so viel zu trinken, wie sie wollten. Er war sehr zufrieden. Dann sagte er: „Ich werde heute nicht gehen." Aber nachdem er eine halbe Stunde ausgeruht hatte, sagte er: „Nein, ich gehe doch. Holt das Auto." T sagte, er müsse Maharajji's Puls überprüfen, und Maharajji sagte: „Wirst du jetzt auch noch ein Arzt?" T suchte nach dem Puls und fand ihn nicht.

Er sagte zu Maharajji: „Maharajji, wenn das wieder ein Trick von dir ist . . ."

Maharajji erwiderte: „Na gut, aber nicht länger als fünfzehn Sekunden." Jetzt war der Puls völlig normal. An diesem letzten Tag war er sehr ausgelassen und fröhlich, ganz im Gegensatz zu anderen Gelegenheiten, wo er niemanden zu kennen schien, wenn er aufbrach.

T und D unterhielten sich und meinten: „Er ist einfach zu fröhlich. Das ist widersinnig."

Maharajji sagte: „Ihr freut euch auch, wenn ihr nach Hause geht."

राम

1971 oder 1972 bekam Maharajji eines Tages ein Tagebuch geschenkt. Von da an beschrieb er jeden Tag zwei Seiten mit „Ram" – राम राम राम राम . . ." Er bat darum, das Tagebuch in seinem Zimmer zu verwahren. Jeden Morgen ließ man ihn, während er in seinem Tagebuch schrieb, für eine Stunde allein. Am 9. September, seinem letzten Tag in Kainchi, beendete er die Eintragungen, setzte auf die nächste Seite das Datum des 10. September und schrieb „Ram" auf das Blatt. Dann schrieb er auf eine neue Seite das Datum des 11. September, ließ sie aber sonst leer. Dann gab er SM das Buch und sagte zu ihr: „Jetzt ist es dein Buch. Schreib' du darin."

राम

B hatte Maharajji bein Chanten auf Band aufgenommen, aber Maharajji sagte: „Das darfst du zwei Jahre lang niemandem vorspielen." Es war genau zwei Jahre vor seinem Tod.

Wenige Tage bevor Maharajji Kainchi verließ, sagte er zu SM: „Der Tempel muß im Innern des Ashrams stehen."

Sie sagte: „Du brauchst keinen weiteren Tempel. Du hast schon fünf Tempel hier." Er lachte nur. Jetzt füllt der Samadhi-Tempel den Hof aus, in dem die Westler immer Kirtan für Maharajji sangen.

Am Morgen des 8. September ließ Maharajji mich rufen, und wir unterhielten uns eine dreiviertel Stunde lang über verschiedene Themen. Dann sah ich ihn zusammen mit zwei oder drei anderen um vier Uhr wieder. Er sagte zu uns: „Alle, die in diese Welt kommen, müssen wieder gehen. Niemand darf hierbleiben. Alle müssen gehen. Wo sie dies doch wissen, warum machen die Menschen zur Zeit des Todes „Huuuuh, huuuuh (er täuschte einen großen Tränenausbruch vor)? Warum weinen sie? Sie sollten mit Freude gehen. Sie sollten lachen. Sie sollten nicht weinen." Nachdem er über andere Dinge gesprochen hatte, sagte er: „Nun werde ich gehen. Ich werde nicht hierbleiben, und ich werde auch niemandem mehr Darshan geben."

Ein Devotee sagte: „Maharajji, wo gehst du hin, daß wir dein Darshan nicht mehr haben können?"

„Oh, sehr weit! Sehr weit!" erwiderte Maharajji.

„Wohin?" fragte der Devotee wieder.

„Oh, dort . . . in die Nähe des Narmada-Flusses", sagte Maharajji. (Der Fluß Narmada entspringt in Amarkantak, nach der Überlieferung aus Shiva's Kehle.) Kurz danach traf der Busfahrer ein, um alle Leute abzuholen, die woanders wohnten. Ein Mann war gerade erst eingetroffen und bat um ein Darshan unter vier Augen, aber Maharajji sagte: „Baba Neem Karoli ist tot! Mit wem willst du jetzt noch sprechen?"

Der Mann lachte und sagte: „Gut, wenn du willst, dann gehe ich, aber ich werde morgen früh um acht wiederkommen und dann mit dir sprechen."

Maharajji sagte: „In Ordnung. Du kommst. Wenn ich lebe, werde ich mit dir sprechen."

Die Leute aus dem Westen hatten draußen auf dem Hof gesungen und stimmten gerade den traditionellen Begrüßungsruf an: „Sri Sri Sri One Thousand Eight Neem Karoli Baba Maharaj ki jai!" Drinnen kommentierte Maharajji: „Baba Neem Karoli ist tot! Nun werden ihre Stimmen bis dorthin reichen müssen." Er zeigte himmelwärts.

Maharajji sagte zu mir: „Dada, ich werde davonlaufen. Was bedeutet für einen Heiligen schon Verhaftung?"

Wenige Tage bevor er seinen Körper verließ, war im Ashram viel Betrieb. Er war dabei, alle zu jao'en. Ich war drüben bei Hanuman und sang eine Weile vor mich hin. Als ich mich umsah, hatten alle anderen den Tempel verlassen. Vielleicht waren sie alle gejao't worden, oder sie waren in den hinteren Teil des Ashrams gegangen – der Tempel jedenfalls war leer. Da erblickte ich Maharajji, der ganz allein dort saß. Ich ging zu ihm hin und machte Pranam, und er jao'te mich natürlich. Aber noch nie hatte ich ein so liebliches Jao zu hören bekommen. Es war das süßeste Jao der Welt. Er nannte mich „meine Tochter" – „hamari beti". Und seine Augen waren wie zwei Seen, die vor Liebe überflossen.

„Meine Tochter . . ." Ich konnte mich kaum erheben und brauchte einige Minuten, um auf die Füße zu kommen. Er sagte das Jao kein zweites Mal, er schenkte mir nur diesen alles durchdringenden Blick totalen Mitempfindens. Ich spürte, daß er während jener letzten paar Tage viel Karma auf sich nahm. Man konnte sehen, daß sein Gesicht von Schmerz gezeichnet war.

Es war seltsam in jenen letzten Tagen. Ein Inder kam immer wieder und machte Pujas, und beim Singen von Ram wurde er ohnmächtig. Eines Nachmittags war Maharajji im Zimmer des Mannes. Es waren so viele Leute versammelt, daß ich nicht richtig sehen konnte, was vor sich ging, aber ich hörte den Mann angstvoll schreien: „Nath! Nath (Herr! Herr)!" Warum, wußte ich nicht. Vielleicht hatte er eine Vorahnung dessen, was bald darauf geschehen sollte. Maharajji saß einfach nur da, während der Mann seine Schreie ausstieß. Du wußtest, daß etwas geschah, aber du hättest dir niemals eingestanden, was es eigentlich hätte bedeuten müssen.

Dwarka Sah fragte mich, ob ich beim letzten Darshan in Kainchi gewesen sei, und als ich verneinte, erzählte er mir ein wenig, wie er diesen Tag erlebt hatte. Nachdem sich Maharajji zum Ausruhen in sein „Büro" zurückgezogen hatte, schlief Dwarka, der sehr übermüdet war, draußen vor der Tür ein. Er wachte auf, als Maharajji plötzlich aus seinem Raum gestürzt kam. „Dwarka! Steh auf!" rief Maharajji und nahm ihn bei der Hand, und R, ein anderer Devotee, ergriff Maharajji's andere Hand. Die drei gingen gemeinsam zu Hanumanji's Tempel, wo Maharajji zwei Minuten lang mit gefalteten Händen Pranam machte. Dabei fiel seine Decke zu Boden, und Dwarka hob sie auf und legte sie Maharajji wieder um. Dann ging Maharajji zu Lakshmi-Narayan und anschließend zu Shiva, und er blieb wieder lange vor jedem Tempel stehen. Dann verließ er mit schnellen Schritten das Tempelgelände, und als er die Brücke überquerte, fiel seine Decke abermals zu Boden. Diesmal ließ er es nicht zu, daß man sie ihm wieder umlegte. Er stieg in ein wartendes Auto und nahm Ravi mit. Dwarka blieb zurück.

Im Sommer war ein ayurvedischer Arzt aus Delhi gekommen, um Maharajji zu besuchen und zwei Wochen in Kainchi zu bleiben. Noch bevor er überhaupt richtig ausgepackt hatte, schickte ihn Maharajji ohne Erklärung wieder nach Hause. Maharajji ließ fünf Kisten mit Äpfeln in das Auto des Mannes laden und sagte: „Fahr' sofort los." Der Mann war verwirrt und ärgerlich. Zuhause erwartete den Arzt die unverhoffte Gelegenheit, während der nächsten Woche, in der er ja eigentlich fort gewesen wäre, siebentausend Rupies zu verdienen. Aber er befürchtete, daß er sterben müsse, denn Maharajji hatte gesagt, daß er ihn nicht wiedersehen würde. Also verfügte er seinen letzten Willen und ordnete seine Verhältnisse. Als er dann im September hörte, daß Maharajji gestorben war, sagte er: „Gut." Als er später den Tempel besuchte, wurde er ohnmächtig, denn anstelle der Hanuman-Murti sah er Maharajji. Dies passierte ihm zweimal.

Beim letzten Gruppen-Darshan saß er auf seinem Tucket und schaukelte vor und zurück, als wolle er aufstehen, und wir dachten alle: „Oh nein, steh' nicht auf." Er lehnte sich wieder zurück, und wir dachten: „Ah, gut." Als er abermals Anstalten zum Aufstehen machte, dachten wir: „Oh, nein, geh' noch nicht." Er setzte sich wieder, und man konnte deutlich die allgemeine Erleichterung spüren – „Oh, gut, er bleibt noch ein wenig!" Es war ein langes Darshan. Als er endlich aufstand und ging, waren seine Bewegungen sehr zögernd. Und ich erinnere mich, daß wir nach diesem Darshan alle geradezu erschöpft waren.

Nach diesem Darshan schwenkt der Blick durch Draupadi's Filmkamera hinauf in den Himmel, zum höchsten Punkt der Tempel, und gibt dem Sinnbild Ausdruck, mit dem wir alle zurückbleiben. Du wolltest nur deine Hände nach oben strecken. Es war ein Gefühl intensiver Freude und gleichzeitig auch großer Erschöpfung. Danach war es sehr, sehr still. Ich schlief sonst nachmittags kaum, aber diesmal fielen uns allen die Augen zu. Wir wachten auf und stellten fest, daß Maharajji gegangen war. Ich glaube, Janaki hatte noch gesehen, wie er vor den Murtis Pranam machte, bevor er aufbrach.

NACH MAHARAJJI'S Tod in Vrindaban wurde sein Körper auf der Veranda des Ashrams auf einen großen Eisblock gelegt. Am Abend wurde er in eine Sänfte gebettet und auf einem Auto durch die Straßen gefahren. Tausende sahen der Prozession zu, die von der dazugehörigen Blaskapelle und den Prozessionslichtern begleitet wurde. Ungefähr um neun Uhr abends legte man Maharajji's Körper im Hof des Tempels auf dem Scheiterhaufen nieder.

Übersetzung aus der Vrindabaner Zeitung vom 12. September 1973: Die Feier der Einäscherung des irdischen Körpers des berühmten und „wunderwirkenden" Heiligen Baba von Neem Karoli wurde mit allen religiösen Zeremonien auf seinem Wohnsitz gegenüber dem Sri-Hanuman-Tempel vollzogen.

Auf dem Weg von Agra nach Nainital hatte er plötzliches Unwohlsein verspürt und war kurze Zeit später an Herzversagen gestorben.

Vor der Einäscherung wurde der Leichnahm des Baba auf einem geschmückten Wagen in einer Prozession durch die Stadt gefahren. Die Frage, an welchem Ort die letzten Riten vollzogen werden sollten, wurde entschieden von Pagal Baba (Sri Lila Nand Thakur), welcher äußerte, daß Vrindaban die Königin unter den heiligen Stätten sei. Weiterhin sagte er, daß es keinen besseren Platz als diesen geben könne. Eine alte Mutter, die aus dem Ashram in Kainchi gekommen war, hatte verlangt, daß die Verbrennung entweder in Kainchi oder in Haridwar stattfinden solle. Die Flammen des Scheiterhaufens verloschen nicht vor drei Uhr morgens. Bis dahin hatte sich eine große Zahl von Devotees eingefunden, um dem Baba ein letztes Mal zu huldigen. Tiefe Trauer herrschte im Ashram, und ununterbrochen trafen Devotees ein.

Der Präsident des Gesamtindischen Kongress-Ausschusses, Dr. S. D. Sharma, traf um sechs Uhr in Vrindaban ein und verweilte längere Zeit sitzend neben der Verbrennungsstätte. Er ist seit 1957 ein Devotee des Baba gewesen. Er beauftragte die Bewohner des Ashrams mit der Sammlung aller Schriften, die sich auf das Leben und Wirken des Baba beziehen. Weiterhin hat sich ein Komitee zusammengefunden. Als Datum für das gemeinschaftliche Mahl wurde der 22. September festgesetzt. Die Asche wurde nicht in die Yamuna gestreut. Sie soll in seinen Samadhis beigesetzt werden. Ein Teil der Aschenreste wurde aufbewahrt, um in die Erde verschiedener Pilgerorte eingescharrt zu werden.

Über das Alter des Baba herrscht Uneinigkeit. Es heißt, daß sich sein Alter möglicherweise auf 250 bis 300 Jahre belaufe.

Die Einwohner Vrindabans waren immer gegen ihn. Sie nannten ihn stets „Chamatkari Baba (Wundermann)".

Als seine amerikanischen Devotees von seinem Tod erfuhren, trafen zahlreiche Telefonanrufe aus diesem Land ein.

Hohe Beamte Indiens kommen gegenwärtig nach Vrindaban, um dem Baba zu huldigen.

In irgendeiner Weise hatte er uns betäubt. Wir kamen ungefähr um acht Uhr abends in Vrindaban an, als man von der parikrama (Prozession durch Vrindaban) zurückkehrte. Ich sah seinen Körper auf dem Dach des Wagens. Man hob ihn herunter, damit ihn alle ein letztes Mal sehen konnten, bevor er auf den Scheiterhaufen gelegt wurde. Wir gingen alle an ihm vorbei und berührten seine Füße. Irgendwie erschien alles sehr weit weg. Man empfand gar nicht, daß sich irgendetwas verändert hatte – was auch immer mit seinem Körper geschehen war, es erschien unwirklich.

Ich glaube, er versetzte uns einfach in diese Art von Betäubung. Du warst schrecklich traurig und weintest, aber ein Teil von dir konnte es einfach nicht glauben. Erst nach einiger Zeit kam dir langsam zu Bewußtsein, daß, obwohl Maharajji noch immer bei uns ist, sein Körper uns verlassen hat. Damals war aber schon der Gedanke daran, daß sein Körper nicht mehr vorhanden sei, etwas Unwirkliches.

Für die Prozession durch die Straßen war Maharajji's Körper auf den Gepäckträger eines 1955er Plymouth gebettet und mit Blumen bedeckt worden. Als der Wagen die engen Gassen passierte, warfen die Leute Geldstücke aus den Fenstern der Häuser. Kinder liefen hinter dem Wagen her und fingen die Münzen oder hoben sie vom Boden auf. Eine Kapelle machte laute Musik. Wir waren inmitten dieses Durcheinanders wie betäubt. Aber als das Auto an uns vorüberfuhr, bemerkten wir auf dem rechten Rückfenster drei Abziehbilder: Eines von Micky Maus, eins von Donald Duck und eins von Goofy. Bei ihrem Anblick bekam alles für uns eine ganz andere Bedeutung. Wir erinnerten uns daran, daß unser Freund Wavy Gravy immer gesagt hatte, der Tod sei Donald Duck. Es schien Maharajji's geheime Botschaft an uns zu sein.

Ein alter Devotee saß die ganze Nacht hindurch neben dem Feuer, das Maharajji's Körper verzehrte, und sang aus Leibeskräften „Sri Ram, Jai Ram". Er sah Maharajji zusammen mit Ram und Shiva über dem Feuer sitzen. Die beiden gossen Ghee auf Maharajji's Kopf, damit er besser brannte, während all die Devas (Götter) Blumen herabregnen ließen. Alle waren so glücklich!

Eine Ma sah, wie Maharajji sich im Feuer aufrichtete und sie anschaute, wobei er sich in seiner charakteristischen Weise auf seinen Ellenbogen stützte.

Es war nicht der erste Tod eines mir nahestehenden Menschen, den ich miterlebte, aber es war diesmal etwas ganz anderes. Maharajji's Gegenwart war viel stärker zu spüren. Wir hatten an diesem Abend und auch in der folgenden Nacht an der Parikrama in Vrindaban teilgenommen, aber wir waren irgendwie in einem Schwebezustand. Ich konnte weder essen noch schlafen. Es war ein merkwürdiges Gefühl. Ich lief herum und wartete darauf, daß er wieder zurückkommen werde, daß er die Straße herunterkommen oder auf seinem Tucket sitzen werde.

S sagte, es sei Maharajji's Lila gewesen, daß niemand, der zur Zeit seines Todes bei ihm war, erkannt habe, daß er nur mit echter, aufrichtiger Hingabe zu ihm hätte sagen brauchen: „Steh' auf, Maharajji, du bist nicht tot", und er hätte sich erhoben.

DIE NACHRICHT VON Maharajji's Tod erreichte jene von uns, die Indien verlassen hatten, sehr rasch, und wir reagierten darauf so unterschiedlich wie auf jedes andere Element seiner Lila auch.

Den Sommer 1973 verbrachte ich auf der Farm meines Vaters in New Hampshire, und dort befand ich mich auch im September, als das Telegramm eintraf. Mein Vater und meine Stiefmutter kamen mir mit besorgter Miene entgegen, als ich von einem Einkauf im Dorf zurückkehrte. Dad sagte: „Das Telegramm hier kam gerade aus Indien. Ich verstehe es nicht, aber ich habe es Wort für Wort aufgeschrieben, wie es durch's Telefon kam."

„Am 11. September um 1:15 verließ Babaji seinen bojhay (fälschlich wiedergegeben) in Vrindaban. . ." Weitere Details folgten. Mein Vater fragte: „Was bedeutet das?"

„Es bedeutet", sagte ich, „daß Maharajji gestorben ist."

Beide versuchten sofort, mich zu trösten oder doch wenigstens Mitleid mit mir zu haben, aber ihre Worte erschienen mir seltsamerweise irrelevant, denn ich fühlte absolut nichts – weder Trauer noch Freude. Ich empfand keinen Verlust. Vielleicht war ich einfach wie betäubt. Ein Mann und eine Frau, die Schwierigkeiten in der Ehe hatten, warteten auf mich, und ich setzte mich zu ihnen und half ihnen dabei, den verschlungenen Faden ihrer Liebe und ihres Hasses zu entwirren. In der Diskussion schweiften meine Gedanken hin und wieder ab, und ich dachte: „Maharajji ist nicht in seinem Körper. Ist das nicht merkwürdig?" oder „Was wird wohl jetzt geschehen?" Aber ich schob diese Gedanken beiseite und konzentrierte meine Aufmerksamkeit wieder auf die momentane Aufgabe, denn was auch passieren sollte, es bestand kein Grund, anderen nicht mehr zu dienen.

Ich erinnerte mich an diesem Tag und oftmals danach an die Worte des großen Ramana Maharshi. Er starb an Krebs, und sein Leben hatte gezeigt, daß er die Kraft hatte, andere zu heilen. Nun flehten ihn seine Devotees an, daß er sich selbst heilen möge. Er weigerte sich beharrlich, und sie weinten: „Verlaß uns nicht, laß uns nicht allein", worauf er erwiderte: „Seid nicht albern. Wohin könnte ich denn gehen?"

Wohin konnte Maharajji am Ende gehen? Ich hatte ihn in meinem Herzen. In jedem einzelnen Moment hatte ich mit ihm gelebt, auch ohne in seiner physischen Gegenwart zu sein - machte es nun also irgendeinen Unterschied? Ich war mir nicht ganz klar darüber.

Als das Paar ging, begann ich damit, andere Devotees in den Vereinigten Staaten und in Kanada anzurufen und sie zu bitten, die Nachricht weiterzugeben. Wir vereinbarten, daß sich alle, die in einem Umkreis von etwa 600 Kilometern wohnten, bei mir in New Hampshire treffen sollten. Bis zum nächsten Nachmittag hatten sich ungefähr zwanzig von uns zusammengefunden. Es war ein eigentümliches Treffen. Wir waren alle irgendwie perplex durch die Nachricht, und viele weinten, aber gleichzeitig waren wir glücklich darüber, zusammenzusein, und spürten sehr intensiv Maharajji's Anwesenheit. Wir bereiteten ein großes Mahl, saßen um das Feuer herum und aßen. Vorher aber gingen wir hinauf in mein Zimmer und setzten uns vor den Puja-Tisch, um zu meditieren und Arti zu machen.

Während wir das alte Sanskrit-Gebet sangen, boten wir abwechselnd das Licht (in Form einer Kerzenflamme) dar, indem wir es vor Maharajji's Bild hin und her bewegten. Nachdem die Reihe an mir gewesen war, setzte ich mich nach hinten und sah zu. Im Widerschein des Kerzenlichts betrachtete ich die Gesichter meiner Guru-Brüder und Guru-Schwestern und sah in ihnen den Ausdruck ihrer Liebe und der Reinheit ihrer Herzen. Und endlich war ich fähig zu weinen – nicht aus Traurigkeit über den Verlust, sondern angesichts der Gegenwart dieser reinen und vollkommenen Liebe, die Maharajji ist, und die ich in dieser Zusammenkunft der Herzen spürte. (R.D.)

Meine Reaktionen auf die Nachricht wechselten in rascher Folge. Eine von ihnen war ziemlich seltsam: „Oh, armer Maharajji." Meine allererste Reaktion war Kummer, der sofort von der Erkenntnis verdrängt wurde, daß sich ja nichts verändert habe (Kummer worüber?). Dann durchlief ich alle anderen Reaktionen wie „Worum geht es überhaupt? Wenn er nicht in seinem Körper ist, warum bin ich es dann? Warum spiele ich immernoch dieses Spiel, das doch nur ihn zum Mittelpunkt hat. Wenn er gegangen ist, will ich auch nicht mehr weiterspielen."

Als er seinen Körper verließ, war ich weit weg, irgendwo in den Wäldern am Mount Shasta. Ich war dort mit einer anderen Person zusammen, die ich beim Darshan kennengelernt hatte. Als Maharajji seinen Körper verließ, verbreitete sich die Nachricht schnell, und wir erfuhren alle davon. Der Mann war in die Stadt gegangen, um jemanden anzurufen, hatte es erfahren und kam zurück, um es mir zu erzählen, obwohl ich irgendwo tief im Wald steckte. Ich habe mit einer Menge anderer Leute *gesprochen, die zu dieser Zeit in Amerika waren, und überall war es ähnlich gewesen: Wo sie sich auch aufhielten, die Nachricht erreichte sie fast im Handumdrehen.*

In jenem Sommer reiste ich im Land umher, um mich nach meiner Rückkehr nach Amerika wieder zu orientieren. Am ersten September kam ich aus British Columbia nach San Francisco und besuchte meine Sufi-Familie, die ich aus früheren Jahren in Kalifornien kannte. Nach ein oder zwei Tagen begann ich mich krank zu fühlen und glaubte schon, daß meine Hepatitis zurückgekehrt sei, die mich aus Indien vertrieben hatte. Aber ich hatte kein Fieber, keinen Anflug von Gelbsucht, einfach nichts – es ging mir nur sehr schlecht. Da Saul dort wohnte, der ein hakim *(Heiler) war, wurde ich liebevoll gepflegt und ins Bett gesteckt. Nach ungefähr einer Woche verschwand meine „Krankheit" wieder, auf diesselbe rätselhafte Weise. Zwei Tage später rief eine befreundete* Gurubahin *(Guru-Schwester) an. „Es tut mir leid, es dir sagen zu müssen", sagte sie. „Maharajji hat seinen Körper verlassen."*

Ich fühlte in diesem Augenblick nur Entrüstung und Erheiterung – er ist wieder davongelaufen! „Dieser Ficker!" war alles, was ich sagen konnte.

Als ich den Hörer auflegte, trat Saul durch die Haustür. „Maharajji hat seinen Körper verlassen", verkündete ich ihm.

„Gelobt sei Gott!" rief er und warf seine Arme um mich.

Es ist schwer zu erklären, wie die Nachricht auf mich wirkte. So ähnlich fühlt man sich vielleicht, wenn man in Indien ausgeraubt wird: Anstatt bestürzt oder ärgerlich oder traurig zu sein, ist man erleichtert, denn dadurch wird es einem möglich, etwas Geschehenes zu akzeptieren. Später stellten sich dann andere Empfindungen ein.

Bevor er seinen Körper verließ, hatte ich in Vrindaban ein sehr intensives Erlebnis, als Maharajji alle fortschickte. Ehe das Jao kam, erklärte er, daß wir alle nur einen Tontopf anbeteten. „Was wird sein, wenn der Tontopf zerbricht?" fragte er. Er schickte uns alle an verschiedene Orte, die Leute weinten, und ich spürte, daß Maharajji sich einfach aus dem Staub machen wollte, daß er fertig war mit seinem Körper. Ich war schon darauf gefaßt, daß es noch an diesem Tag passieren würde, und als es dann geschah, war ich daher nicht überrascht. Es war zu machtvoll, als daß ich darauf äußerlich hätte reagieren können.

DIE EINÄSCHERUNG von Maharajji's Körper folgte so schnell auf sein Ableben, daß nur wenige Devotees es schafften, rechtzeitig einzutreffen. Viele von ihnen wollten deshalb an dem Bhandara teilnehmen, der nach elf Tagen in Vrindaban abgehalten werden sollte. Ungefähr dreißig Westler entschlossen sich, nach Indien zu fliegen, um dieser und einer weiteren Zeremonie beizuwohnen, bei der ein Teil der Asche im Ashram von Kainchi beigesetzt werden sollte.

In Vrindaban hatten sich schon Hunderte versammelt, als wir aus Amerika eintrafen. Die Unerschöpflichkeit der Liebe und Offenheit all dieser Devotees war ehrfurchtgebietend. All die kleinlichen Meinungsverschiedenheiten zwischen den Devotees aus den Bergen und denen aus dem Flachland waren vergessen, und ebenso war es mit den Differenzen zwischen Ost und West. All die Eifersüchteleien und Zwistigkeiten, deren Trivialität uns Maharajji, indem er sie bei jedem Anlaß entfachte und zuspitzte, wieder und wieder in seinem großen Spiegel zeigte, waren in diesem Moment spurlos verschwunden. Wir teilten einen gemeinsamen Verlust, und, was wichtiger war, wir wurden uns des Vorrechts bewußt, das uns allen gewährt worden war, indem wir Gottes unverhülltes Darshan auf Erden empfangen durften (R.D.)

Eines der bemerkenswertesten Ereignisse war die Totenfeier, die letzte vedische Zeremonie. Sie erfolgt elf Tage nach dem Tod, denn nach der Überlieferung hat die Seele in dieser Zeit alle bardos *(Ebenen der Existenz) durchlaufen und ist frei.*

Der ganze Hof war mit Zelten übersät, und an einer Seite hatte man eine kleine Plattform errichtet, auf der das heilige Feuer entzündet werden sollte. Als man gerade dabei war, es zu entfachen, erschien am strahlend blauen Himmel im Osten eine große schwarze Wolke. Und sie näherte sich rasch. Während sie herankam, frischte der Wind auf, und die Zeltwände begannen zu flattern. Ich erinnere mich, daß ich in diesem Moment dachte: „Maharajji, wenn das ein Zeichen von dir ist, dann ist das einfach noch nicht genug." Denn in welcher anderen Form er auch kommen mochte – ich wollte das totale Eintauchen, das totale Darshan.

Die Wolke kam immer näher, und der Wind wurde immer stärker, und plötzlich toste um uns herum ein gewaltiger Sturm! Die Zeltbahnen rissen auseinander, die Stützpfähle brachen, das heilige Feuer loderte hoch empor. Es war so aufregend, so ekstatisch, daß die Leute Luftsprünge machten, einander umarmten und weinten. Alle begriffen sehr schnell, daß es Maharajji's Segen war. Als der Sturm dann vorüber war und das Bhandara weitergehen sollte, war ich in einem solchen Zustand der Erregung, daß ich nach hinten in einen der Räume rannte. Ich weiß nicht, was ich dort wollte, aber als ich in das Zimmer stürzte, weckte ich Molly Scott auf. Sie war erst kurz zuvor eingetroffen und hatte Maharajji nie zu Lebzeiten gesehen. Im Rausch der Begeisterung stürmte ich hinein und weckte sie auf. Sie erzählte mir später, daß ihr nach diesem Erwachen ein vollständiges Lied, Melodie und Text, zu Bewußtsein gekommen sei. „Einen Tod gibt es nicht. Überall umgibst du mich. Mit dem Atem trittst du ein, ohne dich werd' ich nie sein. In der Blume und im Kind, Sturm und Regen, und im Wind, meinem Herzen, meinem Sinn (usw. – jede Strophe ist anders) – wirst von neuem du geboren, wirst von neuem du geboren." Das ist das Lied, das aus dem Sturm kam.

MAHARAJJI HATTE mit uns so oft über den Tod gesprochen, daß es nun seine eigenen Worte waren, mit denen wir arbeiten konnten.

SOLANGE DIE ZEIT NOCH NICHT GEKOMMEN IST, KANN MAN AUCH NICHT STERBEN.

DER KÖRPER VERGEHT WIEDER. NICHTS IST VON DAUER AUSSER DER LIEBE GOTTES.

Maharajji sagte immer, daß der Körper verbrannt werden solle, denn dadurch werde die Sehnsucht der Seele, in den Körper zurückzukehren, auf ein Minimum reduziert. Der letzte Besitz sei dann weggegeben worden.

Maharajji fragte einen Devotee: „Was ist dieser Körper? Woraus ist er gemacht? Was passiert, wenn du stirbst?" Dann beantwortete er seine eigenen Fragen: „Der Körper besteht aus fünf Elementen. Der Körper stirbt, die Seele nicht. Atman, der wirkliche Mensch, stirbt nicht."

WARUM HAST DU SOVIEL EGO?
EINES TAGES WIRST DU DIESE WELT VERLASSEN MÜSSEN UND EINS MIT DER ERDE WERDEN.

Maharajji zitiert Kabir

In bezug auf seinen Tod sagte Maharajji: „Wenn die Zeit gekommen ist." Aber manchmal sagte er auch: „Ich werde sterben? Niemals! Ich sterbe nicht."

VIELE GESCHICHTEN handelten auch davon, in welcher Weise Maharajji früher den Tod eines Devotees vorhergesagt oder auf ihn reagiert hatte.

Maharajji sagte, daß eine Frau in Almora sterben werde, aber der Arzt, auch ein Devotee, behauptete, sie sei bei guter Gesundheit. Maharajji und der Arzt gingen zum Mittagessen zu der Frau. Sie ging während der Mahlzeit in die Küche und starb an einem Erstickungsanfall. Maharajji weinte sehr lange.

Maharajji und Herr Tewari standen auf dem Wall von Hanuman Garh und unterhielten sich. Maharajji schaute nach oben, schloß für einen Moment die Augen und sagte zu Tewari, daß soeben eine alte Frau, eine Devotee, unten im Flachland gestorben sei. Dann kicherte er und begann zu lachen. Tewari, der Maharajji seit vielen Jahren kannte, prallte zurück und sagte: „Du Schlächter! Wie kannst du über den Tod eines Menschen lachen?" Maharajji sah ihn überrascht an und sagte: „Hättest du es lieber, wenn ich so täte, als sei ich eine der Marionetten?"

Einmal sagte Maharajji, daß wir uns auf einer langen Reise befinden, die durch viele Geburten führt. In jeder Geburt ist es vorherbestimmt, mit welchen Menschen wir zusammentreffen.

Auch wie lange du mit einer Person verbunden bist, ist vorherbestimmt. Daher solltest du dich nicht an eine andere Person klammern und auch nicht traurig sein, wenn du sie verlierst. Erkenne, daß ihr eines Tages getrennt werdet, dann wirst du jenes Schmerzgefühl vermeiden.

Maharajji saß mit einigen Devotees zusammen, als er plötzlich fragte: „Wer ist gekommen?"

„Niemand, Maharajji."

„Doch, es ist jemand gekommen."

Einen Augenblick später traf der Diener eines Devotees ein. Bevor der Mann etwas sagen konnte, sagte Maharajji: „Ich weiß, daß er krank ist, aber ich werde nicht kommen." Der Diener war verblüfft, denn sein Herr war erst vor wenigen Minuten erkrankt und hatte ihn losgeschickt, um Maharajji zu holen. Alle redeten auf Maharajji ein, er möge doch zu ihm gehen, aber er weigerte sich eisern. Schließlich sagte er: „Hier, bring' ihm diese Banane. Es wird ihm besser gehen." Der Diener eilte mit der Banane nach Hause, denn es war bekannt, mit welcher Kraft Maharajji eine Frucht oft ausstattete. Man zerdrückte die Banane und fütterte den Mann damit. Sobald er den letzten Bissen hinuntergeschluckt hatte, starb er.

Eine Frau brachte Maharajji zu ihrem bewußtlosen Mann und bat ihn, er möge seine Hände auf den Kopf ihres Mannes legen. Maharajji zögerte und fragte, was sie denn wolle.

„Deinen Segen!" erwiderte sie.

„Du willst, daß ich einen Segen gebe?" Er wiederholte diese Frage dreimal, als wolle er Zeit gewinnen. „Mutter will, daß ich einen Segen gebe. Was soll ich tun?" fragte er einen danebenstehenden Devotee. Der Devotee redete ihm zu, er möge den Segen geben. „Gut, ich werde Segen geben." Maharajji erhob sich von seinem Stuhl. In diesem Moment gingen alle Lampen aus, und im ganzen Haus wurde es dunkel. Die Frau eilte fort, um eine Laterne zu holen. Maharajji wandte sich an den Devotee und sagte: „Wenn Gott diesem Haus Dunkelheit gegeben hat, wie kann ich da Licht geben?" Dann lief er aus dem Haus. Die Frau erwischte ihn noch. Er sagte: „Ich

komme wieder, ich komme wieder." Und er ging. Der Mann starb in der folgenden Nacht. Noch nie hatte Maharajji so viele Anstalten gemacht, bevor er einen Segen gab. Der Tod war dem Mann bestimmt gewesen, und seine Frau hatte Maharajji zu einem Segen zwingen wollen, damit er weiterleben konnte.

Ein alter Waldarbeiter kam schluchzend zu Maharajji und sagte: „Mein Sohn ist gestorben, und was hast du getan?" Maharajji sagte, daß der Sohn Krebs gehabt habe und daß es Gottes Wille gewesen sei. „Aber du hättest ihn retten können", sagte der Mann.

„Was Gott will, muß geschehen", sagte Maharajji. Der Mann ging, und Maharajji sagte: „Wenn jemand falsch gehandelt hat, muß das Karma sich in der Wiederkehr auswirken – es kann der Vater sein oder seine Kinder, aber irgendjemand muß bezahlen."

MAHARAJI MACHTE hinsichtlich seiner Weigerung, in das Karma von Sterbenden einzugreifen, anscheinend manchmal eine Ausnahme.

Spät in der Nacht saß ich mit Maharajji in der Nähe des Bhumiadhar-Tempels am Straßenrand, als ein sehr fremd aussehender, mit Lumpen und Asche bedeckter Mann die Straße entlangkam. Er begann, laut auf Maharajji zu schimpfen, deshalb dachte ich, er müsse betrunken sein. Er beschuldigte Maharajji, er würde seine Devotees zu sehr unter seinen Schutz nehmen. „Diesmal", rief er, „bist du zu weit gegangen! In sechs Tagen werde ich ihn bekommen." Maharajji erschien sehr aufgeregt und sagte, ich solle zum Tempel gehen und Essen für den Fremden holen. Ich rannte los, und als ich zurückkam, überquerte der Mann die Straße und schien sich in Luft aufzulösen und zu verschwinden. Maharajji rief: „Sieh nach, wo er ist! Sieh nach, wohin er gegangen ist!" Aber ich konnte ihn nirgends finden. Dann sagte Maharajji, der Fremde sei der Tod gewesen. Sechs Tage später starb einer von Maharajji's engsten Devotees.

UND DOCH HATTE er selbst es gewählt, so zu sterben, wie er gelebt hatte – in einer Weise, die es noch einmal bestätigte – als niemand besonderes.

Er lebte immer im Einklang mit der Natur. Ein kleines Kind bleibt zuhause, ein junger Mann zieht umher, ein alter Mann bleibt zuhause. Er lebte nach den Gesetzen der Natur. Wenn er es wollte, konnte er sie außer Kraft setzen, aber ich glaube nicht, daß er es bei sich selbst tat. Wenn er krank war, bat er um Medizin; wenn er müde war, ruhte er sich aus. Als er alt wurde, starb er.

Vishnu Hubmann

Vishnu Hubmann

Danach

Maharajji fuhr zum Shirdi Sai Baba-Tempel nach Madras. Still saß er da. Eine Frau, die ein Baby im Arm hatte, saß weinend vor einem Bild Shirdi Sai Baba's, der seinen Körper viele Jahre zuvor verlassen hatte. Maharajji sagte: „Weißt du, was sie macht? Sie bittet ihn darum, ihr Kind zu heilen, und er wird es tun, denn ein Guru läßt seine Devotees nicht im Stich. Ein Guru ist unzerstörbar, unsterblich und immun gegen Alter und Tod."

WIR DEVOTEES, die wir Maharajji kannten und vertraut mit seiner Lila waren, sind uns keineswegs genau im Klaren darüber, was am 11. September geschah. Wir wissen, daß man einen Körper verbrannte, aber wir sind nicht sicher, welcher von Maharajji's Körpern es war. Vielleicht hatte er nur einen seiner Gedanken Gestalt werden lassen, so daß sie verbrannt werden konnte. Er hatte uns ja gezeigt, in bezug auf ihn weder unseren Sinnen noch unserem Verstand zu trauen, und wir haben unsere Lektion gelernt. Nun hüten wir uns sogar davor, die Realität eines eingeäscherten Körpers zu akzeptieren. So sind viele von uns nicht allzusehr überrascht, wenn Geschichten auftauchen, die darauf hindeuten, daß es alles nicht so ist wie es scheint.

Einige Wochen nach Maharajji's Mahasamadhi besuchte ein Fremder den Hanuman-Tempel in Lucknow. Er fragte den Priester nach den Perlen, die dieser um den Hals trug, und der Priester erwiderte, daß es Tulsi-Perlen seien, die er von Maharajji bekommen habe. Der Fremde sagte, daß er Maharajji kenne und ihn für eine große Seele halte. Er bat darum, den Ashram besichtigen zu dürfen, und als sie den

Schlafraum betraten, der immernoch für Maharajji hergerichtet war, zeigte der Mann auf die Urne auf dem Bett und erkundigte sich nach ihr. Der Priester merkte, daß der Mann von Maharajji's Mahasamadhi nichts wußte. Er erklärte ihm, daß die Urne einen Teil der Asche Maharajji's enthalte. Der Mann war schockiert und meinte, daß das unmöglich sei, da er Maharajji erst vor wenigen Tagen in Amarkantak gesehen habe. Er sagte, daß Maharajji nur eine Sackleinwand um die Hüften getragen habe und sonst nichts. Maharajji habe ihm erzählt, daß er seine Decke in Kainchi zurückgelassen habe und seitdem auch keine teuren Dhotis mehr trage. Er habe gesagt, daß Ashrams Gefängnisse seien und nur dazu führen würden, daß sich Verhaftungen in den Geist der Sadhus einschleichen, die ihren Geist aber doch von Verhaftungen gereinigt haben sollten. Er sei von den Ashrams fortgelaufen und werde nie wieder zurückkehren. Er werde von jetzt an im Dschungel leben und genug Zeit haben, um ungestört singen und beten zu können.

Der Priester war fassungslos angesichts dieser Enthüllungen. Als er sich dem Fremden einen Moment später wieder zuwenden und ihm eine Frage stellen wollte, stellte er fest, daß der Mann verschwunden war.

Maharajji sagte vor zwei oder drei Jahren, daß er mir drei Dinge bringen werde. Aber er tat es nicht, und ich erinnerte ihn nie daran, denn er weiß, was er tut. Ich stellte ihm nie Fragen. Was er auch für mich tat, er tat es von selbst. Die drei Dinge, die er mir geben wollte, waren Rudraksha-Perlen aus Pashupatinath, ein Shiv-Lingam vom Narmada-Fluß und eine besondere Muschel.

Nach Maharajji's Tod kam ein Sadhu zu mir und brachte mir diese Dinge. Er sagte: „Das soll ich dir geben." Dieser junge Sadhu kam dreimal. Beim dritten Mal erklärte er: „Alles geschieht nach den Anordnungen von Baba Neem Karoli!" Außer bei diesen drei Besuchen habe ich ihn nie gesehen, und er kam auch nie in ein anderes Haus.

Ich forschte nicht nach dem Sadhu und erkundigte mich nicht nach ihm. Wenn wir uns erkundigen, bedeutet es, daß wir neugierig sind und etwas wollen, und das ist nicht unsere Aufgabe. Maharajji weiß, was er tut. Der Sadhu kam zu mir und löste die Versprechung ein, die Maharajji mir gemacht hatte. Ich vermute, daß er es selbst war. Seitdem bin ich davon überzeugt, daß er bei mir ist.

Du und ich, wir denken an etwas, und eine dritte Person führt den Gedanken aus. Wie ist das möglich? Diese Kraft wirkt tatsächlich. Der Sadhu konnte höchstens einundzwanzig oder zweiundzwanzig Jahre alt sein. Das letzte Mal kam er vor zehn Tagen, in den Morgenstunden. Ein großes Feuer war ausgebrochen, und ich rannte den Weg hinunter, als er mir entgegenkam. Er setzte sich in mein Büro und ließ sich Tee bringen. Ich sprach von dem Feuer, aber er ließ mich nicht gehen, obwohl die Rauchwolke vom Haus aus zu sehen war.

Ich erzählte dem Sadhu, daß Maharajji sich stets genauso benommen habe. Er senkte den Kopf und lächelte. Ich dachte, daß er höchstwahrscheinlich Maharajji selbst war und aus diesem Grunde lächelte. Ich sagte, daß ich zum Feuer müsse, aber er gab mir nicht die Erlaubnis. Dann sagte er zu mir: „Ich habe Pawanasuta (ein Name Hanuman's) hingeschickt. Er wird es bändigen. Hanumanji ist dort. Mach' dir keine Sorgen." Nach ungefähr fünfundzwanzig Minuten war das Feuer gelöscht. Er sagte: „Du kannst gehen, wenn du willst, aber das Feuer brennt nicht mehr." Ich ging hin, und er schlug eine andere Richtung ein. Das Feuer war verloschen.

Er war auch vor dem Kumbha Mela zu mir gekommen und hatte gesagt, daß ich nach dem Mela Darshan empfangen werde. Er trug Hanumanji's Kleidung (rot) – eine Dhoti und eine kleine Decke. Ich sagte, wenn Maharajji mir Darshan geben wolle, dann müsse er mir sagen, daß er es sei. Maharajji habe nie etwas vor mir geheimgehalten. Endlich enthüllte ich meine Schlußfolgerungen, und der Sadhu sagte: „Alles geschieht nach seinen Anweisungen." Wenn er es ist, sollte er es bekennen.

Eine Familie pflegte den Brauch, Khir zu bereiten und in einen kleinen Raum vor das Bild Maharajji's zu stellen. Einmal, vor mehreren Jahren, hatte die Nichte entdeckt, daß Khir von Maharajji's Mund auf dem Bild heruntertropfte. Einige Zeit nachdem er seinen Körper verlassen hatte, wurde wieder Khir zubereitet und vor das Bild gestellt. Später stellte die Familie fest, daß drei Viertel des Puddings verschwunden waren und der Löffel benutzt worden war. Der Raum liegt so, daß ihn niemand ohne ihr Wissen hätte betreten können.

Ein junger Mann aus Masiribhad kam weinend zu uns, und als wir mit ihm sprachen, sagte er, er habe soeben erfahren, daß Maharajji vor zwei Jahren seinen Körper verlassen habe. Er konnte aber nicht verstehen, daß es schon zwei Jahre her sein sollte, da Maharajji erst vor drei Monaten die Hochzeit seiner Tochter arrangiert habe und dann auch an der Hochzeit teilgenommen habe.

Dada machte jeden Tag vor Maharajji Puja, indem er auf Maharajji's Tucket eine einzigartige Opfergabe aus Blumen ausbreitete. Oftmals, wenn die Puja zugerichtet und das Zimmer geräumt ist und Dada zurückkehrt, findet er auf der Bettdecke die Vertiefungen von Fußabdrücken und irgendwelche Unordnung vor. Maharajji ist gekommen und hat die Opfergabe der Liebe angenommen.

Eine Devotee spürte an Ram's Geburtstag während des Lesens in der Ramayana Maharajji's Gegenwart. Als sie das Buch am nächsten Tag öffnete, war der Name Ram hineingeschrieben worden, genau dort, wo Shiva zu Uma (seiner Gemahlin) sagt: „Außer dem Namen des Herrn ist alles Illusion."

Im August 1977 ging ich zu Fuß von Kainchi nach Nainital, da die Straße durch Regenfälle an mehreren Stellen durch einen Erdrutsch blockiert war. Als ich eintraf, erzählte mir Siddhi Ma, daß ein Baba dagewesen sei, der Maharajji in seinem Benehmen und seiner Redeweise sehr geähnelt habe und auch eine ähnliche Ausstrahlung gehabt hätte wie er. Er sei etwa sechzig Jahre alt gewesen und sehr groß, weit über einen Meter achzig, und erst vor einer Viertelstunde sei er gegangen.

Ich blieb kurze Zeit in Kainchi und verließ mich darauf, eine Mitfahrgelegenheit zurück nach Nainital zu bekommen. Maharajji hatte mich nach Kainchi gebracht, und er brachte mich sicherlich auch zurück. Als ich vor dem Tor stand, nahm mich ein weißes Auto mit. Nach kaum drei Kilometern begegneten wir einem großen Sadhu. Ich ließ den Fahrer anhalten und berührte schweigend die Füße des Baba. Der Baba sagte: „Wir sind uns im Tempel nicht begegnet, deshalb treffen wir uns hier." Ich verlangte von ihm, daß er nach Nainital kommen müsse, und trotz seiner Einwände, er habe im Flachland viel zu tun, kam er dann auch. Als wir an diesem Abend bei mir zuhause saßen, fragte der Baba einen kleinen Jungen, ob dieser ihn wiedererkenne – aber er wartete keine Antwort ab und fuhr in der Unterhaltung fort. Jeder, der den Sadhu kennenlernte, bemerkte, daß er wie Maharajji redete und lachte. Als der Sadhu ging, sagte er, ich solle nicht versuchen, ihm zu folgen, es werde mir nicht gelingen.

Drei der Arbeiter im Ashram blieben eines Abends lange auf und sprachen über Maharajji. Gegen Mitternacht gingen sie schlafen. K. schlief auf der Veranda des Hanuman-Tempels, der Chaukidar gegenüber von Maharajji's Zimmer und der Koch vor der Küchentür. Kurz nach ein Uhr wurde der Chaukidar durch klagende Laute geweckt. Es war eine männliche Stimme, die aus Maharajji's Zimmer kam. Das Zimmer war aber von außen verriegelt. Er hatte große Angst und rannte zu K.

K schlief sehr fest und erwachte erst, als man ihm kaltes Wasser über das Gesicht goß. Als er aufwachte, sagte er, er fühle sich so stark wie fünfzig Männer. Sie erzählten ihm von den Klagelauten, und er blieb vollkommen ruhig. Als er vor dem verschlossenen Zimmer stand und den Tönen lauschte, meinte er, er habe auch nicht die mindeste Furcht – er fühle ganz genau, daß alles in Ordnung sei. Er spüre, daß Hanuman (was bei K dasselbe ist wie Maharajji) im Zimmer sei. So öffneten sie die Tür nicht.

IN VISIONEN kommt Maharajji jetzt zu vielen Devotees.

In Gujarat gab es einen ziemlich reichen Mann. Er verschenkte all sein Geld an seine Töchter, kam nach Vrindaban, sah die Hanuman-Murti und sagte: „Hier werde ich nicht mehr weggehen." Er wurde im Ashram Koch, und man hätte sich kaum einen aufrichtigeren, einfacheren Mann denken können. Er arbeitete vom frühen Morgen bis spät in die Nacht, schrubbte und kochte. Er hatte Maharajji nie gesehen und war ihm doch tief ergeben, und er erzählte einem der Westler, daß er Maharajji in transzendenter Form verschiedene Male im Ashram gesehen habe.

Einmal war es schon spät geworden, und er arbeitete noch in der Küche. Als er seine Arbeit schließlich beendet hatte, hatte er das Bedürfnis, noch ein wenig vor dem Samadhi zu sitzen. Als er dort saß, fühlte er, wie ihm jemand auf die Schulter tippte. Er drehte sich um und erblickte Maharajji, der hinter ihm stand, in eine Decke gehüllt war und in einem weißen Licht erstrahlte. Er fiel zu Maharajji's Füßen nieder. Maharajji berührte ihn, und er weinte. Er sagte, daß Maharajji insgesamt dreimal auf diese Weise zu ihm gekommen sei. Als der Mann die Geschichte erzählte, weinte er und ging hinüber zu der Stelle, wo er Maharajji gesehen hatte. „Genau hier stand er! Hier habe ich ihn gesehen!"

राम

Eine Devotee hielt sich nach Maharajji's Mahasamadhi im Ashram auf. Ungefähr um drei Uhr morgens wachte sie auf und verließ ihr Zimmer, und da – am Eingang zum Innenraum von Maharajji's Samadhi-Tempel, in riesenhafter Größe, stand Maharajji selbst. Eine riesige Gestalt! Sie war in einem Zustand der Ekstase und stürmte zurück in ihr Zimmer, um kum-kum *(roten Puder) zu holen, denn sie wollte ihm einen Tilak auf die Stirn setzen. Als sie zurückkehrte, war er verschwunden, aber sie war noch immer in solcher Ekstase, daß sie hinüber zum Tempel ging und „Om Ram" auf die Wand des Samadhi-Gebäudes schrieb. Es war nur das gewöhnliche Kum-Kum, das man jeden Tag benutzt, um etwas auf den Samadhi zu schreiben – dann wird die Schrift täglich wieder abgewaschen. Doch das „Om Ram" ließ sich nicht abwaschen – es ist noch heute vorhanden. Du kannst es noch sehen, und es ist über drei Jahre her, seit sie dieses Darshan hatte. Immer wenn ich von einem Besuch in Vrindaban zurückkomme, erkundigt sie sich, ob die Schrift noch da ist – was ich jedesmal bestätigen kann.*

राम

Etwa ein Jahr nachdem Maharajji seinen Körper verlassen hatte, starb Indra's Mutter. Den ganzen Nachmittag in Kainchi hatte sie von der Blume gesprochen, die Maharajji ihr gegeben hatte, als sie krank war, und die verschwand, als es ihr wieder gut ging. Sie sprach auch davon, wie Maharajji ihren Kindern Namen gegeben hatte, und von anderen Dingen. Schon am Vormittag hatte sie immer wieder gefragt: „Glaubt ihr, daß jemand Maharajji's gewaltige Form sehen und weiterleben kann?" An diesem Abend saß sie mit den anderen Ma's in Maharajji's Raum, und plötzlich lehnte sie sich hinüber zum Bett, als führe sie Pranam aus – und starb. Ihre Finger spielten noch mit den Perlen.

Nach Maharajji's Mahasamadhi wollte eine Frau aus Allahabad sein Darshan empfangen. Sie lag in Haridwar mit ihrem Mann im Bett, als sie sich plötzlich aufsetzte und unzusammenhängende Worte stammelte. „Er ist gekommen, er ist hier." Sie sagte, daß sie große Angst bekommen habe, und Maharajji habe dann gelacht und gefragt: „Warum fürchtest du dich so? Hat dich nicht danach verlangt, meine Füße zu berühren und meinen Körper zu massieren, wie du es immer getan hast?"

1976 wollte ein Devotee, der den Tempel besuchte, Maharajji's Raum betreten, aber das Schloß wollte sich nicht bewegen. Er suchte überall nach einem Schlüssel und hörte plötzlich Maharajji's Stimme: „Was machst du da für einen Unsinn? So geht es nicht. Der-und-der ist hier. Er wird die Tür öffnen." Da kam die genannte Person herbei und ließ den Devotee ein.

Ein einheimischer Baba, der beim Bau eines Tempels für Maharajji half, überlegte, wie man ihn am besten bauen solle. Dann hatte er eine Vision von Maharajji, der Stein auf Stein schichtete und sagte: „Ich werde den Mandir bauen."

Nachdem Maharajji gestorben war, fuhr ein Mann mit seiner Familie am Tempel vorbei und hatte mit seinem Auto eine Panne. Die Familie bat darum, für die Nacht im Tempel bleiben zu können. Zu dieser Zeit war man im Tempel sehr in Sorge, woher das Geld für den Bau des Samadhi-Tempels kommen sollte. Der Mann weinte die ganze Nacht hindurch und fühlte, daß er etwas für diesen Tempel tun müsse. Am nächsten Morgen stiftete er die gesamte Summe, die für die Murti benötigt wurde.

Mein Mann fühlt, daß Maharajji ständig mit ihm spricht. Einmal sagte er meinem Mann, er solle Land kaufen und ein Haus bauen; ein anderes Mal sagte er ihm, daß der örtliche Baba im Tempel keinen Reis mehr hätte. Mein Mann machte sich sofort mit Lebensmitteln auf den Weg und stellte fest, daß der Baba tatsächlich keine Eßwaren mehr in seinem Haus hatte.

ZU ANDEREN DEVOTEES kommt Maharajji in Träumen.

An einem Mai-Nachmittag gegen zwei Uhr, etwa ein Jahr nach Maharajji's Mahasamadhi, lag ich in meinem Zimmer im Ashram und schlief. In einem Traum kam Maharajji zu mir, gab mir fünf Ohrfeigen und schrie mich an, ich solle sofort aufwachen und die Bäume im Ashram wässern, denn sie würden verdursten. Ich wachte auch sofort auf, und meine Backe war rot und schmerzte, als hätte gerade jemand draufgeschlagen!

Maharajji gab meiner Frau in ihren Träumen Darshan. Er sagte, daß er jetzt in Amerika lebe, und daß er auch in einer Fabrik in Feradabad arbeite, wo sich auch mein kranker Bruder aufhält.

Ich hatte nach Maharajji's Tod einmal einen Traum, in dem er mich höher und höher in den Himmel emporhob. Meine Angst wurde immer größer, und ich sagte: „Maharajji, jetzt will ich wieder zurück."
Er sagte: „Nein." Aber ich hatte solche Angst. Dann sagte er: „Gut, dann gehst du wieder zurück." Und sobald er das gesagt hatte, wachte ich auf.

Eines Nachts träumte ich, daß ich wieder bei Maharajji saß. Alle Ma's waren da, und ich saß ihm zu Füßen und weinte nur. Am nächsten Tag vergoß ich aus lauter Liebe von früh bis spät Tränen.

SELBST OHNE IHM auf der physischen Ebene, in Visionen oder Träumen zu begegnen, spüren die meisten Devotees weiterhin Maharajji's Gegenwart und Obhut. Doch warum sollte das auch verwundern? Schließlich hatte uns Maharajji wieder und wieder versichert, daß er immer mit uns in Kommunion bleiben werde, ohne daß es dazu eines physischen Körpers bedürfe.

Eines Nachmittags saß ich im Hof des Tempels, und Maharajji saß drüben auf der anderen Seite. Er war von Devotees umringt, die seine Füße massierten, lachte und schwatzte, verteilte Früchte und Süßigkeiten. Als ich so dasaß und hinüberblickte, schien die ganze Szene plötzlich stillzustehen, als würde ich ein Gemälde betrachten. Alles rückte in weite Ferne. Dabei dachte ich: „Meine Beziehung zu Maharajji besteht nicht in Zeit und Raum. Ich muß nicht in der physischen Form zu seinen Füßen sitzen. Es würde wirklich keine Rolle spielen, wenn ich ihn nie wiedersehen sollte. Er ist in meinem Herzen." Ein Gefühl von Schuld verband sich mit diesem Gedanken, aber in diesem Moment erwachte alles wieder zum Leben, und ich sah, wie Maharajji einem alten indischen Devotee, der neben ihm stand, etwas zuflüsterte. Der Mann kam sofort quer über den Hof auf mich zugeeilt und berührte meine Füße. Dann sagte er zu mir: „Maharajji hat gesagt, ich soll zu dir gehen und deine Füße berühren. Maharajji hat gesagt: 'Ram Dass und ich sind uns völlig einig. Sein Herz ist offen.' " Genau in diesem Augenblick wußte ich, daß Maharajji mich von der Verhaftung an seiner Form befreit hatte. (R. D.)

In Allahabad sagte Maharajji einmal zu M Ma: „Ich muß gehen. Ich habe viel zu tun." Sie gab zurück: „Was hast du denn zu tun?"

„Ich habe eine Menge zu tun, aber ich werde bald wiederkommen."

Vier Monate vergingen, und er hatte sich noch nicht sehen lassen. Die Ma's waren der Meinung, daß Maharajji nicht aufrichtig sei. Als sie Maharajji wiedersahen, sagten sie zu ihm: „Baba, du erzählst Lügen."

„Warum, Ma?"

„Du sagtest, du würdest kommen, und das ist schon beinahe fünf Monate her."

„Ich erzähle niemals Lügen. Wohin könnte ich denn gehen. Ich bin immer hier bei euch. Glaub' mir, Mutter, wo könnte ich hingehen?"

DU KANNST MICH VERLASSEN. ICH WERDE DICH NICHT VERLASSEN. WENN ICH DICH ERST EINMAL ERGRIFFEN HABE, LASSE ICH DICH NICHT MEHR LOS.

MS und ich diskutierten über die Geschichten, nach denen Maharajji gesund und munter in einem verjüngten Körper lebe, dem eines jungen Mannes in Amarkantak. Er sagte, das einzig Wichtige sei, zu wissen, daß Maharajji uns in jedem Moment führt. „Ich bin davon überzeugt. Ich weiß, es klingt wie Wunschdenken, so zu sprechen, aber er ist die ganze Zeit bei uns. Ich sage das aus vollem Herzen."

Als er in einem Körper war, besuchte er mich oft in Träumen. Selbst jetzt kommt er in Träumen zu mir, aber sie sind nicht mehr so deutlich, es sei denn, daß er mir Anweisungen geben muß. Wenn ich morgens mit geschlossenen Augen dasitze, spüre ich, daß er vor mir ist. So war es immer, und so ist es auch jetzt noch. Es ist mir ziemlich unwichtig, ob sein Körper da ist oder nicht. Er ist überall. Wenn du auf ihn meditierst und an ihn denkst, muß er kommen. Er war immer hier und wird es immer sein. Man muß nicht irgendwo hingehen, um ihn zu finden. Jeder Ort ist gleich gut dafür.

Seit ich das erste Mal bei ihm saß, mußte ich nicht mehr in seiner Nähe sein, schon lange bevor er in meinem Herzen war. Er ist immer in meinem Herzen. Ich habe kaum Bilder von ihm an meiner Wand. Ich spreche nicht oft von ihm. Er ist noch hier – nicht in Worten, sondern in einem Gefühl.

Monatelang vergesse ich, daß Maharajji seinen Körper verlassen hat, und ich erfahre dann seine Gegenwart sehr stark. Aber ich versuche nicht mehr, immer an ihn zu denken, was eine Zeitlang zu meinen Praktiken gehörte. Trotzdem erlebe ich manchmal, ganz spontan oder durch einen äußeren Impuls, seine Gegenwart als etwas sehr Reales. Und in dieser Weise ist es dann für mich eher so etwas wie Gnade.

Maharajji ist in letzter Zeit oft zu mir gekommen – als Vater, als genau das, was ich jetzt in meinem Leben brauche. Er kommt als großer Teddybär, der mich in seine Arme nimmt und mich auf eine sehr physische Weise liebt – zärtlich und liebkosend – wie ich es bisher nicht kannte.

Er macht seine Arbeit noch immer. Wir brauchen nichts zu tun. Unsere Probleme werden von ihm gelöst. Wir können ihn nicht physisch sehen, aber wenn wir an ihn denken und meditieren, ist er immer bei uns. In meinem Fall weiß ich, daß alles von ihm erledigt wird. Noch heute meditiere ich auf ihn, wenn ich irgendein Problem habe, und er löst es.

Erst vor wenigen Tagen fuhr ich im Bus von Bhowali nach Nainital. Als ich so am Fenster saß, spürte ich Maharajji's Wärme, als säße er neben mir. Ich ging in eine Art von Trance und sprach mit ihm. Erst als der Bus mit einem Ruck an einer Haltestelle stehenblieb, merkte ich, daß ich in dieser Trance war.

राम

Meine Frau ist aus dem Punjab, wo man sehr viel von Familien-Astrologen hält. Unser Astrologe sagte, daß ihr neunundfünfzigstes Lebensjahr sehr schwer für sie werden würde. Dieses Jahr begann vor wenigen Wochen, und sie fühlte sich nicht wohl und machte sich Sorgen. Sie besaß ein Päckchen mit Asche und Blumen, das Maharajji ihr drei Jahre zuvor bei einem Yagna gegeben hatte (er hatte die Asche selbst zusammengescharrt). Als sie es zufällig in Händen hielt, öffnete sie es und fand darin einen Ring mit einer Perle, den sie noch nie zuvor gesehen hatte. (Man sagt der Perle eine hilfreiche Wirkung zu, wenn der Mond im Horoskop ungünstig steht.) Maharajji ist da, wozu sich also Sorgen machen? Er wird sich um alles kümmern.

राम

Schon ein Besuch im Tempel brachte mich wieder in seine Gegenwart zurück. Später, als wir darüber einmal sprachen, erzählte mir eine der Ma's, daß Maharajji gesagt habe: „Wenn ein Heiliger seinen Körper verläßt, wird der Tempel zu seinem Körper."

Als ich in diesem Jahr wieder seinen Raum in Vrindaban betrat, hatte ich schon auf der Schwelle das Gefühl, als sei alles, was ich in den letzten Jahren getan hatte, irrelevant und bedeutungslos. Es war die gleiche Erfahrung wie ein Blick von Maharajji – er brachte dich genau hierher, genau jetzt.

राम

Ich war in diesem Winter wieder nach Indien gereist, und als ich in den hinteren Teil des Vrindabaner Ashrams ging, kam es mir zu Bewußtsein, daß all die Dinge, die ich in den gesamten fünf zurückliegenden Jahren getan hatte, einschließlich der Dinge, die man als adharmisch ansehen würde, absolut bedeutungslos waren. Ich hatte es natürlich in den Schriften gelesen, aber nun machte ich selbst die Erfahrung – oder besser gesagt Wieder-Erfahrung – daß dir, wenn du dein Herz vollkommen auf Gott richtest, alles vergeben ist. Es hat absolut keine Bedeutung mehr. Das war es, was ich fühlte, als ich dort eintrat. Ich saß lange Zeit einfach nur in Maharajji's Zimmer. Ich hatte das Gefühl, als ströme die Shakti aus Maharajji's Decke auf seinem Tucket in mein Herz hinein – als würde ich buchstäblich darin baden und ihre Kühle schmecken.

Man kann es nicht begreifen, was er ist. Physisch ist er nicht hier, aber er vernimmt alles.

Weißt du, es ist sehr unangenehm. Ich fange an, von Babaji zu sprechen, und dann kommt es mir vor, als wäre er hier oder so ähnlich. Was kann man da machen!

MAHARAJJI GEHÖRT niemandem – wie der Wind. Auch Menschen, die überhaupt nichts von ihm wußten, als er verkörpert war, berichten, daß sie ihn in Visionen und Träumen sehen, daß sie seine Gegenwart spüren und das Gefühl haben, von ihm gerufen zu werden. Offensichtlich ist seine Fähigkeit, Menschen zu berühren, nicht auf den physischen Kontakt beschränkt.

WENN MENSCHEN AN MICH DENKEN, BIN ICH BEI IHNEN.

Wie es den Devotees ergangen ist, nachdem Maharajji seinen Körper verlassen hat, läßt sich in keiner Beziehung verallgemeinern. Bei allen von uns ist das Leben weitergegangen. Manche halten fest an den Erinnerungen an die Form – an den Geschichten, den Fotos, den Ritualen, den Namen und aneinander. Andere unter uns haben sich von der Form gelöst und wissen, daß sie nicht unbedingt an Maharajji festhalten müssen, da er selbst so sehr an uns festhält, daß uns ein Vergessen nicht möglich wäre, selbst wenn wir es wollten. Das Vermächtnis, das er jedem Menschen hinterlassen hat, der seine Existenz anerkennt, ist ein Glaube, der tief im Herzen lebt. Er ließ diesen Glauben wieder in uns erwachen, indem er für uns einen Ort widerspiegelte, der so tief in uns selber lag, daß wir ihn bisher nur selten – wenn überhaupt jemals – berührt hatten. Es ist ein Ort des Lichts, an dem wir den strahlenden, wundersamen, liebend-lebendigen Geist wahrhaft miteinander teilen. Und indem wir dieses Licht sahen, trat in allem eine Wandlung ein.

Bevor ich Maharajji traf, machte ich dasselbe wie jetzt, aber außerhalb der Umlaufbahn. Er brachte mich in die Umlaufbahn.

Es war die beste Unterhaltungsvorstellung, die ich je gesehen habe. Daher habe ich kein Vergnügen mehr an den Dingen dieser Welt – an tollem Essen, Kino, Abenteuern. Ich will sie nicht mehr. In Nainital wollte mich ein Freund ins Kino einladen. Ich sagte: „Wozu? Das größte Kino habe ich hier gesehen. Das Kino in Nainital würde mich langweilen. Die größte Unterhaltung ist Maharajji."

INDEM ER UNS so wenige eindeutige Richtlinien und Übungspraktiken hinterließ, bewahrte er uns davor, uns nur wieder in oberflächlichen Ebenen unseres Daseins zu verfangen. Wir konnten uns zum Beispiel nicht hinter der Rechtschaffenheit verstecken, da er ein Spitzbube war – und wir können uns auch nicht hinter Spitzbüberei verstecken, da jede seiner Handlungen dharmisch war. Unsere Ego's können sich hinter keiner Schablone verstecken, denn da ist immer Maharajji, der, wie Hanuman, „jeden Tyrannen erspäht und ihn an seinem Barte packt."

Manchmal fährt es wie ein Blitz in mich hinein. Ich habe zwei kleine Bilder von Maharajji im Haus. Von Zeit zu Zeit, wenn alles schnell gehen muß – wenn ich zum Beispiel zu spät aufstehe und durch das Haus renne, weil ich schnell zur Arbeit muß – springt er hervor und packt mich. Entweder sehe ich das Bild und denke: „Puuuh, richtig! Keine Sorge, ich denke noch daran!" – oder ich sehe das Bild nicht, aber es blitzt irgendwie in mir auf, wie z.B. „Was machst du? Was ist los? Bist du noch da? Wo bist du? Was ist los?"

राम

Als ich ein kleiner Junge war, träumte ich immer davon, ein Rennfahrer zu werden – Autos, Motorräder, alles mögliche. Und nachdem Maharajji gestorben war, fing ich an, Motorradrennen zu fahren. Ich konzentrierte meine Energie darauf, so schnell zu fahren wie irgend möglich, aber ich konnte ihn dabei nie vergessen! Welche Geschwindigkeit ich auch erreichen konnte, ob auf einem Motorrad oder sogar mit einem Flugzeug – darüber hinaus gab es immernoch die Lichtgeschwindigkeit, und wenn du so schnell bist, existierst du nicht mehr. Diese Geschwindigkeit konnte ich nie erreichen. Und das ist Maharajji's Geschwindigkeit. Er ist wie die Lichtgeschwindigkeit.

Nun sind die Geschichten erzählt, die Form ist gekommen – und wieder gegangen. Und hier sind wir, du und ich und Maharajji, jeder von uns genauso wirklich, wie unsere Gedanken und Herzen es zulassen.

In diesem Moment, während ich diese Worte schreibe, bin ich hier.
In diesem Moment, während du diese Worte liest, bist du hier.
In diesem „hier", das wir miteinander teilen, jenseits von Zeit und Raum
ist Maharajji. Immer.

I am like the wind
No one can hold me
I belong to everyone
No one can own me
The whole world is my home
All are my family
I live in every heart
I will never leave thee.

– nach den Worten von Neem
Karoli Baba, bekannt als
„Maharajji", bearbeitet von
Jai Gopal

Ich bin wie der Wind
Niemand kann mich festhalten
Ich gehöre jedem
Die ganze Welt ist mein Heim
Alle sind meine Familie
Ich lebe in jedem Herzen
Ich werde dich niemals wieder verlassen.

WORTERKLÄRUNGEN

adharma – unspirituelle Lebensweise
advait vad – Nicht-Dualismus
ajna – drittes Auge
akash – göttlicher Himmel
amrit – Nektar
Annapurna – Göttin des Getreides
annas – kleine indische Münzen
arti – Licht-Zeremonie der Verehrung
ashanti – nicht friedlich
ashirbad – Segen
ashram – Kloster
atma – Gott im Innern
atman – Gott im Innern
ayurved – Arzt der Kräuterheilkunde

baba – Anrede gegenüber einem älteren oder heiligen Mann
badmash – Spitzbube, Unruhestifter
baraka – Segen
bardos – Ebenen der Existenz
betel – Blatt, das zur Verdauungsförderung gekaut wird
Bhagavan – Gott
bhagya – Bestimmung
bhajan – andächtiges Lied
bhakta – Devotee, Anhänger
bhakti – Hingabe
bhandara – Fest
bhava – spirituelle Regung
Brahm – das Formlose
Brahma – der schöpferische Aspekt Gottes
brahmacharya – Zölibat
Brahmin – Priesterstand im hinduistischen Kastensystem

chai – Tee
chakra – psychisches Energiezentrum im Körper
chapatti – ungesäuertes Fladenbrot
charas – Haschisch
chaukidar – Torhüter
chillum – Haschischpfeife
chimpter – Zange
crore – zehn Millionen

dacoit – Bandit, Dieb
dal – Linsen
dandi – Sänfte
darbar – königlicher Hof
darshan – spirituelle Begegnung
das, dass – Diener
dasi – Dienerin
devas – Götter
Devi puja – Verehrung der Göttlichen Mutter
dharma – spirituelle Lebensweise
dharmashala – Herberge, insbesondere für Pilger
dhoti – Tuch, das um den Unterleib des Mannes gewickelt wird
dhuni – Lagerfeuer
dhyan – Meditation
diksha – Einweihung
dunda pranam – Niederwerfung in voller Länge
Durga – Aspekt der Göttlichen Mutter

Ekadashi – mondbestimmter Fastentag

fakir – Sadhu

ganja – Marihuana
ghee – abgeklärte Butter
grihastha – Haushaltsvorstand
gur – brauner Rohzucker
guru – befreites Wesen, das als Zugang zu Gott dient
Gurubahin – Guru-Schwester

Hadjj – Pilgerschaft, insbesondere nach Mekka
hakim – Heiler, Arzt
halva – Getreidegericht aus Weizen, Ghee und einer Süßigkeit
Hanuman – vollkommener Diener Gottes
Hanumanji – vertraute Anrede gegenüber Hanuman
hatha yoga – körperliche Methode, um zur Einheit mit Gott zu gelangen
havan – kleinere Opferfeuer-Zeremonie, insbesondere zuhause

jao – geh'
jelebees – gebratener Zuckersirup
jetta – langes, verfilztes, auf dem Kopf gebündeltes Haar
jhola – Umhängetasche
juth – unrein, schmutzig

Kali Yuga – Dunkles Zeitalter
kamini – Frauen
kanchan – Gold, Reichtum
kanchankamini – Gold und Frauen
kanna – Nahrung
karma – Auswirkung vorangegangener Handlungen
karma yoga – Gebrauch der Auswirkung vorangegangener Handlungen, um Gott zu erreichen
khichri – Reis und Linsen

khir – süßer Pudding aus Reis und Milch
kirtan – gemeinsames Singen devotioneller Lieder
Krishna – eine Inkarnation Vishnu's
kumbhak – yogische Methode unter Gebrauch von Pranayam
Kumbha Mela – eine große spirituelle Messe, die alle zwölf Jahre abgehalten wird
kum-kum – Farbpulver für das Auftragen von Tilaks
kundalini – spinale Energie
kuti – Hütte
kya – was

laddus – von Hanuman geschätzte Süßigkeit
lakh – einhunderttausend
Lakshmi – Göttin des Glücks
Lakhsmi-Narayan – Narayan ist ein Aspekt Vishnu's, Lakshmi ist seine Gemahlin
langoti – Lendentuch
lassi – Getränk aus geschlagenem Yoghurt
lila – Spiel
lingam – phallisches Symbol
loki – Kürbis
lota – Wasserkanne

Ma – Mutter
maha-jao – großes Jao
Maharajji – großer König
mahasamadhi – Vollendung der letzten Inkarnation eines verwirklichten Wesens
mahatma – große Seele
malas – Gebets-Perlen
malpuas – gesüßtes und gebratenes Brot
mandir – Tempel
mantra – Yoga-Methode unter Gebrauch der Wiederholung von Worten
maun – schweigend
maya – Illusion
mela – Messe, Versammlung
mudra – Yoga-Methode unter Gebrauch der körperlichen Gestalt oder Gestik
murti – geweihte Statue

naga baba – nackter Sadhu
nahin – nein

Om – die kosmische Silbe

pakoras – in Teig gebackene Obst- oder Fleischschnitte
pani – Wasser
parathas – gebratenes Fladenbrot
parikrama – Rundgang
pattal – Blatt-Teller
pera – Süßigkeit
phalahari – Gemüse- und Frucht-Diät
pran – psychische Energie
pranam – Verneigung
pranayam – yogische Technik, die auf der Atem-Kontrolle basiert
prasad – geweihte Nahrung
puja – Gebetsritual
pukka pujari – Priester obersten Ranges
pundit – religiöser Gelehrter
puris – gebratenes Fladenbrot

Radha – Krishna's Geliebte und Devotee
rakshabandhan – schutzkräftiges Band
Ram – eine Inkarnation Vishnu's
rambans – Kaktus
Ram Lila – feierliche Aufführung des Lebens von Ram
Ram mantra – Wiederholung des Namens von Ram
rasam – südindische Speise
rishi – Weiser
roti, rotis – Brot (wie Chapatti)
rudraksha – Same, der für Gebetsperlen verwendet wird

sadhana – spirituelle Praxis
sadhu – Entsagender
samadhi – spirituelle Trance
sambar – eine südindische Speise
samskaras – karmische Auswirkungen vorangegangener Inkarnationen
Sangam – Zusammenfluß dreier heiliger Flüsse
sanyas – Entsagung, Verzicht
sanyasi – Entsagender
Sat Guru – höchster Guru
sati – Ehefrau, Gemahlin
satsang – Gemeinschaft spiritueller Suchender
shakti – psychische Energie
shaligram – Stein, der bei Ritualen verwendet wird
shanti milta-hai – Friede ist gefunden
sherabis – Weinsäufer, Trunkenbolde
Shiva – der zerstörende Aspekt Gottes
Shivaratri – heiliger Tag zu Ehren Shiva's
Shiv-lingam – phallisches Symbol Shiva's
Siddha Loka – Aufenthaltsort höchster himmlischer Wesen
siddha mahatma – höchster Heiliger
siddhi – psychische Kraft
Sita – Ram's Gemahlin
Sitaram – Mantra unter Gebrauch der Namen von Sita und Ram

tapasya – Mäßigung, Einfachheit
Thakur – eine untere Hindu-Kaste
tilak – Kennzeichen von religiöser Bedeutung auf der Stirn
tonga – Pferdekutsche
tucket – hölzernes Bett
tulsi – geheiligte Pflanze (Basilienkraut)
tyaga – Opfer

ulfie – sackähnliche Robe
Uma – Shiva's Gemahlin
upa-gurus – andere spirituelle Führer außer dem eigenen Sat Guru

Veda Vyas – ein großer indischer Heiliger
vibhuti – geheiligte Asche

wallas – Verkäufer, Geschäftsinhaber

yagna – eine größere Opferfeuer-Zeremonie
yatra – Pilgerschaft
yoga-asanas – Yoga-Stellungen
yogi – jemand, der die Vereinigung mit Gott sucht
yuga – Zeitalter

ॐ